Hajo Jakobs

Heilpädagogik zwischen Anthropologie und Ethik

Beiträge zur Heil- und Sonderpädagogik

Beiträge zur Heil- und Sonderpädagogik

herausgegeben von Urs Haeberlin

22. Beiheft zur Vierteljahresschrift
für Heilpädagogik und ihre Nachbargebiete

Hajo Jakobs

Heilpädagogik zwischen Anthropologie und Ethik

Eine Grundlagenreflexion aus kritisch-theoretischer Sicht

Verlag Paul Haupt Bern · Stuttgart · Wien

Hajo (Hans-Josef) Jakobs, Dr. phil., Dipl.-Psych., Dipl.-Theol., Jahrgang 1954, ist wissenschaftlicher Assistent in der Abteilung Klinische Heilpädagogik und Sozialpädagogik am Heilpädagogischen Institut (HPI) der Universität Freiburg / Schweiz.

Dieser Band ist das 22. Beiheft zur VHN
Vierteljahresschrift für Heilpädagogik und ihre Nachbargebiete.

Abonnementsbestellungen für die VHN:
Heilpädagogisches Institut der Universität Freiburg
Petrus-Kanisius-Gasse 21, CH-1700 Freiburg

Die Deutsche Bibliothek – CIP-Einheitsaufnahme

Jakobs, Hajo :
Heilpädagogik zwischen Anthropologie und Ethik : eine Grundlagenreflexion aus kritisch-theoretischer Sicht / Hajo Jakobs.–
Bern ; Stuttgart ; Wien : Haupt, 1997
(Beiträge zur Heil- und Sonderpädagogik ; 22)
ISBN 3-258-05556-4

Dieses Papier ist umweltverträglich, weil chlorfrei hergestellt
Printed in Switzerland

Vorwort

Erste Motive und Ideen zu dieser Arbeit gehen bis in die Zeit meiner praktischen Tätigkeit in einer Vollzeiteinrichtung für geistig und mehrfach Behinderte in den 80er Jahren zurück und kreisten ursprünglich um eine anthropologische Fundierung, sozialpsychologische Präzisierung und geistigbehindertenpädagogische Adaption eines »therapeutischen Milieus«. Ein entsprechendes erstes Konzept fand dann an der Heilpädagogischen Fakultät der Universität zu Köln bei den Professoren *Fengler* und *Dreher* freundliche Aufnahme und wurde 1990 für ein Jahr durch ein Stipendium der Graduiertenförderung des Landes Nordrhein-Westfalen unterstützt.

Mit einer zunehmend anthropologie-kritischen und sozialethischen Akzentuierung weitergeführt und schließlich abgeschlossen wurde das Projekt während meiner fünfjährigen Assistentenzeit am Heilpädagogischen Institut der Universität Freiburg/ Schweiz bei Herrn Prof. Dr. *Urs Haeberlin.* Ihm gilt mein besonderer Dank für die Betreuung und kritische Begleitung, die zugleich stets jede Freiheit der (meta)theoretischen Orientierung und inhaltlichen Ausgestaltung gewährte.

Außer den bereits Genannten habe ich auch Freunden, Angehörigen und Kollegen zu danken, die mich in meinem Vorhaben immer unterstützt und den komplex-komplizierten Entstehungsprozeß dieser Arbeit interessiert begleitet haben: so vor allem meiner Lebensgefährtin *Sigrid Kappenstein*, Prof. Dr. *Karl-Ernst Ackermann* und Dr. *Martin Stahlmann.* Ihre kritisch-instruktiven Rückfragen und unsere zahlreichen Gespräche gaben mir wertvolle Anregungen und Kraft zum weitermachen.

Schließlich danke ich *Christine Amrein* und *Sandra Aerschmann*, die das Manuskript in bewährter Manier für die Drucklegung bearbeitet und in die erforderliche Form gebracht haben.

Bornheim / Fribourg, im Sommer 1996 Hajo Jakobs

Inhaltsverzeichnis

Teil III - Abschliessende Überlegungen

Einleitung

Die Pädagogik wird auch weiterhin
'more philosophorum'
betrieben werden müssen.
H. Roth (1962)

Der gesellschaftliche Konsens über die Respektierung des Lebensrechts und der Menschenwürde von Menschen mit (schweren) Behinderungen scheint heute erneut - ja in zunehmendem Maße - in Frage gestellt zu sein; die Bereitschaft zur Aufwendung großer materieller Mittel für benachteiligte Personengruppen schwindet in Zeiten wirtschaftlicher Schwierigkeiten rapide. Die Ziele »Normalisierung« und »Integration« - seit jeher schon semantisch nicht unproblematisch - drohen unter dem Diktat ökonomischer Zwänge zu kostengünstigen Anpassungsstrategien, zu gesellschaftlicher Kosmetik - kurz: zu Ideologie - zu verkommen.

Heilpädagogik als Wissenschaft und Praxis sieht sich heute einem zunehmenden Legitimationsdruck ausgesetzt, für den die sog. Euthanasie- oder *Singer*-Debatte vermutlich nur die Spitze eines Eisberges darstellt, da selbst Basisnormen (wie Lebens- und Bildungsrecht, gleiche Menschenwürde) in Frage stehen. Dieser Druck potenziert sich noch in Verbindung mit inflationärer Entwicklung heilpädagogischer Praxiskonzepte, (meta)theoretischer Orientierungslosigkeit und der seit jeher schwelenden Konstitutionsproblematik einer sich wissenschaftlich verstehenden Heilpädagogik (vgl. *Bleidick* 1984, 1985a, 1988b; *Haeberlin* 1993a, b; *Jantzen* 1995) - wenn nicht der Pädagogik überhaupt.

Gleichzeitig ist eine interessante Akzentverschiebung des gesellschaftlichen wie wissenschaftsinternen Streits um die Integration behinderter Menschen zu beobachten: vom *Gleichheits-* zum *Verschiedenheits*-Pol, zur Reklamation eines *»Rechtes auf Verschiedenheit«*. Deshalb erscheint es überfällig, im Sinne der Dialektik gesellschaftlicher wie wissenschaftlicher Prozesse nach (und neben) dem Allgemeinen das Besondere, ergänzend zur »Gleichheit« auch in der Heilpädagogik verstärkt die »Differenz« zu thematisieren und das *Recht auf Verschiedenheit* sozialphilosophisch zu fundieren bzw. zu legitimieren (vgl. auch *Furrer* 1994). Der sowohl bei fortschrittlichen wie wertkonservativen VertreterInnen des gesellschaftlichen Lebens allgemein wie der Behindertenhilfe speziell heute beliebte Slogan *"Es ist normal, verschieden zu sein"* allein reicht dazu nicht.

Angesichts der skizzierten Krisensituation - die übrigens nicht zuletzt einen Ausschnitt der Krise von Erziehung und Bildung in einer 'postmodernen' Konsumgesellschaft überhaupt darstellt - suchen immer mehr Heilpädagogen und Heilpädagoginnen ihr 'Heil' und das ihrer 'Schützlinge' in

- 'alten' Anthropologien der (geisteswissenschaftlichen) Pädagogik und einem 'Sich-Festklammern' am christlichen Personverständnis der Gottesebenbildlichkeit (so zuletzt noch *Bleidick* 1992 und *Gröschke* 1993);
- 'neuen Heilslehren', bei 'Propheten' des "New Age" (Bezugnahmen sogar bei *Speck* 1988, 16, 193 u. 207ff.);
- system(theoret)ischen Konzeptualisierungen der Wirklichkeit, die i.S. einer scheinbar überlegenen "Vogelperspektive" die Illusion einer Sinn-Vorgabe oder Gesamtdeutung auseinanderfallender Teilphänomene des gesellschaftlichen Lebens erwecken;
- sog. Therapien, die oftmals über Banalitäten nicht hinausgehen oder als Etikettenschwindel zu bezeichnen sind. Sie fragmentarisieren und funktionalisieren die alltägliche Lebenswelt behinderter Menschen, indem alles Mögliche oder Unmögliche zur "Therapie" erklärt wird.

Zugleich ist in allen genannten Erscheinungen anscheinend das "richtige" *»Menschenbild«* zu einer Art neuem/alten "Zauberwort" avanciert. PädagogInnen und HeilpädagogInnen suchen immer wieder nach Orientierungen und ihre Arbeit auf einem Verständnis des Menschen resp. seiner Situation, der »conditio humana«, aufzubauen. In der heilpädagogischen Literatur wurde wiederholt auf den Vorrang der anthropologischen Frage (z.B. *Haeberlin* 1980a) hingewiesen oder aber das Fehlen (Noch-Ausstehen) einer notwendigen heilpädagogischen Anthropologie beklagt (z.B. *Siegenthaler* 1983b, 1993). Es erscheint geradezu eine Nötigung der Praxis zu sein, Hypostasierungen des menschlichen Wesens vorzunehmen, positive Menschenbilder aufzustellen.

Dazu steht aber nicht nur in Diskrepanz,

- daß (geistige) Behinderung in der Anthropologie nicht vorkommt, die betroffenen Menschen aus ihr herausfallen, und daß die Anthropologie die Verschiedenheit der Menschen nicht auf den Begriff zu bringen vermag; sondern auch,
- daß die philosophischen 'Groß-Anthropologien' (*Scheler, Plessner, Gehlen*) in der heilpädagogischen Literatur bisher kaum ausreichend untersucht worden sind.

So ist es keineswegs müßig, sondern immer noch und immer wieder höchst dringlich, Menschenbilder zu hinterfragen, anthropologische Konzepte auf der Kontrastfolie extremer Verschiedenheits-Erfahrungen einer kritischen Prüfung zu unterziehen und nach alternativen Orientierungen zu suchen. D.h. schwere geistige und Mehrfach-Behinderung als Extremfall des Menschseins werden *implizit* zum Prüfstein (Minimalkriterium) der *heilpädagogischen wie sozialethischen* Tragfähigkeit anthropologischer Leitbegriffe:

- Wie ist der Mensch als/in Verschiedenheit überhaupt noch zu fassen? Was bedeutet Verschiedenheit für unsere Menschenbilder, die ja immer das Gemeinsame festschreiben wollen? Wie ist damit umzugehen?
- Welcher Stellenwert kommt anthropologischen Aussagen in der Grundlagenreflexion der Heilpädagogik überhaupt zu? Inwieweit eignen sich traditionelle philosophisch-anthropologische Ansätze und Begriffe wie 'Geist', 'Vernunft', 'Person' etc. für die heilpädagogische Verteidigung eines Rechtes auf Verschiedenheit bzw. der gleichen Menschenwürde Schwerbehinderter?
- Kann, darf oder soll Heilpädagogik sich überhaupt auf ein Menschenbild stützen und/oder anthropologisch begründet werden?

Um solche und ähnliche Fragen im *Spannungsfeld von Anthropologie und Ethik* geht es in der vorliegenden Studie, die am Menschenbild-Begriff ansetzt und sich als ein *kritisch-theoretischer Beitrag zur Grundlagenreflexion* der Heilpädagogik versteht. Damit wird das Programm einer "wertgeleiteten Wissenschaft" (*Haeberlin* 1985; 1993a, b; 1996) aufgegriffen, in spezifisch anthropologiekritischer Weise weitergeführt und mittels ausgewählter Theorie-Aspekte der Intersubjektivität sozialphilosophisch und sozialpsychologisch zu ergänzen resp. weiter zu 'untermauern' versucht.

Und zwar geht es um Grundlagen-Reflexion in zweifachem Wortsinne:

1. Reflexion verschiedener Bezugstheorien: anthropologischer, ethischer, gesellschaftstheoretischer Art - mit Blick darauf, was sie zur Klärung der genannten Probleme beitragen können - sowie
2. Reflexion auf die Grundlage (qua Bedingung der Möglichkeit) von Heilpädagogik, Pädagogik überhaupt.

In diesem Bereich haben sich in den letzten Jahren neben eher neurophysiologisch-neuropsychologisch orientierten Ansätzen (von *Fröhlich* bis *Feuser*) vor allem leiborientierte, phänomenologische Antwortversuche (*Pfeffer* 1988; *Fornefeld* 1989; *Stinkes* 1993; *Kleinbach* 1994) entwickelt. In der vorliegenden Arbeit wird dagegen eine Art 'dritter Weg' erkundet, der zugleich einige der bisherigen Theoriebildungsbemühungen kritisch-theoretisch zu interpretieren und auf einer sozialphilosophisch-sozialpsychologischen Ebene zu verbinden sucht. Dieser dritte Weg intendiert, neben (oder zwischen) der 'materialistischen Behindertenpädagogik' (*Feuser; Jantzen*) einerseits und den wenigen an der Kommunikationstheorie von *Habermas* oder *Apel* orientierten Entwürfen (*Bächtold* 1986, 1994; *Gerspach* 1981; *Schwager* 1990) andererseits eine auf die ältere Kritische Theorie zurückgehende 'Kritische Heilpädagogik' zu etablieren (vgl. *Furrer* 1990; 1994; *Jakobs* 1994).[1]

Man kann durchaus behaupten, daß im Grunde alle wesentlichen Themen und Fragestellungen (inklusive vielfältigster Antwortversuche) - auch im Kontext eines tatsächlichen oder vermeintlichen Legitimationszwanges der Heilpädagogik - seit *Georgens & Deinhardt* (1861) bereits vorgegeben sind und lediglich immer wieder aufs Neue variiert werden (vgl. *Möckel* 1992; *Schwager* 1990, 188ff.; 1993). Die pädagogische Theoriebildung insgesamt bewegt sich seit *Kant* stets zwischen den Polen Naturwissenschaft und Geisteswissenschaft, d.h. ontologisch: zwischen 'Natur' und 'Geist'; methodologisch: zwischen 'Erklären' (Kausalität) und 'Verstehen' (hermeneutische Auslegung), hin und her, wie *Blass* (1978 a, b) anhand der verschiedenen Modelle instruktiv nachgezeichnet hat, und was in der vorliegenden Untersuchung auch auf die Heilpädagogik bezogen und nachvollzogen werden soll.

Pädagogik - Anthropologie - Politik - Ethik bilden einen Begründungszusammenhang, der im Laufe der Theoriegeschichte von verschiedenen Autoren je verschieden zusammengesetzt wurde. Während bei *Kant* die Pädagogik aus der Anthropologie abgeleitet wurde, hat z.B. bereits *Schleiermacher* die Pädagogik *ethisch* fundiert, indem er die »Idee des Guten« - i.S. der *Hermeneutik*, nicht als logische Deduktion - auf die Erziehungswirklichkeit anwendete und in ihr umzusetzen versuchte (vgl. *Blass* 1978a, 101ff.).

Die Einheit des Struktur- und Begründungszusammenhangs der Pädagogik, der von *Kant* über *Herbart* und *Schleiermacher, Marx* und *Nietzsche* bis *Dilthey* reicht, ist im 20. Jahrhundert anscheinend endgültig zerbrochen. Diese Einheit wurde gewährleistet durch die Philosophie, die alle Einzeldisziplinen zusammenhalten konnte (und mußte) - als deren metaphysischer Grund. Anthropologie, Ethik und Politik (Gesellschaftstheorie) konkurrieren miteinander um die ausschlaggebende Rolle bei der Fundierung der Pädagogik. Ihre gemeinsame Verbindung (bzw. ihr Wechselspiel) läßt sich heute anscheinend nur noch an der sog. Erziehungswirklichkeit festmachen - was denn auch die verschiedenen Autoren in verschiedener Weise versuchen. Daraus ergeben sich die unterschiedlichen wissenschaftstheoretischen Richtungen in der Pädagogik (vgl. *Blass* 1978b, 11f.):

---

1 Bezüglich der Grundlegungsabsicht und der kritischen Ausrichtung - nicht jedoch der systemtheoretischen und sprachphilosophischen Argumentation - verwandt ist der Versuch einer Grundlegung pädagogischer Anthropologie resp. 'basaler Pädagogik' (sensu *Feuser*) inkl. ethischer Fundamente von *Roedler* (1993).

- Erziehungswirklichkeit als geschichtliche Objektivation - dies ist der Weg der geisteswissenschaftlichen Pädagogik (*Nohl* u.a.);
- Erziehungswirklichkeit als empirische Faktizität (*Brezinka* - im Anschluß an den Kritischen Rationalismus);
- Erziehungswirklichkeit als gesellschaftliche Praxis (*Mollenhauer* - im Anschluß an die Kritische Theorie von *Habermas*).

Konstitutives Anliegen und Zielrichtung der hier vorgelegten Studie ist nun:
- in kritischer Distanz zu den großen theoretischen Entwürfen der Philosophie- und Wissenschaftsgeschichte ('Großtheorien') gewissermaßen 'Mikrostrukturen' (Individuum, Intersubjektivität, Person, Mitwelt ...) philosophisch zu erläutern. Dies geschieht in Anknüpfung an die ältere Kritische Theorie und i.S. einer modifizierten Wiederaufnahme der kritischen Erziehungswissenschaft (*Mollenhauer* 1976). Dabei wird jedoch anders als in den 70er Jahren versucht, *mikrologisch* statt politisch-sozioökonomisch zu argumentieren;
- eine *nicht-metaphysische* - notwendig fragmentarische - 'Re-Philosophisierung'[2] zu versuchen und damit zwar nicht die verlorene Einheit wiederherzustellen, aber einen Zusammenhang qua Konstellation von anthropologischen, anthropologie-kritischen und ethischen Elementen zu modellieren.

Aus drei Gründen greifen wir dabei auf die Kritische Theorie zurück:
1. weil sie sich einer Spaltung in 'reine Philosophie' und 'sachhaltige Wissenschaft' verweigert;
2. weil sie die rationalistische Subjektphilosophie aufgibt, ohne das Subjekt aufzugeben;
3. weil sie eine Möglichkeit darstellt, Aporien und Widersprüche des Denkens wie der gesellschaftlichen Realität auszuhalten, statt sie philosophisch auszusparen, nachdem verbindliche metaphysische Lösungen obsolet geworden sind.

---

2 Bei diesem Versuch einer Re-Philosophisierung der (Heil-)Pädagogik wird der Paradigmenwechsel von der sog. Bewußtseins- zur Sprachphilosophie ("linguistic turn") nicht als so grundlegend und unumgänglich angesehen wie z.B. bei *Schwager* (1990), der sich auf formale sprachphilosophische Diskussion und den Aufweis "performativer Selbstwidersprüche" beschränkt und die inhaltliche philosophische Problem-/Begriffsanalyse - z.B. von Aussagen zum Subjekt oder zur conditio humana - bewußt (und in seinem Kontext zu Recht) ausklammert (1990, 327/328: Fußnote). Diese soll durch die vorliegende Arbeit ansatzweise, aber in einem anderen philosophischen Referenzrahmen, nachgeholt werden.

Wir fragen jedoch streng genommen nicht mehr nach den theoretischen Fundamenten, die heilpädagogische Praxis *begründen* könnten, sondern versuchen eher, *Fragmente eines sozialtheoretischen Bezugsrahmens* so zu konstellieren, daß sie eine neue Sichtweise auf (heil)pädagogische Ziele ermöglichen und Heilpädagogik sozialphilosophisch-ethisch *legitimieren* können. Denn folgt man der aktuellen Entwicklung in Philosophie und Sozialwissenschaften, so erscheint im 'nachmetaphysischen Zeitalter' (*Habermas* 1988c; *Schulz* 1980) eine 'starke' Form von *Begründung* i.S. von Deduktion oder Konstitution nicht mehr möglich. Daß Heilpädagogik notwendigerweise ein gleiches Lebensrecht aller, die Menschenantlitz tragen, und ein Recht auf Verschiedenheit voraussetzen muß, um theoretisch und praktisch im Sinne der betroffenen Menschen mit Behinderung handeln zu können, ist in dieser Arbeit Ausgangs-, nicht Zielpunkt. Diese notwendige Voraussetzung ist aber keine hinreichende: Will man nicht bei humanitären Appellen stehenbleiben, ist es zugleich erforderlich, sie herzuleiten bzw. argumentativ zu erläutern und zu verteidigen.

Als Horizont der Erörterungen ist - auch bezogen auf die Lebenswelt und eventuelle Praxisbeispiele - vor allem die Pädagogik der Geistig- und Schwerbehinderten sowie die außerschulische Heilpädagogik und Lebensbegleitung erwachsener Menschen mit Behinderungen erkennbar (und intendiert), da hier von Erziehungsbedürftigkeit und Bildungsrecht am stärksten in Frage gestellt sind und sich am meisten bewähren müssen.

Die vorliegende Arbeit will - sowohl bezüglich ihrer Ausgangspunkte wie ihrer Zielsetzungen - als Plädoyer für eine mehrdimensionale, perspektivische und kritische Sicht von (Heil-)Pädagogik gelesen werden. Sie versteht sich deshalb auch in mehrfachem und spezifischem Sinne als interdisziplinär:

1. unter einem internen Aspekt: sie weist als Grundlagenreflexion über eng umgrenzte sonderpädagogische Fachrichtungen (spezielle Heilpädagogik) hinaus und ist der allgemeinen (Heil)Pädagogik zuzurechnen;
2. unter einem externen Aspekt: die Themen und ihre Bearbeitung bewegen sich im Schnittfeld von Pädagogik, Psychologie und Philosophie (es geht um sozialphilosophische Fundierung);
3. unter einem kritischen Aspekt: Interdisziplinarität wird nicht als ein Nebeneinander oder als einfache Addition der einzelnen Fachdisziplinen verstanden, sondern in Anlehnung an das Programm eines "interdisziplinären Materialismus" (*Horkheimer* Ges. Schr. Bd. 3, 20ff.) als eine innere Verbindung aufgrund thematisch-materialer Aspekte - mit anderen Worten: als immanent kritische Interpretation und Kombination unterschiedlicher Modelle.

Inhaltlich wie formal (methodisch) ist die vorliegende Arbeit der Dialektik und einer kritischen Hermeneutik verpflichtet. Deshalb wurde auch versucht, beständig mitzudenkende dialektische Bezüge, Denkschleifen und hermeneutische Zirkel resp. Spiralen zu versprachlichen. Bezüglich der Schriften *Plessners*, *Horkheimers* und *Adornos*, die in der Heilpädagogik noch kaum vertraut sind, erschien es im Interesse eines möglichst unmittelbaren Eindrucks notwendig, die Originaltexte relativ ausführlich zu referieren. Was die philosophiegeschichtlichen Hintergründe wie die aktuelle philosophische Diskussion insgesamt angeht, wird selbstverständlich kein Anspruch auf Vollständigkeit erhoben.

Im ***ersten Teil*** werden zunächst der *Menschenbild*-Begriff und der Stellenwert von Anthropologie für Philosophie und Pädagogik skizziert. Anschließend werden vor allem die drei philosophischen 'Groß-Anthropologien' unseres Jahrhunderts dargestellt und einer Kritik aus heilpädagogischer Sicht unterzogen. Gerade die komplexe Konzeption *Plessners*, die dabei den größten Raum einnimmt, ist - über das Schlagwort vom Menschen als »offene Frage« hinaus - bislang in der heilpädagogischen Literatur noch kaum beachtet worden. Die vergleichende und kritisch-hermeneutische Darstellung mündet schließlich in das Desiderat einer Anthropologiekritik und kritischen Sozialanthropologie.

Eine damit verbundene Rückbesinnung auf das *Bilderverbot* der frühen Kritischen Theorie schafft die Voraussetzungen einer Kritik anthropologischer - vermeintlich sicherer - Fundamente von (Heil-)Pädagogik. Eine systematische Rezeption der Anthropologiekritik *Horkheimers* und *Adornos* war für die Heilpädagogik überhaupt erst noch zu leisten. Die Diskussion einiger zentraler Begriffe Kritischer Theorie als mögliche Grundkategorien kritischer Anthropologie und Pädagogik beschließt im Sinne einer *Zwischenbilanz* den ersten Teil.

Der ***zweite Teil*** widmet sich den *Perspektiven einer kritischen Heilpädagogik*. Hier geht es um eine neue Verhältnisbestimmung von Anthropologie und (Heil-)Pädagogik, Gesellschaftstheorie und Ethik. Dieses komplexe Verhältnis wird mittels kritisch-theoretischer Rekonstruktionen ausgewählter heilpädagogischer Positionen, verschiedener sozialphilosophischer und -psychologischer sowie ethischer Theoriemodelle erläutert. Dabei dienen nicht mehr der Menschenbild- oder Person-, sondern der *Differenz*- und der *Intersubjektivitäts*-Begriff als 'roter Faden' - unter der heilpädagogischen Zielperspektive einer Solidarität mit schwachen und benachteiligten Menschen.

In den ***abschließenden Überlegungen*** werden nicht nur die wesentlichsten Ergebnisse des Projekts thesenartig zusammengefaßt, sondern auch einige lebensweltlich-handlungspraktische Konsequenzen sowie erste Umrisse einer Transformation der sozialphilosophischen Reflexionen in sozialwissenschaftlich-methodologische Modelle in den Blick genommen.

Teil I
Vom Menschenbild zum Bilderverbot?

*

Die Frage nach den anthropologischen Fundamenten
enthält als Kernfrage immer die Ziel- und Sinnfrage
bezogen auch auf Extremvarianten menschlichen Seins.
U. Haeberlin (1985)

*

Das Wort Menschenbild ... ist nur noch die Paßphotographie
dafür, daß derjenige, der es gebraucht, davon überzeugt ist,
die Welt, in der wir leben,
sei eine menschliche
und es komme in ihr nur auf den Menschen an;
er ist, kurz gesagt,
mit dieser Welt
in allen wesentlichen Dingen einverstanden.
Th.W. Adorno (1962/PhT I)

1. »Menschenbilder«: Aspekte anthropologischer Konzeptionen in Philosophie und Pädagogik

1.1 Zu den Begriffen »Menschenbild« und »Anthropologie«

Menschenbilder haben wieder Konjunktur. Gerade in der Pädagogik und der Heil-/Sonderpädagogik hört und liest man immer wieder die Forderung, das einer Theorie oder einer praktischen Methode zugrundeliegende Menschenbild aufzudecken und für die Bewertung des jeweiligen Konzepts sowie für die Aufstellung von Erziehungszielen heranzuziehen.[1] Das »Menschenbild« einer Person oder Gruppe bezeichnet das Gesamt all ihrer expliziten oder impliziten Auffassungen über das, was den Menschen ausmacht bzw. ausmachen *soll*. Diese Annahmen, die also auch ethische Orientierung leisten, können sowohl bewußt wie vorbewußt sein, sowohl als vorwissenschaftliche Alltagstheorie wie auch als philosophische Reflexion auftreten. Im ersten Falle lassen sie sich evtl. im Sinne der sozialpsychologischen Einstellungsforschung verstehen und nach kognitiven, emotionalen und Verhaltensaspekten analysieren, im zweiten Fall verweisen sie auf die Philosophiegeschichte (Metaphysik) und sind Bestandteil einer Weltanschauung oder Religion. Es handelt sich bei Menschenbildern meist um eine Mischung von wissenschaftlicher Erkenntnis und Spekulation, von rationalen und irrationalen Elementen. Immer jedoch scheint zum einen ein Zusammenhang mit dem subjektiven Selbstbild (Persönlichkeitsideal) ihrer jeweiligen VertreterInnen zu bestehen, zum anderen ein mehr oder weniger starker Einfluß auf das praktische soziale Handeln wie auf die Theoriebildung feststellbar zu sein.

Menschenbilder lassen sich nach verschiedenen Gesichtspunkten zuordnen und klassifizieren (vgl. *Hamann* 1993; *Meinberg* 1988) - z.B. nach historischen Epochen, Kulturkreisen oder Religionen (Beispiel: christlich-abendländisches Menschenbild), nach Wissenschafts- oder Philosophieverständnis oder gar nach einzelnen Fachdisziplinen (Beispiel: biologi[sti]sches, kybernetisches Menschenbild usf.). Unter systematischem Aspekt sprechen wir im folgenden

---

1 Vgl. für die Heilpädagogik z.B.: *Haeberlin* (1985); *Fischer* (1989); *Bleidick* (1990); *Siegenthaler* (1993) u.v.a.m.; für die allgemeine Pädagogik auch die Arbeit von *Meinberg* (1988).

von anthropologischen Grundannahmen oder einfach von (impliziter) »Anthropologie«.

Anthropologie, die »Wissenschaft vom Menschen«, ist (auch als explizite) nicht erst eine Erscheinung unseres Jahrhunderts. Die Frage nach dem »Wesen«, der »Natur des Menschen«, die Konstatierung und die Reflexion seiner Körper-Geist- resp. Leib-Seele-Dualität ist so alt wie die abendländische Philosophie selbst. Anthropologie wurde jedoch seit der Antike bis ins 19. Jahrhundert nie als gesonderte philosophische Fachdisziplin, sondern im Rahmen der metaphysischen Gesamtdeutung des Seins (Ontologie) thematisiert. Alle großen Philosophen haben Aussagen zu Wesen und Bestimmung des Menschen gemacht, "Menschenbilder" entwickelt - und häufig genug dogmatisiert.

Anthropologisches Denken ist seit den 50er Jahren nicht nur zunehmend von der Pädagogik in Anspruch genommen worden, sondern unter dem Titel einer "pädagogischen Anthropologie" zeitweise zu deren Fundament oder gar zur "Integrationswissenschaft" avanciert (vgl. *Roth* 1976a, b; *König/Ramsenthaler* 1980). Die Pädagogik stand dabei immer in Gefahr, sich auf fixe Menschenbilder festzulegen und damit affirmativ statt kritisch, rückwärtsgewandt statt antizipatorisch (und damit emanzipatorisch) zu wirken. Dem entspricht vor allem die "Neigung der deutschen Pädagogik ..., auf konkrete gesellschaftliche, politische und sachliche Fragen nicht adäquat auf der jeweiligen Ebene, sondern generell mit einem Menschenbild zu antworten" (*Kupffer* 1984, 9; i. Orig. hervorgeh.). Deshalb findet sich heute die Forderung, pädagogische Anthropologie nur noch als kritische und historische zu betreiben und Menschenbilder als Referenzrahmen für Erziehung und Bildung zu 'dekonstruieren' (vgl. *Gebauer* et al. 1989; *Wulf* 1994).

Zwecks begrifflicher Klärung können vorab folgende Anthropologien unterschieden werden:

a) *»Naturwissenschaftliche« Anthropologie* (Biologie, Genetik, Medizin): Evolutionstheorie und Ethologie zeigen die phylogenetischen Zusammenhänge mit den übrigen Lebewesen auf. Neurophysiologie, Neuropsychologie etc. geben wichtige wissenschaftliche Daten über den menschlichen Organismus, die z.B. in die Konstruktion biologischer und/oder kybernetischer Menschenbilder einfließen, die in unserem Rahmen höchstens am Rande thematisiert werden.
b) Die *»Sozial- und Kulturanthropologie«*, besonders in den USA verbreitet, "untersucht die Wirkungen der Gesellschaft im weitesten Sinn auf die Individuen und deren Verhalten" (*Dorsch* 1987, 41) - häufig im Vergleich verschiedener Kulturen. Sie wird gelegentlich auch als *»psychologische Anthropologie«* bezeichnet. Der Begriff der »Sozialanthropologie« wird jedoch in der

vorliegenden Arbeit abweichend von dem der Kulturanthropologie (Ethnologie) verwendet werden. Es handelt sich bei der Kulturanthropologie (wie bei den genannten Naturwissenschaften) um »anthropologische Forschung«, die aus der jeweiligen Perspektive empirischer Einzelwissenschaften den Menschen zum Objekt hat resp. macht. (Leitende Fragestellung: *Wie* ist der Mensch unter diesem oder jenem Gesichtspunkt?)

c) Die *»Philosophische Anthropologie«*[2] war und ist besonders im deutschsprachigen Raum verbreitet. Zwischen den Weltkriegen als besondere, bei der damals noch jungen Wissenschaft der Biologie ansetzende Richtung entstanden, versucht sie v.a. die Aussagen der Psychologie zu ergänzen resp. zu begründen. Die Fragestellung der philosophischen Anthropologie lautet: *"Was ist der Mensch?"*; sie fragt nach der *»Natur«*, dem *»Wesen des Menschen«* und seiner *»Stellung in der Welt«*. Dazu gehört dann auch die Frage der Kulturentstehung, allerdings aus einer übergreifenden philosophischen Perspektive und nicht i.S. ethnologischer, vergleichender Forschung.

d) Schließlich ist die Tradition der *»pädagogischen Anthropologie«*[3] zu nennen, die mit der philosophischen Anthropologie aufs engste verknüpft ist. Sie ist *teleologisch* angelegt, d.h. sie fragt noch akzentuierter nach der Bestimmung des Menschen, als die philosophische Anthropologie es ohnehin schon tut. (Man könnte deshalb von der »*Wozu*-Frage« sprechen.) Außerdem besteht für die pädagogisch(-anthropologisch)e Fragestellung, der Frage nach den *Erziehungszielen*, stets eine Verbindung zur Ethik.

1.2 Entwicklungslinien und Leitbegriffe (heil)pädagogischer Anthropologie

> Eine heilpädagogische Anthropologie
> darf sich nicht von einer umfassenden Anthropologie unterscheiden.
> *U. Haeberlin* (1985, 11)

Die Pädagogische Anthropologie hatte ihre »Blütezeit« in den späten 50er und den 60er Jahren und wurde dann zunehmend von gesellschaftstheoretischen Ansätzen verdrängt. Diese Entwicklung kann in unserem Rahmen ebensowenig

---

2 Vgl. dazu einführend: *Habermas* (1977a); *Schulz* (1980, 336-467)

3 Zu Einführung und Überblick vgl. *Gerner* (1974), der die Pädagogische A. im Verhältnis zur philosophischen und zu anderen einzelwissenschaftlichen "Regionalanthropologien" diskutiert; als historische Einführung vgl. *Lassahn* (1983) sowie die Sammelbände von *Höltershinken* (1976) und *König/Ramsenthaler* (1980).

ausführlich nachgezeichnet werden, wie die bis heute verwirrende Begriffsvielfalt geklärt werden kann (vgl. dazu *Höltershinken* 1976, 1-20; *Kamper* 1989). Einige wenige Hinweise müssen genügen, zumal es in der Heil-/Sonderpädagogik kaum Vergleichbares gegeben hat. Die schier unübersehbaren unterschiedlichen Ausprägungen der pädagogischen Anthropologie und ihre ungeklärten Ansprüche (Aufgabenstellung) als eine Grund- und/oder Zielwissenschaft beklagte zuletzt noch *Braun* (1989) als "Elend der pädagogischen Anthropologie".

Bei aller Heterogenität pädagogischer Anthropologien kann als ihr allgemeines und gemeinsames Thema seit *Kant* und *Herbart* die »Menschwerdung des Menschen durch Erziehung« betrachtet werden, wenn diese emphatische Formel auch (und gerade im heilpädagogischen Kontext) zunehmend problematisch geworden ist. Immer wiederkehrende Leitbegriffe pädagogischer Anthropologie sind dementsprechend:

- die Erziehungsbedürftigkeit bzw. das Begriffspaar von »Bildsamkeit und Bestimmung« (*Roth*);
- die Anleitung zur Selbsttätigkeit resp. die Erziehung zur Autonomie;
- die Personwerdung des Individuums (z.B. *Derbolav*).
- Aber auch der »pädagogische Bezug« (*Nohl*) bzw. das pädagogische Verhältnis, in dem sich Erziehung und Bildung vollziehen, besitzt pädagogisch-anthropologische Relevanz.

In der Tradition der Heil-/Sonderpädagogik finden wir die weitgehend parallelen Leitbegriffe einer grundsätzlichen Bildbarkeit und Erziehbarkeit, die durch "Entwicklungshemmungen" (*Hanselmann*) erschwert sein kann (eine eher biologische resp. psychologische Begrifflichkeit); oder die existenzphilosophische Rede vom "äußeren und inneren Halt" (*Moor*) zur Kennzeichnung des Erziehungsverhältnisses. Als »Bestimmung« bzw. Ziel aller heil-/sonderpädagogischer Bemühungen wird dann später die "Selbstverwirklichung in sozialer Eingliederung" (*Bach* 1979, 24) benannt.

Mit *Gerner* (1974) oder *Kamper* (1989) lassen sich drei bzw. fünf verschiedene Frage-Richtungen oder Typen pädagogischer Anthropologie ausmachen, die sich nach unserer Einschätzung zumindest ansatzweise auch in der Heil-/Sonderpädagogik wiederfinden lassen:

- *Integrativ orientierte Richtungen bzw. ein integral-basaler Ansatz* (i.S. der »Klassiker«: *H. Roth* oder *A. Flitner*): Die verschiedenen Einzelwissenschaften werden im Hinblick auf Aussagen zum Menschen und zur Erziehung ausgewertet. Das Bemühen einer Zusammenfassung einzelwissenschaftlicher Befunde mit dem Ziel einer Fundierung der Heilpädagogik findet sich in jeweils unterschiedlicher Art bei *Bleidick* (1984; 1985) und *Speck* (1988; 1993a). Es handelt sich jedoch wie in der allgemeinen Pädagogik um ein naturgemäß fragmentarisch bleibendes und bei *Bleidick* schließlich abgebrochenes Unternehmen.

- *Philosophisch orientierte Richtungen bzw. philosophisch-anthropologischer Ansatz*: Hierbei geht es um den Beitrag der Pädagogik zur philosophischen Anthropologie et vice versa. Hauptvertreter einer philosophisch-anthropologischen Pädagogik sind *O.F. Bollnow* (1965; 1980a,b; 1983) und sein Schüler *W. Loch* (z.B. 1980), die an *Plessner*s Diktum vom Menschen als "offene Frage" anknüpfen. Diese Autoren unterscheiden "pädagogische Anthropologie" einerseits, die philosophischer Anthropologie entspricht und von der "Erziehungsbedürftigkeit" des Menschen als Grundtatsache ausgeht, aber auch die Ergebnisse der Einzelwissenschaften ("anthropologische Forschung") berücksichtigt, und "anthropologische Pädagogik" andererseits. Hier werden in pädagogischer Perspektive menschliche Einzelphänomene - wie Angst, Geborgenheit, Wohnen, Strafe etc. - bezüglich ihrer Bedeutung für die Erziehung analysiert. Untersucht wird also der Einfluß einzelner Phänomene des menschlichen Lebens auf die Erziehung et vice versa der Einfluß der Erziehung auf solche Einzelphänomene; wobei die Autoren jedoch wiederum entgegengesetzte Terminologien verwenden.[4] In der Heil-/ Sonderpädagogik finden sich entsprechende Hinweise in der Tradition der Schweizer Heilpädagogik (*Hanselmann; Moor*) und wiederum v.a. bei *Bleidick* (1984, 424ff.) insofern er auf *Scheler* und *Bollnow* rekurriert (s.u.). Explizit in der Nachfolge *Bollnows* und *Moors* sieht sich *Siegenthaler* (1983; 1993).

Bezüglich der philosophisch orientierten Richtungen lassen sich nochmals drei Varianten unterscheiden:

- *phänomenologischer Ansatz* (ein »Klassiker« in der allgemeinen Pädagogik ist *Langeveld* 1965): Phänomenologische Positionen, die im weitesten Sinne auf *Husserl* und/oder *Merleau-Ponty* zurückgehen, gehen von der grundlegenden Bedeutung von 'Intentionalität' (Gerichtetheit) und 'Leiblichkeit' alles menschlichen Lebens aus. Sie werden heute in den Grundlegungsbemühun-

---

4 Was *Bollnow* "Anthropologische Pädagogik" (1983) nennt, nämlich wie Erziehung verschiedene menschliche Phänomene bedingt, heißt bei *Loch* (1980) "Pädagogische Anthropologie". Diese fragt nach *Bollnow* danach, wie das Wesen des Menschen beschaffen sein muß, damit spezifische Erziehungserscheinungen als sinnvoll oder notwendig begriffen werden können, was für *Loch* eine "anthropologische Pädagogik" auszeichnet.

gen einer Schwer(st)behindertenpädagogik zunehmend aufgegriffen (*Pfeffer* 1988; *Dreher* 1986; 1990; 1991; *Fornefeld* 1991; *Stinkes* 1993; *Kleinbach* 1994);

- *dialektisch-reflexiver Ansatz* (i.S. der geisteswissenschaftlich-dialektischen Pädagogik *Derbolavs* u.a.): Ausgehend von der Dialektik von Sein (Erziehungswirklichkeit) und Sollen (Sinn der Erziehung) wird der Bildungs- als Selbstverwirklichungsprozeß des Individuums gedacht, für den die Wechselbeziehung zwischen Erzieher und zu Erziehendem konstitutiv ist. Dieser Ansatz läßt sich nicht so ohne weiteres (zumindest nicht explizit) bestimmten heil-/sonderpädagogischen Konzepten resp. Autoren zuordnen (vgl. *Löwischs* erziehungsphilosophischen Grundlegungsversuch einer Heilpädagogik von 1969; vgl. auch *Mühl* 1969 und von ihrem impliziten Selbstverständnis her *Bach* 1980 und *Speck* 1993a).
- *dialogischer Ansatz* (als kritische Weiterentwicklung des dialektischen Ansatzes; vgl. *Rombach* 1966): Hierbei wird die Unverfügbarkeit des Mitmenschen auch im Erziehungsverhältnis herausgestellt. Anzeichen eines solchen Ansatzes finden sich gegenwärtig - jedoch stärker mit Rekurs auf *Buber* als auf die allgemeine Pädagogik - z.B. bei so heterogenen heilpädagogischen Autoren wie *Feuser, Jantzen, Haeberlin, Speck* und *Theunissen*.

• Am häufigsten handelt es sich jedoch auch in der Heil-/Sonderpädagogik um "anthropologische Implikationen" (*Gerner* 1974) und/oder um (heil)pädagogische Interpretationen anthropologischer Modelle ('Menschenbilder') aus Philosophie, Psychologie und Soziologie (so schon bei *Hanselmann* und *Moor*; in der Gegenwart bei *Bach*; *Speck*; *Haeberlin*; *Theunissen* u.v.a.m.).

Nicht erst durch die sog. "*Singer*-Debatte", sondern durch sie höchstens verstärkt, ist die Möglichkeit, Notwendigkeit oder Unmöglichkeit einer anthropologischen Fundierung von Heilpädagogik erneut zu einem Thema sonder-/heilpädagogischer Diskussion geworden. So hat *Bleidick* bereits 1972 im Rahmen seines großangelegten Entwurfs einer erziehungswissenschaftlichen Begriffssystematik und wissenschaftstheoretisch fundierten "Pädagogik der Behinderten" - freilich in Form eines Exkurses (^{5}1984, 424-484) - eine "Anthropologie des Behinderten und seiner Erziehung" entworfen, wobei er ihren Stellenwert für die Konstitution der (Behinderten-)Pädagogik jedoch etwas zwiespältig einzuschätzen scheint, worauf später noch zurückzukommen sein wird (s. 4.2.1).

Allgemein läßt sich mit *Bleidick* zunächst ein mehr induktives (von den Einzelwissenschaften her) von einem mehr deduktiven (philosophischen) Vorgehen unterscheiden. Kombinationsmodelle von induktivem und deduktivem

Ansatz finden sich bei *O.F. Bollnow* und *W. Loch*, deren Begriffsdifferenzierung in"pädagogische Anthropologie" einerseits und "anthropologische Pädagogik" andererseits von *Bleidick* als überflüssig angesehen wird. Er faßt pädagogische Anthropologie und anthropologische Pädagogik wiederum zusammen und betrachtet pädagogische Anthropologie im weiteren Sinne gemäß seiner an *Brezinka* orientierten Auffassung nicht als Teil der empirischen Erziehungs*wissenschaft*, sondern der Erziehungs*philosophie*. Zugleich qualifiziert er deren "Setzungen" als vor- wie metawissenschaftliche "Glaubenskundgaben" und setzt sie gleich mit "normativer Pädagogik" (*Bleidick*, 427f.). "Eine Wissenschaft der Erziehung betrachtet die Pädagogische Anthropologie als Metatheorie, womit sie ihre Dignität an einem anderen Ort erhält." (429) Gemeint ist damit eben der (nicht-wissenschaftliche) Bereich einer Erziehungs*philosophie,* deren Aufgabe (1.) die Aufstellung von Sollensforderungen (Erziehungsziele), (2.) die metawissenschaftliche "Synthese des Wissens" i. S. einer "integralen Anthropologie" und (3.) die metaphysische Sinndeutung (Wesensaussage) ist (ebd.).

Bleidick betont - ähnlich wie später *Haeberlin* (1985) -, daß praktische Absichten wie ideelle (theoretische) Aussagen über Erziehung stets ein Menschenbild als Ziel bzw. Orientierung implizieren (so auch noch *Bleidick* 1990, 514). Dem "immanenten Menschenbild" auf der handlungspraktischen Ebene der Erziehung entspricht eine "implizite Anthropologie" auf der Theorieebene der Pädagogik. Bei diesem Übergang bzw. der theoretischen Verallgemeinerung kann es jedoch zu dogmatischen Verkürzungen kommen. Wegen dieser Gefahr spricht sich *Bleidick* zwar einerseits zugleich - und unter nachdrücklicher Berufung auf *Bollnow*s Aussage - für ein "Bilderverbot" (431) aus: "Darum muß die Pädagogik die Forderung nach einem zugrundeliegenden Menschenbild als unangemessen zurückweisen. (...) Nur in der Anerkennung dieser vollen Bildlosigkeit kann sich der Mensch für die unabsehbaren neuen Möglichkeiten seines Lebens offenhalten." (*Bollnow* 1965, 52f.) Andererseits aber gelten ihm Menschenbilder, solange sie nicht "allgemeinverbindliche Normen" festschreiben (*Bleidick* 1984, 431), als wichtig und fruchtbar für die Erziehung, und zwar bezüglich der subjektiven Seite, der Motivation des Erziehers.[5] Anthropologie und Menschenbild umfassen in dieser Sicht "Appelle" und "humane Verpflichtungen" des Erziehers - aber: "Für welches Menschenbild er sich entscheidet, das ist seine Sache." (432)

5 Hier argumentiert *Bleidick* im Grunde nicht anders als der von ihm kritisierte *Paul Moor*!

Mit dieser Ambivalenz ist in nuce bereits der Problemaufriß der vorliegenden Abhandlung gegeben. Im folgenden wird diesem Spannungsverhältnis von Menschenbildern und Bilderverbot, von anthropologischen und ethischen Diskursen nachgegangen, wobei allerdings nicht nochmals die 'klassische' personalistisch-christliche Tradition der Heilpädagogik aufgerollt werden soll (vgl. dazu die Sammeldarstellung von *Kobi* 1985a)[6]. Vielmehr sollen im Verlauf unserer Untersuchung exemplarisch einige Konzeptionen gegenwärtiger Heilpädagogik im Hinblick auf ihre anthropologische Ausrichtung vorgestellt und anthropologie-kritisch analysiert werden. Die gewählten Autoren *Bleidick, Haeberlin* und *Speck* können diesbezüglich durchaus als repräsentativ (und schulbildend) für die deutschsprachige Heil-/Sonderpädagogik gelten.

Bevor jedoch diese kritische Darstellung maßgeblicher heilpädagogischer Konzeptionen und die Konsequenzen für eine anthropologie-kritische Heilpädagogik im II. Teil entfaltet werden können, müssen zunächst die wichtigsten philosophischen Entwicklungslinien - insbesondere die Entwicklung der philosophischen Anthropologie des 20. Jahrhunderts und der Kritischen Theorie - in ihren Grundzügen erst einmal nachgezeichnet werden, was in den meisten heilpädagogischen Positionen bislang weitgehend vernachlässigt wurde.

1.3 Entwicklungslinien und Leitbegriffe philosophischer Anthropologie

1.3.1 Philosophiegeschichtliche Voraussetzungen

Die Frage nach der »Natur des Menschen« ist im Paradigma eines Körper-Geist- bzw. Trieb-Vernunft-Dualismus seit der Antike stets ein implizites Thema der Metaphysik gewesen. Anthropologische Fragen wurden in der metaphysischen Tradition bis zum Deutschen Idealismus nicht gesondert als eigene Disziplin, sondern "im Zusammenhang einer umfassenden Deutung des Seienden im Ganzen" (*Schulz* 1980, 336) thematisiert. Und zwar geschah dies von *Platon* bis *Hegel* unter dem *Primat des Geistes* resp. der Vernunft, um dann in eine Phase der »Verleiblichung« - von *Feuerbach* bis *Schopenhauer* und *Nietzsche* - einzutreten, in der die *Triebschicht* prädominant wurde (vgl. *Schulz* 1980, 336ff.).

6 Vor allem bezogen auf *Hanselmann* und *Moor* ist außerdem auf die kritischen Darstellungen bei *Bleidick* (1984) und *Jantzen* (1977) zu verweisen, denen sich die vorliegende Untersuchung weitgehend anschließen kann.

Während im Mittelalter, in dem die christliche Theologie die Philosophie beherrschte, ja mit ihr weitgehend identisch war, Natur und Bestimmung des Menschen aus der 'göttlichen Offenbarung' abgeleitet wurden - der Mensch definierte sich im Verhältnis resp. durch den Unterschied zu Gott -, so wurde in der Renaissance, in der sich Individualität (das 'bürgerliche Individuum') und Selbstbewußtsein herausbilden, Anthropologie erstmals zum "Spezialproblem der Naturwissenschaft" (*Horkheimer* 1988d, 10) - freilich nach wie vor unter der Hoheit der Philosophie. Anknüpfend an die Antike wird eine naturalistische Anthropologie entwickelt, für die die menschliche "Selbsterhaltung sowie die ihr entsprechende Tätigkeit das höchste Gut" darstellen (ebd.).

In der Folgezeit ergab dann der *cartesische Dualismus* von »res cogitans« und »res extensa«, die These der völligen Verschiedenheit und Trennung der "denkenden" von der "ausgedehnten" (räumlich-materiellen) Substanz, also des geistigen Menschen (Erkenntnissubjekt) vom real-körperlichen Menschen und der Natur insgesamt, komplizierte anthropologische und methodologische Probleme, die bis heute nachwirken: Wie ist das Zusammenspiel von Körper und Geist, das 'psycho-physische Problem' zu fassen? Eher idealistisch oder materialistisch? Als Parallelismus oder als Wechselwirkung? Bietet die Psychosomatik resp. die sog. Tiefenpsychologie eine Lösung? Die Beantwortung solcher Fragen bzw. die Überwindung des Dualismus, zu der *Helmuth Plessner* und *Th. W. Adorno*, wie wir noch sehen werden (Kap. 1.3 u. 2), einiges beigetragen haben, stellt bis heute eine Aufgabe nicht nur für die Philosophie, sondern auch für alle Humanwissenschaften und insbesondere für Psychologie und Pädagogik dar.

Bislang wurde entweder ein radikaler Vorrang der Subjektivität herausgestellt wie in der spekulativen Metaphysik oder der Transzendentalphilosophie, oder der Mensch verdinglichte sich selbst durch eine Überbetonung des Objektpols: der Mensch als Forschungsobjekt (Positivismus, Behaviorismus).

Eine gewisse historische Sonderstellung bzgl. der Anthropologie nimmt *Kant* ein. Einerseits subsumiert er die drei 'großen' philosophischen Fragen - "Was kann ich wissen? Was soll ich tun? Was darf ich hoffen?" (Erkenntnistheorie - Moralphilosophie/Ethik - Theologie) - unter die eine, die vierte Frage "Was ist der Mensch?", andererseits besitzt aber die Anthropologie für ihn nur eine unter- und der Moralphilosophie nachgeordnete Bedeutung. Historisch wichtig und heute noch relevant ist *Kants* Unterscheidung von »physiologischer« und »pragmatischer Anthropologie«: "Die physiologische Menschenkenntnis geht auf die Erforschung dessen, was die Natur aus dem Menschen macht, die pragmatische auf das, was er als frei handelndes Wesen aus sich selber macht, oder machen kann und soll." (KWA XII, 399) Anlage der Kantischen Anthropologie und die Fülle ihrer 'empirischen' psychologischen, soziologischen, ethnologischen und historischen Beobachtungen muten beinahe 'modern' an (i.S. anthropologischer Forschung und der Kulturanthropologie).

Pragmatisch und zugleich normativ ist *Kants* Anthropologie insofern, als der Mensch als Gattungswesen die Fähigkeit und die Aufgabe hat, "...sich nach seinen von ihm selbst genommenen Zwecken zu perfektionieren; wodurch er als mit *Vernunftfähigkeit* begabtes Tier (animal rationabile) aus sich selbst ein *vernünftiges* Tier (animal rationale) machen kann" (ebd. 673; Hervorh. i.Orig. gesperrt). Das (noch ganz ungebrochen) aufklärerische Ziel ist also "die Perfektionierung des Menschen durch fortschreitende Kultur" (ebd. 674). *Kants* "pragmatische Anthropologie" bildet (explizit oder implizit) den Ausgangspunkt für alle späteren anthropologischen Fragestellungen und Konzepte. Zugleich markiert sie den Übergang zur Ethik und zeigt eine bedeutsame Verknüpfung auf mit "Erziehung" bzw. Pädagogik (vgl. *Loch* 1980), woran bis heute immer wieder angeknüpft wird und auf die wir noch zurückkommen werden (s. Kap. 4).

Seit *Hegel* bestimmt der Gegensatz von Geschichts- und Naturphilosophie (inkl. Anthropologie) die weitere Debatte bis in die Gegenwart. Als Vollender des Deutschen Idealismus - und damit auch der traditionellen metaphysischen Anthropologie - kritisiert *Hegel* die naturphilosophisch geprägte Anthropologie als ungeschichtlich und hebt starr fixierte (v.a. theologisch geprägte) Wesensbestimmungen des Menschen und seiner Endlichkeit (in der Unterscheidung von Gott) auf.[7] Er entwickelt dialektisch die Dimension der Geschichte, den entwicklungsgeschichtlichen Aspekt des Geistes resp. Bewußtseins. Damit löst er den alten Dualismus von *Descartes* auf und bietet gleichzeitig eine neue, auch pädagogisch relevante Lehre vom Menschen als Vernunftträger und seiner Entwicklung. *Hegel* (1986a,b) entwickelt sein System in drei Stufen vom 1) *subjektiven* über den 2) *objektiven* zum 3) *absoluten Geist.*

Das *Bewußtsein* entwickelt sich vom egozentrischen "Selbstbewußtsein" (Subjekt-Objekt-Trennung) zu einem durch die Vernunft vermittelten "allgemeinen Selbstbewußtsein" als gegenseitige Anerkennung verschiedener Individuen und Aufhebung der Subjekt-Objekt-Spaltung resp. des Ich-Welt-Gegensatzes (Identitätsphilosophie). Dieser Zusammenhang verweist zugleich schon auf die praktische Philosophie (Ethik, Politik).

Das heißt auch, "daß die dem erkennenden Subjekt selbstverständliche Erkenntnisfähigkeit das komplizierte Resultat einer gesellschaftlichen Anerken-

7 "Es gibt, wie Hegel sagt, eigentlich nicht einen menschlichen Geist und als Gegensatz dazu einen göttlichen Geist, Geist ist immer der eine und derselbe Geist. Indem man diesen Geist als das bestimmende Prinzip alles Seienden versteht, lösen sich die anthropologischen Probleme... ." (*Schulz* 1980, 356)

nung darstellt. *Hegel* belegt diese Differenz von subjektiver Erkenntnis und sozialer Anerkenntnis, die menschliches Bewußtsein konstituiert, mit den Termini 'Individuum' und 'Person' und bringt damit einen allgemeinen zeitgenössischen Wortgebrauch auf seinen Begriff" (*Kamper* 1973, 176). M.a.W.: "Es gibt keinen anderen Rechtsgrund der conditio humana als Anerkennung. Menschliche 'Substanz' ist ein sozialer Vorrat, der verzehrt werden kann und vermehrt werden muß." (Ebd.) Darauf wird gerade im Kontext einer kritisch-heilpädagogischen Parteinahme für Behinderte noch öfters und eingehend zurückzukommen sein (s. Kap. 4).

Die für *Hegel* (1986a, b) charakteristische *Dialektik* ist nicht nur logische *Methode* (Denkform), sondern zugleich ontologisch (metaphysisch) der *Prozeß* der Selbstbewegung der Wirklichkeit, in dem der Geist immer mehr "zu sich kommt". *Hegel* beschreibt also die Entwicklung der Menschheit in seiner 'Phänomenologie des Geistes' bewußt als »Bildung«, als eine *Bildungsgeschichte* des Bewußtseins - wiederum ein möglicher Anknüpfungspunkt für Pädagogik - und leistet eine geschichtsphilosophische Begründung ihrer Notwendigkeit, die bei *Kant* und z.B. bei *Pestalozzi* bloß postuliert wird (werden kann), und die *Marx* später versucht, 'auf die Füße zu stellen'.

Anthropologie schließt bei *Hegel* an den letzten Teil der Naturphilosophie (Schilderung des Organischen) an und zeigt die Naturgebundenheit des Menschen auf. »Seele« ist dabei im aristotelischen Sinne das zwar körpergebundene, aber immaterielle Lebensprinzip, der Bereich des Erlebens, Empfindens und Fühlens. Empfindung wird als Quelle und Ursprung der Vernunft resp. des Bewußtseins gesehen (Selbstgefühl).[8]

Nach *Hegel* entwickelt sich eine vielfältige philosophische Gegenbewegung. Anthropologisch schlägt das Pendel nun um in Richtung mehr körper- resp. leiborientierter Deutungen, die die Vernunft nicht mehr als vorherrschend verstehen. Anstatt von der Vernünftigkeit als der 'wahren' Bestimmung des Menschen auszugehen, wurde jetzt der 'Wille' (vgl. z.B. *Schopenhauer*) als 'reine unvernünftige Kraft' nicht nur als stärker - da der Mensch ja keineswegs vernünftig lebt -, sondern auch als 'ranghöher' angesehen.

Programm der *philosophischen Anthropologie* unseres Jahrhunderts schließlich ist, trotz des proklamierten »Endes der Metaphysik«, Allgemeingültiges - und d.h. auch zeitlos Gültiges - über die "Grundstruktur des Menschseins" (*Scheler*), die »Natur des Menschen« und seine »Stellung in der Welt« aus-

---

8 Eine gerade behinderten-pädagogisch (und auch ethisch) nicht unwichtige Betrachtungsweise, die z.B. später *Hanselmann* (1941, 78ff.) aufgegriffen hat und die auch bei *Adorno* eine Rolle spielt (s. Kap. 2.2 u. 4.3).

zusagen.[9] Dies kann als Reaktion der Philosophie auf die Verselbständigung der Einzelwissenschaften, die jener Gegenstand und Geltung streitig machen, interpretiert werden. Ausgangspunkt ist die moderne Biologie und Ethologie, zentrales Thema der *Vergleich zwischen Tier und Mensch*[10]. Damit verbunden ist zugleich der Anspruch, die Fülle der empirischen Einzeldaten der sich immer mehr ausdifferenzierenden einzelnen Humanwissenschaften (Biologie, Ethologie, Psychologie etc.) interpretierend zu integrieren bzw. gar zu fundieren - i.S. einer "Basisanthropologie" (*Kamper* 1973, 30)[11]. So konstatiert die Anthropologie in ihrer Negativ-Abgrenzung zum Tier eine "Instinktschwäche" des "Mängelwesens Mensch", das schon von *Herder* als solches apostrophiert wurde. Der Mensch gilt als "biologische Frühgeburt" (*Portmann* 1956), dessen biologisch-organische Ausstattung recht mangelhaft und unspezialisiert ist; er ist deshalb genötigt, "zu handeln, nämlich buchstäblich durch der Hände Arbeit sein Leben zu reproduzieren" (*Habermas* 1977, 95), was so unterschiedliche Denker wie *Marx* und *Gehlen* zu ihrem Grundthema gemacht haben. Mit dem Instinktverlust geht die immense Größen- und Komplexitätszunahme des Gehirns (v.a. die Differenziertheit des Neokortex) einher, und es bilden sich die spezifisch menschlichen Eigenschaften 'Selbstbewußtsein', 'Vorstellungsvermögen/Einbildungskraft' und 'Vernunft' aus, die dazu beitragen, daß die biologische Schwäche des Menschen zugleich die Möglichkeitsbedingung und Grundlage seiner Stärke ist. Der Mensch hat demzufolge dem Tier voraus, daß er nicht nur eine autoplastische, sondern auch eine alloplastische Anpassungsfähigkeit besitzt, d.h.: er vermag nicht nur sich selbst an seine Umgebung anzupassen, sondern auch die ihn umgebende Realität zu verändern; wobei zumindest letzteres bei Menschen mit (schwerer) Behinderung in Frage steht bzw. auch aktuell wieder in Frage gestellt wird.

---

9 Vgl. zur Einführung: *Habermas* (1977, 89-111); *Schulz* (1980, 419-456); *J. Speck* (1981). Den Hintergrund der modernen (nach ihrem Selbstverständnis nicht-spekulativen) philosophischen Anthropologie bilden: die 'Lebensphilosophie' (*Nietzsche; Bergson; Dilthey*); die Geschichtsphilosophie und Hermeneutik *Diltheys*; die Phänomenologie (*Husserl; Scheler*); *Uexkülls* Umwelttheorie. - *Marquardt* (1982, 122ff.) spricht von der Anthropologie als einer "Wende zur Lebenswelt".

10 Auch dieser Vergleich, der den zwischen Gott und Mensch ablöst, ist an sich keineswegs neu, sondern schon bei *Kant, Hegel, Herder* und *Nietzsche* zu finden.

11 Vgl. auch *Portmanns* "basale Anthropologie" (1956), an die in jüngster Zeit von heilpädagogischen Autoren (*Rödler* 1993; *Theunissen* 1989; 1993) angeknüpft wurde, und *Habermas* (1977, 92), der von einem "Bedürfnis nach theoretischer Deutung" spricht.

1.3.2 Sonderstellung des Menschen und Personbegriff bei *Max Scheler*

Nach *Max Scheler*s Programmschrift der modernen philosophischen Anthropologie "Die Stellung des Menschen im Kosmos" (1928; ^{9}1978) bestimmten bislang drei ganz unterschiedliche Ideenkreise das Bild vom Menschen:

- die jüdisch-christliche Tradition (Mensch als Ebenbild Gottes);
- der griechisch-antike Gedankenkreis (Sonderstellung des Menschen als Vernunftträger);
- die modernen Naturwissenschaften und die genetische Psychologie (Mensch als Endergebnis der Erdentwicklung/Evolution).

Entsprechend trennt *Scheler* theologische, philosophische und naturwissenschaftliche Anthropologie, will aber zu einer *"einheitliche(n) Idee vom Menschen"* (1978, 9) durchstoßen, indem er zunächst das "*Wesen des Menschen im Verhältnis zu Pflanze und Tier*, ferner die *metaphysische Sonderstellung des Menschen*" (ebd. 10; Hervorh. i.Orig.) erörtert.

1. Aufbau der biopsychischen Welt (ebd. 11ff.):
Im "Aufbau der biopsychischen Welt" unterscheidet *Scheler* zunächst vier aufeinanderfolgende Stufen, die alle auch im Menschen gegeben sind, obwohl die biopsychischen Bestimmungen bei ihm quasi widersprüchlich-uneinheitlich sein können und keineswegs immer biologisch zweckdienlich sind:

a) *"Gefühlsdrang"* (vegetativ) bezeichnet die ganz nach außen gerichtete Wachstumsbewegung. Diese bewußtlose, empfindungs- und vorstellungslose Stufe entspricht der Pflanze, der eine "*Rückmeldung* von Organzuständen an ein Zentrum", die "Rückwendung des Lebens in sich selbst" noch völlig fehlt (ebd. 14). Beim Menschen wird der Gefühlsdrang als 'sich-ausleben-wollende' Kraft, als "Urpotenz des reinen Willens" (*Schulz* 1980, 423) i.S. *Fichtes*, *Schellings* und *Nietzsches* metaphysisch verstanden und nicht mehr rein biologisch (lebenserhaltend).
b) "*Instinkt*" ist ein "sinnmäßiges" (zweckdienlich i.S. der Selbst- und Arterhaltung) und nach "festem Rhythmus" ablaufendes Verhalten, das angeboren, erblich und artgebunden, aber nicht individuell differenziert ist. Es ist typisch für das Tier, dem mit Sensorium und Motorik auch bereits eine einfache Rückmeldung seines Leibschemas gegeben ist (*Scheler* a.a.O., 41). Beim Menschen ist das Instinktverhalten stark zurückgebildet, es bestehen nur Instinktresiduen (ebd. 21 u. 24), und anders als beim Tier müssen

Instinkte und Triebe unterschieden werden.[12] - Auch die beiden nächsten Stufen kommen noch den Tieren zu:

c) *"Assoziatives Gedächtnis"* meint die Ausdifferenzierung in Einzelvorstellungen und -empfindungen ("Gewöhnung"), die auf sog. bedingten Reflexen[13] aufbauen. Lernen am Erfolg, Übung bis zur Selbst- und Fremddressur haben hier ihren Ort. Auf dieser Stufe verbindet sich das Prinzip der Assoziation mit der Nachahmung. Diese Verknüpfung kann nach *Scheler*s Ansicht bereits als eine primitive Art der "Traditions"-Bildung beschrieben werden, die bereits den Tieren möglich ist (ebd. 29). Jedoch unterscheidet er diesen Traditionsbegriff strikt vom "Geschichtswissen", der bewußten Erinnerung und (symbolisierten) Überlieferung z.B. durch Dokumente.[14]
d) Organisch gebundene, *"praktische Intelligenz"* ermöglicht Antizipation - Einsicht (Intuition) - Mittelwahl (Werkzeugverhalten). Bei der praktischen Intelligenz fällt die Unterscheidung zwischen Tier und Mensch fast am schwersten.[15] Der Mensch als "homo faber" unterscheidet sich tatsächlich nur graduell vom Tier, da einfaches Werkzeugverhalten, das ja auch bei Primaten vorkommt, triebhaft gebunden bleibt und im Dienste der Selbsterhaltung (Reproduktion) steht.

Allen vier dargestellten Stufen ist die Zweck(=Lebens)dienlichkeit gemeinsam, der die *Umwelt* als ein zu überwindender *Widerstand* entgegensteht. Da auch die praktische Intelligenz noch dem Tier zukommt, fragt sich, ob überhaupt zwischen Mensch und Tier noch andere als bloß *graduelle* Unterschiede feststellbar sind. Nach *Scheler* ist dem Menschen jedenfalls unbedingt eine qualitative "Sonderstellung" zuzusprechen: Der Mensch ist "Geistwesen".

2. Das "neue Prinzip": Geist und Weltoffenheit - Person-Begriff (ebd. 36ff.):
Zu den vier genannten Stufen kommt als fünfte und qualitativ andere das "Prinzip Geist" hinzu, womit *Scheler* der metaphysischen Tradition verhaftet bleibt. Geist ist demnach ein vom Organischen unabhängiges, dem Leben (nach *Scheler*) gar entgegengesetztes (!), außerzeitliches und außerräumliches Prinzip (Dualismus Geist-Leben). Geist vergegenständlicht alles Seiende, ist selbst aber nicht gegenständlich und kann auch nicht vergegenständlicht werden.

---

12 "Triebe" sind auch deshalb keine Instinkte, da sie manchmal 'sinnlos' (i.S. von lebensfeindlich) sein können (als Bsp. nennt *Scheler*: Sucht).

13 Hier bezieht sich *Scheler* auf die bekannten Konditionierungsexperimente *Pawlows*.

14 Deshalb wäre mit *Schulz* (1980, 425) dafür zu plädieren, daß der Traditionsbegriff der für den Menschen wesentlichen "Dimension der *Geschichte*" vorbehalten bleibt.

15 Hier verweist *Scheler* auf die bekannten Schimpansenversuche des Gestaltpsychologen *W. Köhler*.

Der Mensch kann geistige Akte vollziehen und distanziert die naturhafte Umweltbindung von Pflanze und Tier zur »*Weltoffenheit*« (= *erste* Bestimmung des Geistes): Ein Geistwesen *hat* Welt und erfaßt und verändert das "So-sein" der Dinge (Gegenständlichkeit, Sachlichkeit) (vgl. ebd. 38f.). "Das Aktzentrum aber, in dem der Geist innerhalb endlicher Seinssphären erscheint, bezeichnen wir als »*Person*«, in scharfem Unterschied zu allen funktionellen Lebenszentren, die nach innen betrachtet auch »seelische« Zentren heißen." (Ebd.; Hervorh. i.Orig.)

Während für die biopsychische Sphäre von *außen* betrachtet Selbstbewegung, Selbstformung, Selbstdifferenzierung und Selbstbegrenzung, von *innen* betrachtet "Für-sich-" und "Inne-sein" charakteristisch sind, ist *zweites* Kennzeichen des Geistigen das *Selbstbewußtsein* qua "Zentrierung seiner Existenz" (ebd. 41) und damit die Fähigkeit zum freien Entwurf seines Lebens. Das Zentrum, die *Person*, ist - so *Scheler* - "über dem Gegensatz von Organismus und Umwelt erhaben" (ebd. 43). *Umwelt* ist dabei primär *Wider*stand des praktischen Daseins und sekundär *Gegen*stand der Erkenntnis.

Aus diesen Bestimmungen des Geistes folgen wiederum weitere "*menschliche Besonderheiten*" (ebd. 44f.) wie

- die "vollausgeprägte Ding- und Substanzkategorie" - oder (in der Sprache moderner Entwicklungspsychologie): die Objektkonstanz. Während bei Tieren die Gegenstandswahrnehmung kontext- und bedürfnisabhängig ist, kann der Mensch gleiche Gegenstände auch immer als solche identifizieren - unabhängig von Entfernung, Beleuchtung, raum-zeitlichen Bedingungen etc.;
- die Möglichkeit einer einheitlichen Raumwahrnehmung ("Herumbewußtsein / -erlebnis") und bewegungsunabhängige Raum-Zeit-Kategorien.

Die dritte Bestimmung des Geistes ist seine *"pure Aktualität"* (ebd. 48f.), d.h. er ist reines (Denk-)Handeln und kein gegenständlich Seiendes. Er manifestiert sich allein "im freien Vollzug seiner Akte". Im Unterschied zur philosophischen Tradition sieht *Scheler* die *Person* also nicht als gleichsam statische Substanz, sondern als dynamisches Geschehen. Person heißt deshalb subjektive geistige Aktivität, vor allem: Selbstvollzug (ebd. 48). Dabei kann der geistige Akt selbst nicht objektiviert werden. "Auch fremde Personen sind als Personen nicht gegenstandsfähig." (Ebd.) Möglich ist nur ein Nach- und Mitvollzug, ein "Verstehen" durch "geistige Liebe".[16]

16 Vgl. dazu *Schelers* "Wesen und Formen der Sympathie" (1913/23; 1973) und die Diskussion zu einer Ethik des Mitleids im 5. Kap. der vorliegenden Arbeit.

3. Akt der Ideierung - Wirklichkeitserlebnis - Neinsagen (ebd. 49ff.):
Spezifisch für den Geist ist der "Akt der Ideierung", der sich von jeglicher technisch-instrumenteller Intelligenz unterscheidet. Sein Bereich sind nicht die positiven Wissenschaften, sondern das von empirischen Beobachtungen unabhängige apriorische "Wesenswissens"[17]; wobei *Scheler* durchaus zugesteht, daß zwar nicht die Vernunft selbst, wohl aber ihre Organisation dem geschichtlichen Wandel unterliegt (vgl. ebd. 52; vs. *Kant*). Anknüpfend an den Platonismus - und auch den Buddhismus - kennzeichnet *Scheler* den Menschen als "*Neinsagenkönner*", als "*Asket des Lebens*" (ebd. 55), der im Gegensatz zum Tier die gegebene Wirklichkeit (gewissermaßen das 'Jetzt-hier-und-so-Sein') negieren, den Realitäts(ein)druck aufheben kann (Transzendenz).

Die wahre Bestimmung des Menschen liegt nach *Scheler* im ständigen Ausgleich der Spannung von »Geist« und »Drang«, Idee und Realität, um die Wirklichkeit zu verbessern (vgl. ebd. 55f.). Das bedeutet nicht zuletzt auch, daß mit Geist sozusagen ontologisch (und *vor* jeder Weltanschauung oder philosophischen Ethik) bereits ethisch-normative Kategorien gesetzt sind, und verweist implizit auf *Scheler*s 'materiale Wertethik' (s. Kap. 5).

Diesen das natürliche Leben transzendierenden Ausgleichsvorgang bezeichnet *Scheler* als *"Sublimierung"* und beschreibt mit seiner Sublimierungs-Theorie - in direkter Bezugnahme auf *Freud* und doch ganz anders als dieser - schließlich das Doppel-Ziel einer "Vergeistigung der Drangsale" und "Verlebendigung des Geistes" (56ff. 71). Da der Geist (als reines Prinzip der Negation) ursprünglich ohnmächtig ist, muß er sich, um Durchsetzungskraft (Energie) zu erlangen, die Energie der unteren, d.h. der Vitalschichten nutzbar machen, also Triebenergie zu geistiger Tätigkeit sublimieren.

Damit steht *Scheler* sowohl gegen die »klassische Theorie«, die Geistmetaphysik in griechisch-antiker und christlicher Tradition, für die das Geistige nicht nur das Höchste, sondern zugleich das Wirkmächtigste bedeutete, als auch gegen sog. »negative Theorien«[18] des Menschen, die nach *Scheler* nicht zu erklären vermögen, was denn diese Verneinung des 'Willens zum Leben' bzw. die Verdrängung der Triebe hervorruft.

---

17 In seiner Wissenssoziologie unterscheidet *Scheler* (1960) "Wesenswissen" zudem vom "Herrschafts-/Leistungswissen" einerseits und dem "Erlösungs-/Heilswissen" andererseits.

18 Z. B. bei *Buddha; Schopenhauer* (ZA I-IV); oder beim 'späten' *Freud* von "Jenseits des Lustprinzips" (1920/1989a). - "Führt die negative Theorie zu falscher mechanistischer Allerklärung, so führt die klassische Lehre zu dem haltlosen Un-Sinn einer sog. 'teleologischen' Weltanschauung, wie sie die gesamte theistische Philosophie des Abendlandes beherrscht." (*Scheler* a.a.O., 65)

Schelers 'dritter Weg', seine Lehre vom "werdenden Gott" in der menschlichen Person (ebd. 91f.)[19], ist ein Vermittlungsversuch zwischen der traditionellen Geistmetaphysik und ihrer Negation, der aber nicht zu einer dialektischen Position, d.h. an dieser Stelle einer unauflöslichen Durchdringung von Materiellem und Geistigem, Vitalem und Idealem, durchstößt. Geist als Gegenprinzip des Lebens konstitutiert das Personsein zwar auch als Verhältnis zur Welt, nicht aber als Organismus-Umwelt-Relation und nicht als zwischenmenschlichen Bezug. »Person« konstitutiert sich in *Schelers* hierarchisch-geistmetaphysischer Sicht völlig unabhängig vom Körper, ja sogar vom Seelischen.

1.3.3 Sonderstellung des Menschen, Handlung und Institution bei *Arnold Gehlen*

Auch bei *Gehlen* (1940; 1986a) geht es um die Abgrenzung Mensch - Tier. Ausgehend von dem Phänomen, daß der Mensch zu sich, zu anderen und zur Welt überhaupt Stellung nehmen kann, ja muß, bzw. ausgehend von dem menschlichen Bedürfnis nach Deutung seiner selbst und seiner Situation, will *Gehlen* die Sonderstellung des Menschen nicht mehr durch ein fremdes metaphysisches Geistprinzip (wie *Scheler*) und auch nicht mittels einer Stufentheorie eines mehr oder weniger kontinuierlichen oder diskreten Übergangs (*Darwins* Evolutionstheorie) oder eines qualitativen 'Sprungs' (z.B. wiederum *Scheler*) von Tier zu Mensch erfassen, sondern mittels eines einheitlichen Strukturgesetzes, das alle menschlichen Eigenschaften und Leistungen durchgängig prägt. Dabei greift *Gehlen* in seiner Systematisierung einerseits auf *Herder* und *Nietzsche* zurück, die er als "Vorläufer" und Anreger nennt, andererseits greift er alle verfügbaren biologisch-ethologischen Daten (z.B. *Portmann*) auf und verbindet sie in späteren Auflagen seines Hauptwerks mit soziologisch-sozialpsychologischem Gedankengut (*Mead*). *Gehlen* ist der einzige Vertreter der deutschsprachigen philosophischen Anthropologie, der *Mead* ausdrücklich rezipiert hat. Ob und inwiefern er das sozialphilosophische Verständnis von Intersubjektivität allerdings tatsächlich im *Mead*'schen Sinne erfaßt, ist eine andere Frage, geht er doch immer vom Einzelnen aus (vgl. *Honneth/Joas* 1980, 52-71; *Rehberg* 1985, 73-76; s. auch Kap. 1.4 u. 4.3).

---

19 Zugespitzt könnte man formulieren, *Scheler* kehre hier die 'Gottesebenbildlichkeit' des Menschen um in die 'Menschenebenbildlichkeit' Gottes. Der ursprünglich durch den Katholizismus geprägte *Scheler* vertrat in seinem Spätwerk pantheistische Auffassungen.

Als *ersten* zentralen Grundbegriff seiner "empirischen, anthropo-biologischen Philosophie" arbeitet *Gehlen* die *»Handlung«* heraus (1986a, 23, 31f. u.ö.). Mit der handlungstheoretischen Konzeption wird es möglich, den traditionellen Leib-Seele-Dualismus aufzuheben. Wahrnehmung, Motorik und Sprache bilden einen Handlungskreis, womit *Gehlens* Konzept als Vorläufer eines systemtheoretisch-kybernetischen Modells vom Menschen gelten könnte. Aufgrund seiner mangelnden biologischen Ausstattung und der damit verbundenen Probleme ist der Mensch gezwungen zu handeln.

1. Instinktarmut: Den spezialisierten Instinkten und Trieben der Tiere stehen beim Menschen mehr oder weniger diffuse 'Antriebe' gegenüber ("Antriebsüberschuß"), die durch Handlungen und Erfahrungen erst lebensdienlich formiert werden (müssen) (vgl. 57ff.). Diese Formierung ermöglicht erst 'Kultur' als "zweite Natur" des Menschen (ebd. 38).
2. *Erwerbs*-Motorik: Aufgrund seiner Frühgeburt verfügt der Mensch nicht über eine problemlos funktionierende *Erb*motorik, sondern muß Bewegungen und Bewegungskoordination erst mühsam erlernen.
3. Wahrnehmungsüberlastung: Die 'kritische Weltoffenheit' des Menschen, die *Gehlen* im Unterschied zu *Scheler* negativ, als rein biologische Eindrucksoffenheit sieht, führt zu Reizüberflutung, einer Belastung oder gar Überbelastung, die den Menschen zu ständigen Entlastungsbemühungen zwingt: und zwar durch gelernte Selektion der Wahrnehmung, sozusagen durch 'Abkürzung', Vorwegnahme etc.

»Entlastung« ist die *zweite* Grundbestimmung der *Gehlen*'schen Anthropologie, das 'Entlastungsprinzip' das eigentlich bestimmende anthropologische Grundgesetz (a.a.O., 62ff.). Der Zwang zu Entlastungshandlungen, die sich stufenweise von der neurophysiologischen Wahrnehmungs-Ebene bis hinauf zu Sprache, Denken, Kultur und gesellschaftlichen 'Institutionen' entwickeln, um überhaupt zu überleben, 'erklärt' für *Gehlen* auch Antizipation, Planungsvermögen und Zukunftsbezogenheit des Menschen. Die vielfältigen Probleme und Möglichkeiten der Entlastung, die hier nicht alle ausführlich dargestellt werden können, sind sehr anschaulich und besitzen oft eine direkte Plausibilität. Jedoch läßt sich insgesamt eine Reduktion der spezifisch menschlichen Leistungen - wie v.a. der Sprache - auf ihre bloß instrumentelle Funktion für eine (i.S. des Überlebens) effektive Handlungsplanung konstatieren.

Zentrales *Medium* (und Mittel) der Entlastung ist die *Sprache*. Die Gesetzmäßigkeiten sensorisch-motorischen Verhaltens setzen sich in Sprache fort (vgl. ebd. 46ff., 140 u.ö.). *Gehlen* arbeitet das Wechselwirkungsverhältnis zwischen Sprache und Handeln heraus, das er auch in späteren Arbeiten (1986b) untersucht. Damit tritt an die Stelle des 'Geist'-Begriffs bei *Gehlen* die Sprache. Rationalität und Bewußtsein sind sprachlich geformt, sowohl spielerisch-zweckfrei wie bewußt-planend dient Sprache der Handlungssteuerung und ermöglicht auch Phantasie, Identifikation mit anderen und gedankliche Probehandlungen (1986a, 316ff.).

Ein weiteres, aus dem Entlastungsgesetz resultierendes, zentrales Konzept *Gehlens* ist seine *»Institutionen«*-Lehre (1986b). Neben den inneren Entlastungsleistungen des Individuums (wie Sprache, gedankliche Probehandlungen etc.) sind die Institutionen (wie Familie, Staat) als äußere Handlungsstabilisatoren entscheidend. *Gehlen* verkürzt jedoch deren historische und intersubjektive Dimension, wenn er Institutionen als quasi-naturhaften Instinktersatz und als weder intendiert noch rational planbar darstellt. Die Institutionen sind - nach dieser eindeutig gegenaufklärerischen Sicht - aus archaischen rituellen Verhaltensregulationen und nicht aus dem Interesse an intersubjektiver Verständigung entstanden, und sie werden durch kommunikative Prozesse eher gefährdet als gestützt.

Gehlen unterscheidet in diesem Kontext drei Verhaltens- bzw. Handlungsformen (vgl. auch *Rehberg* 1986):

1. rational-praktisches bzw. instrumentell-technisches Verhalten (Technik schaffend);
2. rituell-darstellendes Verhalten (schafft Institutionen und begründet Metaphysik).
3. Die dritte Variante des Verhaltens ist normativ und stellt gewissermaßen *Gehlens* Alternative zur Wertschätzung reflexiver Subjektivität und intersubjektiver Verständigung dar: Wegen der zunehmenden Aushöhlung der Institutionen und traditionellen moralischen Verhaltensregulationen in der modernen Gesellschaft, die *Gehlen* scharf attackiert als "Subjektivismus", "Intellektualismus" o.ä., ist eine "Umkehr der Antriebsrichtung" (1986b, 262f.) nach innen i.S. eines asketischen Programms der persönlichen Lebensführung erforderlich.

Abschließend bleibt festzuhalten, daß der Begriff der *Person* oder der Personalität bezeichnenderweise in *Gehlens* umfangreichen (kultur)anthropologischen Studien überhaupt nicht vorkommt. Was Person nach *Gehlen* ausmacht, muß also erschlossen werden. Im Rahmen seiner schon erwähnten polemischen Kulturkritik und Intellektuellenschelte kennt er nur noch "Persönlichkeit" als negative, seines Erachtens maßlos überschätzte Verfallsform des Menschen (1986c, 157). Subjektivität und Mündigkeit werden nur als Überforderung des Menschen, der Halt braucht, gesehen. 'Institution *statt* Person' steht deshalb - der Bedeutung nach - im Mittelpunkt der anthropologischen Analyse *Gehlens*.

1.4 Personalität als Exzentrizität: Der transzendental-anthropologische Ansatz *Helmuth Plessners*

Die Grundfrage der philosophischen Anthropologie *Helmuth Plessners* lautet: "Welches sind die Bedingungen der Möglichkeit menschlichen Seins?" (FCH, 11)[20]. Möglichkeitsbedingungen "menschlichen Seins" meint auch: Möglichkeitsbedingungen von Verhalten und Erleben, von Individualität und Sozialität sowie von sog. menschlichen 'Monopolen' gegenüber dem Tier. Insofern *Plessners* sein Bestreben - in Anlehnung an, aber zugleich kritischer Abhebung von *Kants* erkenntniskritischer Transzendentalphilosophie - als eine transzendental-anthropologische Strukturanalyse des Menschen bezeichnet werden, wie im folgenden aufgezeigt werden soll.[21] Seine Anthropologie hebt mit ihrem Zentralbegriff der "exzentrischen Positionalität" die noch mit *Schelers* 'Geist'-Begriff vorliegende metaphysische Begründung des Menschen auf und überwindet dessen Dualismus. *Plessner*, der 1928 - also zeitgleich mit *Scheler*s Schrift, aber zunächst kaum beachtet - "Die Stufen des Organischen und der Mensch" (^{3}1975) veröffentlichte, geht es nicht mehr um »Geist« oder »Leben«, »Prinzipien« oder »Substanzen«, sondern lediglich um Strukturen und Verhältnisbestimmungen zwischen Organismus und jeweiliger Umwelt, zwischen Individuum und Welt, d.h. in *Plessners* Diktion: um "Positionalität". Diese 'Formalisierung' der philosophischen Anthropologie bedeutet zugleich eine Öffnung - und damit vielleicht eine 'Chance' für die heilpädagogische Grundlagenreflexion.

1.4.1 Exzentrische Position

Auch *Plessner* sucht also nach den Grundbedingungen des Lebens, strebt eine apriorische (aber nicht-metaphysische) Theorie der organischen Wesensmerkmale an. Sein Ausgangspunkt ist das Faktum der "Grenze" lebender Körper, ihre Abgrenzung und Begrenzung - quasi als Minimalbedingung ihres Seins. Ihn

---

20 *Plessners* Aufsatzsammlung "Die Frage nach der Conditio humana" (1976) wird hier und im folgenden zit. als: FCH.

21 Die Kennzeichnung als "transzendental-anthropologisch" verdanke ich *Rehberg* (1986, II), der ebd. auch auf das hohe Abstraktionsniveau *Plessners* hinweist, das die Rezeption zweifellos erschwert. - *Plessner* hat durchaus eine Korrekturabsicht gegenüber *Kant*: Ihm geht es nicht nur um die Möglichkeitsbedingungen der Erkenntnis, nicht nur um das abstrakte Subjekt, sondern um die reale Lebenswirklichkeit des Menschen (empirisches Subjekt).- Als einführende Sekundärliteratur zu *Plessner* vgl. v.a. *Asemissen* (1981).

interessiert das Verhältnis eines Körpers zu seiner Grenze, nicht nur als "virtuelles Zwischen, sondern eine den Bestand des Körpers gewährleistende Eigenschaft seiner selbst" (1975, 103f.). M.a.W.: Es geht um das Korrelationsverhältnis zwischen der Lebens*form* und der Lebens*sphäre* (ebd. 288ff.), um die jeweilige Position eines belebten Organismus. Danach werden alle Lebewesen zum einen durch ihre Grenze zum Umfeld bestimmt, d.h. durch ihre Position als Verhältnis nicht nur zum Umfeld, sondern schon zur eigenen Grenze, zum anderen durch einen Prozeß dynamischer Bezogenheit sowohl auf das Umfeld wie auch auf sich zurück (= Doppelaspekt).

Pflanzen haben eine offene Organisationsform (vgl. 1975, Kap. 5); ohne klare Abgrenzung stehen sie unmittelbar im Kreislauf der Natur (z.B. der Wasserzirkulation). Tiere dagegen haben eine geschlossene Organisation, die *Plessner* "zentrisch" nennt: Das Tier hat einen eigenständigen, von der Umgebung abgetrennten Stoffwechsel und verfügt über Motorik und Sensorik, ist aber an seine Grenze gebunden, denn - wie *Plessner* sagt - es "lebt aus seiner Mitte heraus in seine Mitte hinein, aber es lebt nicht *als* Mitte" (1982, 9; Hervorh. i.Orig.). Die volle Reflexivität, die Rückbezüglichkeit des Verhaltens auf sich selbst, erreicht es nicht.

Dies ist erst dem Menschen möglich. Als "Grundzug menschlichen Daseins" 'ent-deckt' und beschreibt *Plessner* die *"exzentrische Positionalität"*. Mit dieser formalen und neutralen (nicht indifferenten) Grundkategorie will er metaphysische Implikationen, Einseitigkeiten und "Schiefheiten" - z.B. der Charakterisierung des Menschen als 'Geistwesen' oder des tiefenpsychologischen Begriffs der "Triebstruktur" - vermeiden. Der Begriff der exzentrischen Positionalität wird zum Leitfaden anthropologischer Reflexionen, die auch ohne psychologische Kategorien auszukommen vermögen. Erst der Mensch kann sich zu dieser Zentrierung, die physisch bestehen bleibt, nochmals in Beziehung setzen; er lebt über seine Begrenzung hinaus, er *weiß* sich als Mitte, sein Leben ist "exzentrisch":

> "Der Mensch, in seine Grenze gesetzt, lebt über sie hinaus, die ihn, das lebendige Ding, begrenzt. Er lebt und erlebt nicht nur, sondern er erlebt sein Erleben. Ihm ist der Umschlag vom Sein innerhalb des eigenen Leibes zum Sein außerhalb des Leibes ein unaufhebbarer Doppelaspekt der Existenz, ein wirklicher Bruch seiner Natur. Er lebt diesseits und jenseits des Bruches, als Körper und Seele *und* als die psychophysisch neutrale Einheit dieser Sphären. Die Einheit überdeckt jedoch nicht den Doppelaspekt, sie läßt ihn nicht aus sich hervorgehen, sie ist nicht das den Gegensatz versöhnende Dritte, das in die entgegengesetzten Sphären überleitet, sie bildet keine selbständige Sphäre. *Sie* ist der Bruch, der Hiatus, das leere Hindurch der Vermittlung, die für den Lebendigen selber dem absoluten Doppelcharakter und Doppelaspekt von Körperleib und Seele gleichkommt, in der er ihn/sich erlebt." (Ebd. 10f.)

Beim Menschen liegt also eine *dreifache Positionalität* vor, die nach *Plessner* zugleich dessen *Personalität* 'definiert':

Jeder Mensch a) ***ist*** Körper
b) ist ***im*** Körper (als Innenleben der Seele)
und c) ***außer*** dem Körper (als Blickpunkt für a und b)

Ein so bestimmtes *Individuum* (d.i. Vertreter der Gattung) ist *»Person«*: "Es ist das Subjekt seines Erlebens, seiner Wahrnehmungen und seiner Aktionen, seiner Initiative. Es weiß und es will." (Ebd.) Körperlich aber bleibt der Mensch Tier; er bleibt gebunden an die "zentralistische Organisationsform" als Basis seiner Existenz. Die einzelnen physischen Merkmale menschlicher Natur sind jedoch lediglich von empirischer (d.h. sekundärer) Bedeutung.

1.4.2 Zur Frage der menschlichen Monopole

Die von Anthropologen immer wieder herausgestellten sog. Monopole des Menschen - wie Sprache, aufrechter Gang, (Selbst-)Bewußtsein etc. -, die seine Sonderstellung unter den Lebewesen primär begründen sollen, werden von *Plessner* als sekundäre Folgen der exzentrischen Positionsform expliziert und als "naturbedingte Un-Natur" (FCH, 111) bezeichnet, also zwar biologisch verstanden, aber zugleich relativiert. Damit gelingt es *Plessner* wiederum, sich aus dem Streit zwischen Spiritualismus (Geistmetaphysik) und Biologismus herauszuhalten und eine Vereinfachung bzw. Vereinheitlichung - sei sie nun monistisch oder dualistisch - zu vermeiden. Er strebt einen möglichst weiten Rahmen an, keine Reduktion auf »Existenz« einerseits oder »Verhalten« andererseits.

1. Sprache (FCH, 111-114; vgl. auch 40ff.):
Sprache geht über Mitteilungsfunktion hinaus. Verbalisierung impliziert Abstraktions- und Symbolisierungsfähigkeit (Begriffsbildung), zielt auf Vergegenständlichung (Objektivierung). Von alters her wurde nicht nur der Mensch als "Lebewesen, das Sprache hat" (Aristoteles: ζωον λογον εχον) gesehen, sondern zugleich die Verbindung, ja Gleichsetzung von Sprache/Rede und Vernunft (λογος) betont. Sprache macht den Menschen unabhängig von Situationsbindungen, denen er aufgrund seiner Körperlichkeit unterliegt, bedeutet also Emanzipation. Zwar verhalten sich auch Tiere (notgedrungen) sach- und situationsgemäß, was aber nicht das gleiche ist. So kann Sprache körperliche Aktion und Leistung ersetzen.

Erregungen, Affekte wie "Angst, Feindschaft, Schrecken, Freude, Sympathie, Gier" kommen auch bei Tieren vor, "(a)ber Gefühlstiefe, z.B. in Liebe und Haß, bildet sich nur da, wo Erregungen am Kontrastmittel der Sprache zur Abhebung kommen" (ebd. 113).

An dieser Stelle scheint bereits die Schlußfolgerung nahezuliegen, daß also auch bei *Plessner* Menschen mit schweren Behinderungen, Menschen ohne Sprache sozusagen aus der Anthropologie herausfallen. Andererseits ist Sprache für *Plessner* aber nur eines unter mehreren menschlichen Monopolen und nicht das grundlegendste für Menschsein überhaupt. Außerdem bleibt die Wortsprache für *Plessner* durchaus ambivalent, da sich vieles nicht in Worte fassen lässt, und da Wortsprache bezogen auf die Vielfalt und den Facettenreichtum von Gedankenströmen, v.a. aber von Gefühlen, also ein relativ ungenaues, vereinfachendes Instrument darstellt: "Das Sagbare wirft den Schatten des Unsagbaren. *Jede Sprache ist ein Gitter,* durch dessen Stäbe wir als Gefangene in ein illusionäres Draußen schauen. Jede Übersetzung ist ein Verrat am Original." (Ebd.; Hervorh. i.Orig.)

2. Aufrechte Haltung und Freilegung des Auge-Hand-Feldes (FCH, 115; vgl. auch 161, 37ff.):
Der aufrechte Gang, der das Auge-Hand-Feld freilegt, ermöglicht unbegrenzte Manipulierfähigkeit und Ausdifferenzierung der Motorik. Zwar ist auch für Tiere der Körper ein 'Instrument', aber erst sich dazu noch einmal ins Verhältnis setzen zu können, bedeutet volle Instrumentalität, die dem Menschen vorbehalten bleibt. Durch die weitere Sicht und die Überbrückung von Abständen wird die für den Menschen charakteristische, ja fundamentale Struktur der "indirekten Direktheit, vermittelten Unmittelbarkeit" erreicht (FCH, 38; s.u.: 2. anthropologisches Grundgesetz).

3. Bewußtsein / Ich (FCH, 115):
Nach *Kant* ist der Mensch das einzige irdische Wesen, das zu sich selbst "Ich" sagen kann (KWA XII, 407). Diese von *Plessner* so genannte "Binnenpunktualität" entspricht dem (Selbst-)Bewußtsein, das in der kindlichen Entwicklung erst relativ spät in Erscheinung tritt, wenn das Kind sich beim Namen nennt und von der Umgebung und anderen Personen unterscheidet, die ursprünglich wie selbstverständlich als um sich zentriert erlebt werden. So kann *Plessner* sagen, "daß die *Entdeckung der Ichhaftigkeit die Egozentrik um ihre Unschuld bringt*" (ebd.; Hervorh. i.Orig.). Das Ich ist das konkrete "Hier", der "Nullpunkt", von dem aus sogar der eigene Körper (näher oder ferner) "dort" ist. Der Körper wird als "Umkleidung", als "Futteral" erlebt. Es besteht also in dieser Differenz

zugleich ein fundamentaler Zusammenhang zwischen: Innerlichkeit (Interiorität) - Distanz (zu sich und anderen) - Instrumentalität des Körpers. Die Erfahrungsmöglichkeit des Rückzugs in die eigene Innerlichkeit stellt ein dem Tier verwehrtes menschliches Monopol dar (FCH, 127).

4. Rückbezüglichkeit und Imitation (FCH, 40ff.116ff.):
Mit der Ichhaftigkeit wird zugleich die soziale Dimension erreicht und das Zusammenleben der Menschen geprägt: Ichhaftigkeit bedeutet Rückbezüglichkeit plus Innerlichkeit (Interiorität). Mit ihr ist ein doppeltes Verhältnis zur körperlich-physischen Existenz gegeben: Man *ist* Körper und man *hat* Körper; drittes Merkmal menschlicher Körperlichkeit ist dann die Exteriorität, also die Bewußtheit der Körperlichkeit, das "Wissen, daß man eine Außenseite hat" (FCH, 117). Unter Berufung auf *Th. Litt* spricht *Plessner* (FCH, 116) nun von einer Wechselseitigkeit, der "Reziprozität der Perspektiven", die nicht nur die Identifikation mit dem Gegenüber, sondern sogar die mit dem eigenen Spiegelbild überhaupt erst ermöglicht.

Beim instrumentellen Vollzug der Körperlichkeit gelangt der Mensch auch zur Ergänzung (Verlängerung) durch künstliche Mittel, Werkzeuge, die man mit *Plessner* durchaus als "Prothesen" verstehen kann, da der menschliche Organismus eine "angewachsene Unvollständigkeit" aufweist. So benötigt er zur Ausbildung seiner Psychomotorik und, um "ein Selbst" werden zu können ("Hineinwachsen in die eigene Instrumentalität"), eine Vorbereitungs- bzw. Lernzeit (nachgeburtlicher Nachreifungsprozeß des ZNS). Dem entspricht die auch von *Gehlen* rezipierte These *Portmanns* von der "biologischen Frühgeburt" bzw. dem "extrauterinen Frühjahr" des Menschen. Dennoch bleibt der Mensch aber grundsätzlich invalide. Er besitzt zwar große Entwicklungspotentiale, seine Fähigkeiten und Fertigkeiten bleiben aber gleichwohl immer begrenzt.

Rückbezüglichkeit bedeutet auch Imitationsfähigkeit, die als menschliches Monopol nicht mit der sympathetischen Erregbarkeit bei Tieren verwechselt werden sollte, wenn auch die Unterscheidung schwierig bleibt. "Nachmachen ist ... nur im reziproken Verhältnis von Original und Abbild möglich. Reziprozität besteht zwischen Menschen, nicht aber zwischen Tier und Mensch und nicht zwischen Tieren." (FCH, 43)[22] Ihre gedankliche Erfassung setzt sogar ein höher entwickeltes Abstraktionsvermögen voraus.

Imitation und Vergegenständlichung sind somit Folgen der Reziprozität, der Fähigkeit, sich in andere versetzen zu können, und zugleich auch Grundlage für

---

22 Man beachte die Ähnlichkeit dieser Sichtweise zum 'Mimesis'-Begriff bei *Horkheimer & Adorno* (1986), die uns noch beschäftigen wird (s. Kap. 2).

Spracherwerb und -gebrauch. Der Mensch kann sich so von seinem Körper und seiner unmittelbaren Umgebung emanzipieren.

Dieser Zusammenhang zeigt auch, daß "Verdinglichung" - i.S. von Vergegenständlichung oder Versachlichung des Verhältnisses zur Welt - ein "genuiner und legitimer Aspekt des Menschen" und nicht von vorne herein negativ oder ein immer schon "entarteter Modus seiner Existenz" ist (ebd.).

Sprache und ergänzend zu ihr Nachahmung und Vergegenständlichung bilden das Medium der Gegenseitigkeit, für die leiblich - in Verbindung mit dem aufrechten Gang (bzw. der vertikalen Struktur) - das Gesicht besonderer Ausdruck ist und zum Spiegel der Persönlichkeit wird in der Wechselseitigkeit von Sehen und Gesehenwerden. Durch Blick, Mienenspiel und Stimme werden Zuwendung und Kontakt zwischen Menschen möglich. "Bei keinem Anthropoiden gibt die Anatomie des Kopfes ein Gesicht frei..." (FCH, 47).

> Zusammenfassend: "Mit dem Durchbruch zum Ich ist jedenfalls eine Positionsform etabliert, die ihrer eigenen Mitte ansichtig sein kann und muß und darum nicht mehr in sich ruht. Sie hat ihren Schwerpunkt außer sich, weshalb ich von exzentrischer Positionsform spreche. Die Monopolstellung des Menschen als animal rationale, als zoon logon echon ist darin eingeschlossen, weil Vernunft, Einsicht, Versachlichung, Wortsprache nur dank des Außersichseins dieser Art Lebewesen möglich werden." (FCH, 119)

1.4.3 Anthropologische Grundgesetze

1. Das Gesetz der natürlichen Künstlichkeit:

Wie vollzieht nun der Mensch sein Leben, seine Exzentrizität? Der Mensch lebt nicht quasi automatisch wie das Tier, er ist nicht im Gleichgewicht mit sich und der Natur, sondern muß sich immer wieder auseinandersetzen mit seiner Existenz, die ihm nicht selbstverständlich gegeben, sondern als gebrochene, fragwürdige gegenübergestellt und aufgegeben ist. Der Mensch muß kontinuierlich die Aufgabe lösen, wie er leben soll: "Der Mensch lebt nur, indem er ein Leben führt" (1975, 310; 1982, 16 -u.ö.), heißt es bei *Plessner* immer wieder. Der Vollzug des Lebens wird so quasi zu einem (dialektischen) Gegenbegriff zu Lebendigkeit (Vitalität) und Lebenssituation.

Der Mensch ist in einem nicht bloß subjektiven oder psychologischen Sinne "ergänzungsbedürftig" und "von Natur" aus "künstlich", d.h. er muß seine Lebensbedingungen erst herstellen (vgl. ebd.ff.; vgl. *Gehlen* entsprechend[23]).

---

23 Wobei einiges dafür zu sprechen scheint, daß *Gehlen* diesbezügliche Gedanken von *Plessner* übernommen hat, ohne dies offenzulegen (vgl. *Rehberg* 1985; 1986).

Diese besondere Ergänzungsbedürftigkeit, das Angewiesensein auf künstliche Mittel, ist nicht lediglich im Sinne von (Über-)Kompensation von 'Minderwertigkeitskomplexen', sondern als "vorpsychologische, ontische Notwendigkeit" (1975, 321) zu verstehen. Hier liegt gleichermaßen der Ursprung der Kultur (Natur des Menschen = Kultur) wie auch der Grund der Ethik. Mit einem gewissen Recht ließe sich sogar sagen, daß das grundsätzlich Normative der conditio humana - und damit auch jeder Anthropologie, die diese einzuholen sucht - hier deutlich wird.

> "Daß der Mensch mit seinen natürlichen Mitteln seine Triebe nicht befriedigen kann, daß er nicht zur Ruhe kommt in dem, daß er *ist*, und *mehr sein will*, als er ist und daß er ist, daß er *gelten* will und zur Irrealisierung in künstlichen Formen des Handelns, in Gebräuchen und Sitten unwiderstehlich hingezogen wird, hat seinen letzten Grund nicht im Trieb, im Willen und in der Verdrängung, sondern in der exzentrischen Lebensstruktur, im Formtypus der Existenz selber. Die *konstitutive Gleichgewichtslosigkeit* (...) - und nicht erst die Störung eines ursprünglich normal, harmonisch gewesenen und wieder harmonisch werden könnenden Lebenssystems ist der 'Anlaß' zur Kultur." (Ebd. 316 bzw. 24f.; Hervorh. hj.j.)

Der Mensch ist "konstitutiv heimatlos", in seinem Lebensvollzug brechen die Polaritäten "Natur und Geist", "Gebundenheit und Freiheit", "*Sein* und *Sollen*" immer wieder auseinander; "Konflikt ist die Mitte seiner Existenz." (Ebd.) Die Differenz zwischen Anspruch und Wirklichkeit, zwischen Triebnatur und Kultur macht den Menschen aus. Exzentrizität bedeutet also auch, dieser nicht aufhebbaren Gegensatzspannung ausgesetzt zu sein, ständig der Anforderung nachkommen zu müssen, sich damit auseinanderzusetzen. Nur mit "Künstlichkeit im Handeln, Denken und Träumen" kann der Mensch "als lebendiges Naturwesen mit sich in Einklang" stehen (ebd.).

Die Kulturwelt wird bei *Plessner* nicht nur i.S. einer Lebensfristung resp. des Überlebens gesehen (wie bei *Gehlen*), sondern Kultur heißt auch und vor allem: Sinnkonstitution. Werte und Normen werden als Schöpfung resp. Setzung des Menschen verstanden, die aber nie genügen, sondern immer wieder überprüft und verändert, 'überholt' werden müssen, aber nie 'eingeholt' werden können.

In diesem ständigen Prozeß von Setzung-Aufhebung-Setzung usw. geht und greift der Mensch ständig über sich und seine Welt hinaus. Er bleibt konstitutiv "heimatlos". Dieser Zusammenhang wird als der von "Nichtigkeit und Transzendenz" im 3. Grundgesetz weiter entfaltet.

2. Gesetz der vermittelten Unmittelbarkeit. Immanenz und Expressivität
Der Mensch steht nur in indirekter, vermittelter Beziehung zu seinem Umfeld (vs. der direkten Umwelteinbindung des Tieres), lebt und agiert diese Beziehung aber direkt als unmittelbare wie das Tier. Was heißt das?

Die mit der "Künstlichkeit" bereits erläuterten Phänomene, Kultur zu schaffen, schöpferisch tätig zu sein, im weitesten Sinne Produkte aus sich herauszustellen, können aus anderem Blickwinkel - nämlich einem erkenntnistheoretischen - als "Ausdrucksleistungen" des Subjekts (Ich) bezeichnet werden. Alle Setzungen des Ichs, d.h. worin es sich ausdrückt, sind einerseits bewußtseinsimmanent, treten ihm andererseits als Manifestationen seiner Aktivität zugleich gegenüber, sind also von ihm ablösbar (Objekte).

M.a.W.: Im Prozeß, im schöpferischen Akt ist der Bezug zur Außenwelt unmittelbar und direkt, in der Beobachtung, der Reflexion ist das Ich vermittelt. Durch das Produkt ist eine indirekte Selbsterkenntnis gegeben.

Diese dialektische Betrachtungsweise besitzt (erkenntnistheoretisch) eine große Nähe zum Idealismus (bes. *Fichte*: Ich-Tätigkeit; vgl. *Schulz* 1980, 438f.), führt diesen aber weiter, da sie zum einen die enge Verbindung zum leiblichen Geschehen deutlich macht, und da zum anderen die Ausdrucksinhalte nicht identisch mit objektiven Kategorien des Geistes, sondern geschichtliche Kulturprodukte sind.

Dieses zweite anthropologische Grundgesetz verdeutlicht also auch die Dimension der Geschichte: "Es ist Gesetz, daß im Letzten die Menschen nicht wissen, was sie tun, sondern es erst durch die Geschichte erfahren." (1975, 341)

Plessner geht davon aus, daß den verschiedenen (kulturell und historisch relativen) Ausdrucksweisen eine "Notwendigkeit des Ausdrückens überhaupt" vorgängig ist. Expressivität, d.h. die Verleiblichung des Geistigen (i.S. *Hegel*s), ist ein "Lebensmodus" aufgrund der Exzentrizität (ebd. 323). Damit meint *Plessner* nicht nur das sprachliche Mitteilungsbedürfnis, sondern auch in ihrer psychologischen Bedeutung häufig unterschätzte mimische (und mimetische) Darstellungsbedürfnisse und Verarbeitungsformen von Erlebnissen, beunruhigenden Gefühlen etc., die nicht einfach auf so etwas wie Geselligkeit zurückführbar sind (vgl. FCH, 100ff.).

3. Das Gesetz des utopischen Standorts. Nichtigkeit und Transzendenz
Mit der Herleitung der Kultur und Expressivität aus der exzentrischen Position ist zugleich die Vorläufigkeit aller Kultivierung, die Geschichtlichkeit des Menschen gegeben.

Das Bewußtsein der eigenen Begrenztheit, der Vergänglichkeit, ja Nichtigkeit aller Strebungen und seiner Existenz überhaupt ist verbunden mit der Individualität, der Zufälligkeit des eigenen Lebens wie der Welt insgesamt, und ruft im Menschen komplementär dazu die "Idee des Weltgrundes, des in sich ruhenden notwendigen Seins, des Absoluten oder Gottes" (1975, 341) hervor. Da dem Menschen keine Gewißheit möglich ist, "bleibt ihm nur der Sprung in den Glauben" (ebd. 342).

Unabhängig von der kulturellen und historischen Relativität der Begriffe, Gefühle, Bewertungen, der Erscheinungsformen konkreter Religionen, sieht *Plessner* darin einen apriorisch mit der exzentrischen Lebensform gegebenen "Kern aller Religiosität" (ebd.).

Der Mensch verbleibt in einem unlösbaren Widerspruch, er ist ins Leben gestellt und steht zugleich dahinter oder darüber; "aus dem Kreisfeld ausgegliederte Mitte der Umwelt" oder "exzentrische Mitte bleibt (...) ein Widersinn" (ebd.), den die bewußt gewählte sprachliche Paradoxie abbildet (ebd.).

Um eine Verankerung seines "Stehens im Nirgendwo", seines "utopischen Standorts" zu erreichen, transzendiert der Mensch seine begrenzte Wirklichkeit - *Außenwelt, Innenwelt, Mitwelt* (s.u.) -; er konstruiert einen äußeren Halt durch die Idee eines Weltalls und eines Weltgrunds. So wird gewissermaßen auch erst durch die Idee (den Begriff) des Menschen seine individuelle Schwäche und eigene Vergänglichkeit erträglich. Die Möglichkeit, "daß er auch ein anderer hätte werden können" (343), und die Erkenntnis, daß jeder einzelne "absolut vertretbar und ersetzbar" ist (ebd.), bilden das Fundament bzw. sind die Möglichkeitsbedingung gleichermaßen von Individualität wie von Gemeinschaft und mitmenschlicher Solidarität:

"Die der Formung und Äußerung solidarischen Fühlens und Verhaltens, der konkreten Gemeinschaft vorgelagerte *Vertretenheit* und *Ersetztheit* jedes Einzelnen durch jeden Anderen in der Form des Wir bildet den Hintergrund, von dem sich der Einzelne als Individualität abhebt. Er ist ja im Grunde dasselbe wie der Andere, er steht, wo der Andere steht, und der Andere nimmt seinen Platz ein." (344; Hervorh. i.Orig. gesperrt)

Utopischer Standort bedeutet auch: Zukunftsbezug, ein Über-die-Welt-Hinausgehen; heißt auch radikale Infragestellung und Negierung des Bestehenden, ohne die eine Weiterentwicklung und auch Verbesserung der Gesellschaft nicht möglich wären: "So gibt es ein unverlierbares Recht der Menschen auf Revolution, wenn die Formen der Gesellschaftlichkeit ihren eigenen Sinn selbst zunichte machen ..." (345).

1.4.4 Weltoffenheit als Außenwelt - Innenwelt - Verschränkung

Die in *Scheler*s Stufenschema vertretene Gegenüberstellung von »Weltoffenheit« des Menschen und »Umweltgebundenheit« des Tieres (nach *Uexküll*) wird von *Plessner* ebenso wie die Ausdehnung des Umweltbegriffs auf die menschliche Weltoffenheit bei *Gehlen*, der unter dem Gesichtspunkt der Entlastung geistige und soziale Phänomene rein biologisch faßt, als unzulässige Vereinfachung kritisiert und wesentlich differenzierter gesehen. Beide Ansätze berücksichtigen nicht die Möglichkeit der "Kollision" bzw. "einer nicht zum Ausgleich zu bringenden Verschränkung" von Weltoffenheit und Umweltbindung (FCH, 49). *Plessner* resümiert demgegenüber in den »Stufen«: "Der Mensch lebt in einem Umfeld von Weltcharakter." (1975, 327) Die Welt ist ihm umwelthaft, und seine Umwelt ist welthaft. Die sog. Weltoffenheit des Menschen ist seine spezifische Form von Umweltbindung. Der Mensch hat zwar die Fähigkeit, überall zu leben und sich an verschiedene Milieus anzupassen, bleibt aber durch seine Körperlichkeit zugleich an Umwelt (i.e.S. *Uexkülls*), das sensomotorische Umfeld gebunden. Körper und Umfeld sind aufeinander bezogen. Beim Verhalten kommt es auf die jeweilige 'Passung' zwischen physiologisch-organischer Ausstattung und Umfeld an.

> "In der Individualentwicklung des Kindes läßt sich diese Umstrukturierung von Umwelt und Verhalten deutlich verfolgen. Fast zur gleichen Zeit, in der es stehen lernt und die ersten Worte nachspricht, beginnt das, was wir einsichtiges Handeln nennen. In die Aktionen des Mitmachens, die immer häufiger den Charakter von echten Nachahmungen annehmen, gewissermaßen ins Nachahmen umschlagen, sind Leistungen eingestreut, die ein Verständnis für Sachzusammenhänge verraten." (FCH, 48)

Der Mensch vermag also die Umweltbindung, d.h. die Gebundenheit an bestimmte Situationen, - z.B. in der Sprache - zu transzendieren. Probierhandlungen und Problemlösungsverhalten können auf andere Situationen übertragen und generalisiert werden. Zunehmende Versprachlichung bedeutet damit auch zunehmende "Versachlichung des Umfeldes" (ebd.f.) und Öffnung zur »Welt«. Die Weltoffenheit bleibt aber stets fragmentarisch.

Umweltbildung und -bindung sind beim Menschen nicht natürlich-körperlich gegeben wie beim Tier, sondern immer schon 'gemacht', erworben, kulturell geprägt. *Plessner* überträgt den Umweltbegiff auf den Kulturbegriff: Gestaltungen des alltäglichen Lebens, Traditionen, die spezielle soziale Situiertheit etc. sind kulturelle Phänomene. Kultur ist also nicht dasselbe wie Umwelt, da zumindest latent der Hintergrund von »Welt« immer vorhanden ist. Umwelt bedeutet Geschlossenheit nach außen und Offenheit nach innen. Auch Kultur - darin ähnlich der Umwelt - schließt das Ganze des menschlichen Lebens ein, aber sie schließt es nie ab, und sie ist nie abgeschlossen.

"In doppelter Distanz zum eigenen Körper, d.h. noch vom Selbstsein in seiner Mitte, dem Innenleben, abgehoben, befindet sich der Mensch in einer *Welt*, die entsprechend der dreifachen Charakteristik seiner Person Außenwelt, Innenwelt und Mitwelt ist." (1975, 293; Hervorh. i.Orig.).

Das gegebene Umfeld, dem der Mensch durch seinen Körper als Ding unter Dingen angehört, wird in dieser Perspektive zur Außenwelt. Die Dinge werden zu Gegenständen der Wahrnehmung. *Außenwelt* ist modifiziertes Umfeld, d.h. die Welt der Gegenstände, wie sie in bezug auf den Organismus in seiner Position (d.h. im Bewußtsein) gegeben sind. Wobei die Position selbst wiederum Bestandteil der Außenwelt ist. Der Mensch kann sich selbst als Element der Aussenwelt betrachten.

Allgemein kann das Verhältnis des Individuums zur Außenwelt als ein zugleich unmittelbares und vermitteltes, als "vermittelte Unmittelbarkeit" bezeichnet werden. Dieses Verhältnis zur Umgebung - und d.h. auch das Verhalten im allgemeinsten Sinne - ist durch den Leib bestimmt. Dieser ist insofern mehr als ein "beseelter Körper", als ihn seine Gerichtetheit auf die Umwelt auszeichnet. »Körperding« (als Ding unter Dingen im Raum-Zeit-Kontinuum) und »Leib« als Mitte-Erfahrung, als Erleben der Körperlichkeit bilden - wie schon das Verhältnis von Umfeld zu Außenwelt - ebenfalls einen Doppelaspekt.[24]

Beide Doppel-Aspekte (Umfeld - Außenwelt wie Körper - Leib) bestehen nebeneinander und sind jeweils nicht ineinander überführbar. Genau hier kommt die Exzentrizität ins Spiel, die gleichsam als "unobjektivierbare(s) *Ich* »hinter« Körper und Leib, dem Fluchtpunkt der eigenen Innerlichkeit" (1982, 12; Hervorh. i.Orig.), die beide Aspekte vermittelnde Instanz bildet.

Auch die *Innenwelt*, als die sich der Mensch von außen betrachtet selbst 'gegeben' ist, zerfällt in zwei Aspekte: Seele und Erlebnis. "Geht das Lebewesen in seinem Selbstsein auf, naiv oder reflektiert, so *erlebt* es, »wird« seiner Erlebnisse »inne« und vollzieht damit psychische Realität. Dieser Vollzug aber ist zugleich an das Selbstsein, die psychische Realität, gebunden." (1982, 12f., Hervorh. i.Orig.) Dem Erlebnis zur Seite gestellt wird die *Seele*, die *Plessner* als vorgegebene, sich entwickelnde "Wirklichkeit der Anlagen" (ebd. 13) begreift.

"Wirkliche Innenwelt: das ist die Zerfallenheit mit sich selbst, aus der es keinen Ausweg gibt. Das ist der radikale Doppelaspekt zwischen der (bewußt

---

24 "Körperding" ist ein von *Husserl* geprägter Ausdruck.- Die Dialektik von Leib-Sein und Körper-Haben bezeichnet *Plessner* in seinen späteren Schriften, d.h. nach den "Stufen", häufig als "Futteralsituation" der Person (vgl. FCH)

oder unbewußt) wirksamen Seele und dem Vollzug im Erlebnis, zwischen geschehender und vollziehender Existenz." (Ebd.)

Die psychische Realität als "Konstitution des Selbstseins" ist weder an Akte (Handlungen) noch an Bewußtheit gebunden (ebd.). Die Innenwelt ist vorhanden, aber erst in der Reflexion wird sie dem Menschen bewußt (und) erfahrbar. Beide Pole der Innenwelt werden - analog zu den o.g. Doppelaspekten - nur qua Exzentrizität zusammengeführt. Auch für die Innenwelt gilt das Verhältnis "vermittelter Unmittelbarkeit".

1.4.5 Mitwelt und Person-Begriff

Aufgrund der Exzentrizität, des vermittelt-unmittelbaren Selbstverhältnisses, nicht lediglich durch Analogieschluß oder Einfühlung, kann der Mensch zwischen individuellem und allgemeinem Ich unterscheiden, kann er nicht nur »ich«, sondern auch »du«, »er«, »wir« sagen, d.h. es ist ihm die Realität der *Mitwelt* gegeben. Auf eine Formel gebracht: *In der Mitwelt wird das Individuum zur Person.* Mit der eigenen Innenwelt ist schon die Welt der anderen gegeben, diese in jener vorgebildet. Ihre Elemente - das sind die Personen - gehen zwar substantiell nicht über das stofflich in der Außenwelt Vorhandene oder das in der Innenwelt Repräsentierte hinaus, doch ist Mitwelt die durch (und als) die eigene Positionsform erfaßte »Sphäre« anderer Menschen und ihrer Lebendigkeit (*Plessner* 1975, 302; 1982, 14). Außen- und Innenwelt sind also materialinhaltlich Voraussetzungen der Mitwelt, während formal, d.h. von der exzentrischen Positionsform her betrachtet, das Umgekehrte gilt.

Die Mitwelt "*umgibt* nicht die Person, wie (...) die Natur" (Außenwelt) und "erfüllt" sie auch nicht (wie die Innenwelt), sondern "*trägt*" die Person, "indem sie zugleich von ihr getragen und gebildet wird", d.h. Mitwelt als das "Zwischen" ist die "Sphäre des Geistes" (= Wir-Sphäre); Geist wird/ist nur als Mitwelt real (vgl. 1982, 14f.). Diese Sicht der Person, die *Schelers* Person-/Geist-Begriff entspricht, vermeidet die Gefahr einer Hypostasierung oder Verdinglichung, der Anthropologie häufig - z.B. auch bei *Gehlen* - erliegt. "Geist ist nicht als Subjektivität oder Bewußtsein oder Intellekt, sondern als Wirsphäre die *Voraussetzung* der Konstitution einer Wirklichkeit..." (1975, 304; Hervorh. hj.j.). Sich zur Außen- oder Innenwelt zu verhalten, sie zu objektivieren, ist erst in dieser Sphäre möglich.

Plessner leistet so eine phänomenologische Quasi-Operationalisierung der Begriffe Körper (Leib) - Seele - Geist (1982, 14f.). Charakteristisch für die "natürliche Existenz der Person" ist, die "Mitte einer sinnlich-bildhaften Sphäre einzunehmen", diese aber zugleich zu relativieren. Charakterisches Merkmal der "seelischen Existenz" ist die Beziehung zur eigenen Innenwelt und deren gleichzeitiger Vollzug im Erleben. Der "geistige Charakter der Person" schließlich ist gleichbedeutend mit der "Wir-Form des eigenen Ichs". Das "Wir" meint keine konkrete Gruppe, sondern bezeichnet das Umgriffensein von und das Umgreifen einer mit der exzentrischen Positionsform gegebenen "Sphäre". Diese Sphäre, die im Unterschied zur realen Binnenhaftigkeit der Person (= Seele) - wie im Unterschied zum Bewußtsein als der durch die Exzentrizität geprägten Erfassung der (Außen-)Welt - selber keine eigene Realität ausmacht, wird aber in der "Mitwelt" realisiert (ebd. 15). Körper und Seele *hat* der Mensch, weil er sie *ist* bzw. lebt; "...Geist aber ist die Sphäre, kraft der wir als Personen leben, in der wir stehen, gerade weil unsere Positionsform sie enthält" (ebd.).

Personen sind durch ein doppeltes Verhältnis zu ihrem Leib gekennzeichnet, als zu einem "Futteral" und zu einem Instrument. Der Leib gewährleistet den Kontakt zu Mitmenschen und Welt. Personen sind im sozialen Gefüge spiegelbildlich reziprok und strukturell gleichartig, aber als Individuen dennoch Konkurrenten.

Das Zusammenleben von Individuen ohne Personalität (Tiere und ihre Sozialverbände) wird instinktgesteuert (Fortpflanzung, Brutpflege etc.). Ihr individueller Spielraum ist sehr klein, es "fehlt jene Emanzipationsmöglichkeit, über die nur eine Person (mit einem Ich) verfügt" (FCH, 104). Andererseits stellt das Fehlen der Rückzugsmöglichkeit in die Innerlichkeit "vital gesehen einen Vorzug" dar. "Personen im Zusammenleben finden sich dem Zwiespalt zwischen Personalität und Individualität ausgeliefert. " (Ebd. 105)

Das Verhältnis menschlicher Individuen (qua Personen) unterliegt daher einer besonderen Labilität. Der für menschliche Sozialgefüge deshalb notwendige "Kitt zwischen Individuen, die dank ihrer Personalität sich *als* Individuen gegenübertreten, ist die Norm" (ebd. 110). Erst gesellschaftliche Ordnung kann die Achtung jedes einzelnen gewährleisten. Die Spannung zwischen Person und Individuum muß geschichtlich gelöst werden:

> "Deshalb sollte man sich auch davor hüten, die Personalitätskomponente der politischen Gleichheit und die Individualitätskomponente der Ungleichheit unmittelbar zuzuordnen. Auch Gleichheit und Freiheit im Sinne verfassungsmäßiger Ideale sind nur Manifestationen auf Grund der ungeselligen Geselligkeit im Umkreis einer rationalen Auffassung gesellschaftlichen und politischen Lebens, nicht aber die Elemente der Spannung selbst." (Ebd.)

In den »Stufen« heißt es dazu: "Die exzentrische Positionsform bedingt die Mitweltlichkeit oder Sozialität des Menschen, macht ihn zum ζωον πολιτικον, und bedingt gleichursprünglich seine Künstlichkeit, seinen Schaffensdrang." (1975, 324)

1.4.6 Die Unergründlichkeit des Menschen - Zur Bedeutung von Geschichte und Politik

Während *Plessner* in den »Stufen« die Anthropologie als eine Wissenschaft vom Leben (resp. als Lebensphilosophie) zunächst von der Biologie herzuleiten und zu fundieren versuchte, bezieht er sich zugleich auf *Diltheys* "Hermeneutik der menschlichen Existenz" und geht bereits einige Jahre später in der Schrift "Macht und menschliche Natur" (1931/1981) im Anschluß an *Dilthey*s Begriffe des »Lebens« und der »Geschichte« geschichtsphilosophisch vor und ergänzt seine Anthropologie um eine historische und (deshalb auch) politische Dimension - besser gesagt: expliziert diese nun als im Mitwelt-Konzept schon immanent angelegte.

Der mit dem Ziel einer Überwindung des Cartesianismus immer wieder thematisierte und mehrdimensionale "Doppelaspekt" des Menschen bedeutet auch die Bipolarität von Naturgebundenheit und Geschichtsmächtigkeit. Sie ist weder dualistisch noch ist das eine auf das andere rückführbar: "»Welt« fällt für uns mit der Perspektive zusammen, in der wir sie sehen: bald als Natur, bald als Geschichte." (*Plessner* 1982, 30)

Das Auseinanderbrechen der verschiedenen Einzelwissenschaften im 19. Jahrhundert, v.a. der Bruch zwischen biologischen und historischen Wissenschaften erforderte eine neue Grundlegung und Verbindung, die weder allein natur- noch allein geisteswissenschaftlich zu erreichen war, da "der Mensch eben beiden Reichen angehört" (FCH, 18). So gewann der vieldeutig schillernde Begriff des »Lebens« eine besondere Bedeutung; die Lebensphilosophie, deren Ursprung schon bei *Schopenhauer* und *Nietzsche* liegt, wurde zur Gegenbewegung gegen mechanistische Naturphilosophien und die darwinistische Evolutionstheorie sowie gegen einen überholten Historismus und kann als eine Wurzel der philosophischen Anthropologie verstanden werden (vgl. FCH, 18-27).

Dilthey wollte in seiner Erforschung der Geistesgeschichte Philosophie und Empirie verbinden. Er machte die Geschichtlichkeit des Menschen, des Selbst, und die möglichen Probleme der Interpretation deutlich. Das zentrale Motto lautet: "Was der Mensch ist, kann er nur durch die Geschichte erfahren" (*Plessner* 1981, 221), d.h. aus Zeugnissen des gelebten und erfahrenen Lebens, die als "Objektivationen des Geistes" verstanden werden und die hermeneutisch aufgehellt werden können. Diese geschichts- und lebensphilosophische Hermeneutik soll an die Stelle der bisherigen metaphysischen Erkenntnistheorie und auch der damaligen eher mechanistisch-naturwissenschaftlich betriebenen Psychologie treten. *Dilthey* hat die Theorie der Hermeneutik in einer anspruchsvollen kritisch-korrektiven Analogie zu *Kant* als eine "Kritik der historischen Vernunft" konzipiert. Weder durch subjektiv-spekulative Introspektion (Innerlichkeit) noch durch rationalistische resp. subjektiv-idealistische Erkenntnistheorie (für die die materielle Welt, die Natur, nur Rahmen oder Bühne abgibt) noch durch naturwissenschaftliche Vermessung findet der Mensch zur Selbsterkenntnis, zu Selbstverständnis. Sondern: "Leben versteht Leben, indem es sich erfährt." (FCH, 26)

Durch diese Selbstbeschränkung auf den Horizont möglicher Lebenserfahrung erfüllt die Theorie der Hermeneutik eine kritische Funktion. "Hermeneutik fordert eine Lehre vom Menschen mit Haut und Haaren, eine Theorie seiner Natur, deren Konstanten allerdings keinen Ewigkeitsanspruch gegenüber der geschichtlichen Variabilität erheben, sondern sich selber zu ihr offenhalten, indem sie ihre Offenheit selber gewährleisten." (FCH, 27) Dieses "Programm" bleibt laut *Plessner* bei *Dilthey* noch unscharf und fragmentarisch (ebd.) und wird zum Antrieb seiner eigenen sozialanthropologischen Philosophie.

Da der Mensch Geschichte hat, durch sie bestimmt wird, aber auch - vice versa - die Geschichte bestimmt, ist das sog. Wesen des Menschen grundsätzlich unergründbar, nie vollständig einzuholen - weder durch 'Erklärung' (biologisch-empirische Anthropologie) noch durch 'Verstehen' (historisch-hermeneutische Anthropologie). So wird das *"Prinzip der Unergründlichkeit des Menschen"* resp. der *"offenen Frage"* (*Plessner* 1981, 160ff. 175ff.; Hervorh. hj.j.) zum Zentralgehalt, zum Ausgangs- wie Zielpunkt einer Anthropologie, die apriorische und empirische Betrachtung des sich geschichtlich entwickelnden menschlichen Lebens verbindet. So muß auch offen bleiben, ob der (biologisch orientierten) Anthropologie, der (hermeneutischen) Philosophie oder der Politik (als Gestaltung der offenen Frage), der Theorie oder der Praxis der Primat zukommt (ebd. 201ff., 218). In diesem Zusammenhang werden "Macht" (i.S. von Möglichkeiten, Potentialen) und "Ohnmacht" (Begrenztheit) des Menschen, seines schöpferischen Handelns deutlich. Wie sich der Mensch verkörpern und ausdrücken, sein Leben führen und gestalten muß, so muß er sich auch mit anderen auseinandersetzen, auch Regelungen des Zusammenlebens finden, was "die Politik in ihrer menschlichen Notwendigkeit zu begreifen" (*Plessner* 1981, 142; i.Orig. kursiv) heißt.

Die anthropologische Grundtatsache der Unergründlichkeit bezeichnet *Plessner* auch als "offene Immanenz" (ebd. 187f.), um sie zum einen von der 'geschlossenen Immanenz' des individuellen Bewußtseinsinhalts und zum anderen von 'Transzendenz' abzugrenzen; die Unergründlichkeit ist nicht metaphysisch-außerweltlich, sondern innerweltlich-geschichtlich begründet.

Diese geschichtsphilosophisch-politische Perspektive ist zugleich skeptisch und bedeutet eine Absage an naiven Fortschrittsglauben. So ist der Pluralität der Entwicklung nach *Plessner* (1976, 7) "ein instruktiver Sinn für den Verlauf der Menschheitsgeschichte im ganzen nicht mehr zu entnehmen".

1.5 Zusammenfassende Bewertung philosophischer Anthropologie aus heilpädagogischer Perspektive

Die folgende kritisch-vergleichende Bewertung der drei großen Anthropologien läßt nochmals *Plessner* ausführlich zu Wort kommen. Sie schließt sich in vielem seinen Ergebnissen an, da sein anthropologisches Projekt als das komplex-differenzierteste und uns hier - nach 'These' (*Scheler*) und 'Antithese' (*Gehlen*) - als eine (vorläufig-skeptische) 'Synthese' erscheint. In einem zweiten Schritt wollen wir - hiervon ausgehend - zu einigen Schlußfolgerungen bezüglich der Heilpädagogik Stellung nehmen.

1.5.1 *Scheler*, *Gehlen* und *Plessner* im kritischen Vergleich

Scheler fragt noch: Kommt dem Menschen Geist zu? Dabei wird »Geist« als wesenhaft von ihm nicht in Frage gestellt - im Gegenteil. Seine philosophische Anthropologie mündet schließlich ein in eine spekulativ-pantheistische Religionsphilosophie. Demgegenüber kommt die philosophische Anthropologie *Plessners* ohne metaphysische Vorentscheidungen und religiöse Folgerungen aus und verhält sich zugleich kritischer zur darwinistischen Evolutionstheorie und zur Ethologie als *Gehlen*. *Plessner* versucht, moderne Biologie und Lebensphilosophie resp. Hermeneutik in einer Sozialphilosophie zu verschränken. Vorbelastete begriffliche Bestimmungen wie Gefühl, Drang, Trieb, Geist etc. werden in seiner Anthropologie vermieden. Stattdessen wird eine "Charakterisierung spezieller Erscheinungsweisen belebter Körper" (*Plessner* 1975, XI) geboten, die weder naturwissenschaftlich noch psychologisch sein will, den vagen und unsystematischen Lebens-Begriff *Diltheys* durch die Beschreibung der Positionalität der konkreten Lebewesen konkretisiert und zudem gegen eine "Abtrennung der Existenz vom Leben" plädiert (ebd. XIII)[25].

Die Existenzphilosophie, der andere 'Abkömmling' der Lebensphilosophie, dem *Plessner* "metaphysische Drückebergerei" vorwirft, ignoriert die "biologische Verklammerung der menschlichen Existenz" (FCH, 120). Da eine "freischwebende Existenzdimension" unmöglich ist, wird deren anthropologische "Fundierung" unter Beachtung der Körperlichkeit notwendig (1975, XIV f.).

Eine solche muß sich sowohl gegen die reine "Innerlichkeit" des Konstitutionsproblems von Gegenstand und Existenz i.S. des traditionellen Idealismus (Subjekt-Objekt-Verhältnis) als auch gegen die "Niveausenkung" des Behaviorismus wenden, der die Möglichkeit suggeriert, mit Versatzstücken der tierischen Verhaltensforschung "den 'Fall Mensch' seiner philosophischen Schwierigkeiten zu entkleiden" (FCH, 120).

Plessner wendet sich gegen dualistische Theorien von Natur und Geist, in denen (seit *Platon*) die Gebrochenheit der menschlichen Existenz dem Körper angelastet wird. Nicht nur die materiell-körperliche Existenz ist beschränkt und hinfällig, sondern auch das sog. geistige Vermögen ist gebrochen, weil es auf Mittel des Körpers angewiesen und selbst ein Mittel ist (vgl. FCH, 123).

Im Bestreben, den Platonismus und seine neuzeitliche Fortsetzung, den Cartesianismus mit seiner Spaltung in 'Körperding' und 'Denksubstanz' zu überwinden, kommen zwar alle drei Großanthropologien überein, jedoch scheint *Plessner* dieses Problem am besten gelöst zu haben. Zentral und entscheidend ist dabei der Gedanke einer mehrdimensionalen und prozeßhaften *Doppelaspektivität* des Menschen: D.h. Verschränkungen und Wechselwirkungen sind nicht nur zwischen Körperlichkeit und Innerlichkeit (Seelenleben), beidem und der Außenwelt, aber auch dem eigenen Ich "als Fluchtpunkt der eigenen Innerlichkeit" (*Plessner* 1982, 12) erfahrbar, sondern bestehen auch zwischen Welt und Umwelt, zwischen Natur und Kultur bzw. Geschichte. Bei all diesen Verschränkungen ist weder eins aus dem anderen abgeleitet noch eins aufs andere reduzierbar. Sie realisieren sich im Lebensvollzug. *Descartes* Lehre von »res cogitans« und »res extensa« hatte also zwar in der Unterscheidung verschiedenartiger Aspekte des Menschseins recht, jedoch wurde deren prinzipielle Trennung verabsolutiert und zu einem ontologischen Dualismus hypostasiert,

---

25 *Plessner* zitiert in diesem Zusammenhang auch die *Heidegger*-Kritik *Löwiths* (1957), der sich ebenfalls gegen den existentialistischen Anschein wendet, "...als seien beim Menschen Geburt, Leben und Tod reduzierbar auf 'Geworfenheit', 'Existieren' und 'Sein zum Ende'. Desgleichen wurde die Welt zu einem 'Existential'. Die lebendige Welt, die *Nietzsche* mit großen Opfern wiederentdeckte... ist, ineins mit dem leibhaftigen Menschen, im Existentialismus wieder verloren gegangen". (Vgl. auch *Adornos* Kritik am "Jargon der Eigentlichkeit" [1964])

der außerdem philosophie- und wissenschaftsgeschichtlich die methodologische Spaltung zwischen objektivierend-messenden (positiven) und spekulativ-interpretierenden Wissenschaften, also zwischen Natur- und Geisteswissenschaft, zur Folge hatte.

Mit dem Grundbegriff der "*Exzentrizität*" wird bei *Plessner* im Gegensatz zum undialektischen Dualismus *Schelers* eine wahrhaft dialektische Struktur entfaltet. Exzentrizität ist nicht einfach als "Weltoffenheit" im *Scheler*´schen und *Gehlen*´schen Sinn zu verstehen, sondern von einer »Philosophie der Subjektivität« her, greift also weiter - bzw. umgreift nochmals die Gegenüberstellung von Weltoffenheit und Umweltgebundenheit. Das bedeutet jedoch nicht, daß *Plessner* transzendentalphilosophisch-spekulativ das welthafte empirische Ich aus dem "reinen Ich" (*Fichte*) deduzieren will, vielmehr ist die Vermittlung zwischen Immanenz (Bewußtseinsinhalt) und Expressivität ('Ausdruckshaftigkeit') nur "im unobjektivierbaren Ich 'hinter' Körper und Leib" (*Plessner* 1982, 12) möglich.

Dagegen besitzt der quasi empirische Lösungsversuch des Subjekt-Objekt-Dualismus, *Gehlen*s biologisches Verhaltensmodell, nach *Plessner* (1975, XIV ff.) nur "begrenzte Tragkraft", da

- das Leib-Seele-Problem durch den Handlungskreis nicht wirklich gelöst, sondern nur umgangen wird;
- anthropologisch nichts Neues geboten wird, was nicht schon in der Tradition des amerikanischen Pragmatismus oder in *Max Weber*s Kategorie des sozialen Handelns vorhanden ist;
- alle Thesen *Gehlens* sich in der Kompensation resp. Entlastung erschöpfen und letztlich nicht über *Herders* Begriff vom "Mängelwesen" hinausgehen.
- Instinktreduktion und Freisetzung der Motorik durch aufrechten Gang, die die Antriebe vom Zweck der bloßen Lebenserhaltung 'loskoppeln', sowie die Sprache haben den Menschen "zu biologischer Mehrdeutigkeit emanzipiert" (1975, XVIII). Diese sprengt aber das Schema vom menschlichen Verhalten als behavioristisch-biologische Reflexkette und zweckgerichtetes Handeln und macht damit die Grenzen des *Gehlen*´schen Ansatzes deutlich. Sog. Grenzreaktionen, z.B. Lachen und Weinen, denen *Plessner* besondere einfühlsame phänomenologische Untersuchungen widmet (vgl. Ges. Schr. VII), zeigen beispielhaft die "Grenzen, die unserem durch Sprache und Zielsetzung gesteuerten Benehmen gezogen sind" (1975, XVIII).

Zwar sind bei *Plessner* verschiedentlich Bezüge zu *Schelers* Geist-Begriff und *Gehlens* Handlungs-Begriff vorhanden oder herstellbar, aber er argumentiert insgesamt fundamentaler und thematisiert wesentlich ausführlicher die Zugangsmöglichkeiten zu anthropologischen Leitbegriffen bzw. die Möglichkeitsbedingungen von menschlichem Verhalten und Erleben, der sog. menschlichen Monopole, sowie von Sozialität und Personalität. Das sollte mit der Charakterisierung "transzendental-anthropologisch" zum Ausdruck gebracht werden. *Plessner*s Grundbegriffe für anthropologische Zusammenhänge stehen (auch gemäß seinem Selbstverständnis) neben bzw. über der 'Erklären-Verstehen-Kontroverse'; sie umgreifen und vermitteln den Gegensatz zwischen Natur- und Geisteswissenschaften.

Die Grundbegriffe »Positionalität« und »Exzentrizität« sind außerdem ausdrücklich keine theoretischen Konstrukte, sondern Anschauung, d.h. sie entstammen der vorwissenschaftlich-naiven Erfahrung (insofern apriorisch), können an alltäglichen Phänomenen direkt plausibel gemacht werden und werden nicht im nachhinein (aposteriori) konstruiert. Sie sind also in spezifischem Sinne materiale Phänomenologie; die Begriffe kommen einer metaphorischen Abkürzung für die gleichsam umkreisende Beschreibung von Phänomenen gleich.

Plessner stellt nicht hierarchisch die geistige Welt über die seelische und diese wiederum über die körperliche wie *Scheler*. Auch ist der Mensch-Tier-Vergleich nicht unbedingt primärer Ausgangspunkt der Argumentation wie bei *Scheler* oder *Gehlen*. Die Stufenordnung *Plessner*s (Pflanze - Tier - Mensch) ist kein Entwicklungsgang - weder metaphysisch (*Scheler*) noch evolutionstheoretisch (*Gehlen*). Er unterstellt auch nicht - wie *Scheler* mit seiner Lehre vom 'werdenden Gott' - eine normative Vorprägung aller menschlichen und gesellschaftlichen Entwicklung und versucht nicht - wie *Gehlen* - eine biologisch-ethologische Begründung von Institutionen und Moral. *Plessner* vertritt insofern eine "negative Metaphysik" (so *Schulz* 1980, 436), die bei *Scheler* oder *Gehlen* keine Parallele hat und die naturalistische Fehlschlüsse vermeidet. Alle menschlichen, d.h. auch geschichtlichen und gesellschaftlichen Erscheinungen auf ihre Funktion für die Selbsterhaltung zu reduzieren (so *Gehlen*), ist eine unbewiesene und unbeweisbare Beschränkung (vgl. auch *Schulz* 1980, 437). Die Kulturwelt (s. das erste anthropologische Grundgesetz *Plessner*s) kann nicht nur als »zweite Natur« i.S. des biologischen Überlebens verstanden werden, sondern muß als eigenständige geschichtliche Dimension erfaßt werden.

Gehlens "empirische, anthropo-biologische Philosophie" der Selbsterhaltung (so sein Selbstverständnis) ist streng genommen als eine 'metaphysische Biologie' zu werten, die gerade aufgrund ihrer einseitigen Betonung und naturalistischen Sicht von Tradition und Institutionalisierungen die Gefahr der Dogmatisierung und des politischen Mißbrauchs in sich birgt (vgl. dazu v.a. die Kritik bei *Habermas* 1977a; 1987, 107ff.) - ähnlich wie schon *Hegels* "objektiver Geist" (oder 'objektive Sittlichkeit'), dessen realistische Weiterführung und Umsetzung *Gehlen* (1986b, 8) ja für sich in Anspruch nimmt.

Auch wenn *Plessner* ursprünglich (1928) seine Anthropologie ebenfalls als rein *biologische* verstanden wissen wollte, die er gegen die Phänomenologie *Husserl*s und die Existenzphilosophie *Heideggers* (als vermeintlich grundlagesichernde Wissenschaften) einerseits und die Psychologie andererseits abgrenzt (1975, XIIIff.), so geht er gleichwohl selbst phänomenologisch und hermeneutisch vor. Er benutzt die Phänomenologie als Methode, und es ist gerade seine Stärke, daß er bei seiner Deutung des Menschen *philosophisch* wird, d.h. die Ebene von Biologie und Ethologie überschreitet und den Menschen hermeneutisch von seinem Selbstverständnis her, als "Bruch von Wesen und Erscheinung" (Differenz von Natur und Kultur), versteht (ebd.).

Damit kommt hier schon eine wesentliche Korrektur des 'a-historisch' und 'asozial' konstruierten *Person*-Begriffs der Tradition in den Blick, auf den wir später noch ausführlicher eingehen müssen (s. Kap. 4.3): Person entsteht nach *Plessner*s Theorie erst durch die und in der (geschichtlichen) Dimension der *Mitwelt.* In *Plessners* Personverständnis kommen außerdem der Körper und die Emotionalität zu ihrem Recht. Exzentrizität und damit Person bleibt unabtrennbar an die Körperlichkeit des Menschen gebunden. Die physische (Körper-) Welt, die psychische Innenwelt und die soziale Mitwelt gehören zusammen, sind lediglich unterschiedliche Perspektiven des Menschseins.

Deshalb gibt es nach *Plessner* auch nicht eindeutig *die* Stellung *des* Menschen in *der* Welt, sondern sein strukturtheoretisches Konzept der Person in ihrer Um- und Mitwelt, die durch ihre Grenzen und Position charakterisiert ist, kommt einer Art philosophischer *Feld*-Theorie gleich.

1.5.2 Heilpädagogische Schlußfolgerungen

Die Konzeption *Plessner*s erscheint aus den o.g. Gründen alles in allem nicht nur philosophisch 'brauchbarer', da sie weder einen Biologismus (wie *Gehlen*) noch einen Spiritualismus (wie *Scheler*) vertritt[26], sondern auch für eine Fundierung der Heilpädagogik geeigneter. Die Überwindung der cartesischen Spaltung ist auch behindertenpädagogisch bedeutsam, da, bliebe sie philosophisch unwidersprochen, der Abwertung (schwer) geistig behinderter Menschen als

26 Zwischen ihnen kann lt. *Plessner* (1982) ebensowenig endgültig entschieden werden wie zwischen Materialismus und Idealismus. *Habermas* (1977a, 96f.) spricht in diesem Zusammenhang von der "doppelten Neutralität" *Plessners.*

bloßes 'Körperding', dem keine 'Denksubstanz 'zuerkannt wird, zusätzlich Vorschub geleistet würde.

Auch ist - wie bereits erwähnt - der Mensch-Tier-Vergleich bei *Plessner* nicht primärer Ausgangspunkt der Argumentation - was eine diesbezügliche Fixierung der heilpädagogisch-ethischen Debatte lösen und (vs. *Singer*) eine alternative Orientierung geben könnte. Zwar kann gerade überall dort - und so auch in manchen Ausführungen *Plessners* -, wo versucht wird, einzelne 'Monopole' des Menschen gegenüber dem Tier herauszustellen (vgl. z.B. FCH, 111ff.), dies zu einem resignierenden Aufgeben anthropologischer Argumentation in bezug auf das volle Menschsein Schwerbehinderter führen (wie v.a. bei einer Rezeption *Schelers)*. Doch sind alle Monopole oder Besonderheiten, die von anderen Anthropologen als primär und fundamental angesetzt werden, in *Plessners* Konzept lediglich etwas Abgeleitetes, Sekundäres. So zum Beispiel auch die Sprache, deren Stellenwert bei *Gehlen* wesentlich eher zu einem Ausschlußkriterium wird.[27] In der Tradition der *Dilthey*'schen Hermeneutik und der Anthropologie *Plessners* kann alles menschliche Handeln, auch das nichtsprachliche sog. Schwerstbehinderter, als Selbstausdruck einer Person verstanden werden. Bewußtsein ist nur eine Handlungsphase, Plan oder Zweckrationalität nur eine Handlungsform unter anderen.

Auch bezüglich der Reziprozität, die für *Plessners* dialektischen Exzentrizitätsbegriff und sein '3-Welten-Modell' (Außenwelt-Innenwelt-Mitwelt) sehr zentral ist, ist nicht die Sprache ausschlaggebend. Im Reziprozitätsverständnis läßt sich zwar (mit *Habermas* 1977b) eine wichtige Analogie zur *Mead*'schen Grundlegung der Intersubjektivität ("Me" und "I") feststellen, diese wird jedoch anders als bei *Mead* (1973), auf den *Plessner* in seinen Arbeiten merkwürdigerweise nie Bezug nimmt (vgl. dazu ausführlicher: *Rehberg* 1985, 71ff.; u. Kap. 4.4), *nicht* aus der Sprache abgeleitet. Auch bzgl. anderweitiger individueller Leistungen von Menschen handelt es sich lediglich um quantitative Unterschiede auf der Grundlage einer qualitativen Gleichbetroffenheit aller Menschen durch die exzentrische Positionsform, m.a.W. um verschiedene, mehr oder weniger beschränkte Weisen, diese "durchzuführen". So könnte man beispielsweise eine schwere geistige Behinderung als ein 'stummes' unbewußtes Innen-

---

27 Zwar ist bei *Gehlen* die Betonung des rituell-darstellenden als typisch-menschliches Verhalten sozusagen ein 'Plus-' weil möglicher Anknüpfungspunkt für die heilpädagogische Praxis (Lernen durch Nachahmung). Viele Einzelbeobachtungen bei *Gehlen* (1986a) bezüglich der Beschreibung und Analyse elementarer sensomotorischer Kreisprozesse und der Entlastungsphänomene sind längst nicht ausgeschöpft und konnten es auch in unserem Rahmen nicht werden. - Auch die Bedeutung der Institutionenlehre *Gehlens* zur Legitimation von organisiert-institutionalisierten Hilfeformen wäre noch zu prüfen.

welt-Außenwelt-Verhältnis, als einen vermutlich weitgehend unbewußt bleibenden Vollzug psychischer Realität und eine Körperbehinderung als eine eingeschränkte Instrumentalität des Körpers rekonstruieren. Hier anzuknüpfen, scheint u.E. durchaus eine 'anthropologische Chance' für die (Schwer-)Behindertenpädagogik zu sein.

Überhaupt deuten Sichtweisen und Formulierungen wie "angewachsene Unvollständigkeit" des menschlichen Organismus, die "Prothesen" erforderlich mache, oder die Konstatierung einer grundsätzlichen "Invalidität" des Menschen in diese Richtung (FCH, 118ff.; im Anschluß an *Herder* und *Portmann*). Und wenn es bei *Plessner* heißt, daß "Vernunft, Einsicht, Versachlichung, Wortsprache nur dank des Außersichseins ... *möglich* werden" (ebd. 119; Hervorh. hj.j.), so schließt das eben ein, daß die Möglichkeit auch unrealisiert bleiben, verfehlt werden kann - z.B. aufgrund einer sog. Behinderung. In diesem Falle erscheint der betroffene Mensch auf der Folie anthropologischer Reflexion zwar unvollkommener, zur bloßen Lebensfristung gar unfähiger als ein Tier - aber gerade darum ist und bleibt er Mensch.

> "Kein Tier ist von Natur, d.h. seinem Entwurf nach invalide. Das ist nur der Mensch, weil eben die Fähigkeiten, die ihm Offenheit zu den Dingen in ihren Möglichkeiten gewähren, ihm diese Offenheit zwar nicht nehmen, aber brechen. Die Gebrochenheit seiner Weltsicht wird traditionellerweise dem Körper zur Last gelegt. (...) Aber der Körperleib ist nicht das einzige Medium, in dem das spezifisch menschliche Können sich bricht. Es selbst ist gebrochen, weil es in allem auf Mittel angewiesen ist und den Mittelcharakter nie verleugnet." (FCH, 122f.)

Gebrochenheit und Invalidität gehören zur menschlichen Existenz. Im heilpädagogischen Kontext wird z.B. von *Bleidick* (1984) und *Speck* (1988; 1993a) - allerdings ohne Bezug auf *Plessner*, sondern auf existenzphilosophischem Hintergrund - verschiedentlich ähnlich argumentiert (s. Kap. 4.2), was hier eine indirekte anthropologische Stütze findet.

Abschließend ist nochmals festzuhalten, daß bei *Plessner* die sozial-gesellschaftliche und historische Dimension des Menschen stärker berücksichtigt wird als bei *Scheler* oder in anderen Anthropologien und angemessener ausgeführt als mit *Gehlens* Institutionenlehre. Der Übergang zur Kritischen Theorie (s. Kap. 2) kommt hier bereits 'zum Greifen nahe'.[28] Die in der Heilpädagogik v.a. von *Speck* (1988; 1993a) reklamierte Dimension der 'Mitexistenz' findet von

---

28 Eine wechselseitige - freilich kritische - Bezugnahme ist dann beim späten *Plessner* (1970) einerseits und *Adorno* (1966) und *Habermas* (1977b) andererseits festzustellen, die freundschaftliche Verbundenheit *Plessners* mit den "alten Frankfurtern" bekannt (vgl. neuerdings: *Monika Plessner* 1995).

den drei anthropologischen Großentwürfen unseres Jahrhunderts einzig bei *Plessner* besondere Beachtung. Zugleich bleibt dieser aber stets skeptisch gegen jede "Gemeinschaftsideologie" (vgl. *Plessner* 1981a). Die geschichtlich geformte Mitwelt wird konstitutiv für die Personalität jedes Menschen. Der Personstatus wird nicht von (psychologisch-kognitiven) 'Leistungen' abhängig gemacht - wie im Empirismus und Utilitarismus (von *Locke* bis *P. Singer*).

Nur im sozialen Bezug, als "Doppelgänger", wie *Plessner* (1966, 20) sagt, entwickeln Menschen ihre Identität (als unabschließbarer Prozeß), wird der Mensch *Person* und erhält für den anderen Bedeutung: "Am anderen wird der Mensch seiner habhaft. Diesen anderen trifft er auf dem Umweg über die Rolle, genau wie der andere ihn." (Ebd.; ähnlich wie *Mead* 1973, 194ff., 230ff.) Ein Mensch ist aber nie deckungsgleich mit seiner Rolle; wegen seiner Exzentrizität geht er in keiner Rolle (auch nicht in der Summe aller seiner Rollen) vollständig auf. Menschliche Lebensführung ist nur exzentrisch, aber zugleich auch nur als gesellschaftliche möglich.

Der Mensch *ist* seine Geschichte, lautet *Diltheys* wie *Plessners* Fazit; *jeder* Mensch ist *seine* Geschichte. Auf die Heil- oder Behindertenpädagogik und die betroffenen Individuen angewendet, heißt das: Ein behinderter Mensch bzw. seine sog. Behinderung muß lebensgeschichtlich betrachtet und verstanden werden. Solche Betrachtungsweise - also eine kritische Hermeneutik des Lebens, für die das Andere, Fremde nicht Unmöglichkeit, sondern Voraussetzung und Ausgangspunkt des Verstehensprozesses bedeutet (vgl. *Plessner* 1982, 169ff.) - muß zur Methode der Wahl einer Behindertenpädagogik werden. Und da Hermeneutik des Lebens zugleich mitmenschliche Lebenspraxis ist, kann im Anschluß an *Plessner* analog zur Politik auch Pädagogik als notwendige Gestaltung der 'offenen Frage Mensch' betrachtet werden.

2. »Bilderverbot«: Kritische Theorie als Anthropologiekritik

2.1 Zur Einführung

Erziehung und Bildung finden nicht im 'luftleeren Raum', sondern immer in einem gesellschaftlichen Kontext statt. Ideelle und materielle, politische und institutionelle Rahmenbedingungen üben einen entscheidenden Einfluß aus. Ideologie- und Gesellschaftskritik haben deshalb einen wichtigen Stellenwert für eine (Heil-)Pädagogik, die nicht Unmündigkeit und Abhängigkeit festschreiben, sondern aufklären und abbauen will. Dazu gehört auch, über die eigenen Vorannahmen, Voraussetzungen und Ziele Rechenschaft abzulegen. Die Orientierung an kritischer Theorie bietet dazu einen geeigneten Bezugsrahmen.

Da diese Arbeit beansprucht, ein Beitrag zur Grundlagenreflexion der Heil-/ Sonderpädagogik aus kritisch-theoretischer Sicht zu sein, gilt es an dieser Stelle, sich nochmals soweit möglich dessen zu vergewissern, was »Kritische Theorie« ursprünglich ausmacht; zumal sie im Bereich der Heilpädagogik noch fast nicht rezipiert wurde (s. Kap. 4.2). Die ('ältere') kritische Theorie (*Horkheimer* & *Adorno*) kann dabei durchgängig auch als Anthropologiekritik gelesen werden, was hier von vorrangigem Interesse ist. Dieses zweite Kapitel versucht also - metaphorisch gesprochen -, nach der Diskussion verschiedener »Menschenbilder« im ersten Kapitel als Antithese ein »Bilderverbot« zu verhängen.

Erschwerend für diese Absicht ist jedoch, daß für die Kritische Theorie selber in besonderem Maße das gilt, was *Adorno* (1980b, 44) einmal von der Philosophie insgesamt gesagt hat: nämlich, daß sie sich im Grunde nicht referieren lasse.[1] So soll in Teil II der vorliegenden Arbeit die Kritische Theorie vor allem implizit i.S. einer kritischen Perspektive auf andere philosophische, sozialwissenschaftliche und (heil)pädagogische Konzepte zum Tragen kommen. Eine kurze überblicksartige Darstellung, wie sie an dieser Stelle dennoch versucht werden soll, muß einerseits zunächst historisch ansetzen und dann andererseits sich auf die Entwicklung und Erläuterung einiger anthropologisch und pädagogisch relevanter Grundgedanken und 'Leitbegriffe' beschränken - wobei schon dieser

---

1 Wenn, dann am ehesten noch die frühen gesellschaftstheoretischen Arbeiten *Horkheimers*.- *Adornos* philosophisches Hauptwerk "Negative Dialektik" (1966, [2]1980b) wird im folgenden zitiert als: ND. Zur Einführung empfehlenswert: *Gripp* (1986); *van Reijen* (1990).

letzte Ausdruck sich in kritisch-theoretischer Perspektive als problematisch erweisen wird.

Kritische Theorie entstand am Ende der ersten deutschen, der sog. Weimarer Republik unter dem Eindruck des heraufziehenden Nationalsozialismus. Anstoß und Motivation dieses Projekts war das dringende Bedürfnis nach Erklärung und Veränderung dieser gesellschaftlichen Entwicklung bei der gleichzeitigen Erfahrung, daß die herkömmlichen marxistischen Erklärungen nicht mehr ausreichten und die Arbeiterklasse sich nicht als das gesellschaftlich-revolutionäre Subjekt erwies, wie es von *Marx* prophezeit worden war. Es ging deshalb um den Versuch, in Auseinandersetzung mit dem 'Mainstream' der Philosophie und Sozialwissenschaften einerseits sowie unter Einbeziehung psychoanalytischer Erklärungsansätze andererseits eine erneuerte Grundlage der Gesellschaftsanalyse und -kritik i.S. eines "interdisziplinären Materialismus" und den "kritischen Intellektuellen" als Subjekt der Veränderung zu konstituieren.[2]

In dieser ersten Phase wird (Sozial-)Philosophie also als Metatheorie und kritisch-dialektische Synthese der verschiedenen Einzelwissenschaften verstanden, die die drei Komponenten 'immanente Kritik' anderer Theorien, 'Ideologiekritik' und 'Krisendiagnose der Gesellschaft' umfaßt (vgl. dazu auch *Benhabib* 1992, 79ff.). Dieses immer noch aktuelle kritisch-interdisziplinäre Programm (vgl. auch *Bonß*/*Honneth* 1982) bietet wichtige Anknüpfungspunkte auch für eine (heil)pädagogische Grundlagenreflexion. Die immanente Kritik wird in den späteren Phasen der Theorieentwicklung zur negativen Dialektik, die Ideologiekritik zur Kulturkritik und die Krisendiagnose zu einer "Geschichtsphilosophie mit utopischen Intentionen" transformiert (*Benhabib* a.a.O.).[3]

Der Ausdruck »Kritische Theorie« bezieht sich zum einen auf eine kritische Auseinandersetzung mit der Philosophie des Deutschen Idealismus sowie auf die Abgrenzung von all denjenigen philosophischen Konzepten, die in seiner Nachfolge zu sehen sind - also z.B. die verschiedenen Richtungen des Historismus und der Lebensphilosophie (z.B. *Dilthey*), die Phänomenologie *Husserls*

---

2 Dieses 'Programm' des Frankfurter 'Instituts für Sozialforschung' fand seinen Ausdruck z.B. in der groß angelegten Studie über "Autorität und Familie", wurde aber auch in vielen kultursoziologischen Einzelanalysen in der 'Zeitschrift für Sozialforschung' (Jg. 1930ff.) weiterentwickelt und dokumentiert. - Zur Geschichte der Kritischen Theorie bzw. der sog. 'Frankfurter Schule' vgl.: *Jay* (1987); *Wiggershaus* (1989).

3 Zwar hat nach Auffassung von *Habermas* (1985; 1986; 1988a) u.a. die ältere Kritische Theorie schließlich in eine Sackgasse geführt. Gegen ihre scheinbare Obsoletheit auf Grund des "linguistic turn", der Ablösung des subjekt- resp. bewußtseinsphilosophischen durch das sprachphilosophische resp. kommunikationstheoretische Paradigma, stehen jedoch (vs. *Habermas*) bis in die jüngste Zeit eine Reihe von AutorInnen (z.B. *Schnädelbach* 1983, 1986; *Hesse* 1986; *Thyen* 1989; *Brunkhorst* 1990; *Benhabib* 1992; *Demmerling* 1994).

oder *Schelers* und die philosophische Anthropologie (ebenfalls v.a. *Scheler*). Zum anderen wurde das Stichwort von der Kritischen Theorie von *Max Horkheimer* in seinem programmatischen Aufsatz "Traditionelle und Kritische Theorie" (1937/1988e) im Kontext einer wissenschaftshistorischen und wissenschaftstheoretischen Abgrenzung vom Positivismus und der Wissenssoziologie geprägt. Gleichzeitig bedeutet Kritische Theorie auch kritische Anknüpfung an die *Marx*'sche Philosophie (besonders die historisch-materialistische Geschichtstheorie und die Kritik der politischen Ökonomie).

Kritische Theorie ist in vielen Punkten der traditionellen Theorie ähnlich und unähnlich zugleich (ebd. 199ff.). So geht auch die kritische Theorie von abstrakten Grundbegriffen - Ware, Wert, Tausch etc. - aus, beschränkt sich aber nicht auf Hypothesenbildung, sondern bietet eine Analyse und Bewertung geschichtlicher und gesellschaftlicher Vorgänge. Zudem müssen Forderungen der Logik gegenüber einem rein formalen Verständnis nach kritischer Auffassung inhaltlich werden: Die Notwendigkeit theoretischer Schlüsse (stringente Deduktion und Kausalität als Gütekriterium von Theorien) meint im kritischen Kontext zugleich auch "Verwandlung aus einer blinden in eine sinnvolle Notwendigkeit" (ebd. 203): 'die Not wenden', auszugehen von der realen Lebensnot der Menschen (wie schon bei *Marx* und *Freud*). So stellt die Kritische Theorie im Grunde "als ganze ein einziges entfaltetes Existentialurteil" der Gesamtgesellschaft dar (*Horkheimer* 1988e, 201). D.h. sie macht aufgrund einer konkreten historisch-gesellschaftlichen Analyse eine (*kategorische*) Allaussage: Der Warentausch ist das Fundament der weltweiten kapitalistischen Gesellschaft. Aus dem "Grundverhältnis des Tausches" kann alles andere abgeleitet werden.

Diese gesellschaftliche Ordnung ist aber nicht natur- oder gottgegeben, sondern Menschenwerk und also von Menschen veränderbar, sie ist nicht statisch überzeitlich, sondern dynamisch: Es muß nicht so sein, wie es ist (*Negation*). Kritische Theorie wahrt damit den realen Zusammenhang von Wissen, Werten und Handeln, von Theorie und Praxis. Sie vertritt eine subjektgebundene historische Wahrheit und dialektische Logik und verfolgt kein gruppen-egoistisches, sondern ein allgemeines, wahres und vernünftiges Interesse.

Erkenntnis- resp. Wissenschaftstheorie ist deshalb kritische Theorie der Gesellschaft. Während traditionelle Wissenschaft durch ihr passives Verständnis von Theorie und ihre vermeintliche Wertfreiheit letztlich affirmativ ist und sich in der Reproduktion des Bestehenden erschöpft, ist kritische Theorie auf Veränderung aus. Sie analysiert die Gesellschaft in ihrer historischen Gewordenheit als "unvernünftiges Produkt". Die Idee einer dem Allgemeinwohl dienenden "vernünftigen" Gesellschaftsorganisation ist zwar (idealtypisch) immer schon impliziert im Begriff der Arbeit, aber der Einsatz von Kenntnissen und Methoden der Naturbeherrschung (Produktivkräfte) funktioniert nicht (mehr) einfach dadurch, daß jeder für sich selber sorgt, auch schon zum Wohle der Allgemeinheit. Dazu ist eine Bewußtwerdung und "ein bestimmtes Interesse" erforderlich (ebd. 186f.),[4] das aber keineswegs mit einem proletarischen Klassenbewußtsein identisch ist. Gefühle, Vorstellungen und Ziele einer bestimmten Klasse, sei es Bürgertum oder Arbeiterklasse, zu formulieren, bliebe nach *Horkheimer* (188) traditionelle Sozialpsychologie.

Der traditionalle Fachwissenschaftler trennt seine Rolle als Wisenschaftler strikt von der des Staatsbürgers und beide nochmals von der der Privatmannes. Das Engagement des kritischen Theoretikers, das dem traditionellen Fachwissenschaftler als spekulativ-utopistisch, "parteiisch und ungerecht" (ebd. 191f.) erscheint, ist zwar frei von Klassenbindungen, aber nicht i.S. eines formalistischen Geistbegriffs, eines "Schwebens über den Klassen", wie es die Wissenssoziologie für die Intellektuellen als charakteristisch erachtet, sondern es ist verbunden mit einer Parteinahme für benachteiligte Schichten und Bevölkerungsgruppen. Für die Kritische Theorie ist 'Geist' sowohl liberal, da er keinerlei Anpassung an Macht verträgt, als auch nicht-liberal, da er engagiert ist und sein kämpferisches Interesse auf Autonomie und Gerechtigkeit für alle zielt. (ebd. 196f.).

"Die kritische Theorie hat bei aller Einsichtigkeit der einzelnen Schritte und der Übereinstimmung ihrer Elemente mit den fortgeschrittensten traditionellen Theorien keine spezifische Instanz für sich als das mit ihr selbst verknüpfte Interesse an der Aufhebung des gesellschaftlichen Unrechts." (Ebd. 216) Ihre Bestätigung liegt in der Zukunft. Das bedeutet aber keine abstrakte Utopie, sondern die konkrete Real-Utopie, daß alle materiellen Mittel für diese gerechte Gesellschaft bereits vorhanden sind, sie mit den vorhandenen Mitteln realisierbar wäre.

Diese Überlegungen *Horkheimer*s gehen weit über die Ebene der Wissenschaftstheorie oder die einer soziologischen Theorie hinaus. An dieser Stelle scheint schon auf, daß kritisch-theoretische Grundlagenreflexion auch für Heilpädagogik - über die Einbeziehung der Ideologiekritik in das Methodeninventar wertgeleiteter Forschung (vgl. *Haeberlin* 1991) hinaus - Entscheidendes beisteuern kann: eine *normativ-utopische Ausrichtung*, die immer noch Aktualität besitzt und die ideal(isierend)e Menschenbilder entbehrlich macht, Gesellschafts- und Anthropologiekritik an die Stelle anthropologischer Fundierung treten läßt.

---

4 Erkenntnis und Interesse sind nicht voneinander zu trennen. *Habermas* hat Jahrzehnte später diesen Zusammenhang in seinen Schriften (1969; 1975) wieder aufgegriffen.

2.2 »Geschichte und Psychologie«[5]: Zur Anthropologiekritik *Horkheimers* und *Adornos*

Damit verwandelt sich die Lehre vom Sein im Menschen
ebenso wie jede Art philosophischer Anthropologie
aus einer trotz allem statischen Ontologie in die Psychologie
der in einer bestimmten Geschichtsepoche lebenden Menschen.
Max Horkheimer (1932/1988a, 50)

2.2.1 Prototyp der Kritik I: Gattungswesen und menschliche Emanzipation bei *Karl Marx*

Als ein für die kritische Theorie maßgeblicher Vorläufer auch auf dem Felde der Anthropologiekritik kann *Marx* verstanden werden, da er die Begrenztheit idealistisch-anthropologischer Philosophie, die die menschliche Existenz allein aus der Leib-Seele- resp. Körper-Geist-Dualität begreifen will, erkannte und mit seiner Grundlegung von Arbeit und Geschichte überschritt. Lange vor *Gehlen* zeigte er, daß und wie aus der bedürftigen Existenz eines Mängelwesens die Nötigung zu handeln folgt: Das 'Wesen' des Menschen - so *Marx* in seiner 6. Feuerbach-These (Marx-Engels I, 140 u. 143)[6] - ist nicht von Natur aus in jedem Individuum als vorhanden gegeben. Es ist kein Abstraktum in ihm, sondern liegt sozusagen 'außerhalb', d.h. in der Geschichte und im "Ensemble der gesellschaftlichen Verhältnisse". Diese explizit soziologische, besser: sozialphilosophische Definition ist auch Ausgangspunkt der Kritischen Theorie. Sie führt über eine herkömmliche 'Homo-sociologicus'-Interpretation, bei der internalisierte Rollen die Handlungsdispositionen der Menschen begründen und begrenzen, weit hinaus. M.a.W.: Der Mensch muß sich sein sog. Wesen erst tätig 'aneignen'. Die Wirklichkeit des Menschen - der Mensch als Mensch - wird dadurch konstituiert, daß er für andere wirklich ist: für die Natur wie für die Gesellschaft. Der Mensch (re)produziert sich selbst in seiner Arbeit qua tätige Auseinandersetzung mit seiner Umwelt, im ständigen Prozeß des - wie *Marx* (1969, 148) sagt - "Stoffwechsels mit der Natur". Im geschichtlichen Prozeß und in Kooperation mit anderen schafft der Mensch die materiellen und institutionellen Bedingungen seiner (immer schon) sozialen Welt.

---

5 So der Titel eines *Horkheimer*-Aufsatzes (1932 [1988a]), der den Auftakt der Anthropologiekritik darstellte.

6 Die 6. Feuerbach-These wurde von *Jantzen* (1978; 1987 u.ö.) in/für die Behindertenpädagogik eingeführt und (noch ohne den Kontext Kritischer Theorie) fruchtbar gemacht.

Die menschliche 'Natur' ist deshalb identisch mit den sozialen Beziehungen; aber nicht einfach als 'Produkt der Verhältnisse' (Bedingungen), sondern als komplexe organisierte Ganzheit dieser Beziehungen (vgl. Marx-Engels I, 53. 70ff.; II, 75-129); genau das meint der Begriff "Ensemble" im Unterschied z.B. zu einer bloßen "Summe". Diese Ganzheit, die selbst geschaffenen Bedingungen (Produktionsverhältnisse, Warenverkehr und Konsum, gesellschaftliche Institutionen) sind aber zunehmend zu einer Art verselbständigtem Automatismus, einer negativen Totalität geworden, die dem Menschen als fremde gegenübertritt. Sie werden nicht mehr bewußt als produziert und veränderbar erfahren. Verkürzt wäre deshalb gleichfalls ein rein (sozial)psychologisches bzw. interaktionistisches Verständnis der Theorie des 'gesellschaftlichen Ensembles' (Psychologismus).

Inwieweit *Marx* 'anthropologisch' - oder gar psychologisch - rezipiert werden kann oder muß bzw. ein »früher« (= humanistisch-anthropologischer) von einem »späten« (= materialistisch-ökonomistischen) *Marx* zu unterscheiden ist, ist in der philosophischen und sozialwissenschaftlichen Diskussion innerhalb wie außerhalb des Marxismus bis heute strittig und kann hier nicht entschieden werden.[7] *Marx* bezeichnet in den sog. 'Pariser Manuskripten' (Marx-Engels I) die Psychologie als eine Naturwissenschaft vom Menschen und verwendet bis in das Spätwerk einen Begriff der menschlichen Natur. Im Wissen um die Tatsache der Entfremdung setzt er freilich nicht den entfremdeten dem natürlichen Menschen an sich gleich.

Anknüpfend an den Emanzipationsbegriff der Aufklärung und diesen weiterentwickelnd, hat *Marx* in seiner Streitschrift "Zur Judenfrage" den eindeutig anthropologie-kritischen Unterschied zwischen "politischer" und "menschlicher Emanzipation", der auch für eine kritische Erziehungswissenschaft relevant wird, wie folgt herausgearbeitet:

> "*Alle* Emanzipation ist *Zurückführung* der menschlichen Welt, der Verhältnisse, auf den *Menschen selbst.* - Die politische Emanzipation ist die Reduktion des Menschen, einerseits auf das Mitglied der bürgerlichen Gesellschaft, auf das *egoistische unabhängige Individuum*, andererseits auf den *Staatsbürger*, auf die moralische Person.
> Erst wenn der wirkliche individuelle Mensch den abstrakten Staatsbürger in sich zurücknimmt und als individueller Mensch in seinem empirischen Leben, in seiner individuellen Arbeit, in seinen individuellen Verhältnissen, *Gattungswesen* geworden ist, erst wenn der Mensch seine 'forces propres' als *gesellschaftliche* Kräfte erkannt und organisiert hat und daher die gesellschaftliche Kraft nicht mehr in der Gestalt der

---

7 Vgl. dazu *Israel* (1977, 86-106); *Fromm* (1985); *Lepenies/Nolte* (1972); *Dahmer* (1982); in der heilpädagogischen Lit.: *Furrer* (1986, 14ff.)

politischen Kraft von sich trennt, erst dann ist die menschliche Emanzipation vollbracht." (Marx-Engels I, 53; Hervorh. i.Orig.)

Zwar basiert die menschliche auf der politischen Emanzipation als ihrer Voraussetzung - modern gesprochen: auf dem demokratischen Rechtsstaat -, erfordert jedoch darüber hinaus einen lebensweltlichen Bildungsprozeß und die Überwindung des 'bürgerlichen' Egoismus. Der marxistische (optimistische) Geschichtsdeterminismus eines zwangsläufigen Eintretens der (zwangsläufig alles zum Guten wendenden) proletarischen Weltrevolution ist obsolet geworden. Ein materialistisches Geschichts- und Menschenbild erwiese sich dadurch als authentisch, daß durch die Kritik des Bestehenden »Entfremdung« festgestellt wird und der Mensch durch Befreiung (qua solidarisches Handeln) wieder zum Subjekt seiner Geschichte werden kann. M.a.W.: Die im philosophischen Idealismus und der anthropologischen Philosophie vernachlässigte Einheit von Geschichte und 'menschlicher Natur' müsste wiederhergestellt werden. Dies ist mit dem Begriff des Gattungswesens intendiert, der bei *Marx* jedoch systematisch unterbestimmt bleibt, und um diesen dialektischen Zusammenhang - die Möglichkeit oder Unmöglichkeit einer Wiederherstellung dieser Einheit - kreist auch Kritische Theorie von Anfang an (vgl. *Adorno* 1990a, 345-365).

Im Grunde ist hier bereits die Denkfigur der »Dialektik der Aufklärung« vorgezeichnet - auch wenn diese wesentlich pessimistischer ist bzw. resignative Züge annimmt (vgl. auch *Kamper* 1973, 54ff.). Dem *Marx*'schen Begriff der politischen Emanzipation entspricht das Aufklärungsverständnis bei *Horkheimer* und *Adorno*. Ob und wie die "menschliche Natur" geschichtlich erklärt ('fundiert') werden kann, wird so zur "Kernfrage der Anthropologiekritik" (*Kamper* 1973, 59).

Die »Kritische Theorie« bleibt nicht stehen bei der 'Kritik der politischen Ökonomie' oder der historisch-materialistischen Beschreibung der Geschichte als "Geschichte von Klassenkämpfen" (*Marx*) - dann stünde ihre Relevanz für eine pädagogische Grundlagenreflexion in Frage. Ihr zweifaches Verdienst ist es aber, zum einen die Grundgedanken der *Marx*'schen Frühschriften sowohl wissenschafts- wie gesellschaftstheoretisch so weiterentwickelt zu haben, daß sie Transzendentalphilosophie, Phänomenologie (aus der wiederum Existenzphilosophie wie moderne Anthropologie hervorgegangen sind) und Positivismus gleichermaßen als 'traditionelle Theorie' zu entlarven vermochte, und zum anderen darüber hinaus Geschichte und Psychologie bzw. Marxismus und Psychoanalyse als "radikale historische Ent-täuschungen, über das, was der Mensch sei..." (*Kamper* a.a.O., 16) integriert zu haben.

2.2.2 Prototyp der Kritik II: Der Beitrag der Psychoanalyse zur Anthropologie- und Gesellschaftskritik

Im Rahmen seines interdisziplinär-materialistischen Forschungsprogramms bemühte sich der *Horkheimer*-Kreis auch um eine Integration von historischem Materialismus und Psychologie, speziell psychoanalytischer Theorie (vgl. *Jay* 1987, 113-142; *Dahmer* 1982, 278ff.). So wurden psychologische resp. psychoanalytische Erklärungskategorien zugleich als soziologisch-historische Analyseinstrumente verwendet, die die *Marx*'sche Kritik der politischen Ökonomie gerade in der Analyse der konkreten gesellschaftlichen Situation am Vorabend des Faschismus entscheidend ergänzten - nämlich durch ihr Erklärungsvermögen, wie die Gesellschaft die Persönlichkeit ('Triebstruktur') manipuliert und dadurch z.B. Widerstand oder gar eine Revolution der benachteiligten Schichten immer wieder verhindert.

Kritisch-materialistische Theorie grenzt sich damit sowohl von der traditionellen Geschichtswissenschaft wie vom phänomenologisch-existenzphilosophischen Begriff einer "inneren Geschichtlichkeit" ab (vgl. *Horkheimer* 1988a, 48ff.), für die Gesellschaftskritik und psychologische Methoden kein Thema sind. Der "äußere" (empirisch-reale) Gesellschafts- und Geschichtsprozeß ist nicht bloß "äußerlich" (i. S. von auflistbaren Daten und Fakten) und auch mehr als "innere Geschichtlichkeit". Zum Verständnis der geschichtlichen Dialektik von Individuum und Gesellschaft kann Psychologie wesentliches beitragen

Anknüpfungspunkte bietet neben *Hegel* deshalb zunächst die Geschichtsphilosophie *Diltheys* (vgl. *Horkheimer* 1988a, 66ff.), die eine geisteswissenschaftliche, »verstehende Psychologie« zu ihrem wesentlichen Bestandteil hat und von einer einheitlichen psychischen Tiefenstruktur ausgeht, die den vielfältigen Erscheinungsformen des individuellen, psychischen Lebens in allen Geschichtsepochen und Kultursystemen zugrunde liege. Geschichte wird dabei jedoch nur als Geistesgeschichte gesehen.

Materialistische Geschichtsauffassung unterstellt jedoch - anders als *Hegel* und *Dilthey* - kein in der Geschichte wirkendes einheitliches geistiges oder psychisches Prinzip, das zudem die Gefahr dogmatischer Erstarrung mit sich bringt. "Denken, ...Begriffe und Ideen sind Funktionsweisen des Menschen und keine selbständige Macht" (ebd. 54).[8] Diese Sicht kann sich auf die *Freud*'sche wie die *Marx*'sche Theorie gleichermaßen stützen, die - bei aller Verschiedenheit - beide formal in ihrem dialektischen Charakter und inhaltlich in der Nicht-Identi-

8 Diese "Wendung von der Metaphysik zur wissenschaftlichen Theorie" (ebd. 55) ist zentrales Thema in allen frühen Aufsätzen *Horkheimers*.

tät (Differenz) von Individuum und Gesellschaft übereinstimmen, d.h. im Begreifen des Menschen als eines Wesens, das im Widerspruch zur Gesellschaft steht und irrationalen Kräften - seien es Triebe oder Neurosen, seien es die gesellschaftlichen Verhältnisse - ausgesetzt ist, die seine Emanzipation und lebendige Entfaltung behindern.[9]

Kritisch-materialistische Theorie nutzt zwar Psychologie als wichtige Hilfswissenschaft, ist aber nicht psycholog(ist)isch wie der Liberalismus und Utilitarismus. *Horkheimer* wendet sich gegen die utilitaristische Unterstellung, die vielen psychologischen Erklärungsmodellen inhärent ist und derzufolge das Handeln der Menschen nur aufgrund materieller Nutzenabwägungen erklärbar sei (Verstärkungstheorien, sozialpsychologische 'Austausch'-Theorien etc.). Dies entspricht ganz der Ideologie des Wirtschaftsliberalismus, nicht aber (ein häufiges Mißverständnis!) materialistischer resp. marxistischer Philosophie. Nach utilitaristisch-liberalistischer Ideologie sind Antriebe, Interessen, Motive der Individuen nicht nur der Motor der Geschichte, sondern auch deren letzte Instanz (Konkurrenz). "Das Problem, wie trotz dieser chaotischen Grundlage die Gesellschaft als Ganzes leben kann oder vielmehr wie ihr Leben durch diese Grundlage in steigendem Maß beeinträchtigt wird, hat freilich der Liberalismus nicht zu lösen vermocht." (Ebd. 53)

Während die liberalistische Ideologie, zu der der anthropologische Optimismus der Aufklärung verkommen ist, zwangsläufig auf ein "Dogma der Interessenharmonie" rekurrieren muß (ebd.), setzt *Horkheimer* gegen den wirtschaftlichen Egoismus und gegen einseitige Trieblehren der Selbsterhaltung auf die Existenz 'sozialer Triebe' und realer Bedürfnisse wie Solidarität, Anerkennung und Bestätigung, Geborgenheit etc.. Statt von liberalistischen Unterstellungen oder einer einheitlichen Wesenswissenschaft des Menschen auszugehen, erforscht Kritische Theorie die Wechselwirkung gesellschaftlicher und individueller Lebensprozesse. Nicht 'der Mensch an sich' oder seine prinzipielle 'Geschichtlichkeit' sind ihr Thema, sondern Veränderung oder Konstanz psychischer Faktoren in bestimmten geschichtlich-gesellschaftlichen Prozessen und Situationen.

Horkheimer (1988a) wie *Fromm* (1932a/GA I) gehen von einer Prädominanz der sozioökonomischen Struktur gegenüber der Triebstruktur des Individuums

---

9 *Erich Fromm* (GA I; 1978) kommt das Verdienst zu, dies als einer der ersten herausgestellt und die programmatische Idee einer marxistischen Sozialpsychologie in die Kritische Theorie eingebracht zu haben, auch wenn es später zu erheblichen theoretischen Differenzen mit *Horkheimer, Adorno* und *Marcuse* kam, die zum Ausscheiden *Fromms* aus dem 'Institut für Sozialforschung' führten (vgl. dazu *Jay* 1987, 126f. 130ff.; *Wiggershaus* 1989, 298ff.).

aus. D.h. die materiellen sozioökonomischen Lebensbedingungen sind die primären Einflußgrößen auf das Individuum, das in seiner Entwicklung komplexe aktive und passive Anpassungsleistungen erbringen muß. Das Objekt der Psychologie ist also nicht einfach das Individuum, sondern das *vergesellschaftete* Individuum, und Objekt der Soziologie nicht die Gesellschaft, sondern eine *strukturierte Vielheit von Individuen*, deren psychische Dispositionen mitberücksichtigt werden müssen. In dieser Überschneidung liegt der "methodische Ort einer analytischen Sozialpsychologie" (*Fromm*: GA I, 40), die die sozial relevant werdenden Triebregungen, die die "libidinöse Struktur einer Gesellschaft" (ebd. 56) bilden, zu erfassen und ihre Entstehung und Funktion zu erklären sucht. Die psychoanalytische Theorie vermag den historischen Materialismus also wesentlich in zwei Punkten zu ergänzen: einmal bezüglich der Kenntnis der menschlichen '(Trieb-)Natur' als einem Element der materiellen Basis im gesellschaftlichen Prozeß und zum anderen bezüglich der Entstehung des ideologischen Überbaus durch den Aufweis, wie sich die ökonomischen Bedingungen über die 'libidinöse Triebstruktur' in Ideologie umsetzen. Wesentliches Medium (Sozialisationsagentur) in diesem Prozeß ist die Familie, die die Anpassung des Individuums an gesellschaftliche Normen und Rollenmuster sicherstellt.

Während *Freud* nur individuelle "libidinöse Typen" in der klinischen Praxis kennt, und das *Marx*'sche Diktum von der "sozialen Charaktermaske" nicht als psychologischer Begriff gemeint ist, sondern rollenbedingte Verhaltensweisen ökonomischer Funktionsträger beschreibt, drängt *Fromms* Sozialcharakter-Konzept schon bald darüber hinaus und wird zur positiven Sozialanthropologie. Damit aber werden beide, sowohl die soziologischen wie die psychologischen Analyseinstrumente verwässert, und der Bruch zwischen natürlichen Triebbedürfnissen und gesellschaftlichen Anforderungen, der "unter der erzwungenen Konformität fortschwelende(n) Antagonismus von Individuum und Gesellschaft" (*Dahmer* a.a.O., 316 u. 384) verschleiert. Das komplexe Wechselwirkungsverhältnis von Individuum, Gesellschaft und Natur wird damit weder praktisch-politisch noch gesellschaftstheoretisch-historisch, sondern lediglich "milieutheoretisch" gefaßt (ebd. 306). Zudem erklärt das Modell eigentlich nur die Entstehung von Anpassung und systemkonformen Charakterstrukturen, nicht aber von abweichenden und non-konformen Verhaltensweisen bzw. Persönlichkeiten. Demgegenüber bestehen *Horkheimer* und *Adorno* - sowie später *Marcuse* (1978a, 11ff. 237-269) - weiterhin auf der Brisanz und dem kritischen Potential der Psychoanalyse.

2.2.3 *Horkheimers* »Bemerkungen zur philosophischen Anthropologie«

Die Natur des isolierten Individuums
ist bereits ein fragwürdiger
Gegenstand der Anthropologie.
Max Horkheimer (1936/1988d, 11)

Gegen die Auffassung einer überzeitlichen und gleichbleibenden 'Natur' des Menschen, aber ebenso gegen die "allzu harmonische Betrachtungsweise", daß im Gesamtverlauf der Geschichte *das* Wesen des Menschen erkennbar werde, wendet *Horkheimer* (1988c, 249f.) ein, daß - zweifellos vorhandene - Ähnlichkeiten im Handeln von Individuen und gesellschaftlichen Gruppen innerhalb bestimmter Epochen wie der Geschichte insgesamt sich nicht auf ein durchgängiges "einheitliches Menschenwesen" zurückführen lassen. Vielmehr gilt, daß Individuum und Gesellschaft mit Natur in einer dynamischen Dreieckskonstellation stehen, die sich nicht allgemein und abstrakt nach einer Seite hin auflösen läßt, sondern nur in je konkreter Analyse bestimmter historisch-gesellschaftlicher Verhältnisse und konkreter Erscheinungsformen der Individualität. Je nach der gesellschaftlichen Verfaßtheit und dem technischen Entwicklungsstand der Naturbeherrschung ergeben sich spezifische "Verhältnisse der sozialen Gruppen zueinander, die für die geistige und seelische Verfassung der Individuen bestimmend werden, und diese selbst wirkt auf die gesellschaftliche Struktur zurück" (ebd. 250).

Damit sind bereits Ausgangspunkt und zugleich Ergebnis dieser frühen Studie aus dem Jahre 1935 umrissen[10]: "Eine Formel, die ein für alle Mal die Beziehung zwischen Individuum, Gesellschaft und Natur bestimmte, gibt es nicht." (Ebd. 251) Deshalb hält *Horkheimer Schelers* Aufgabenbestimmung einer philosophischen Anthropologie, stringent aus einer einheitlichen "Grundstruktur des Menschseins ... alle spezifischen Monopole, Leistungen und Werke des Menschen" (*Scheler* 1978, 87) - also z.B. Sprache, Staat, Kunst, Religion, Wissenschaft, aber auch Geschichtlichkeit und Gesellschaftlichkeit überhaupt - abzuleiten, für gänzlich unmöglich.

Philosophische Anthropologie beansprucht, *Orientierungswissen* zu sein und *Sinnkonstitution* zu leisten. Insofern steht sie in der Kontinuität der idealistischen Metaphysik resp. des Deutschen Idealismus, wie *Horkheimer* konsequent ideologiekritisch - und getreu dem 'Motto', Erkenntnistheorie als Gesell-

---

10 Man vgl. hier auch die entsprechende Argumentation in dem Aufsatz "Egoismus und Freiheitsbewegung" (1936) mit dem bezeichnenden Untertitel "Zur Anthropologie des bürgerlichen Zeitalters" (in: Ges.Schr. Bd. 4, 1988d).

schaftstheorie zu betreiben - herausstellt: Metaphysik wie Anthropologie entspringen dem Bedürfnis, "nach dem Zusammenbruch der mittelalterlichen Ordnungen, vor allem der Tradition als unbedingter Autorität, neue absolute Prinzipien aufzustellen, aus denen das Handeln seine Rechtfertigung gewinnen soll" (ebd. 252).

Ähnlich wie die idealistische Aufklärungstradition will auch die philosophische Anthropologie die Autonomie des Menschen aufweisen, "ohne daß doch die Voraussetzung der Autonomie, die durch Vernunft geleitete solidarische Arbeit der Gesellschaft verwirklicht wäre" (ebd.). In diesem zentralen Kritikpunkt klingt bereits das Hauptmotiv und Ziel der dann 1937 erstmals als "kritische" der "traditionellen" gegenübergestellten Theorie *Horkheimer*s an: das Interesse an einer gerechten und vernünftigen Gesellschaft (s. Kap. 2.1). Während philosophische Anthropologie - als 'später' Versuch der Normfindung - ein 'wahres Menschenbild' als Richtschnur und Ziel des Handelns aufstellen will, zeigt *Horkheimer* auf, daß angesichts von Not und Elend, Naturgewalt und Tod allein eine transparente und rationale "Beziehung zwischen dem Handeln des Einzelnen und dem Leben der Gesellschaft ... die individuelle Existenz begründen" und "Sinngebung der Arbeit" sein kann (1988c, 253). Die kritisch-dialektische Theorie der Gesellschaft kennt keine "ewige Bestimmung" des Menschen, sie will und muß ihre Handlungsabsichten nicht durch absolute "Wesenseinsichten" legitimieren. Das beinhaltet aber keineswegs, daß Ziel- und Wertvorstellungen generell abgelehnt werden. Sie werden nur nicht als eigenständige ontologische, noch dazu evidente Wesenheiten aufgefaßt; wie z.B. in *Scheler*s Wertethik, die *Horkheimer* hier kritisiert. Eine materialistische Theorie bezieht sich auf die realen Bedürfnisse der konkreten Menschen und ihre "historisch zu erklärende(n) Sehnsucht nach Glück und Freiheit" (ebd. 259), die nicht durch 'Wesensschau', sondern durch Not begründet sind.

Ziel- und Wertsetzungen werden von der Kritischen Theorie also keinesfalls generell abgelehnt - die Ablehnung des Postulats einer vermeintlichen Wertfreiheit verbindet die Kritische Theorie ebenso mit der philosophischen Anthropologie wie die Betonung der "Geschichtlichkeit" und historischen Gebundenheit aller - auch der eigenen - Theorie. Jedoch stößt die Anthropologie nicht wirklich zu einer dialektischen Theorie durch und bleibt letztlich *a-historisch.* Werte haben in der 'anthropologischen Philosophie' zudem eine andere Funktion, nämlich die der Herleitung eines "idealen Sollens" aus "evidenten Wesensverhältnissen" (ebd. 258). Kritisch-dialektische Gesellschaftstheorie dagegen will und muß ihre Wertsetzungen nicht wesensmäßig legitimieren.[11] Ihr Kriterium ist die Praxis bzw. der "praktische(n) gesellschaftliche(n) Kampf um wirkliche Sicherheit vor Elend und Tod" (ebd. 254) - für *Horkheimer* ein "eminent anthropologisches" Anliegen:

> "Die Anthropologie befindet sich dagegen in der Gefahr, zu viel und zu wenig zu erstreben: eine Wesensbestimmung des Menschen aufzusuchen, welche die Macht der Urgeschichte und das Ende der Menschheit überwölbt, und sich der eminent anthropologischen Frage zu entheben, wie eine Wirklichkeit, die als unmenschlich erscheint, weil alle menschlichen Fähigkeiten, die wir lieben, in ihr verkommen und ersticken, zu überwinden sei." (Ebd. 259)

Anthropologische Setzungen implizieren als quasi metaphysische Rechtfertigung und Sinngebungsinstanz zugleich meist den Glauben, daß ohne solche Setzungen alle Menschen bloße Egoisten und moralisch schlecht wären. Diesen anthropologischen bzw. sozialen Pessimismus kritisiert *Horkheimer* als eine im Grunde "grob-materialistische Auffassung des Menschen", die gerade im Gegensatz zum kritisch-philosophischen Materialismus steht (ebd. 260). Als besonders typisches (und bis heute relevantes) Beispiel - zugleich auch für die "Frage nach dem Individuum, einem Hauptthema der Anthropologie im bürgerlichen Zeitalter" (ebd. 261) - führt *Horkheimer* hier die pessimistisch-mechanistische Anthropologie und Staatsrechts- bzw. Vertragslehre von *Hobbes* an, die für ihre Zeit (eben den Beginn des sog. bürgerlichen Zeitalters) durchaus fortschrittlich war: Der Mensch als "atomisiertes Individuum" ist zwar 'des Menschen Wolf' (homo homini lupus), aber der 'Krieg aller gegen alle' kann durch (Staats-)Vertrag und Versprechen verhindert werden. Den darin liegenden Widerspruch zwischen Selbstsucht und der Fähigkeit, Versprechen einzuhalten, den *Hobbes* anscheinend nicht gesehen hat, hält *Horkheimer* für durchaus realistisch; er ist jedoch nicht naturgegeben, sondern sozioökonomisch und historisch bedingt: Die Notwendigkeit von Vertragstreue in Handel und Wirtschaftswelt wurde hier sozusagen zu einer 'ewigen Wahrheit' hypostasiert. Da solche Widersprüche historisch erklärbar sind, sind sie ebenso historisch aufhebbar.

Die Anthropologie hält ihre Erkenntnisse - zu denen es aus Sicht einer kritisch-dialektischen *Geschichtsphilosophie* "kein schlichtes Ja oder Nein" gibt (ebd. 262) - fälschlicherweise für absolute, zeitlose Werte und nicht für das, was Bestandteile von Menschenbildern wirklich sind: nämlich Ergebnisse langwieriger gesellschaftlicher und geschichtlicher Prozesse.

---

11 Zu den normativen Implikationen der Kritischen Theorie vgl. *Benhabib* (1992) und das Ethik-Kap. (5.3.4) des vorliegenden Bandes.

Dies zeigt *Horkheimer* auch am Beispiel des 'Gleichheits'-Grundsatzes auf (ebd. 268ff.), dessen Kritik - resp. die Dialektik von Gleichheit und Verschiedenheit, von Allgemeinem und Besonderem - später v.a. bei *Adorno* (1980a, 153; 1980b, 130f.) zu einem immer wiederkehrenden Leitmotiv bzw. zum Grundmuster Kritischer Theorie wird. Bei dem Versuch, "die Metaphysik durch Theorie zu überwinden", knüpft *Horkheimer* (1988d, 18) an antike Traditionen an - und zwar am unterschiedlichen Gleichheitsverständnis bei *Aristoteles* einerseits und dem materialistischen Vorsokratiker *Demokrit* andererseits, deren Wirkungsgeschichte sich bis in die Gegenwart verfolgen läßt. Letzterer betrachtet menschliche Eigenschaften und Fähigkeiten nicht als gegebene Anlagen, sondern betont ihre Veränderbarkeit und behauptet die Schaffung einer 'zweiten Natur' des Menschen durch Erziehung. Aber auch der "Glaube an die Gleichheit der Menschen" bleibt, wie der "an den Adel von Geburt", ambivalent, beiden kommt nur eine relative Wahrheit zu:

> "Wie allein und einzigartig jeder sei, hängt ebenso vom Zustand der Gesellschaft und dem Grad ihrer Naturbeherrschung ab wie von seiner inneren Verfassung. Die Leistung wird als Funktion des Ganzen erkannt, an dem jeder mitbeteiligt ist. Aber auch die Geburt wird dann wieder eine Macht verleihen, nämlich diejenige, Mitglied einer wirklich menschlichen Gesellschaft zu sein. Im Mittelalter war das Prinzip der Geburt identisch mit der Herrschaft des Zufalls, denn keiner hatte selbst daran die Schuld. Im Zeitalter des Bürgertums war dieser Zufall der Idee nach ausgeschaltet, und es wurde die Gleichheit aller Menschen ihrem Wesen nach verkündet. Nicht Geburt, sondern im Gegenteil die Leistung sollte entscheiden. In der Wirklichkeit stellte sich der Zufall wieder ein, weil die Bedingungen für Arbeit und Genuß der Klasse nach verschieden waren. Jetzt ist es an der Zeit, daß der bloße Eintritt in die Welt das Glück bedeutet, aber nicht durch Macht über andere, sondern durch die Herrschaft der Menschheit über die Natur. Der Adel von Geburt wird wieder eingeführt, wenn sein Gegenteil, die Gleichheit der Menschen, aus einer Ideologie zur Wahrheit wird." (Ebd. 271)

Bisherige historische Ansätze einer Verwirklichung von Gleichheit waren fast immer ein negatives Gleichmachen, sozusagen eine Gleichheit in Entwürdigung statt in Würde - so z.B. in der französischen Revolution (durch die Guillotine) oder in dem faschistischen Wahlspruch 'Du bist nichts, dein Volk ist alles' (vgl. *Horkheimer* 1988d, 70ff.).

Anthropologische Kategorien resp. der Bedeutungsgehalt bestimmter Begriffe wie Freiheit, Gleichheit, Liebe, Verständnis, Sympathie sind kontextabhängig und unterliegen dem historisch-gesellschaftlichen Wandel. Entgegen der positivistischen Wissenschaftslogik, verschiedene Begriffe auch inhaltlich völlig getrennt zu behandeln bzw. gleich Benanntes auch als solches ein-eindeutig zu identifizieren, wahrt Kritische Theorie die historische Kontinuität scheinbar verschiedener struktureller Einheiten in geschichtsphilosophischer Rekonstruktion und bemüht sich von den Anfängen, den frühen Aufsätzen in der 'Zeitschrift für Sozialforschung', bis zur Negativen Dialektik *Adornos* um die Entschlüsselung der komplizierten Dialektik von Begriff und Gegenstand im Kontext gesamtgesellschaftlicher Analyse. So werden im Zusammenhang von Handel und Marktwirtschaft beispielsweise 'Verständnis' und 'Sympathie' (nämlich des Verkäufers für seinen potentiellen Kunden!) zu etwas völlig anderem als "das unreflektierte Gefühl der Einheit in vorbürgerlichen Gemeinschaftsformen oder wie unbedingte Solidarität" (*Horkheimer* 1988c, 273). Die Gesetzmäßigkeiten der Warenwirtschaft erzeugen sowohl Egoismus wie sein Gegenteil, einen individualistischen Altruismus, dem wirtschaftlich 'Zurückgebliebene' leicht als hilfsbedürftige "seelische Krüppel" erscheinen (ebd. 274). M.a.W.: Dadurch, daß "der Mensch ... sich selbst als isoliertes Subjekt von Interessen erfährt und nur durch den Kauf und Verkauf mit anderen in Verbindung tritt, ergibt sich die Fremdheit als anthropologische Kategorie" (*Horkheimer* 1988d, 70). Besonders in Krisenzeiten prägen deshalb "Haß und Mißtrauen" (1988c) bzw. "Kälte und Gleichgültigkeit" (1988d, 71) die Beziehungen zwischen den Individuen - eine angesichts von Fremdenfeindlichkeit und 'neuer Behindertenfeindlichkeit' heute erschreckend aktuelle Analyse.

Der Mensch kann weder als feste noch als werdende Einheit begriffen werden; die "undialektische Methode", der "soziale Pessimismus" und die "Berufung auf Wesen und Bestimmung" bewirken letztlich, daß philosophische Anthropologie "das Bestehende verklärt" (1988c, 276). 'Natur des Menschen' und 'Geschichte' aber sind und bleiben Gegenbegriffe, d.h. jene wird durch diese bestimmt und in ihr verändert. Der Gegensatz von Individuum und Gesellschaft ist theoretisch nicht aufzulösen, sondern nur durch gesellschaftliche (verändernde) Praxis: "Das kritische Denken enthält einen Begriff des Menschen, der sich selbst widerstreitet, solange diese Identität nicht hergestellt ist." (*Horkheimer* 1988e, 183)

2.2.4 Fragmente dialektischer und negativer Anthropologie

> Zumindest Negatives läßt sich über den
> Begriff eines richtigen Menschen sagen.
> *Th. W. Adorno* (1977)

Der hier vorangestellte gleichsam resümierende Satz *Adornos* (1977, 644) am Ende seiner "Glosse über Persönlichkeit" - die übrigens durchaus auch als Anthropologie-Kritik gelesen werden kann - kann als besonders typisch gelten für die implizite Anthropologie-Kritik resp. die Fragmente einer »negativen Anthropologie«[12] in der Kritischen Theorie. Der apostrophierte "richtige Mensch" wäre - soviel läßt sich schon sagen - weder ein abgekapselt-isoliertes Individuum noch der völlig in seiner gesellschaftlichen Funktion (sozusagen als bloßer Rollenträger) aufgehende, an gesellschaftliche Strukturen und Werte völlig angepasste Mensch.

Im folgenden soll nun der Versuch unternommen werden, ansatzweise - d.h. exemplarisch und ohne Anspruch auf Vollständigkeit - anthropologie-kritische resp. kritisch-anthropologische Aussagen aus der »Dialektik der Aufklärung« (DA) und der »Negativen Dialektik« (ND) 'herauszudestillieren'. Solche finden sich - dem eher anti-systematischen und überwiegend aphoristischen Werk *Horkheimer*s und *Adorno*s entsprechend - darin nur verstreut und überwiegend indirekt, so daß eine systematische Aufarbeitung einerseits kaum möglich, wenn nicht überhaupt den Textintentionen unangemessen erscheint. Daß aber sowohl die »Dialektik der Aufklärung« wie auch die »Negative Dialektik« anthropologisch von besonderer Relevanz sind, läßt sich andererseits leicht aufweisen. Die »Dialektik der Aufklärung« insgesamt wie besonders der 'Exkurs I' über Odysseus ist als "Urgeschichte der Subjektivität" (DA, 85) zu lesen: Odysseus wird interpretiert "als Urbild eben des bürgerlichen Individuums" (DA, 50).

Zudem wird als Bezugsrahmen der abschließenden "Aufzeichnungen und Entwürfe" genannten Aphorismen bereits in der Vorrede der DA ausdrücklich eine noch zu entfaltende "dialektische Anthropologie" (ebd. 7) bezeichnet. Interessant sind hier z.B. die Reflexionen über eine "unterirdische Geschichte" des Körpers und der Sinnlichkeit (ebd. 246ff.) oder über "Mensch und Tier" (ebd. 262ff.), die verglichen mit der traditionellen Anthropologie so ganz anders daherkommen und - wie das Werk insgesamt - die Gewalt und "Unbarmherzigkeit" der (instrumentellen) Vernunft im Zuge einer immer umfassenderen Naturbeherrschung thematisieren.

Anthropologien konstituieren sich in der Regel durch die Abgrenzung vom Tier: "Mit seiner Unvernunft beweisen sie die Menschenwürde." (DA, 262). Dies läßt sich indirekt und in grotesk-paradoxer Weise sogar noch in der Barbarei der Tierversuche, z.B. in der behavioristischen Psychologie, die aus Tierversuchen ihre Erkenntnisse über den Menschen zieht, aufzeigen. Denn der "Schluß, den sie aus den verstümmelten Tierleibern ziehen, paßt nicht auf das Tier in Freiheit,

---

12 Dies ist ein wohl von *Ulrich Sonnemann* geprägter Begriff und Titel seines Buches (1969), das *Adorno* in der Vorrede zur "Negativen Dialektik" (1966) als 'Parallelunternehmen' bezeichnet.

sondern auf den Menschen heute." (DA, 262) Nur: Der Mensch scheint 'freiwillig' so mechanisch und unbewußt zu funktionieren...

Die Domestizierung der sinnlich-emotionalen Bedürfnisse, der 'Triebnatur', wie es in der hier von *Horkheimer & Adorno* verwendeten psychoanalytischen Diktion heißt, und der anthropologische Leib-Seele-Dualismus sind Abbild der realen gesellschaftlichen Situation: Geist gilt als das Hochstehende, Körper (und körperliche Arbeit!) als das Niedere; dies bildet die Spaltung in herrschende und beherrschte Klasse ab und setzt sie fort. Seit jeher diente Leibfeindlichkeit als ein Instrument der Herrschaftsausübung und sozialen Kontrolle.

Diese Naturbeherrschung durch zunehmende Perfektionierung von Wissenschaft und Technik ist doppelsinnig, sie richtet sich nach außen wie nach innen. Das schon angesprochene Thema der Gegensatzspannung 'Individuum und Gesellschaft' wird fortgesetzt und (eine alte anthropologische Thematik!) als Konfliktverhältnis Mensch bzw. 'Geist' vs. 'Natur' fundamental gemacht und radikalisiert. Die Dialektik von Vernunft und Natur (Sinnlichkeit), ja von Vernunft selbst, ist dadurch bestimmt, daß Vernunft ursprünglich Teil der Natur ist, nämlich "als die zu Zwecken der Selbsterhaltung abgezweigte psychische Kraft", dann aber auch zu deren Anderem wird (ND, 285). Beherrschung nicht nur der äußeren, sondern auch der 'inneren Natur' (Sinnlichkeit, Emotionen) durch Bedürfnisaufschub bzw. Triebverzicht war zum Überleben des einzelnen und der Gruppe notwendig (vgl. dazu auch *Freud*s Kulturtheorie 1930/1989b). Intellekt und sinnliche Erfahrung des Menschen werden aufgespalten und dadurch beide geschädigt (vgl. DA, 42). Insofern ist der Zivilisationsprozeß ein Prozeß der Abstrahierung, der Sublimierung aller "natürlicher Spuren":

> "Je weiter aber der Prozeß der Selbsterhaltung durch bürgerliche Arbeitsteilung geleistet wird, um so mehr erzwingt er die Selbstentäußerung der Individuen, die sich an Leib und Seele nach der technischen Apparatur zu formen haben. Dem trägt wiederum das aufgeklärte Denken Rechnung: schließlich wird dem Schein nach das transzendentale Subjekt der Erkenntnis als die letzte Erinnerung an Subjektivität selbst noch abgeschafft und durch die desto reibungslosere Arbeit der selbsttätigen Ordnungsmechanismen ersetzt." (DA, 36)

Es macht gleichsam das 'Entwicklungsgesetz' der Gesellschaft wie der Aufklärung aus, daß zunehmendes Selbst- und Weltverständnis, der Fortschritt der Menschheit qua Fortschritt der Wissenschaften zurückschlagen in vermehrte Abhängigkeiten, in Vereinzelung und Verdinglichung des 'bürgerlichen Individuums'. Individualität als eine Errungenschaft der Aufklärung zerfällt erneut in der Massengesellschaft durch die Angleichung aller durch Kommunikation, Verkehr, Kulturindustrie und verwaltete Welt (DA, 257f.). Als 'Prinzip' der Gesellschaft verfällt das Individuum zwar der Kritik, erscheint aber dennoch unvermeidbar wie unverzichtbar.

Wenn auch die Konstatierung einer solchen negativen Dialektik bzw. leicht resignative Bezüge bereits in den Aufsätzen des frühen *Horkheimer* anklangen, so verstanden sich diese dennoch eindeutig und relativ ungebrochen als fortschrittsorientierte materialistische Geschichts- und Gesellschaftstheorie in der Tradition eines aufklärerischen Humanismus. Jetzt aber - durch die Erfahrungen des nationalsozialistischen und stalinistischen Terrors, aber auch der US-amerikanischen kapitalistischen Massengesellschaft, die gleichfalls zunehmend totalitäre Züge annimmt - schlägt der optimistische Glaube an diesen Fortschritt in Pessimismus um; die Anthropologiekritik wird zur Vernunftkritik generalisiert (vgl. auch *Horkheimer* 1991).

Mit zunehmender Naturbeherrschung durch Wissenschaft und Technik nimmt die Vernunft als instrumentelles Verfügungswissen repressive Züge an, die herrschende Logik wird zur "Logik der Herrschaft" - und so können *Horkheimer & Adorno* lapidar feststellen: "Aufklärung schlägt in Mythologie zurück." (DA, 6 u. 33) Technisch-instrumentelle Rationalität, die "Weltherrschaft über die Natur wendet sich gegen das denkende Subjekt selbst, nichts wird von ihm übriggelassen, als eben jenes ewig gleiche Ich denke... Subjekt und Objekt werden beide nichtig" (ebd. 32). Dies steht nicht nur auf der individuellen oder Erkenntnis-, sondern auch global auf der Gattungsebene zu befürchten. Die menschliche "Vernichtungsfähigkeit verspricht so groß zu werden, daß - wenn diese Art sich einmal erschöpft hat - tabula rasa gemacht ist. Entweder zerfleischt sie sich selbst, oder sie reißt die gesamte Fauna und Flora der Erde mit hinab, und wenn die Erde dann noch jung genug ist, muß - um ein berühmtes Wort zu variieren - auf einer viel tieferen Stufe die ganze chose noch einmal anfangen." (ebd. 235f.) Solche Formulierungen mögen zunächst pathetisch klingen - sie sind aber als visionäre heute (fast fünfzig Jahre später) angesichts ökologischer und politischer Katastrophen u.E. direkt einsehbar.

Die knapp 20 Jahre später erschienene »Negative Dialektik« (1966) ist gewissermaßen die metatheoretische Fortsetzung der »Dialektik der Aufklärung« und als solche gegen eine Verabsolutierung der Begriffe, gegen den 'Identitätszwang', d.h. die Bemächtigung jeglichen Objektes durch das begriffliche Denken, geschrieben. "Dialektik ... sagt zunächst nichts weiter, als daß die Gegenstände in ihrem Begriff nicht aufgehen, daß diese in Widerspruch geraten mit der hergebrachten Norm der adaequatio. Der Widerspruch ... ist Index der Unwahrheit von Identität, des Aufgehens des Begriffenen im Begriff." (ND, 16f.; auch 148ff.) Diese Gefahr begrifflicher Vereinnahmung droht auch dem 'Objekt Mensch' - nämlich durch anthropologische Wesensaussagen, Menschenbilder etc.. M.a.W.: Der Mensch (qua Subjekt) verdinglicht sich selbst (qua Objekt) in der 'anthropologischen Forschung' der positivistischen Einzelwissenschaften - womit wir uns bereits mitten in der Anthropologie-Kritik befinden.

Adorno kritisiert also nicht nur den Identitäts- resp. Identifizierungs-Zwang der traditionellen Erkenntnistheorie und Logik, die alles unter Oberbegriffe subsumiert, sondern auch die philosophische Anthropologie, die ja die Oberbegriffe des Menschseins (das 'Wesen' des Menschen) festzuschreiben sucht, verfällt der Kritik (ebd. 130). Jegliche Art der Klassifikation läßt die individuellen Eigenarten hinter den allgemeinen Begriffen verschwinden. Anstelle der Identität steht das "Nicht-Identische" im Zentrum negativer Dialektik: die Fülle an Einzelheiten, Nuancen, Differenzen etc., die ein (Erkenntnis-)Objekt darüber hinaus auszeichnen.

Im Gegensatz zu *Hegel*, für den Dialektik ebenfalls schon mehr als eine (Denk-)Methode bedeutete - nämlich einen Bildungsprozeß des subjektiven und objektiven Geistes, die "Versöhnung" aller Widersprüche -, fehlt der negativen Dialektik der Resultatcharakter. Es gibt keine Synthese (Negation der Negation), keine Identität in der Differenz des Gegenstands vom Begriff mehr. Gerade das, was *Hegel* als unwichtig vernachlässigte, will negative Dialektik besonders thematisieren: das Individuelle, das Detail, Sinnlich-Körperliches, das Besondere im Allgemeinen... An die Stelle der Synthese setzt negative Dialektik ein Denken in Konstellationen und Modellen. Die "Versöhnung" ist die unter »Bilderverbot« stehende, kaum zu erhoffende, keinesfalls zu beschreibende Utopie. Der Ausgang des (Geschichts-)Prozesses bleibt offen. Um der Sache selbst - und des an ihr erfahrenen Widerspruchs - willen und gegen ihn in Widersprüchen denken, Widerspruch gegen die Realität zu erheben, macht negative Dialektik aus. Sie vermag damit vor der doppelten Illusion von treffender Methode und getroffenem Gegenstand zu schützen.

Negative Dialektik "bezieht nicht vorweg einen Standpunkt" (ND, 17), sondern ist ein Verfahren der immanenten Kritik anderer philosophischer - v.a. existentialontologischer - Konzepte und versucht, die Vermitteltheit resp. die historisch-gesellschaftliche Gewordenheit aller als unmittelbar ausgegebenen Kategorien oder Inhalte (Seinsgegebenheiten/Wesenheiten) nachzuweisen. Ihr zentraler Begriff ist der der philosophischen resp. geistigen "Erfahrung" (ND, 18ff., 25, 50ff.), hauptsächliche Methode die mikrologische Versenkung ins vernachlässigte (unterdrückte) Detail (ND, 39). *Mikrologie* als 'Rede vom Kleinen' verbindet einen *mikro*-skopischen Blick mit der Kritik - im weitesten Sinne - *logischer* Kategorien und hat gesellschaftskritische und ethische Implikationen. *Adorno*s Ziel ist nicht ein makrologisches System oder eine Großtheorie und auch nicht eine möglichst perfekte Komplexitätsbewältigung oder -reduktion (à la *Luhmann*), sondern die Möglichkeit offenzuhalten bzw. wiederzugewinnen, Realität in ihrer Komplexität zu erfahren, die Komplexität auszuhalten.

Es erscheint evident, daß und wie diese Aussagen über Dialektik, über Identität und Nichtidentisches mit Anthropologie 'zu tun' haben. Im Kontext einer Kritik des Existentialismus - der ja in gewisser Weise auch eine Anthropologie, eine Lehre vom Menschen darstellt - wird *Adorno* dann auch direkt anthropologie-kritisch und kritisiert die "populäre Frage nach dem Menschen" als Ideologie, weil schon in der anthropologischen Frageform das "Invariante der möglichen Antwort, und wäre es Geschichtlichkeit selber" vorgegeben scheint: "Was der Mensch an sich sein soll, ist immer nur, was er war: er wird an den Felsen seiner Vergangenheit festgeschmiedet. Er ist aber nicht nur, was er war und ist, sondern ebenso, was er werden kann; keine Bestimmung reicht hin, das zu antezipieren." (ND, 61) Auch eine sog. "historische Anthropologie" taugt kaum mehr, wie *Adorno* feststellt:

> "Zwar begriffe sie Gewordensein und Bedingtheit ein, aber rechnete sie den Subjekten zu, unter Abstraktion von der Entmenschlichung, die sie zu dem machte, was sie sind, und die im Namen einer qualitas humana toleriert bleibt. Je konkreter Anthropologie auftritt, desto trügerischer wird sie, gleichgültig gegen das am Menschen, was gar nicht in ihm als dem Subjekt gründet sondern in dem Prozeß der Entsubjektivierung, der seit unvordenklichen Zeiten parallel lief mit der geschichtlichen Formation des Subjekts. Die These arrivierter Anthropologie, der Mensch sei offen - selten fehlt ihr der hämische Seitenblick aufs Tier -, ist leer; sie gaukelt ihre eigene Unbestimmtheit, ihr Fallissement, als Bestimmtes und Positives vor. ... *Daß nicht sich sagen läßt, was der Mensch sei, ist keine besonders erhabene Anthropologie sondern ein Veto gegen jegliche.*" (ND, 130; Hervorh. hj.j.)

Dieses strenge Verdikt trifft schließlich noch die Konzeption *Plessners*, von dem ja das Diktum der "offenen Frage" stammt, dessen Entwurf sich aber durchaus von anderen naturalistisch-verdinglichenden Anthropologien unterscheidet, da er Geschichte und Gesellschaft explizit thematisiert (s. Kap. 1.3-4).

Dennoch bleibt auch eine negativ-dialektische Philosophie auf Begriffe angewiesen; sie ist genötigt, "...über den Begriff durch den Begriff hinauszugelangen..." (ND, 27), also mit denkerischer Anstrengung Ergebnisse, Verfestigungen des Denkens zu kritisieren und immer wieder zu 'verflüssigen' bzw. aufzuheben. Analog thematisiert sie immer wieder auch anthropologische Elemente - wie z.B. die Ausführungen zur "Dignität des Körperlichen" (ND, 194), zum "Drang" als "Vorform von Geist"[13] (ND, 202) etc. - Dies sind Bruchstücke einer

---

13 "Alles Geistige ist modifiziert leibhafter Impuls, und solche Modifikation der qualitative Umschlag in das, was nicht bloß ist." (ND, 202) Auch wenn *Scheler* hier ungenannt bleibt, ist dies eine direkte Antithese gegen seine Anthropologie (s. Pkt. 1.2.2).

negativen Anthropologie im doppelten Wortsinn a) einer indirekten Aussage (methodisch) wie b) einer verneinend-kritischen Darstellung negativer menschlicher Phänomene (moralisch), ohne jedoch je einen Gesamtentwurf anzustreben. Anthropologiekritik schlägt in kritische Anthropologie um et vice versa.

2.2.5 Vom »Bilderverbot« und der Unlösbarkeit der anthropologischen Frage - Zusammenfassende Anmerkungen

Die dargestellte radikale Kritik demontiert alle positive Anthropologie.[14] In Sinn und Diktion der »Dialektik der Aufklärung« ließe sich - wenn auch verkürzt - zusammenfassen: Anthropologie ist Mythologie. Und die "Negative Dialektik" verschärft diese Einsicht noch dahingehend, daß der Fortschritt der Vernunft (als instrumenteller), die sich objektivierend des Menschen vergewissern will, nicht zur Autonomie des Individuums führt, sondern konsequent und auf direktem Wege - also keineswegs als 'Betriebsunfall' der Weltgeschichte - zur Barbarei der Massenvernichtungslager, in denen "... nicht mehr das Individuum starb, sondern das Exemplar ..." (ND, 355). Deshalb ist nach Auschwitz keine Metaphysik oder positive Anthropologie mehr möglich.

Kritische Theorie vertritt nie ein sog. Menschenbild oder gesellschaftliches Leitbild.[15] Dieses *»Bilderverbot«* - in bewußter Analogie zum alttestamentarisch-jüdischen Verbot, den Namen Gottes *aus*zusprechen, sich ein Bildnis von Gott oder vom Paradies zu machen - wird, wie wir gesehen haben, im Laufe der Theorieentwicklung sogar noch erkenntnis- und gesellschaftstheoretisch radikalisiert. Vernunft als Wesensmerkmal des Menschen wird aufgelöst in der Dialektik von Aufklärung und Verblendung, Emanzipation und Entmündigung, Beherrschung der Natur und Herrschaft von Menschen über Menschen.

Die Metapher »Bilderverbot« ist jedoch zu spezifizieren: Sie betrifft Aussagen über den idealen Menschen oder die ideale Gesellschaft (quasi metaphysische Bilder), die zugleich autoritär und normativ-normierend wirken, aber die Ebene der bestehenden Realität einfach überspringen. Es verbietet, mit positiven Aussagen eine Utopie "auszupinseln" - so *Adorno/Bloch* (1964) in einem

---

14 Wenn überhaupt, so läßt sich ein bescheidener Freiraum höchstens noch für eine selbstreflexiv gewordene "kritische Anthropologie", wie sie von *Kamper* (1973) systematisch erarbeitet wurde, für eine "negative" (*Sonnemann* 1969) oder für eine "skeptische Anthropologie" i.S. des späten *Plessner* oder i.S. einer Reinterpretation *Marx'*scher und *Freud'*scher Thesen (vgl. *Lepenies/Nolte* 1972) reklamieren (s. dazu Kap. 4).

15 Nur *Marcuse* und *Fromm* haben später positive Anthropologien (auf unterschiedlich interpretierter psychoanalytischer Grundlage) ausgearbeitet, was sie folgerichtig von *Horkheimer* und *Adorno* entfremdete.

Gespräch. So wird selbstverständlich auch die Beschreibung eines »neuen (sozialistischen) Menschen« abgelehnt, die manche vielleicht von einer an *Marx* orientierten Sozialphilosophie erwarten würden. Jedes positive Gemälde eines idealen Zustandes, das losgelöst von der gegebenen gesellschaftlichen Realität dargestellt wird, kann ideologisch mißbraucht werden und stabilisiert letztlich die bestehenden kritikwürdigen Verhältnisse, aus denen verändernd das Bessere erst herausgearbeitet werden müßte.

Das »Bilderverbot« bedeutet aber weder, die Utopie der gerechten Gesellschaft, die "Sehnsucht nach dem ganz anderen" (*Horkheimer* 1985, 385ff.) aufzugeben, noch verbietet es Reformen. Es richtet sich auch nicht grundsätzlich gegen anschauliches Denken, trifft nicht konkrete Phantasie, Veränderungswillen und kreative Auseinandersetzung mit der sozialen Wirklichkeit (gewissermaßen i.S. von 'kleinen Bildern', ineinanderfließenden Miniaturen, die sich immer wieder verändern, auflösen und neu zusammensetzen).

Das Bestreben der philosophischen Anthropologie jedoch, eine Wesensnatur des Menschen festzustellen, stellt aus Sicht der Kritischen Theorie den vergeblichen Versuch dar, absoluten Sinn in einer relativistischen Welt zu konstituieren (*Horkheimer* 1988c; vs. *Scheler* und die Phänomenologie allgemein). Diese Kritik trifft aber *Plessner* im Grunde nicht, da er ebenfalls den Wesensbegriff kritisiert und in die geschichtsphilosophische Sicht von der "Unergründlichkeit" des 'verborgenen Menschen' auflöst. Bei *Horkheimer* finden sich - in Anlehnung an *Marx* und *Freud* - schon früh Elemente einer negativen Anthropologie: Als menschliche Natur kann im Grunde nur die Reproduktionsfähigkeit gelten. Allerdings wird der bei *Marx* zentrale Begriff der Arbeit stark relativiert. Gegen jegliche "asketische Ideologie" (*Horkheimer* 1987, 405f.) von Arbeit, Entbehrung und Pflichterfüllung machen *Horkheimer* und *Adorno* stets den Anspruch auf körperlich-sinnliches Wohlbefinden und 'Glück' (als Freiheit von materieller Not *und* als Gerechtigkeit/Solidarität) aller Menschen geltend, den auch die moderne Wohlstandsgesellschaft noch nicht eingelöst hat. Abgesehen davon, daß zunehmend mehr Menschen aus ihr herausfallen, lassen sich Massenunterhaltung ('Kulturindustrie'; vgl. DA, 128-176) und Konsumgesellschaft allgemein - heute mehr denn je - lediglich als 'billiger Ersatz', als Kompensation des unterdrückten individuellen Glücks analysieren, die zu einer fremdbestimmten gleichgeschalteten Lebensführung führen.

Da das Positive nicht unmittelbar bezeichnet werden, nichts - erst recht nicht der Mensch - positiv festgeschrieben werden kann (nur indirekt durch die Erkenntnis des Negativen), findet sich zwar auch bei *Adorno* kein sog. Menschenbild. Gleichwohl hält er aber ebenfalls "...auch terminologisch, am Konzept eines realen Humanismus fest, an der Idee realer Humanität..." (*Schmidt*

1981, 31). Dieser reale Humanismus ist wesentlich und in einem spezifischen Sinn Materialismus[16], der 1.) von der "Dignität des Körperlichen", dem "somatischen Moment" der Erkenntnis als Vorform von Bewußtsein (ND, 193ff.) und 2.) von dem uneingelösten Glücksanspruch der Individuen, ihrer Leiderfahrung, seinen Ausgang nimmt (ND, 202ff.). Es ist spontan-selbstverständliche Erkenntnis, leibhafter Impuls, daß Leid nicht sein soll, sinnlos ist. Dazu bedarf es keiner großen Philosophien. "Darum konvergiert das spezifisch Materialistische mit dem Kritischen, mit gesellschaftlich verändernder Praxis." (ND, 203) Damit ist zudem mikrologisch verwiesen auf Ethisches, auf dessen internen Zusammenhang mit Anthropologie-, Erkenntnis- und Gesellschaftskritik, der uns im zweiten Teil der Untersuchung beschäftigen wird.

Wenn es zutrifft, daß sowohl "die praktische wie die theoretische Lösung der anthropologischen Frage nur durch den Fortschritt der Gesellschaft selbst zu leisten ist" (*Horkheimer* 1988d, 86), dieser aber selber desolat geworden ist (*Horkheimer/Adorno* 1969/DA), bleibt die Frage unlösbar, muß zumindest auf unabsehbare Zeit vertagt werden. Dies entspricht im übrigen durchaus der Sicht *Plessners*, der die "Unergründbarkeit" des Menschen, seine "Macht" und Ohnmacht in der Geschichte zum Kernbestand seiner skeptischen Anthropologie erhoben hat, was von *Horkheimer* und *Adorno* merkwürdigerweise ignoriert worden ist.

Der Mensch hat und ist (seine) Geschichte; 'historische Variablen' dürfen keinesfalls als 'anthropologische Konstanten' unterstellt werden. Diese anthropologie-kritische Haltung ist über alle Phasen Kritischer Theorie hinweg bis heute konstant geblieben: "Wenn Anthropologie trotzdem daran festhält, gewissermaßen ontologisch zu verfahren ..., wird sie unkritisch und führt am Ende gar zu einer Dogmatik mit politischen Konsequenzen, die umso gefährlicher ist, wo sie mit dem Anspruch wertfreier Wissenschaft auftritt." (*Habermas* 1977a, 108)[17]

Deshalb kann Anthropologie auch nicht (mehr) als Grundlage für Sozialwissenschaften allgemein und Pädagogik im besonderen funktionalisiert werden, sondern umgekehrt "muß sich Anthropologie grundsätzlich ihren Begriff vom Menschen erläutern lassen durch den Begriff der Gesellschaft, in dem er entsteht und nicht zufällig entsteht - nur so entgeht sie der Versuchung, geschichtlich Gewordenes schlechthin als 'Natur' auszugeben und als Norm zu

---

16 Zum Materialismus-Verständnis *Adornos* vgl. auch: PhT II, 168-230; *Schmidt* (1983) - sowie Kap. 3 u. 4 der vorliegenden Arbeit.

17 Zu dieser Aussage kommt *Habermas* insbesondere mit Blick auf die Institutionenlehre *Gehlens* (s. Pkt. 1.2.3).

suggerieren" (ebd. 110). Eine »Wissenschaft vom Menschen« ist nach *Habermas* (1975) nur als »kritische« zu entwerfen.[18]

2.3 'Leitbegriffe' der Kritischen Theorie als Grundkategorien einer kritischen Anthropologie und Pädagogik? - Eine Zwischenbilanz

Bislang wurde sowohl in der allgemeinen Pädagogik wie in der Heil-/Sonderpädagogik weitgehend versäumt, kritisch-theoretische Prinzipien auf die pädagogische Anthropologie zu beziehen (Ausnahmen: *Kamper* 1989; *Wulf* 1994), den Menschenbild-Begriff mittels kritischer Theorie aufzuklären und aufzuheben sowie Auswirkungen auf das Verhältnis von Anthropologie und Ethik aus kritisch-theoretischer Sicht zu reflektieren. So kann *Meinberg* (1988, 55) noch kurz und bündig feststellen: "Eine 'kritische' Pädagogische Anthropologie existiert nicht..."

Um dieses Versäumnis wettzumachen -, besser noch, die Ebene pädagogischer Anthropologie überhaupt zu überschreiten, muß auch die wissenschaftstheoretische Wende in der Heilpädagogik (vgl. *Haeberlin* 1980a) quasi nochmals gewendet oder durch kritisch-theoretische Überlegungen zumindest korrigierend ergänzt werden (vgl. auch *Gerspach* 1981; *Furrer* 1994; *Jakobs* 1994). Der terminologische Vorschlag von *Schönberger* (1988, 292), ganz allgemein *Bildungsfähigkeit* als alternativen Begriff für Vernunft - et vice versa - Vernunft lediglich als anderen Begriff für Bildungsfähigkeit zu verwenden, weist - mit besonderem Blick auf Menschen mit (schwerer) Behinderung - als ein 'fragmentarisch-exemplarischer Vorbote' bereits in die hier angestrebte Richtung.

Für das diesbezügliche Erkenntnisinteresse eines (sozial)philosophischen 'Reframings' der Heilpädagogik (Erneuerung ihres Bezugsrahmens) erscheint die mit Kritischer Theorie vollzogene Vernunftkritik und Desillusionierung des 'autonomen Subjekts' bei weitem geeigneter als ungebrochen rationalistische Theorien oder (wie zuletzt im Bereich der Schwerbehindertenpädagogik) aufkeimende irrationale Tendenzen (s. Kap. 4). Deshalb werden hier zum Abschluß des ersten Teils nochmals einige kategoriale Bestimmungsversuche kritischer

---

18 Auf diesem Hintergrund stellt sich jedoch sofort die Frage, ob *Habermas* selbst in "Erkenntnis und Interesse" (1969; 1975) nicht einen eigentümlichen 'anthropologischen Rückfall' vollzieht, wenn er "Arbeit" und "Interaktion", ebenso wie die sich daran knüpfenden "Erkenntnisinteressen", als gleichsam überzeitlich-universal und fundamental gültig expliziert (s. 2.3.4).

Anthropologie und Pädagogik skizziert (vgl. dazu auch *Kamper* 1973, 99-109. 167ff.; *Wulf* 1983, 157-190).

2.3.1 Individuum - Gesellschaft

Die kritische Theorie ist kritische Theorie der Gesellschaft. Dennoch hält sie am Individuum- resp. am Subjekt-Begriff fest. In der "Sphäre des Individuellen ... verweilt die kritische Theorie nicht nur mit schlechtem Gewissen" - wie es bei *Adorno* (1980b, 11) heißt.[19] Das Individuum kann zwar nicht mehr wie in der gesamten Philosophietradition der Neuzeit - von *Descartes* und *Leibniz*[20] über *Kant, Fichte* und *Hegel* bis *Husserl* - als eine abstrakte außer-soziale Kategorie verabsolutiert werden, und es ist auch als die letzte soziale Untersuchungseinheit der Sozialwissenschaften zunehmend fragwürdig geworden. Es ist immer von der dialektischen Gegensatzspannung und Wechselwirkung zwischen Individuum und Gesellschaft auszugehen.

Individuum ist immer etwas sekundäres, das menschliche Leben ist nicht nur zufällig, sondern notwendig und prinzipiell soziales Zusammenleben, Teilhabe an anderem Leben und Sich-Mitteilen. Auch ontogenetisch ist man Mitmensch, abhängig von anderen, bevor man selbständiges Individuum wird. "Noch die biographische Einzelperson ist eine soziale Kategorie." (*Institut für Sozialforschung* [IfS] 1991, 43) Das Individuum ist gesellschaftlich produziert. Das Verhalten zu anderen geht einem Selbstverhältnis (Identität) ebenso voraus, wie jede/r durch die Umwelt und die sozialen Verhältnisse bestimmt wird, bevor er/sie Selbstbestimmung erlangen kann.

'Selbstbewußtsein' haben, meint zunächst, sich von den Interessen, Verhaltensweisen und Eigenheiten anderer zu unterscheiden und im Interesse der physischen wie psychischen Selbsterhaltung abgrenzen zu können. Dies macht erst das Individuum aus. Zugleich aber ist die philosophische (auch die psychologische) Konstitution von Selbstbewußtsein nach *Hegel* eine Angelegenheit gesellschaftlicher Vermittlung. Erst in der Zuwendung/Beziehung zu anderen und durch die Anerkennung entsteht das Selbstbewußtsein des einzelnen: "Ich ist das Wir und das Wir das Ich" (*Hegel* 1986a, 146f.). Diese Auffassung, die von

---

19 Oder bei *Horkheimer*: "Die Kategorie des Individuums wird ihrer metaphysischen Abgeschlossenheit entkleidet, wenn auch freilich keineswegs verworfen." (1988c, 271) Vgl. zum folgenden auch: den 97. Aphorismus der "Minima Moralia" (*Adorno* 1980b, 195ff.); Institut für Sozialforschung (1991, 40-54).

20 Die sog. Monadenlehre von *Leibniz* gibt das Modell ab für die individualistische Auffassung der bürgerlichen Gesellschaft: das Ich als "fensterlose Monade".

Marx weitergeführt wurde, ist schon bei *Hegel* mit der wechselseitigen Befriedigung der Bedürfnisse durch Arbeit verbunden.

Die Kritische Theorie hat jedoch keinen eigenen Alternativbegriff zu 'Individuum' kreiert und auch den Personbegriff für diesen Zusammenhang eher gemieden, da dieser durch personalistische Ethik, Anthropologie und Psychologie überstrapaziert wird (vgl. IfS 1991, 42) und eine falsche Idealisierung des Individuums darstellt. Die dialektische Wechselwirkung von Individuum und Gesellschaft bedeutet nämlich auch eine doppelte Zweideutigkeit (Ambivalenz) des Individuums, die die beiden folgenden Zitate (beispielhaft für viele Stellen) auf den Punkt bringen:

"In der antagonistischen Gesellschaft sind die Menschen, jeder einzelne, unidentisch mit sich, Sozialcharakter und psychologischer in einem, und kraft solcher Spaltung a priori beschädigt." (*Adorno* 1979a, 69) "Nur gegen die verhärtete Gesellschaft, nicht absolut, repräsentiert das verhärtete Individuum das Bessere." (DA, 257) - Die Ambivalenz liegt m.a.W. darin, daß das Individuum gleichzeitig als "Ausgangspunkt von Befreiung" und "als Endpunkt der Unterdrückung" (*Kamper* 1973, 100) gesehen werden kann. Es ist also zugleich Subjekt und Objekt philosophischer Betrachtung wie gesellschaftlicher Prozesse.

Auch Erziehung und Bildung sind solche gesellschaftliche Prozesse und stehen in dieser Dialektik von Individuum und Gesellschaft. D.h. Erziehung muß einerseits die Individuation (Selbstverwirklichung) des einzelnen anstoßen und befördern und andererseits gleichzeitig für die dazu auch notwendige Realitätsanpassung und soziale Eingliederung sorgen, ohne daß dieser Antagonismus harmonisiert werden könnte (vgl. *Adorno* 1971, 117ff.).

2.3.2 Aufklärung - Verdinglichung - Negation

Die Perspektive 'Individuum' wird im Grunde erst mit der Aufklärung möglich. Nach *Kant* bezeichnet *Aufklärung* bekanntlich einen Hervorgang aus selbstverschuldeter Unmündigkeit (KWA XI, 53ff.), ist eine andere Beschreibung für Individuation oder auch Bildung. Erziehung wäre in diesem Zusammenhang der spezielle Aspekt einer Erschließung von Welt. Aufklärung ist sowohl ein philosophischer Status als auch ein historischer Prozeß. Aufklärung ermöglicht erst ein selbstbewußtes Individuum, das sich kritisch verhalten kann gegenüber Tradition und anderen Formen von Autorität, das die Ordnung der Welt als Folge von Herrschaft begreift und sich weigert, rational nicht begründete Autorität zu akzeptieren. Autonomie ist Leitziel von Aufklärung.

Aufklärung ist damit auch die Wiege der neuzeitlichen Wissenschaft. Die Wissenschaft, die unter dem Zeichen einer immer weiter fortschreitenden Erklärung und Verfügbarmachung der Welt angetreten ist, zur Befreiung des Menschen von der Naturgewalt, hat jedoch zu neuen komplexen Abhängigkeiten geführt und geradezu verheerende Folgen gezeitigt - nicht nur ökologische für die Biosphäre der Erde, sondern soziale und politische Unfreiheiten wie psychische Verformungen: Die zunehmende Naturbeherrschung hat voll auf den Menschen, auf seine "Natur", zurückgeschlagen. Bildung verkommt zur "Halbbildung" (*Adorno* 1979b), und Erziehung kann zu Manipulation und Dressur entarten.

Auch der Prozeß der Aufklärung ist also einer realgeschichtlichen Dialektik unterworfen, wie *Horkheimer & Adorno* (1947) erstmals vor Augen geführt haben. Aufklärung schlägt in ihr Gegenteil um; die Selbstbehauptung des Individuums und das technische Verfügungswissen führen zu Verdinglichung und neuerlicher Entfremdung. Aber eine solche "Selbstreflexion der Aufklärung ist nicht deren Widerruf" (ND, 160), sondern "im Gegenteil der Versuch, deren Bestes zu retten: Kritik, die der Verdinglichung gewachsen ist" (*Kamper* 1973, 91).

Verdinglichung - ein schon von *Hegel* eingeführter Begriff - besagt, daß Subjekte in ihrem Erkenntnis- und Arbeitsprozeß zu Objekten werden - und zwar mit Fortschreiten der Arbeitsteilung und der modernen Industriegesellschaft zur postindustriellen Gesellschaft zunehmend totaler und schädlicher für die Entwicklung des einzelnen. Menschen verlieren ihre Selbstzwecklichkeit und werden als Mittel zum Zweck eingesetzt. Sowohl die tatsächlichen wirtschaftlichen Abläufe von Produktion und Konsum als auch die entsprechenden begrifflichen Kategorien der ökonomischen Sphäre wie Leistung, Nutzen, Tauschwert/Geld beherrschen nahezu alles Denken und Handeln der Menschen und ihr gesellschaftliches Zusammenleben. Verdinglichung bezeichnet die Ausdehnung des alles beherrschenden Warencharakters auch auf die menschlichen Beziehungen. Beziehungen werden nach der Struktur des Tauschhandels erlebt und gelebt. Verdinglichung ist insofern Selbstverdinglichung. Eigenschaften, Fähigkeiten, allgemein menschliche Qualitäten erscheinen als Dinge, die man 'besitzt' und denen je nachdem ein gewisser Marktwert zu- oder abgesprochen wird.

Diese Situation ist auch der Erziehungswirklichkeit nicht nur vorgängig und beeinflußt sie in zunehmendem Maße, sondern in der Pädagogik kann der alles bestimmende Warencharakter auch zu einer Verformung der Ziele führen: So werden beispielsweise aus Selbständigkeit und Selbstbewußtsein Egoismus und Konkurrenz - bei gleichzeitigem Übergewicht des Anpassungspols von Erziehung. Pädagogik hat immer schon mit der Beschädigung der Individuen als 'quasi-anthropologische Kategorie' zu rechnen.

Die Kritische Theorie erklärt diese Prozesse nun auch erkenntnis- resp. wissenschaftstheoretisch, nämlich als die Allmacht der "instrumentellen Vernunft" oder als den "Identitätszwang" des begrifflichen Denkens. Mit der »Dialektik der Aufklärung« ist analysierbar, daß Verdinglichung nicht erst seit der historischen Epoche der Aufklärung oder der kapitalistischen Industriegesellschaft auftritt, sondern generell anthropologisch kennzeichnend ist für das Selbst- und Weltverhältnis des Individuums. Der Mensch muß sich ständig mit der materiellen und sozialen Welt als Gegen-stand auseinandersetzen (Be-greifen dinglicher Umwelt). Vergegenständlichung (Objektivierung) und Distanzierung sind notwendige und unvermeidbare Vorgänge (vgl. auch *Plessner* 1972a).

Bezogen auf die Pädagogik wird durch diese Distanzierungs- und Vergegenständlichungs-Leistung die kritische Prüfung der Ziele und Methoden erst ermöglicht. Auch der eine wesentliche Inhalt von Pädagogik, der zugleich Form (Methode) ist, liegt darin begründet: nämlich der Sachbezug und die Vermittlung von Lernstoff. Zugleich - in der sozialen Dimension (Interaktion) - ist pädagogisch der Verdinglichung von Personen, der Instrumentalisierung menschlicher Beziehungen entgegenzuwirken. Wie eine entsprechende Erziehung zu solidarischem Handeln auszusehen hat, kann jedoch nur negativ bestimmt werden und schließt auch Konfliktfähigkeit nicht aus, sondern ein.

Sich in kritischer Distanz gegenüber Einstellungen und Theorien, politischen und gesellschaftlichen Abläufen zu verhalten, ihre scheinbare Notwendigkeit zu hinterfragen und Vorgegebenes kritisch zu überprüfen - kurz: Widerstand gegen das Bestehende kraft *Negation* - ist, wenn überhaupt, der einzige Schutz vor totaler Verdinglichung und Technokratie. Ideologiekritik und die Analyse der 'Bewegungsgesetze' von Wirtschaft, Wissenschaft und Erziehung dienen der Bewußtmachung von Abhängigkeiten und ermöglichen ein neues Selbst- und Weltverständnis (vs. Positivismus und traditionelle Hermeneutik).

Kritik und bestimmte Negation sind Voraussetzung von Verbesserungen. Dies ist der oft zu hörenden, populären Denunziation der Kritik entgegenzuhalten, doch nicht immer nur Negatives zu sehen, alles 'mies zu machen', sondern auch mal 'das Positive' zu würdigen. Es gehört zum Selbstverständnis einer kritischen Theorie, zum Selbstbewußtsein jeder Kritik, daß das sog. Positive der Kritik nur indirekt, nämlich in der Negation eingebracht werden kann.

Anthropologie-kritisch verweist Negation auf den Möglichkeitscharakter der menschlichen Realität, die Veränderbarkeit des Menschen und aller von ihm gemachten Verhältnisse. Antrieb und Ziel ist der gerechte Zustand der Gesellschaft. Bestimmte statt unbestimmte (absolute) Negation ermöglicht eine konkrete Real-Utopie, die aber nicht fest-ge-stellt werden kann. Die pauschale "große Weigerung" (*Marcuse* 1978b) ist utopistisch und bringt keinen Fortschritt. Sie wird auch zur Weigerung, im Kleinen etwas zu verbessern, und kann zu einem eher fatalistischen Rückzug aus gesellschaftlichen Prozessen führen, der sich selbst jeglicher Eingriffsmöglichkeit enthebt. Bestimmte Negation ist dagegen nicht allgemein, sondern konkret inhaltlich, sie setzt analysierend und kritisierend an bestimmten Fragen bzw. Umständen, an Sachverhalten und sozialen Verhältnissen an.

2.3.3 Mimesis

Im Kontext von Kritik und Widerstand werden sinnliche Erfahrung, Phantasie und Spontaneität zu wichtigen Kompensationen bloß instrumenteller Vernunft, die auch pädagogisch zu unterstützen sind. In diesem Zusammenhang ist an die Bedeutung von *Mimesis* zu erinnern - sozusagen als andere Seite der Negation. Der von *Horkheimer* und *Adorno* (1986) zunächst im Zusammenhang mit der Kunsttheorie und Ästhetik entwickelte Begriff der Mimesis[21] ist aber nicht zwingend auf den ästhetischen Raum zu beschränken, sondern in die generelle Dialektik der Aufklärung gestellt.

Das sog. *Mimetische* meint die authentische, individuell bleibende 'Nachahmung' als eine anthropologische Kategorie. Die Bedeutung des Nachahmungs- und Darstellungsverhaltens wird auch in den Anthropologien *Plessner*s (Reziprozität) und *Gehlens* herausgestellt. Mimesis ist sowohl in der frühen Menschheitsgeschichte (phylogenetisch) wie in der individuellen Kindheit (ontogenetisch) die erste (magische) Stufe der Subjektwerdung qua Unterscheidung von der Umgebung und von anderen Personen und gleichzeitigem In-Beziehung-Treten, das als ein gewaltloses 'Sich-Anschmiegen' an den Gegenstand[22] bzw. ein einfühlendes Verhältnis zwischen Personen charakterisiert werden kann. Durch diese aktive Annäherung/'Anähnlichung' an das 'Objekt' wird zugleich dieses wie das Subjekt selbst vor Nivellierung und Verdinglichung geschützt. Mimetische Formen und Orte sind das Kinderspiel wie der Mythos, die Kunst wie das erzieherische Verhältnis. Die weiteren Stufen der Subjektwerdung stellen dann Wiederannäherungen dar, die historisch auf

---

21 »Mimesis« (gr.: Abbild, Nachahmung, Darstellung) - Zur Analyse des Begriffsfeldes und zur pädagogisch-anthropologischen Bedeutung von "Mimesis" vgl. auch *Wulf* (1994, 22-44)

22 Man vgl. dazu die eindrücklichen Schilderungen einer solchen Magie der Kindheit bei *Benjamin* (1987).

Unterwerfung und Beherrschung der äußeren wie der inneren Natur hinausliefen - mit allen uns bekannten Folgen ökologischer wie psychosozialer Verheerungen. Diese Bewältigungen des 'Objekts' sind eine fragwürdige Leistung von Vernunft und Wissenschaft - konkret: das lebensfeindlich gewordene Endprodukt der "instrumentellen Vernunft" (*Horkheimer* 1991). Aber auch »Mimesis« bleibt immer ambivalent, kann zur Mimikry verkommen. Auf der zwischenmenschlichen Ebene bleibt sie eine Gratwanderung zwischen solidarischer Einfühlung und 'nachäffender' Anpassung.

Mimesis kann zur sinnlichen und emotionalen Erfahrung und deren Ausdruck verallgemeinert werden, die der Rationalität komplementär ist und deshalb (heil-)pädagogisch besonders relevant wird (vgl. *Furrer* 1990; 1994; *Jakobs* 1994). Denn nicht die sprachlich-begriffliche, sondern eine bildlich-magische bzw. ganzheitlich-leibliche Weltdeutung, Weltaneignung und Intersubjektivität rückt damit in den Vordergrund, was v.a. schwerer behinderten Menschen gemässer erscheint. Die Rolle der Körperlichkeit und der Emotionalität in ihrer Verknüpfung mit dem Kognitiven wird berücksichtigt. Entwicklung vollzieht sich durch Miterleben, durch persönliche Begegnung mit Dingen und Personen.

2.3.4 Reflexion - Erkenntnisinteressen - Emanzipation

Charakteristisch für Kritik ist die *Reflexion*, d.h. die selbstkritische Rückwendung des Denkens, der Erkenntnis auf sich selbst - z.B. zwecks Aufdeckung ihrer verdeckten und divergierenden *Interessen*. Durch Reflexion wird zudem das 'Recht des Objekts' gegen die verkürzende Begrifflichkeit des 'Subjekts' gewahrt. *Habermas* (1969) hat in Wiederaufnahme und Weiterführung der Wissenschaftskritik *Horkheimers* und *Husserls* zwei bzw. drei Erkenntnisinteressen unterschieden:

1. Das *»technische Interesse«* strebt nach totaler Verfügungsgewalt über vergegenständlichte Prozesse (keine Reflexion). Ihm entsprechen als Wissenschaftstyp die Naturwissenschaften und die Wissenschaftstheorie aller positiven (empirisch-analytischen) Wissenschaften (Daten als Fakten). Wissen soll angewendet, technisch 'verwertet' werden. Die zugeordnete anthropologische Kategorie ist »Arbeit«; der Handlungstyp ist das zweck-rationale (strategische) Handeln. - In der Pädagogik (empirisch-analytische Erziehungswissenschaft) führt

das zu einer Sozialtechnologie der 'Einwirkung'.[23] Legitimiert wird sie durch das Vermittlungskriterium von Pädagogik, d.h. die Notwendigkeit des Sachbezugs jeder Erziehung und der Wissens- und Fertigkeitsvermittlung (vgl. *Schwager* 1990, 335).

2. Das *»praktische Interesse«* bezieht sich auf die menschliche Lebenswelt und Lebenspraxis und ist bemüht um handlungsanleitende (Sinn-)Verständigung ('Anleitung zum richtigen Leben' i.S. der klassisch-antiken Philosophie). Ihm zugeordnet sind die historisch-hermeneutischen resp. Geisteswissenschaften, die jedoch Gefahr laufen, affirmativ zu werden. Die zugeordnete anthropologische Kategorie ist »Interaktion«. - In der Pädagogik geht es entsprechend um die Betonung der Verständigung (Interaktions-Kriterium), mitunter sogar auf Kosten der Vermittlung von Kenntnissen/Fertigkeiten. Die Handlungs- qua Argumentationsfähigkeit wird dabei bereits vorausgesetzt, kann deren Herausbildung aber nicht erklären (*Schwager* 1990, 335).

3. Das dritte Interesse ist das der Reflexion an sich selbst als Horizont der Unterscheidung der beiden anderen Erkenntnisinteressen und als Kriterium (kritischer Maßstab) für die Bewertung theoretischer Modelle wie praktischer Handlungen. M.a.W. bedeutet es die Fundierung beider Interessen in philosophischer Reflexion. Reflexion bringt die innere Differenziertheit des Selbst- und Weltverhältnisses zum Ausdruck und ist quasi Vollzug der Differenz im Denken. Dabei wird die menschliche Gattungsgeschichte als fortschreitende Bildungsgeschichte verstanden. Dieses dritte Interesse nennt *Habermas* das *»emanzipatorische Interesse«* am Bildungsprozeß selbst, dessen Dimensionen Selbstreflexion und Ideologiekritik sind, die besonders in therapeutischen Prozessen (Psychoanalyse) verwirklicht werden. Zugeordnet sind die kritisch-rekonstruktiven Handlungs- resp. Sozialwissenschaften und die kritische Philosophie/ Theorie. "Ein Akt der Selbstreflexion, der 'ein Leben ändert', ist eine Bewegung der Emanzipation." (*Habermas* 1975, 261) Vernunft und Freiheit, Reflexion und Emanzipation gehören zusammen.

Auch wenn die ältere Kritische Theorie weder die anthropologische Vereinfachung noch den Optimismus der *Habermas'*schen Position teilen kann, so tritt dennoch auch sie für Emanzipation ein. *Emanzipation* steht hier zunächst einfach als der moderne Begriff für Aufklärung, für Befreiung von Abhängigkeit, der dem komplexen Prozeßcharakter und der gesellschaftlichen Bedingtheit

---

23 Das spiegelt sich in der Erziehungs-Definition von *Brezinka* (1971, 613) wider: "Unter Erziehung werden Soziale Handlungen verstanden, durch die Menschen versuchen, das Gefüge der psychischen Dispositionen anderer Menschen mit psychischen und (oder) sozial-kulturellen Mitteln in irgendeiner Hinsicht dauerhaft zu verbessern oder seine als wertvoll beurteilten Komponenten zu erhalten."

besser gerecht wird. Emanzipation verweist auf Politik, auf Bildung und Erziehung. Der mehrdimensionale Begriff bezeichnet einen historisch-gesellschaftlichen wie individual-bildungstheoretischen und zugleich pädagogisch-therapeutischen Prozeß. Emanzipation akzentuiert die generelle Bildungsfähigkeit des Menschen, die Bedingung seiner 'Selbstherstellung'/Selbstverwirklichung ist. Bildungsfähigkeit wie Freiheit müssen immer postuliert und praktisch erkämpft werden, weil sie nie 'dingfest' gemacht werden können. Sie sind nur als postulierte wirklich.

Emanzipation ist zum einen ein *negativer* Begriff: gegen Gewalt, Unterdrückung und Bevormundung (repressive Sozialisiationsprozesse). Zum anderen ist Emanzipation ein *Ziel*begriff, bei dem es um Selbstentfaltung des Individuums und Erweiterung seiner Handlungs- und Befriedigungsmöglichkeiten geht. Emanzipation heißt aber nicht rücksichtslose Durchsetzung eigennütziger Interessen. Durch eine emanzipatorische Bildung und Erziehung kann und soll ein egoistisch-isoliertes, nicht-reflektierendes, Dinge und Menschen verfügendes 'Wesen' Mensch zu einem gebildeten, reflektierenden, dialogfähigen und solidarischen 'Wesen' Mensch werden (vgl. *Mollenhauer* 1968). Dabei bezieht ein solches Verständnis immer die gesellschaftlichen Bedingungen von Erziehung mit ein, steht aber in Gefahr, zu abstrakt und praktisch-pädagogisch unbestimmt zu bleiben.

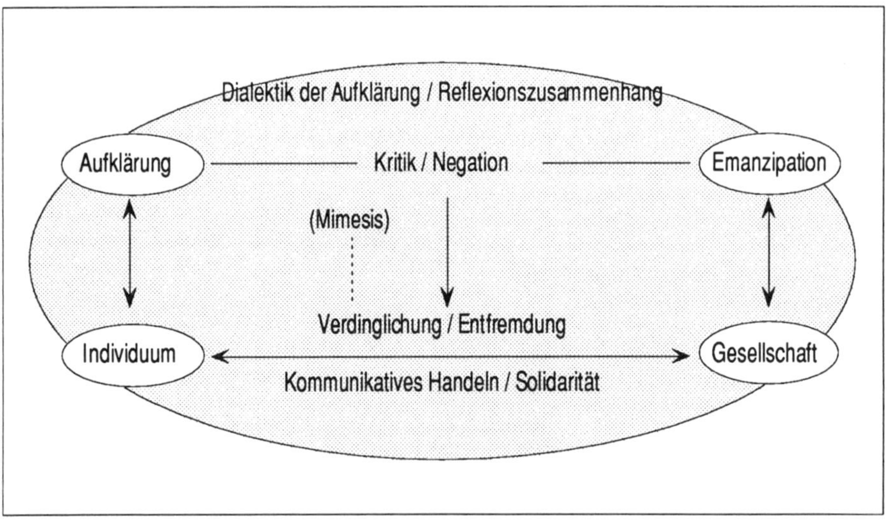

Abbildung 1: Dialektischer Zusammenhang der Kategorien Kritischer Theorie als Konstitutionszusammenhang einer kritischen Pädagogik

2.3.5 »Ohne Leitbild«[24]: Mikrologie

Die skizzierten Leitbegriffe der Kritischen Theorie stellen dialektische Grundkategorien einer kritischen Anthropologie und Pädagogik dar, geben aber kein Leitbild, dem zu folgen wäre. Sie machen auch kein fixes Menschenbild mehr aus, sondern erfassen und erläutern (in unendlicher mikrologischer Annäherung) die Dialektik von Natur und Kultur, Mensch und Geschichte, Individuum und Gesellschaft als unlösbare Verschränkungen und dynamische Prozesse. Sie münden in den Zielbegriff der »Emanzipation«, der auch für heilpädagogische Theorie und Praxis wiederentdeckt und stärker adaptiert werden könnte als bisher geschehen - und zwar als eine begriffliche Alternative zum Begriff der »Autonomie« als Erziehungsziel.

Wegen der klassisch-idealistischen Höhe des Autonomie-Begriffs und seiner buchstäblichen A-sozialität (Auto-Nomie = Selbst-/Eigen-Gesetzlichkeit) sahen sich heilpädagogische Autoren schon genötigt, von "Ko-Autonomie" zu sprechen (so *Speck* 1991, 141). Von Emanzipation zu sprechen, bringt jedoch den gemeinten Prozeßcharakter und die soziale Relativität deutlicher zum Ausdruck. (Emanzipieren ist ein sowohl transitives wie intransitives Verb.) Emanzipation ist sozusagen ein 'bilderloses' Ziel. In der Heilpädagogik kann der Emanzipationsbegriff zu einer 'Verflüssigung' eher statischer Begriffe wie "Halt" oder "Bindung" (sensu *Moor* oder *Haeberlin*) beitragen und einen Gegenakzent zu deren Mystifizierung setzen (s. Kap. 4.5).

Die entwickelten begrifflichen Kategorien bilden die Folie, auf der im zweiten Teil die Perspektiven einer kritischen Heilpädagogik eröffnet werden. Statt weiterhin die "Menschenbild-Frage" in den Mittelpunkt zu stellen, die hier - gegen *Meinberg* (1988, 270) - *nicht* als ein "Thema mit Zukunft" betrachtet wird, wird für die Beibehaltung bzw. zuallererst Bewußtmachung eines anthropologischen »Bilderverbots« plädiert. Dieses Verdikt, das ja als solches bereits Normativ-Ethisches impliziert, trifft vor allem alle sog. metaphysischen Fragen nach dem *Sinn* - des Lebens, von Behinderung, von Leiden etc. Solche Fragen sind nicht beantwortbar oder drohen - so im Falle des Leids - gar zynisch zu werden. Bezüglich der in der Heilpädagogik erneut virulenten "Sinn"-Frage ist (mit *Adorno*) kein Sinn *hinter* den Phänomenen anzunehmen, sondern höchstens *in* ihnen, aus ihnen heraus, d.h.: in Einzelheiten, in hervortretenden kleinen Details, die *mikrologisch* wahrzunehmen und zu deuten sind. Darauf zielt *Adornos*

24 Mit diesem Titel einer kulturkritischen Aufsatzsammlung *Adornos* (1977), ließe sich durchaus die Kritische Theorie insgesamt überschreiben.

Ausspruch, "daß die Metaphysik in die Mikrologie einwandert" (ND, 399). Mikrologie wird zur Nachfolgerin der Metaphysik.

In Anlehnung an *Adorno*s *Mikrologie*-Verständnis lassen sich keine 'grossen' Ziele und Sinnvorgaben für Erziehung und Bildung mehr vorgeben, sondern lediglich in stetiger Suchbewegung der Lebensführung und in alltäglich-lebensweltlichen Kontexten mikrologisch rekonstruieren. Damit besitzt Mikrologie eine besondere Affinität zu heilpädagogischen Bemühungen, sofern sie nicht perfekte technologische 'Fördersysteme' intendieren.

Statt der üblichen anthropologischen Leitbegriffe und heteronomen Leitbilder haben sich aus kritisch-theoretischer Sicht einige auch für eine Heilpädagogik erkenntnisleitende Wortfelder herausgeschält, die im nun folgenden Teil II als Perspektiven oder Konstellationen 'be- und umgriffen' sowie noch näher beleuchtet werden müssen. Als Ertrag aus dem ersten Teil bleiben uns darüber hinaus - auch nach dem Durchgang durch kritische Theorie - einige wichtige Aspekte aus der philosophischen Tradition, auf die noch zurückzukommen sein wird:

- der sich abzeichnende Anthropologie-Ethik-Übergang als Ort der Erziehung/ Pädagogik (*Kant*);
- die Empfindung als Ursprung von Vernunft und soziale Anerkennung als Ursprung der Person (*Hegel* und *Adorno*);
- die dialektische Exzentrizitäts- und Mitwelt-Konzeption *Plessners*.

Teil II
Perspektiven einer kritischen Heilpädagogik

*

Die Bestreitung des einheitlichen Menschenwesens
soll andererseits selbst so wenig absolut genommen werden,
daß sogar der Glaube an eine allgemeine menschliche Natur
zuweilen als geringerer Irrtum erscheint,
dann nämlich, wenn es auf die Einsicht ankommt,
daß Glück und Elend stetig die Geschichte durchziehen,
daß die Menschen, wie sie sind,
ihre Grenzen haben und Rücksicht verdienen,
daß es sich rächt, wenn man die Grenzen übersieht.
M. Horkheimer (1935)

*

Utopie wäre über der Identität und über dem Widerspruch, ein Miteinander des Verschiedenen.
Th. W. Adorno (1966)

3. »Mit anderen Augen«[1]: Erfahrung - Perspektive - Konstellation (Zur Einführung in den II. Teil)

Nach der Bestandsaufnahme der anthropologischen Diskussion und der Klärung wesentlicher philosophischer Voraussetzungen sollen nun im zweiten Teil der vorliegenden Arbeit auf verschiedenen Ebenen (erkenntnis- und wissenschaftstheoretisch, anthropologisch und ethisch, sozialwissenschaftlich) neue (meta)theoretische Sichtweisen und Blickwinkel auf und für die Heilpädagogik eröffnet werden. (Heil-)Pädagogik als eine »Wissenschaft vom Menschen« ist Erfahrungswissenschaft, wobei Erfahrung in einem weiten Sinne verstanden und der Begriff der Erfahrungswissenschaft hier dem für die Pädagogik mehr gebräuchlichen einer »praktischen Wissenschaft« vorgezogen wird. Denn in dieser Verknüpfung unterliegt der Praxisbegriff heute meist einer tendenziell technologischen Engführung, die seiner ursprünglichen Bedeutung als sozialem und politischem Handeln (gegenüber Herstellen und Technik) gerade entgegenläuft. Erfahrung (Empirie) in eng-objektivistischem Sinne hat selbst moderne Naturwissenschaft durch die Reflexion der Rolle des Forschers im Forschungsprozeß längst problematisiert. Wir gehen nicht vom Ideal einer möglichst vollständigen Umsetzung/Anwendung von Theorie in Praxis aus, die oft gar mit (verborgenen) theoriefeindlichen Tendenzen einhergeht (vgl. dazu *Adorno* 1969, 169ff.; s. auch Kap. 2).

Der hier vertretene (philosophische) *Erfahrungsbegriff* weist zwar Ähnlichkeit mit der phänomenologischen Auffassung auf (vgl. dazu *Plöger* 1986, 91-101), knüpft aber spezifisch an *Adorno* (ND, 39ff. 50ff.) und *Plessner* (1982, 164-182) an, die beide unabhängig voneinander zu der Einschätzung kommen, daß die strikte Trennung von Subjekt und Objekt, von Anschauung und begrifflichem Denken sowie sog. Wesenserfassung (Idee) für die persönliche wie die historisch-soziale (Lebens-)Erfahrung und damit gerade im Bereich der Human-/Sozialwissenschaften unangemessen ist. Das Verhältnis von Wissenschaft und Philosophie wird dabei nicht etwa durch einen unterschiedlichen Allgemeinheitsgrad ihrer Kategorien bzw. einen höheren Abstraktionsgrad der Philosophie und auch nicht durch ein Neben- oder gar Übereinander von empirischer

---

1 In Anlehnung an *Plessner* (1982b): In dem gleichnamigen Aufsatz diskutiert er den Unterschied von Erklären und Verstehen, von Natur- und Geisteswissenschaft, als zwei Weisen der Erfahrung - also ähnliche Fragen wie das vorliegende Einführungskapitel.

und geistiger Welt bestimmt, sondern für Wissenschaft ist die "Idee der Forschung", die Tatsachen zur Kenntnis nimmt, und für Philosophie die "Idee der Deutung", die sie hinterfragt, charakteristisch (*Adorno* 1990a, 334f.).

Im Unterschied zum empirisch-naturwissenschaftlichen Wissenschaftsverständnis ist nicht eine von der Subjektivität unabhängige Allgemeingültigkeit ('Generalisierbarkeit') Kriterium von Wahrheit, sondern das Sich-Einlassen, Sich-Einstellen, Konzentrieren auf den 'Gegenstand' (Objekt oder anderes Subjekt) (vgl. ND, 36). Erfahrung ist sowohl 'subjektiv' wie 'objektiv' und nicht nur kognitiv, sondern auch emotional. Erfahrung schließt Bewertung ein. Ich selbst bin involviert, kann nicht von mir absehen. Damit ist gleichzeitig der wesentliche Unterschied zur traditionellen Erkenntnistheorie einerseits (Erkenntnis ist distanziert, neutral-wertfrei, rein kognitiv und zielt auf einen identischen Sachverhalt) wie zur phänomenologischen Sichtweise andererseits bezeichnet, die in der Epoché von allem Vorverständnis und subjektiver Einstellung absehen will, um zum Wesen des Gegenstandes vordringen zu können (vgl. *Held* 1985; *Husserl* 1985). Erfahrung hat ein Anderes, zunächst Fremdes, also Differenz, zur Voraussetzung und zielt auch auf ein qualitativ Verschiedenes - sonst hätte Verstehen keinen Sinn. Mit einem solchen Erfahrungsverständnis findet zugleich eine Rückbindung sog. objektiver Wahrheit an subjektive Wahrhaftigkeit und intersubjektive Verständigung statt, m.a.W. eine Verschränkung erkenntnistheoretischer, anthropologischer und ethischer Aspekte.

Pädagogik ist Erfahrungswissenschaft, da sowohl der Pädagoge/die Pädagogin wie sein/ihr 'Gegenstand' zu sich selber kommen müssen. Angezeigt sind perspektivische Herangehensweisen, Interdisziplinarität und eine methodische Vielfalt - auf der Basis und im Zusammenspiel von theoretischer Reflexion und historisch-sozialer wie biographisch-individueller Erfahrung. Neben im engeren Sinn empirischen Methoden haben deshalb (erfahrungsbezogene) Modellkonstruktionen und die individuelle wie geschichtliche Selbsterkenntnis des Menschen (Reflexion, Hermeneutik, Tiefenpsychologie, Ideologiekritik) ihren noch kaum ausgeschöpften Stellenwert für die Heilpädagogik.

Perspektiven sind Blickwinkel, bestimmte Hinsichten, unter denen ein 'Gegenstand' bzw. Gegenstandsbereich betrachtet wird. Perspektivische Vorgehensweise meint dabei eine vorläufige, modellhafte Sicht, eine Annäherungsweise, die auf ein "Denken in Konstellationen", auf ein "Ensemble von Modellanalysen" i.S. *Adornos* (ND, 39 u. 164ff.) und *Benjamins* (1992, 73ff.) zielt. Sie bildet keine Klassifikationen und leitet nicht ab aus Oberbegriffen; sie 'beweist' nichts und begründet nicht durch logisch-stringente Argumente oder metaphysische Axiome, sondern sucht Phänomene durch wechselnde Perspektiven, durch Analogien und immer wieder variierte Beschreibungen zu erläutern.

»*Konstellation*« bezeichnet in einem - zum Idealismus platonischer Prägung wie zur Phänomenologie - alternativen erkenntnistheoretischen Sinne einen nicht-metaphysischen Begriff von Wahrheit, eine Art 'Wesenserfassung' eines Phänomens resp. die Erfassung einer Idee[2], obwohl diese traditionell-idealistischen Begriffe das Gemeinte nicht genau treffen. Nicht ein hinter der Realität liegender Sinn[3] ist aufzudecken (dies entspräche dem metaphysischen Wahrheitsbegriff), sondern die einzelnen Elemente und begrifflichen Annäherungsversuche an eine Sache ergeben eine Kon-Figuration, eine zusammenhängende Figur resp. Gestalt, die das Wesentliche erfasst. Diese Figuren sind aber nicht apriorisch vorgegebene Entitäten, die sozusagen nur zu entdecken sind, sondern erst durch Gruppierung ("wechselnde Versuchsanordnungen") aus einzelwissenschaftlichen Erkenntnissen, begrifflichen Elementen etc. als "Schlüssel zu konstruieren, vor denen die Wirklichkeit aufspringt" (vgl. *Adorno* 1990a, 335ff. 340).[4] Gemeint ist also eine Art 'dritter Weg der Erkenntnis' zwischen *Kants* Nominalismus (Ideen sind nur formale Namen) und *Hegels* Realismus (die Ideen stellen eine geistige Realität dar) (vgl. dazu *Adorno* 1980b/ ND; 1990b, 13-47). In Anlehnung an ein solches Verständnis negativ-dialektischer Methode werden im Kontext einer (heil)pädagogischen Grundlagenreflexion verschiedene Perspektiven quasi von "außen" (von Nachbardisziplinen der Heilpädagogik: Philosophie, Soziologie, Psychologie) eingenommen, aber gleichzeitig unter einer gemeinsamen Perspektive quasi aus dem "Inneren" der Heilpädagogik (d.i. das Interesse an Bildung und Erziehung behinderter Menschen) thematisiert und zusammengeführt.

In negativ-dialektischer Sicht verlieren auch die scharfen Abgrenzungen zwischen Erkenntnis- und Wissenschaftstheorie, zwischen Philosophie und Wissenschaft, ihre Eindeutigkeit. Diese Sicht- und Herangehensweise unterscheidet sich von herkömmlichen Positionen der Heil-/Sonderpädagogik zum einen durch die kritisch-dialektische 'Methodologie' (Konstellationsbildung), zum anderen durch ihre besonderen inhaltlichen Akzentuierungen, von denen ange-

---

2 *Benjamin* (1992, 73) schreibt: "Die Ideen verhalten sich zu den Dingen wie die Sternbilder zu den Sternen. Das besagt zunächst: sie sind weder deren Begriffe noch deren Gesetze."

3 Philosophie als Frage nach dem Sinn von Sein überhaupt bleibt entweder in formalen Unverbindlichkeiten stecken oder verliert sich in einem Pluralismus beliebiger weltanschaulicher Standpunkte.

4 In diesem Zusammenhang gibt *Adorno* eine anschaulich-metaphorische Darstellung des Verhältnisses von traditioneller Philosophie und Sozialwissenschaft: Während jene die Schlüssel zu groß wählt (idealistische Begriffe), die gar nicht ins Schlüsselloch passen, wählt diese zu kleine Schlüssel (deskriptiv soziologische oder psychologische Begriffe), die zwar ins Schlüsselloch passen, aber nichts aufzuschließen vermögen.

nommen wird, daß sie eine adäquatere Reflexionsfolie (i.S. einer sozialen Hermeneutik) sowohl für die Lebenssituation eines Menschen mit Behinderungen als auch für die entsprechende heilpädagogische Aufgabenstellung abgeben können als andere wissenschaftstheoretische und anthropologische Konzepte. Die kritisch-perspektivische Herangehensweise ergänzt damit nicht nur die Tradition geisteswissenschaftlich-anthropologischer Heilpädagogik sowie eine empirische und/oder kritisch-rationale Sonderpädagogik durch sozialphilosophische resp. gesellschaftskritische Positionen, sondern darüber hinaus auch die naturalistisch-materialistischen Konstitutionsbemühungen einer basalen (Behinderten)Pädagogik (*Feuser; Jantzen*), die die sozialhermeneutische und kritisch-theoretische Tradition bislang vernachlässigt haben. Die Ergänzungen betreffen sowohl die deskriptiv-phänomenologische wie die normativ-ethische Dimension. Formal wie inhaltlich sind unsere Überlegungen fokussiert um die Problematik von Differenz und Intersubjektivität mit ihren erkenntnisanthropologischen wie sozialethischen Implikationen.

In einem spezifischen Sinne kann dieses kritisch-perspektivische Verständnis zugleich als ein (philosophisch) materialistisches erläutert werden: Daß nichts 'Bedeutungsvolles' (als verborgener Sinn) hinter den Phänomenen aufzuspüren ist, sondern es um Deutung der Wirklichkeit durch Analyse und Kombination ihrer Elemente geht, betrifft auch das individuelle und gesellschaftliche Leben einschließlich möglicher Behinderungen oder Benachteiligungen. Das Leben jedes Menschen wird einerseits vom Leiblich-Physischen (Natur), andererseits vom Gesellschaftlich-Sozialen (Gesellschaft und Geschichte) beherrscht. Beide bilden zwar einen mehr oder weniger geschlossenen Determinationszusammenhang, in dem kaum ein Spielraum für menschliche Entscheidungsfreiheit zu bleiben scheint, aber "die Möglichkeit eines menschenwürdigen Lebens hängt davon ... ab, daß aus diesem Zusammenhang herausgetreten wird" (PhT II, 197).[5]

In unserem Kontext bedeutet 'materialistisch' vorrangig die Überwindung 1.) des erkenntnis- und wissenschaftstheoretischen Dualismus (Cartesianismus) und 2.) des damit verschränkten anthropologischen Leib-Seele-Dualismus sowie deren Aufhebung in einem kritisch-sozialtheoretischen Modell. Es geht nicht um eine vereinfachende Reduktion auf das 'bloß Stoffliche', die für den alten mechanistischen Materialismus wie für den dogmatischen Vulgärmarxismus bezeichnend waren, sondern in erster Linie um 'soziale und historische Perspektive' resp. die undogmatische Anknüpfung an den 'frühen', von manchen als "anthropologisch" bezeichneten *Marx* sowie die Weiterführung und Trans-

---

5 Materialismus sensu *Adorno* meint die Abschaffung des Materialismus, in dem Sinn, daß die Lebensnot und die Abhängigkeit von Materiellem zu überwinden sei; zu *Adornos* Materialismus vgl. auch *Schmidt* (1983).

formation dieses ursprünglichen 'historischen Materialismus' in der 'Kritischen Theorie' - von der Gesellschafts- über die Kulturtheorie bis zur 'Negativen Dialektik' (s. Kap. 2).

Eine solche kritische Perspektive bedeutet "Eingedenken der Natur im Subjekt" (DA, 47) und strebt zugleich einen "Vorrang des Objekts" (ND, 184ff.) an, das in Begriffen nie vollständig erfaßt, dingfest gemacht, also "identifiziert" werden kann. Dies ist der Kern der Argumentation *Adornos* gegen den "Identitätszwang", sein Plädoyer für das "Nicht-Identische", für Differenz. Sie unterstreicht die sog. mimetischen (nicht begrifflichen) Elemente menschlicher Erkenntnis, die Rolle der Erfahrung und das (subjektive) "Leibapriori" (*Apel* 1976a), das zum Ausdruck bringt, daß unser Erkennen und erst recht natürlich unser Handeln nicht nur vom Kantischen Bewußtseinsapriori und der Verstandesfunktion, sondern auch immer schon durch unsere Sinne, durch Sinnlichkeit und Leiblichkeit bestimmt sind. Diese materialistische Sichtweise wird dadurch auch (heil)pädagogisch relevant; zudem ist in ihr die *Sozialität* (Intersubjektivität) ebenfalls verwurzelt in der Leiblichkeit.[6]

Auf diesem Hintergrund wird im folgenden ein spezieller Weg sozial*philosophischer* und sozial*psychologischer* Rekonstruktion eingeschlagen. Skizziert werden sollen eine *kritisch-skeptische* (Kap. 4) und eine *ethische Perspektive* (Kap. 5) für die Heilpädagogik, die in der vorliegenden Arbeit im dargelegten Sinne einer Konstellationsbildung eingenommen werden.

---

6 Vgl. in diesem Zusammenhang die parallelen (bis analogen) Positionen einer "Phänomenologie des Fleisches" (*Merleau-Ponty*) oder der phänomenologiekritischen Fundamentalethik eines *Levinas*, für die das "Antlitz des Anderen" grundlegend ist. An sie wird gerade in jüngster Zeit zunehmend von Heil-/Sonderpädagogen angeknüpft - insbes. im Kontext einer Pädagogik der Schwerstbehinderten: *Pfeffer* (1988); *Fornefeld* (1989); *Stinkes* (1993); *Kleinbach* (1994).

4. Differenz und Intersubjektivität: Die kritisch-skeptische Perspektive

Unter dieser programmatischen Überschrift müssen im folgenden die philosophischen Überlegungen aus dem ersten Teil zunächst nochmals zusammenfassend ausgewertet und verstärkt auf die (Heil-)Pädagogik bezogen werden. Diese kann dadurch als eine kritische Sozialwissenschaft ausgewiesen (rekonstruiert) werden, die auf Anthropologie-Kritik und einem spezifischen Verständnis von *Intersubjektivität* aufbaut.

Kritik meint hier zuallererst: Unterscheidung (*Differenz*-ierung!) verschiedener Ebenen des anthropologisch-sozialphilosophischen Argumentierens, der Person- und Behinderungsbegriffe, sodann Beurteilung. *Skepsis* bezeichnet die zweifelnde Betrachtung, eine Haltung des Zweifels, des Infragestellens vermeintlich gesicherter Erkenntnisse. Sie ist allgemein ein Ausdruck kritischen Denkens, jedoch hier nicht im Sinne einer Weltanschauung gemeint, die erneut dogmatisch und damit selbstwidersprüchlich würde, sondern 'methodisch'.[1] Eine skeptische Pädagogik bemüht sich um die Aufdeckung weltanschaulicher und metaphysischer Voraussetzungen pädagogischer Theorien und Praxismodelle. Sie steht damit sowohl gegen die optimistische Illusion, durch Theorie die Praxis oder durch Pädagogik die Gesellschaft verbessern zu können, wie gegen affirmativ-restaurative Tendenzen, bei denen man auf vermeintlich zeitlos gültige Normen, Werte und entsprechende Erziehungsziele baut. Es bleibt stets eine Differenz zwischen Anspruch und Wirklichkeit, zwischen Realität und Utopie, zwischen Selbstverwirklichung und Anpassung.

Differenz steht in diesem Zusammenhang nicht nur erkenntnistheoretisch-methodologisch (formal), sondern auch - wie zu zeigen sein wird - philosophisch wie lebensweltlich (material) für den Schutz des Besonderen, Einzelnen (Individuum) vor gleichmacherischer Vereinnahmung durch das Allgemeine (Gesellschaft) - sei es qua begrifflich-logische Identität (Klassifizierung / Typologisierung) oder qua gesellschaftliche Herrschaftsverhältnisse, wie sie sich bei-

---

1 Skepsis als Methode bezeichnet bei fast allen Philosophen eine erste (vorläufige) Phase des Philosophierens. Die hier vertretene skeptische Orientierung lehnt sich an die Spätwerke *Adornos, Horkheimers* und *Plessners* an und versteht sich (trotz erkennbarer Gemeinsamkeiten/Parallelen) unabhängig von einer "skeptisch-transzendentalkritischen Pädagogik", die in letzter Zeit wieder mehr von sich reden macht: s. dazu das Themen-Heft der Vj. f. wiss. Päd. 70 (1994) 1.

spielsweise in schulischer Selektion oder im Betreuungssystem niederschlagen, aber auch, wenn Normalisierung und Integration als Anpassung mißverstanden werden.

4.1 Zur Vergleichgültigung anthropologischer Kategorien

In unserem kursorischen Durchgang durch die philosophische Anthropologie haben wir festgestellt, daß das Bemühen einer Gesamtschau der »Stellung des Menschen im Kosmos« oder »in der Welt« - bzw. in der belebten Natur - sich v.a. bei *Plessner* allmählich verschiebt zu einer mehr geschichts- und sozialphilosophischen Perspektive (s. Kap.1.3). Für sein Spätwerk typisch ist die zunehmend "skeptische Einstellung", die dem skeptischen Pessimismus des späten *Horkheimer* entspricht. Als eine durchaus erstaunliche Übereinstimmung erscheint in diesem Zusammenhang, daß sowohl *Plessners* Spätphilosophie, wenn sie in Analogie zum 'verborgenen Gott' vom "Homo absconditus" (1972a, 1976) spricht, wie auch die späte Kritische Theorie *Horkheimers* und *Adornos* mit ihrer Weigerung, positiv-utopische Aussagen zu machen, leicht resignative Züge aufzuweisen scheinen und im Sinne des alttestamentarisch-jüdischen »Bilderverbotes« gewissermaßen konvergieren (s. 2.2.4). Die Einheit des Menschen, die *Scheler* noch metaphysisch verankern wollte, scheint sich in "Geschichte und Psychologie" 'aufgelöst' zu haben. Sie ist methodisch nicht mehr zu fassen und muß heute als Ziel, ja schon als Fragestellung aufgegeben werden.

Auch unabhängig von den Einwänden der Kritischen Theorie, die, wie im 2. Kapitel gezeigt wurde, zugleich von Anbeginn Anthropologie-Kritik war, scheint Philosophische Anthropologie heute an ihr Ende gekommen zu sein, auch wenn dies im heil-/sonderpädagogischen Kontext noch kaum zur Kenntnis genommen wurde. So spricht *Schulz* (1980, 461ff.) von der "Vergleichgültigung" des dualistischen Schemas, das die philosophische Tradition beherrschte, und der konsequenten "Aufhebung" von Anthropologie in Ethik, was in diesem Kapitel (4.1-4.3) genauer entwickelt werden soll. Anthropologische Fragen werden heute kaum mehr als philosophische Probleme, sondern einzelwissenschaftlich und/oder 'praktisch' angegangen. Daß die philosophische Anthropologie des 20. Jahrhunderts sich bereits überlebt hat, hat v.a. disziplin-interne Gründe, denn ihre selbstgestellten Ansprüche nach Deutung, Integrierung und Fundierung einzelwissenschaftlicher Erkenntnisse konnten nicht eingelöst werden. Zudem kann man mit *Schulz* (1980, 458) einen "Bruch" in der anthropologischen Argumentation konstatieren, nämlich die notwendige "Überschreitung der Empirie" eines ursprünglich biologisch ansetzenden Mensch-Tier-Vergleichs - so v.a. bei *Scheler* als Rückfall ins Metaphysisch-Spekulative (Mensch als "Geistwesen"; s.1.2.2). Aber auch *Plessners* ("exzentrische Lebensführung"; s. Kap. 1.3) und *Gehlens* ("Entlastung durch Handeln"; s. 1.2.3) Einsichten, daß der Mensch ein Wesen ist, das sich zu sich selbst verhält, sich also durch Ichhaftigkeit und Selbstreflexion auszeichnet, und das seine eigene Welt konstruiert, sind "nicht mehr im strengen Sinne empirisch beweisbar, denn ein Selbstverhältnis ist keine konstatierbare Tatsache" (*Schulz* a.a.O., 459) i. S. eines empirisch-analytischen 'Sachverhalts'. Die Abgrenzung vom Tier konnte letztlich nicht biologisch, sondern wiederum nur mit traditionellen philosophischen Mitteln (idealistische Metaphysik) 'bewiesen' (also: behauptet) werden. Der anthropologische Mensch-Tier-Vergleich ist nicht mehr und nicht weniger als der Vollzug einer "indirekten Selbstvermittlung", einer indirekten Selbstvergewisserung des Menschen. »Ichhaftigkeit« als grundsätzliches Prinzip, in das alle Anthropologie einmündet, aufzustellen, ist nach *Schulz* zwar sinnvoll und notwendig, "es ist aber ebenso angebracht, dann diese Einsicht auf sich beruhen zu lassen und sich den konkreten anthropologischen Fragen zuzuwenden ...", nicht zuletzt, um eine "leerlaufende Reflexion", eine 'Zersplitterung' eines von der Erfahrung abgelösten Ich-Begriffs zu vermeiden (ebd.). Ob und wie sich dieser Leerlauf verankern bzw. neu füllen läßt, wird uns im Zusammenhang eines kritisch-dialektischen Personverständnisses noch beschäftigen (s. Kap. 4.2).

Aber auch für die einzelwissenschaftliche Auseinandersetzung mit anthropologischen Fragestellungen, die (wie im 1. Kapitel gezeigt wurde) z.B. eine Hauptströmung in der Heilpädagogik ausmacht, gilt es, sich in Zurückhaltung zu üben. Aussagen über Grenzen des Menschseins, über das Menschsein von Behinderten, sind mehr als problematisch - und erst recht, daraus Ableitungen für Gegenstand und Konstitution des Faches zu treffen.

4.1.1 Die Auflösung pädagogischer Anthropologie in Methode

Unabhängig von der Kritischen Theorie hat v.a. *Bollnow* (1972, 1980, 1983), als Vertreter einer phänomenologisch-orientierten philosophischen und pädagogischen Anthropologie im Anschluß an *Dilthey* und *Plessner* und mit Blick auf die Pädagogik wiederholt ausdrücklich dafür plädiert, auf die Erstellung eines allgemeingültigen 'Menschenbildes' zu verzichten und sich stattdessen auf folgende *methodische Prinzipien* zu beschränken:

1. Die Methode einer *"anthropologischen Reduktion"*: Alle 'objektiven' (vergegenständlichten) und eigenständigen Kulturbereiche werden erst durch die Rückbeziehung auf ihren 'Urheber', den Menschen, verstehbar. (Dies

wurde als *Plessners* Analogie zur vernunftkritischen Transzendentalphilosophie *Kants* bereits in Kap. 1.3 erläutert).

2. Das sog. *"Organon-Prinzip"* ist die Umkehrfassung des Reduktions-Prinzips: Der Mensch ist (nur) über seine kulturellen Objektivationen zu erkennen (*Dilthey*). - Diese beiden ersten Prinzipien sind ineinander verschränkt; sie stehen in einem Wechselwirkungsverhältnis. Die Kultur ist die 'Natur' des Menschen (*Plessner; Gehlen*); Kulturanthropologie wird in diesem Zusammenhang als Perspektive, nicht als spezielle Disziplin verstanden.
3. Das *"Prinzip der anthropologischen Interpretation der Einzelphänomene des menschlichen Lebens"* (wie leiblich-seelische Organisation, Triebe, Stimmungen, Gefühle, aber auch Behinderung etc.) ist eine Generalisierung des Reduktionsprinzips auf alle menschlichen Phänomene, nicht nur kulturelle. Die diesbezügliche Fragestellung lautet: "Wie muß das Wesen des Menschen im ganzen beschaffen sein, damit sich diese besondre, in der Tatsache des Lebens gegebene Erscheinung darin als sinnvolles und notwendiges Glied begreifen läßt?" (*Bollnow* 1980, 16) Dieses allgemeinste Prinzip bezeichnet den Umschlag einzelwissenschaftlicher in allgemein-anthropologische Fragestellungen. Dieser Umschlag vollzieht sich aber noch innerhalb der jeweiligen Einzelwissenschaft.
4. Das Prinzip der *"offenen Frage"* (*Plessner*), das gegen reaktionäre, scheinbar verbindliche "Menschenbilder" reklamiert wird (*Bollnow* 1980, 52).

Bei näherer Betrachtung lassen sich diese vier Prinzipien u.E. auf zwei, nämlich das der "anthropologischen Interpretation" und das der "offenen Frage" reduzieren: Menschen und menschliche Phänomene können und müssen laufend interpretiert werden. Sie erläutern sich wechselseitig, können aber niemals vollständig verstanden oder gar erschöpfend erklärt werden. Die damit zusammenhängende, von *Bollnow* im Anschluß an *Dilthey* betonte "Geschichtlichkeit" allen menschlichen Lebens als die wesentliche anthropologische Kategorie aber greift als Deutung zu kurz und gleichzeitig zu weit bzw. kann zu einem idealistischen Mißverständnis führen. Diese hermeneutische Kategorie erfasst einerseits die soziale Realität nicht vollständig, denn die objektiv-materiellen historischen Gegebenheiten (Realgeschichte) 'machen' erst den Menschen (*Marx*; s. Kap. 2.2), andererseits fixiert (und hypostasiert) sie geschichtliche Veränderungsprozesse im Begriff der 'Geschichtlichkeit' zu einer ontologischen 'Wesenseigenschaft'.

An dieser Stelle bleibt festzuhalten, daß *Bollnow* (1980, 53) eine Grundlegung und Zielsetzung der Pädagogik nicht mehr durch pädagogische oder philosophische Anthropologie (i.S. apriorischer Wesensaussagen), sondern nur noch auf hermeneutischem (also methodischem) Weg für möglich hält. Der von einem Vorverständnis ausgehende »hermeneutische Zirkel« ist auch auf die Erziehungswirklichkeit anzuwenden. Die "anthropologische Betrachtung" als eine konkrete Auseinandersetzung mit Einzelphänomenen kann dabei als kritisches Korrektiv wirken.

Diese Auflösung von Anthropologie in Methode soll jedoch im folgenden nochmals kritisch gewendet werden. Zwar gilt, daß Philosophie immer Deutung ist, doch kritisch-materialistisch gewendet ist sie nicht auf traditionell-hermeneutische Erfassung der subjektiven Intentionen eines Textes oder Autors ausgerichtet, sondern auf die Erfassung der "intentionslosen Wirklichkeit" (*Adorno* 1990a, 335) und der "gesellschaftlichen Totalität" (ND, 309ff.) durch die mikrologische Analyse und Konstellierung einzelner Elemente; sie ist also kritisch-soziale Hermeneutik.

4.1.2 Anthropologiekritik und Erkenntnisanthropologie

In ihrer Problemstellung (Körper-Geist-/Trieb-Vernunft-Dualismus) wie in den Ergebnissen bleibt die philosophische Anthropologie des 20. Jahrhunderts weitgehend traditionell. Neu ist lediglich die Ablehnung von Substanz-Begriffen und vermögenspsychologischen Kategorien (angeborene, erfahrungsunabhängige Grundfähigkeiten), also die Ablehnung ontologischer, letztlich theologischer Begründungen. Eine 'Funktionalisierung' löst die 'Ontologisierung' ab, wie am Beispiel des Handlungskonzepts *Gehlen*s am deutlichsten wird (vgl. *Schulz* 1980, 461; s. auch 1.2.3).

Anthropologie-Kritik, die ein gleichbleibendes Wesen resp. einen verbindlichen Begriff des Menschen (Menschenbild) ablehnt, muß nichtsdestoweniger selber eine differenzierte sozialphilosophische und/oder sozialwissenschaftliche Sicht des (Zusammen-)Lebens entwickeln, um einen humanen Fortschritt der Pädagogik wie der gesellschaftlichen Lebensbedingungen zu befördern. Eine solche Sicht geht über eine Gegenüberstellung von "offenem" und "geschlossenem" Menschenbild noch hinaus, die sich im heilpädagogischen Kontext bereits bei *Hanselmann* und *Moor* finden (vgl. auch *Haeberlin*; *Speck* 1988; s. Kap. 1.1 u. 4.2).

Die Anthropologie-Kritik betont die historisch-gesellschaftliche Bestimmtheit und die Wandelbarkeit dessen, was anthropologische Konzeptionen als "menschliche Natur" oder verbindliches "Menschenbild" fixieren wollen. Nach dem Motto der Kritischen Theorie - diesbezüglich herrscht Kontinuität von *Horkheimer* bis *Habermas* - ist Erkenntnistheorie als Gesellschaftstheorie zu betreiben, d.h. die historisch-gesellschaftlichen Bedingungen von Erkenntnis sind zu analysieren. Ebenso ist Anthropologie auf ihren geschichtlich-gesellschaftlichen Ursprung zurückzuführen und diese Zurückführung selbst zum Inhalt anthropologischer Forschung zu machen (vgl. *Sonnemann* 1969; *Kamper* 1973; *Gebauer et al.* 1989).

Erkenntnistheorie und Anthropologie bilden einen Zusammenhang (= 'Erkenntnisanthropologie'; vgl. *Habermas* 1969; *Apel* 1976a) - und dieser wiederum mit Pädagogik. Die meisten philosophischen Anthropologien beruhen auf der cartesianischen Erkenntnistheorie, der Aufspaltung des Menschen in 'res cogitans' und 'res extensa', auf der Isolation des individuellen Ich als Wesen des Menschen. Das Erkenntnissubjekt, das »Ich«, in der traditionellen rationalistischen oder idealistischen Philosophie von *Descartes* bis *Hegel* - ja noch bis in die Phänomenologie des späten *Husserl* - ist eine abstrakte, ungeschichtliche Größe, die mit dem philosophischen Fachausdruck »transzendentale Subjektivität« belegt wird. Durch reine Denktätigkeit soll die Welt dingfest gemacht werden; das transzendentale Ich ist der Grund der Wissenschaft (*Kant*). Zwischen dem denkenden Ich (res cogitans) und dem gedachten Gegenstand (res extensa) wird ein unüberwindlicher Gegensatz angenommen. Entsprechend wurde auch Anthropologie - strikt getrennt - entweder als naturwissenschaftliche oder als metaphysische betrieben. Bis in gegenwärtige ethische Kontroversen und (post)moderne Theorien hinein wirkt offen oder (häufiger) verdeckt diese cartesische Spaltung des Menschen, die das alte 'Leib-Seele-Problem' in ein wissenschaftliches Gewand kleidet. Sie ist z.B. noch bei *Singer* (1984, 101ff.) festzustellen: in seiner Abspaltung kognitiver Funktionen zur Bewertung menschlichen Lebens.

Diese dichotome erkenntnistheoretische Struktur kann und muß aber durch eine kritisch-historische Analyse ihrer Entstehungsgeschichte, d.h. "strukturgenetisch" (*Kamper* 1973, 16) aufgelöst werden[2], um dem Menschen in seiner Lebenswelt gerecht zu werden. Auch die dichotome Gegenüberstellung von 'Erklären' oder 'Verstehen' bzw. die Verabsolutierung eines Poles oder die Ersetzung durch den anderen greift zu kurz. Philosophische Anthropologie wie geisteswissenschaftliche Hermeneutik können trotz ihrer Zuwendung zur Geschichte die gesellschaftliche und geschichtliche Vermitteltheit menschlicher Existenz nicht vollständig - nämlich etwas Entscheidendes nicht - erfassen: Die gesellschaftliche Produktion und Reproduktion des Individuums, also auch seine Sozialisation und Erziehung, bleiben ausgeklammert. Dies sind jedoch we-

---

2 Anknüpfungspunkte bietet dafür philosophiegeschichtlich bereits *Spinozas* materialistisch reformulierbarer Pantheismus, wie für die Behindertenpädagogik *Jantzen* (1987, 119f.; o.J.) wiederholt herausgearbeitet hat. *Spinoza* war der Antipode *Descartes'*.

sentliche Themenkreise, will man etwas über die »conditio humana« erfahren. Subjektwerdung des einzelnen ist nicht voraussetzungslos, sondern an den inter-subjektiven Vorgang der Erziehung geknüpft, der wiederum gesellschaftlich geprägt ist.

Wird durch Kritische Theorie die scheinbare Voraussetzungslosigkeit sowohl des "transzendentalen Ich" der Erkenntnis- und Wissenschaftstheorie als auch des "empirischen Ich", des je konkreten Menschen/Individuums, aufgelöst und in ihrer gesellschaftlichen Produziertheit erkannt, so hat das Konsequenzen sowohl für Sozialisationstheorie als interdisziplinäres Forschungsgebiet wie für Erziehungswissenschaft als sozialwissenschaftliche Einzeldisziplin, die dadurch beide "einen prinzipiell anderen Status" bekommen (*Kamper* 1973, 17).[3] Sozialisation und Erziehung (und damit auch heilpädagogische Praxis) sind dann nicht länger nur ein wissenschaftlicher 'Gegenstandsbereich' unter anderen, sondern der Akzent verschiebt sich von einem objektivierenden Zugriff auf das Objekt 'Erziehung' oder das Objekt 'Sozialisation' (oder gar das Objekt 'Kind', 'Heranwachsender', 'Behinderter') hin auf die Dynamik eines prozesshaften Erkennens sowie die Dynamik der Interaktion zwischen Forscher-Subjekt und Forschungs-Objekt bzw. zwischen pädagogischem Praktiker und Zögling.[4] Es geht dann um etwas anderes als um Beiträge einer soziologischen, psychologischen oder pädagogischen Anthropologie ('anthropologische Forschung') zu einem additiven Gesamtbild des Menschen.

Entsprechendes gilt für die scheinbare soziale Voraussetzungslosigkeit von Behinderung bzw. für eine isolierte objektivierende Betrachtung des behinderten Subjekts als Objekt. Behinderung ist kein Naturfaktum; das hat spätestens die materialistische Behindertenpädagogik (*Jantzen*) aufgezeigt. Auch Status und Funktion der Behindertenpädagogik verändern sich in anthropologie-kritischer Perspektive und können sozialphilosophisch reformuliert werden. So stellen das Verständnis des bürgerlichen Individuums, des isolierten Erkenntnis-Subjekts und das individualtheoretische (defektorientierte) Paradigma der Behinderung alle drei imgrunde lediglich verschiedene Aspekte eines buchstäblich *a-sozialen* Menschenbildes dar.

So wird, was im üblichen Wissenschaftsverständnis als Gefahr der Ebenenvermischung (Soziologie-Pädagogik-Philosophie) erscheint, gerade zu einem

---

3 So meinte *Kamper* (1976, 25) sogar, die "Fragen einer 'pädagogischen Anthropologie' bzw. einer 'Anthropologie der Erziehung' ... in eine 'kritische Theorie der Sozialisation' ... überführen" zu müssen und zu können!

4 Darin vollzieht sich - wissenschaftstheoretisch gesprochen - ein Überstieg von der Objekt- in die metatheoretische Dimension, bzw. wird deren wechselseitige Verschränkung deutlich. Vgl. auch *Apels* (1976b) Synthese von Erklären und Verstehen.

Ziel kritisch-dialektischer Sozialphilosophie und Pädagogik. Wie im sozialphilosophisch-anthropologiekritischen geht es dann auch im (heil)pädagogischen Zusammenhang um die Suche nach einem gemeinsamen Nenner bzw. einer übergreifenden Perspektive von wissenschaftlicher Objektivität ('Erklären' nach dem Modell der Naturwissenschaft) und philosophischer Reflexion ('Verstehen' nach dem Modell der Geisteswissenschaften / Geschichte, Hermeneutik, Ethik). Eine hermeneutische Ausrichtung der (Heil-)Pädagogik allein führt hier nicht weiter, sondern läßt sozusagen alles beim alten. Denn die isolierte Betrachtung des Behinderungs-Begriffs wie die Isolierung der betroffenen Subjekte wird beibehalten. Sie wäre kritisch-theoretisch (und gegebenenfalls tiefenhermeneutisch-psychoanalytisch) aufzubrechen und sodann praktisch - d.h. politisch wie pädagogisch - zu überwinden, gemeinsam mit den Betroffenen. Auf diesen Zusammenhang von Theorie und Praxis zielt bereits *Kamper* (1973, 10) ab, wenn er aus Sicht einer kritischen Anthropologie feststellt, daß der Geltungsanspruch - *Kamper* spricht gar von "Wahrheitsbeweis" - "einer humanwissenschaftlichen Theorie nur in einer menschlichen Praxis liegen kann".[5]

4.1.3 Das Programm einer »anthropologischen Differenz« (*Kamper*)

Kamper (1973; 1974) hat in diesem Zusammenhang einen Bezugsrahmen, eine methodologische Grundfigur der Anthropologiekritik vorgeschlagen, für den er den Begriff *»Anthropologische Differenz«* geprägt hat.[6] Der Begriff reflektiert zunächst die Begrenztheit jeder Anthropologie, ihre doppelte Differenz zur tatsächlichen historisch-gesellschaftlichen Erscheinungsform (Lebenswirklichkeit) des Menschen wie zu einem (unerreichbaren) vollständigen und wahren Menschenbild (Ideal). Er macht den lediglich ausschnitthaften, perspektivischen Charakter jeder Aussage über *den* Menschen deutlich und bezeichnet das Nicht-zur-Deckung-Bringen von Entwurf, Bild, humanwissenschaftlicher Forschung, Theorie und Realität.

Dieses Konzept will also nicht einfach eine neue Beschreibung der 'menschlichen Natur' geben, die sich dann (technologisch) auf bzw. in Praxis - also auch

---

5 Inzwischen sollte statt von 'Wahrheit' eher vom Geltungsanspruch der "Richtigkeit" sozial-normativer Theorien (sensu *Habermas* 1988b; s. auch Kap. 5.4) gesprochen werden, der in "praktischen Diskursen" zu überprüfen ist.

6 Inspiriert ist diese Wortschöpfung in Analogie und zugleich Abhebung zum Begriff "ontologische Differenz" (*Heidegger*), die den Unterschied zwischen dem einzelnen »Seienden« und dem »Sein« an sich meint.- Auf die Anthropologie-Kritik *Heideggers* und die anthropologischen Gehalte seiner Fundamentalontologie kann in unserem Rahmen nicht eingegangen werden.

in der Pädagogik - anwenden ließe, sondern stellt vielmehr ein Programm dar, einen anderen Bezugsrahmen humanwissenschaftlicher Forschung bzw. eine veränderte Fragestellung für die Sozialwissenschaften (vgl. *Kamper* 1973, 11, 197 u. ö.).

»Anthropologische Differenz« bezeichnet - als begrifflich nicht einholbare Klammer - nicht mehr und nicht weniger als die Unterschiedlichkeit und Relativität als 'wesenhaft' herausgestellter menschlicher Eigenschaften wie der entsprechenden Menschenbilder. Also:

- *anthropologisch:* die kritische Reflexion und dialektische Vermittlung der verschiedenen polaren Gegensatzspannungen, die das menschliche Leben bestimmen: wie Trieb und Vernunft, aber auch Individuum und Gesellschaft, Natur und Geschichte, Naturalität vs. Sozialität (Personalität); die Dialektik anthropologischer Konstanten und historischer Variablen;
- *gesellschaftstheoretisch*: den historisch-gesellschaftlichen "Resultatcharakter der menschlichen Natur/Natürlichkeit" (ebd. 12), was mehr meint als der anthropologisch-idealistische Begriff der »Geschichtlichkeit« bzw. der 'Wandelbarkeit' des menschlichen Wesens; Anthropologie ist immer verwickelt in die gesellschaftlichen Entwicklungen; Menschenbilder drücken den jeweiligen 'Zeitgeist' aus;
- *erkenntnistheoretisch*: die o.g. Differenz zwischen transzendentalem und immanent-empirischen Subjekt.

Anthropologische Differenz kann in Analogie zu *Plessners* "exzentrischer Positionalität" (vgl. *Kamper* 1974; s. Kap. 1.4) und *Adornos* Begriff des »Nichtidentischen« sowie als ein Versuch verstanden werden, diesen weiterzuführen und auf Anthropologie und Sozialwissenschaften anzuwenden - bzw. ihn mehr auf das Subjekt, das Nicht-Identische des Menschen (vgl. dazu auch *Guzzoni* 1981) zu beziehen, während bei *Adorno* "der Vorrang des Objekts" (ND, 184f.) das erkenntnisleitende Interesse bestimmte (s. Kap. 2). Bezogen auf die Anthropologie, speziell im Kontext einer kritisch-dialektischen Anthropologie, stellt *Kamper* (1973, 91) fest: "Genau hier wird Adornos negative Dialektik für die 'kritische Anthropologie' relevant. Als 'anthropologische Reduktion' bleibt die Theorie des Menschen im Horizont der 'besinnungslosen Aufklärung', als 'anthropologische Reflexion' könnte sie selbstkritisch werden."[7]

Emphatisch hat *Kamper* die anthropologische Differenz "als Begriff eines Unbegreifbaren konzipiert", als "Artikulation eines Problems, das unlösbar ist, aber als ein unlösbares 'begriffen' werden kann" (1973, 153), was mit dem Anlie-

---

7 "Reduktion" meint die sog. "anthropologische Forschung" der einzelnen Humanwissenschaften (s. Kap. 1.1); "besinnungslose Aufklärung" trifft den Positivismus in all seinen Erscheinungsformen (vgl. *Adorno et al.* 1980, 68, 7-79).

gen der Negativen Dialektik *Adornos*, "... das Begriffslose mit Begriffen aufzutun, ohne es ihnen gleichzumachen" (ND, 21), "über den Begriff durch den Begriff hinauszugelangen" (ND, 27) bis in die Formulierungen hinein korrespondiert. Beide finden wiederum eine Parallele in *Plessners* Auffassung vom »Homo absconditus« (1972a), von der Unergründlichkeit des Menschen (s. 1.4.6).

Anthropologische Differenz umfaßt und reflektiert auch die Differenz zwischen naturaler Basis und sozialisierter Form des Menschen, d.h. zwischen dem, was den Menschen von Natur aus vorbestimmt, und dem, was er durch Sozialisation und Erziehung wird. Dieser Zusammenhang bezeichnet zugleich den "Unterschied von Individuum (Lebewesen) und Person (Wesen, das ins 'Sein' zeigt und anderes Seiendes zur Erscheinung bringt) ... die Struktur, der den Menschen konstituierenden Reflexivität ..., die im Scheitern der anthropologischen Forschung entdeckt wird" (*Kamper* 1973, 146), da die Feststellung bestimmter Eigenschaften die Fülle menschlicher Erscheinungsformen nie vollständig erfasst. Dem programmatischen Anspruch der anthropologischen Differenz eignet damit eine (zumindest negative) *normativ-utopische Dimension*, die sich in der Spannung von Zielbestimmung ("Menschwerdung"/Emanzipation) vs. Realität (konkrete Verfaßtheit / 'Institutionalisierung' des Menschseins) ausdrückt. Die Menschen - auch ohne offensichtliche Behinderung - sind nicht mit sich identisch, gerade das ist Movens von Erziehung und Selbsterziehung.

Im Schnittpunkt von Erkenntnis- und Wissenschaftstheorie einerseits und Anthropologiekritik andererseits bietet sich mit dem Begriff der »anthropologischen Differenz« ein Ansatz und Bezugsrahmen für Wissenschaftspraxis allgemein und humanwissenschaftliche Forschung im besonderen, in dem die Verschiedenheit also gewissermaßen zum Prinzip gemacht wird und so über sie hinausführen kann. »Anthropologische Differenz« läßt sich aber nicht nochmals in eine "Superwissenschaft" übersteigen (*Kamper* 1989, 87). Das hat zur Konsequenz, daß "Standpunkt"-Philosophien und "Positions"-Wissenschaften aufgegeben werden müssen (ebd. 88). Streng genommen ist also der Begriff der anthropologischen Differenz als Grundfigur der Anthropologiekritik nur methodologisch bedeutsam; das *'Objekt Mensch'* der Human-/Sozialwissenschaften ist stets zugleich das theoretisierende und praktizierende *Subjekt*. Es geht dabei um eine Selbstkritik des Menschen und der Humanwissenschaft, um einen Perspektivwechsel vom 'Objekt Mensch' oder der 'Sache Erziehung' etc. zur 'Methode', der sich in der Heilpädagogik noch nicht allgemein durchgesetzt hat.

Das Problem des Theorie-Praxis-Verhältnisses, die Frage, ob Praxis mehr ist als bloßes Anwendungsfeld wissenschaftlicher Erkenntnisse (Technologie), wird damit gewissermaßen zur Nagelprobe einer kritischen Anthropologie (*Kamper* 1973, 24) und Heilpädagogik.

4.1.4 Anthropologische Sackgassen als Sackgassen der Heil-/Sonderpädagogik

Anthropologie führt in mehrfacher Hinsicht in eine "Sackgasse". Die "Sackgassen der Anthropologie", die *Kamper* (1973, 21) auflistet und die zu solch technologisch reduzierter Praxis führen, sind auch die einer unkritischen Behindertenpädagogik:

- die *direkte Konstatierung*, die vermeintliche Fest-Stellung des 'Wesens' des Menschen, des Behinderten bzw. der Behinderung;
- die *Objektivierung und Katalogisierung*: Der Mensch bzw. die behinderte Person wird zum Gegenstand (Objekt) von Wissenschaft und Forschung und entsprechend klassifiziert (Diagnostizierung);
- die - wie es bei *Kamper* heißt - "rücksichtslose" *Identifikation von Allgemeinem* ('Wesen Mensch', 'Behinderung') *und Besonderem* (das jeweilige 'Individuum'), wodurch der einzelne zum 'Exemplar', zum bloßen 'Fall' reduziert wird;
- *Abstraktion und Definition* schneiden ebenfalls die Vielfalt individuell-menschlicher Eigenschaften, Möglichkeiten etc. ab;
- *blindes Vorstellen, Nachstellen, Herstellen:* Manipulation des behinderten Menschen z.B. durch therapeutische oder Fördertechniken; technische Instrumentalisierung menschlicher Beziehungen und des Zusammenlebens.

Interessant ist, daß gerade *Bleidick* (1985a; 1986), der eher einem technologischen Verständnis der Erziehungspraxis anhängt, als einziger Behinderten-/Heilpädagoge *Kampers* Programm einer anthropologischen Differenz zur Kenntnis genommen hat. Er geht in seiner "Wissenschaftssystematik" kurz darauf ein, wobei er jedoch die dialektische Komplexität anscheinend nicht erfaßt und wesentliche gesellschaftskritische Konsequenzen unterschlägt. Das Forschungs- oder Betreuungs-Objekt 'Behinderter' ist v.a. Subjekt in einem intersubjektiven Geschehen und muß als solches berücksichtigt werden. Die Wechselseitigkeit erschöpft sich nicht darin, daß im Sinne der Reflexivität das Forschersubjekt auch zu seinem eigenen Objekt wird. Bündig von *der* "anthropologischen Differenz des Behinderten" zu sprechen und sie lediglich darin zu sehen, daß "Behindertsein eine unlösbare Frage" sei (*Bleidick* 1985a, 79), erscheint uns ebenfalls eine fragwürdige Vereinfachung zu sein. Die Reduktion auf die "Hilfe der persönlichen Begegnung" (ebd.) verkennt den gesellschaftskritischen Impuls und die Notwendigkeit verändernder gesellschaftlicher Praxis; m.a.W. sie verkürzt die Problematik sozialer Anerkennung (vgl. *Honneth* 1994).

Den *Kamper*'schen Kategorien direkt vergleichbar - und bzgl. der Heilpädagogik eine wesentliche Ergänzung der Problemanalyse - erscheinen hier vier Tendenzen der professionalisierten Behindertenhilfe bzw. des marktwirtschaftlich-spätkapitalistischen Wohlfahrtsstaats insgesamt, auf die *Haeberlin* (1990b, 324ff.; 1996, 78ff.) hingewiesen hat, und die die Menschenwürde behinderter Menschen bedrohen:

1. *Bürokratisierung*: Die Gesetzmäßigkeiten gesellschaftlicher Planung und Organisation mit ihren Rationalisierungs- und Hierarchisierungs- resp. Zentralisierungseffekten entsprechen eher der Kybernetik von Maschinen (technischen Systemen) als zwischenmenschlichem Zusammenleben, das auf Gegenseitigkeit und Interessenausgleich beruhen sollte. Jene Phänomene machen aus unserer Welt in zunehmendem Maße eine "verwaltete Welt" (*Horkheimer/Adorno*). Einmal eingefahrene Strukturen und Institutionen sind relativ veränderungsresistent und reformfeindlich. Diese "verwaltete Welt" ist nicht die menschengemäße kommunikative Lebenswelt; sie erschwert (bis verhindert) eine alltags- und lebenswelt-orientierte soziale Integration vorhandener Randgruppen. (Vgl. entsprechend: "Abstraktion und Definition" bei *Kamper*)
2. *Professionalisierung*: Arbeitsmarkt und Berufswelt unterliegen marktwirtschaftlichen Gesetzen und der Rationalisierung. Berufsständische Interessen und Spezialistentum können die Abhängigkeit behinderter Menschen verstärken und verlängern und so in Widerspruch geraten zu deren Interessen. (Vgl. "blindes Vorstellen, Nachstellen, Herstellen" bei *Kamper*)
3. *Institutionalisierung*: Im Unterschied zu den pädagogisch-therapeutischen MitarbeiterInnen, die sich von den konkreten Lebensbedingungen in Heimen u.a. Einrichtungen distanzieren und in ihr Privatleben ausweichen können, müssen die Betreuten 'rund um die Uhr' in der Einrichtung bleiben, die ihr ganzes Leben bestimmt ("totale Institution", *Goffman* 1973). Abgesehen von der immer noch vorhandenen Unterbringung geistig behinderter Menschen in psychiatrischen Kliniken oder ähnlichen Anstalten, wird die Problematik z.B. auch im Bereich gemeindenaher Wohnheime und -gruppen für geistig behinderte Menschen wesentlich geprägt durch den potentiellen Konflikt zwischen Mitarbeiterinteressen (z.B. Dienstzeiten) und Bewohnerbedürfnissen (z.B. freie und längere Abendgestaltung), durch den Grundwiderspruch zwischen Arbeitszeit der BetreuerInnen auf der einen Seite und der Freizeit bzw. besser: dem gesamten Leben der Betreuten auf der anderen Seite.

   So wird nicht nur durch die Unterbringung in Groß-Institutionen und die Unterwerfung unter deren Gesetzmäßigkeiten, sondern durch eine prinzipielle Institutionalisierung des Lebens die "soziale Abhängigkeit" (*Hahn* 1981) behinderter Menschen noch verschärft. Die institutionalisierte Betreuung bedeutet vielfach Perspektivlosigkeit des Lebens und eine totale Transparenz des Behindertenalltags ("der gläserne Behinderte"); rechtliche Schutzlosigkeit und Bindungs- und Beziehungsunfähigkeit sind die Folgen (vgl. dazu die eindringliche Institutionskritik von *Gaedt* 1985; *Theunissen* 1986). Solche Lebensbedingungen deformieren die Lebenswelt, sie sind Ausdruck für das, was *Habermas* (1988a, Bd.2, 470ff.) als "Kolonialisierung der Lebenswelt" durch die Verfügungsmedien des Gesellschafts-Systems (Macht und Geld) bezeichnet hat.

4. *Diagnostizierung*: entspricht direkt der Kategorie "Objektivierung" (und: "direkte Konstatierung" etc.) bei *Kamper*: Behinderte Menschen werden nicht als Individuen betrachtet, sondern Typologien, z.B. nach Schweregraden geistiger Behinderung anhand von IQ-Punkten, zugeteilt (vgl. auch *Haeberlin* 1990c).

Hierin wird zugleich das fatale Zusammenspiel aller vier Tendenzen deutlich, die wie folgt konvergieren: Eine typologisierende Defizit-Diagnostik (statt individualisierender Förderdiagnostik) und bürokratische Hilfeorganisation (Sozialversicherungssystem) ermöglichen rationelles und effizientes Zuteilen zu professionell-arbeitsteilig geführten, spezialisierten Sonder-Institutionen.

Gesellschaftliche Typologisierungen (*der* Behinderte etc.) stehen in einem Wechselwirkungsverhältnis zu Vorurteilen und Ressentiments. Sie können gefährlich changieren zwischen humanistischen und (sozial-)darwinistischen Anschauungen. So droht das System der Hilfeleistung mit seinen professionellen Helfern zum Selbstzweck zu werden und sich somit letztlich gegen die zu wenden, für die es ursprünglich eingerichtet wurde.

4.2 Zur Kritik anthropologischer Positionen in der Heil- und Sonderpädagogik

Auf dieser Reflexionsfolie der anthropologischen Differenz sollen nun im folgenden die Begrenzungen maßgeblicher heilpädagogischer Theoriekonzeptionen aufgezeigt werden. Mit den Autoren *Bleidick, Haeberlin* und *Speck* werden insbesondere solche Entwürfe kritisch untersucht, die explizit anthropologische Aussagen machen und/oder den 'Menschenbild'-Begriff benutzen.[8]

Im Kontext der (heil)pädagogischen Konstitutionsproblematik sind die ausgewählten Ansätze jeweils nach ihrer Verhältnisbestimmung von Anthropologie, Ethik und Politik bzw. Gesellschaftstheorie zu befragen. Die in der Einleitung skizzierten Leitfragen sowie die anthropologie-kritische Zielsetzung aufgreifend, können deshalb nun folgende erkenntnisleitende Fragestellungen als spezifische Prüfkriterien für die ausgewählten Konzepte ausdifferenziert werden:

- Welches Menschenbild ist erkennbar? Wie offen oder geschlossen ist es?
- Beruft es sich auf eine philosophische Anthropologie?
- Werden daraus ethische Schlußfolgerungen abgeleitet, oder ist umgekehrt das Menschenbild als normatives ethisch begründet?
- Welche sozialtheoretischen und gesellschaftskritischen Implikationen und Konsequenzen ergeben sich daraus?
- Wird im Menschenbild bzw. anthropologisch ein Unterschied gemacht zwischen behinderten und nicht behinderten Menschen (Sonderstellung)?
- Wird ein Person-Begriff thematisiert?
- Was sind evtl. andere pädagogisch-anthropologische Leitbegriffe?

Diese Fragen überschneiden sich von der Natur der Sache her mehr oder weniger; sie sind also bewußt nicht ganz trennscharf.

4.2.1 Ein behindertenpädagogischer »Exkurs« in die Anthropologie (*Bleidick*)

Bereits in Kap. 1.2 ist angeklungen, daß *Bleidick* (1984, 432f.) in seinem Exkurs zur sonderpädagogischen Anthropologie diese anscheinend weitgehend als eine Art appellativen Humanismus versteht. Entsprechend weist er sonderpädagogischer Anthropologie eine *dreifache Aufgabenstellung* zu, die korrigierend auf die Behindertenpädagogik wirken kann:

---

8 Die für die Gegenwart gleichfalls bedeutende 'materialistische Behindertenpädagogik' (*Jantzen* ; *Feuser*) bleibt hier zunächst weitgehend ausgespart, weil diese nach ihrem (bisherigen) Selbstverständnis und ihrer Distanzierung von jeglicher »Lebensphilosophie« nicht traditionelle philosophische und/oder pädagogische Anthropologie thematisieren, geschweige denn selber betreiben, sondern zunehmend naturgeschichtlich und neurowissenschaftlich argumentieren (vgl. z.B. *Jantzen* 1990; *Feuser* 1994 u.ö.). Sie wären also, wenn anthropologisch, dann einer *naturwissenschaftlichen* Anthropologie zuzurechnen.

- gegen eine "Überfremdung durch ihre Hilfswissenschaften" - d.h. vor allem gegen die Auffassung (und entsprechend geprägte Praxis) der Behindertenpädagogik als angewandte Medizin;
- gegen die Gefahr der heterogenen sonderschulpädagogischen Sparten, "isoliertes Handwerk" bzw. "theoriefernes Tun" zu betreiben;
- gegen gesellschaftliche Nützlichkeitserwägungen (Wirtschaftlichkeit) oder Mitleidsbekundungen: Behindertenpädagogik wird zum "Prüfstein für die Tragfähigkeit der Pädagogik überhaupt, wieweit diese ihre Anliegen von Bildung und Erziehung in der menschlichen Grenzsituation eingeschränkter Bildbarkeit und verminderter Erziehbarkeit in einer menschenbildenden Weise zur Geltung zu bringen vermag" (432f.).

Die *Bleidick*'sche Argumentation scheint sich jedoch - insbesondere im Zusammenhang des zweiten Punktes - in merkwürdige Widersprüchlichkeiten zu verwickeln, denen man auch im weiteren Argumentationsgang immer wieder begegnet: Einerseits darf die Anthropologie - oder (Erziehungs-)Philosophie allgemein - nicht zur Konstitution der Behindertenpädagogik herangezogen werden, andererseits kommt diese aber ohne jene nicht aus. So schreibt *Bleidick*: "Ohne eine verbindende pädagogische Theorie fehlt ihr (der Behindertenpädagogik; hj.j.) das einigende Band des gemeinsamen Dienstes am behinderten Kinde und der Sinn-Legitimation, die sie nur durch eine umfassende anthropologische Absicherung erlangt." (432) - Bezüglich der dritten Korrekturaufgabe erscheint *Bleidicks* Behauptung einer "verminderten Erziehbarkeit" (433 u.ö.) zumindest problematisch, da sie seiner Grundintention eigentlich zuwiderlaufen müßte.[9] Dann wieder gibt sich *Bleidick* betont anthropologie-kritisch, wenn er feststellt: "Die Pädagogik der Behinderten von einer je tragfähigen Anthropologie abhängig zu machen(,) würde bedeuten, daß man sie wechselnden Zeitläufen, günstigen oder unerbittlichen gesellschaftlichen Verhältnissen, den Menschenbildern des Zeitgeistes ausliefert." (447)

Dennoch will *Bleidick* aber eine "behindertenpädagogische Anthropologie 'von unten her'" entwickeln und Aspekte der Einzelwissenschaften systematisch darstellen. Die Fragestellung lautet dabei: "Welchen Beitrag leisten die anthropologischen Einzelwissenschaften zum Erziehungsverständnis des behinderten Menschen?" (447f.) Im Durchgang durch die anthropologischen Einzeldisziplinen (Biologie, Medizin, Soziologie, Psychologie) soll eine differentielle Anthropologie der einzelnen Behinderungsarten entwickelt werden (und wird

---

9 Dieser würde stattdessen die *Moor*'sche Definition einer "Erziehung unter erschwerenden Bedingungen" (1965) wesentlich mehr entsprechen.

in Ansätzen entwickelt; 452ff.). Auf dieses integrale Unternehmen der verschiedenen Regionalanthropologien soll hier aber nicht näher eingegangen werden; es wurde auch von *Bleidick* später nicht weiterverfolgt.

Deduktiv - also "von oben her" - wird die behindertenpädagogische Anthropologie *Bleidicks* dann philosophisch angereichert - und zwar unter der leitenden Fragestellung: "Wie muß der behinderte Mensch verstanden werden, damit er sich recht erziehen lasse?" (467) Dabei versucht *Bleidick* dann - zunächst unter Bezug auf *Schelers* "Stellung des Menschen im Kosmos" -, eine "anthropologische Sonderstellung des Behinderten" (467ff.) und daraus dann wiederum die "Sondererziehung" abzuleiten.

Die von *Langeveld* (1965) und *Vliegenthart* (1968) u.a. in der Vergangenheit mehrfach erhobenen Forderungen nach "Sonderanthropologien" diskutiert *Bleidick* (470ff.) in diesem Zusammenhang recht breit und scheint sie mit gewissen Einschränkungen und Vorbehalten zunächst zu teilen[10], auch wenn er die Gefahr einer dadurch verstärkten (bzw. ideologisch zu untermauernden) gesellschaftlichen Aussonderung behinderter Menschen durchaus sieht, ja wiederholt betont (1984, 470 u.ö.). Trotz dieser Bedenken und der Einsicht, daß der auf *Pestalozzi* zurückgehende Begriff der "Individuallage" und das altbekannte (heil)pädagogische "Individualisierungsprinzip" eine Sonderanthropologie entbehrlich machen könn(t)en, zieht *Bleidick* doch einige positive "pädagogische Folgerungen" (472f.) aus der Betonung einer Andersartigkeit behinderter Menschen:

- Behinderung werde nicht (nur) als "Extremvariante des Normalen", sondern aus sich heraus verstanden;
- der individuelle behinderte Mensch sei Ausgangs- und Endpunkt aller pädagogischen Bemühungen;
- der menschliche Eigenwert sei nicht phasen- (Erwachsener vs. Kind) oder merkmals-abhängig (Sprache, Behinderung etc.).

Vliegentharts »2-Welten-Theorie«, die besagt, daß der behinderte Mensch sowohl in seiner eigenen Welt wie in der der sog. Normalen lebt, sieht *Bleidick* als eine angemessene dialektische Auflösung der problematischen Spannung zwischen Behinderung als normale Variante des Menschseins und als Anders-

---

10 Im 'Theorie'-Band d. 'Handbuchs der Sonderpäd.' (Bd.1;1985), lehnt er solche Modelle dezidiert ab. So ist verwunderlich, daß er in allen Folge-Auflagen seiner "Pädagogik der Behinderten" (1972) den anthropologischen "Exkurs" unverändert beibehalten hat. - Vgl. zur Sonderanthropologie auch die Kritik von *Vernoij* (1984) anhand früherer Veröffentlichungen von *Bleidick*.

sein (Sonderstellung).[11] *Die* Welt des Behinderten ist jedoch letztlich eine Hypostasierung; die Andersartigkeit der Welten ist immer nur graduell, was noch schärfer herausgestellt werden müßte als mit folgender Aussage:

"Der Behinderte muß auch auf den Nichtbehinderten 'bezogen' werden, weil er in dessen Umwelt lebt. Die klare anthropologische Trennung ist nicht möglich und erst recht nicht erwünscht." (*Bleidick*, 473) Immerhin stellt *Bleidick* unmißverständlich fest: "Der Mensch - weil von Menschen geboren - ist Mensch in jeder Gestalt." (Ebd.)

Die Frage einer Sonderanthropologie führt typischerweise (auch bei *Bleidick*) einerseits direkt zu theologischer Anthropologie zurück und andererseits zu einem existenzphilosophischen Verständnis der »Grenzerfahrung« des Menschen (in Anlehnung an *Heidegger* und *Jaspers*). Unter der Überschrift "Die 'Situation' des Behinderten und ihre 'Überwindung'" und mit Ausführungen zum Thema "Leiden" resp. "Sinn des Leidens" wird Behinderung implizit mit Leiden gleichgesetzt und zu etwas Exemplarischem resp. Paradigmatischem für Menschsein überhaupt überhöht. Die damit gegebene Gefahr einer Mystifizierung des Behindertseins[12] müßte einem kritisch-rationalen Verständnis eigentlich zuwiderlaufen, wird aber von *Bleidick* an dieser Stelle anscheinend nicht wahrgenommen.

Wie bei der Frage der Sonderstellung bemüht sich *Bleidick* auch bezüglich des von ihm behaupteten Widerspruchs zwischen Erziehung einerseits und unaufhebbarer Behinderung andererseits um eine "dialektische" Lösung, die er im Anschluß an existenzphilosophisches Verständnis in einer punktuellen "Situationsüberwindung" zu finden glaubt. »Situation« bezeichnet die jeweilige Grundbefindlichkeit des Lebens, die *Bleidick* (476) nach *Jaspers* in drei Schichten differenziert: 1. "faktisches Dasein"; 2. "gewußte Lage" und 3. "Selbstsein". Im Anschluß an solche Gedankengänge skizziert *Bleidick* dann eine »Situationspädagogik«; wobei der Begriff mißverständlich ist: Gemeint sind hier Ansätze einer Überwindung der Situation behinderter Menschen, nicht etwa, was im heutigen Sprachgebrauch naheliegender erscheint, spezielle situative Maßnahmen in konkreten Situationen. Den drei existenzphilosophischen

---

11 Vgl. auch *Specks* Konzept personaler und sozialer Integration (s. 1.1.4). Dieser - positiv ausgedrückt - Spannungsbogen - negativ formuliert - Widerspruch findet sich übrigens in den meisten einschlägigen sonderpädagogischen Konzeptionen, die hier nicht alle besprochen werden können. Besonders typisch und bekannt sind *Thalhammers* (1977) Reflexionen zur sonderpädagogischen Anthropologie und zum 'kognitiven Anderssein'.

12 Sie wird z.B. auch in einem von *Bleidick* verwendeten *Moor*-Zitat (1965, 147) deutlich, in dem von einem "Zwang zur Tiefe" und von dem Behinderten als "verdeutlichendes Gleichnis" für das, "um was es in einem Menschenleben geht", die Rede ist.

"Schicht"-Begriffen ordnet *Bleidick* (ebd.) drei Aspekte der - wie hier deutlich wird - defizitären "Anthropologie des Behinderten" zu:

1. Das "primäre biologische Defizit" prägt das "faktische Dasein".
2. Reaktiv bildet sich ein "Minderwertigkeitsgefühl" resp. die sekundäre "soziale Insuffizienz" (="gewußte Lage").
3. "Das Selbstsein umschreibt die pädagogische Aufgabe." (Ebd.) D.h. es geht um "tertiäre pädagogische Entlastung", die - je nach Menschenbild verschiedene - "spezifische Hilfe(n) zur besonderen Weise der Menschwerdung"(!) leistet (ebd. 477).

Abschließend sollen in kritisch zusammenfassender Form die vorgestellten Prüf-Fragen durchgegangen und im Hinblick auf den weiteren Gang der Abhandlung beantwortet werden.

1. Menschenbild: Bleidick geht davon aus, daß Pädagogik immer durch implizite Menschenbilder geprägt wird. Diese Menschenbilder werden relativ formal (metatheoretisch) behandelt und als Privatsache deklariert. Wobei der damit gegebene Pluralismus nicht mit der 'Offenheit' von Menschenbildern gleichzusetzen ist. Von welchen anthropologischen Grundannahmen er selbst ausgeht, erfährt der Leser in seinem anthropologischen Exkurs jedoch nicht - erst viel später im Rahmen der sog. *Singer*-Debatte, wo *Bleidick* (1992) in seiner kleinen Kontroverse mit *Brumlik* sich auf das christliche Naturrecht und den christlichen Personbegriff beruft. *Bleidicks* Plädoyer für ein »Bilderverbot« bleibt 1984 noch eher beiläufig (deutlicher: 1990). In der vorliegenden Arbeit wird diese Metapher dagegen mit Rekurs auf die Kritische Theorie zu einem zentralen (Ausgangs- wie End-)Punkt heilpädagogischer Grundlagenreflexion.

2. Philosophische Anthropologie: Bleidick klammert die Anthropologie gemäß seiner wissenschaftstheoretischen Orientierung am Kritischen Rationalismus aus der Erziehungswissenschaft aus, würdigt sie aber gleichwohl als Metatheorie und entwirft sogar eine allgemeine und differentielle Anthropologie des Behinderten. Bezüglich der philosophischen Anthropologie verweist er gelegentlich auf *Max Scheler* und rezipiert relativ ausführlich *O.F. Bollnow*; *Gehlen* und *Plessner* finden dagegen keine Erwähnung.
Der Ansatz von der philosophischen Anthropologie her gibt auch den Hintergrund unseres Vorhabens ab, das sich jedoch in mehrfacher Weise kritisch von *Bleidicks* Versuch abhebt - so schon von der Art der Fragestellung; auch wird nicht die "Ausrichtung auf ein 'Gesamtbild' des erziehungsbedürftigen Behinderten" (*Bleidick,* 467) angestrebt.

3. *Ethisch-normative Implikationen und Folgerungen:* Erziehungsphilosophische Forderungen, deren sinnstiftende Bedeutung für die einzelwissenschaftlichen Aussagen und die pädagogische Praxis *Bleidick* zwar anerkennt als "Sollensbestimmungen" (und nur als solche!), sind keineswegs notwendig "immer metaphysische Standpunkte". Dies soll in der vorliegenden Arbeit gezeigt werden, die durchaus das Etikett einer "normativen Pädagogik" akzeptieren würde und einer solchen sich im spezifischen und kritischen Sinne der Weiterführung (und Aufhebung) einer Menschenbild-Pädagogik verpflichtet weiß. Sollaussagen sind nicht bloß rein subjektive, nicht allgemeingültige und intersubjektiv nicht überprüfbare "Glaubenskundgaben" (*Bleidick* 1984, 430), bei denen es um den "Personwert", die "Achtung der personalen Würde" geht, sondern ohne Metaphysik und ohne Glaube können auch nicht-deskriptive Sätze als praktisch-hermeneutische und vernünftig argumentierende i.S. einer kommunikativen Vernunft (*Habermas* 1988a) rational und intersubjektiv gültig sein.[13]
Erziehungsbedürftigkeit und -fähigkeit auch eines schwerbehinderten Menschen bleiben dann zwar durchaus "ein (philosophisches) Postulat", aber dies bedeutet jetzt wesentlich mehr als der individualistisch-private "Appell an Verantwortung und Verpflichtung seines Erziehers" (*Bleidick* 1984, 430). In dieser reduzierten Sicht *Bleidicks* fehlt die gesellschaftlich-politische Dimension, in der die Gleichberechtigung und Würde aller Menschen erst errungen werden muß, aber ebenso auch verspielt werden kann. Die scheinbare Privatangelegenheit des jeweiligen Menschenbildes kann und muß hinterfragt werden.
4. *Sozialtheoretisch-gesellschaftskritische Implikationen und Folgerungen:* Weitgehend ausgeblendet bleibt bei *Bleidick* auch die sozial-hermeneutische Dimension aller Sozialwissenschaft und insbesondere einer Pädagogik, die Verständigung über die gemeinsame Lebenswirklichkeit (Lebenswelt) sowie deren verbindliche Regelung und Weitergabe an die nächste Generation zum Ziel hat, was *Habermas* (1969, 155ff.; 1973, 234ff.) als "praktisches Erkenntnisinteresse" beschrieben hat.
5. *Sonderstellung behinderter Menschen:* Die von *Bleidick* versuchte Ableitung einer "anthropologischen Sonderstellung des Behinderten" (467ff.) analog zur "Sonderstellung des Menschen im Kosmos" (bei *Scheler*), aus der dann eine "Sondererziehung" abzuleiten sei, kann leicht zu einer Überbeto-

13 'Transzendental' ist eben nicht gleichbedeutend mit 'transzendent'(!) - Vgl. auch *Apels* Transzendentalpragmatik und deren Adaption für die Geistigbehindertenpädagogik durch *Schwager* (1990, 209-224), der *Bleidick* auf wissenschaftstheoretischer Ebene sehr instruktiv kritisiert.

nung des "Andersseins" behinderter Menschen führen und (bekanntlich) ausserordentlich fatale Folgen haben. Außerdem stimmt die Analogie nicht, ist zumindest fragwürdig, da *Scheler* mit seiner Formulierung das "Geistwesen Mensch" und den Personalismus von der außermenschlichen Natur abheben wollte. Analog würden dann behinderte Menschen aus dem Bezirk des Menschlichen ausgegrenzt. So hatte doch *Bleidick* selbst schon darauf hingewiesen (1984, 440), daß der Personbegriff *Schelers* für eine Behindertenpädagogik kein Bezugspunkt sein kann, was auch durch unsere Ausführungen im ersten Kapitel bestätigt werden konnte (vgl. auch *Haeberlin* 1996).

6. *Person-Begriff:* Auch in *Bleidick*s Exkurs in die Anthropologie bietet sich der Begriff der »Person« (vgl. 439ff.), der uns noch beschäftigen wird (s. Kap. 4.3), als eine für die sog. Erziehungswirklichkeit wichtige anthropologische Kategorie an. Aus der philosophischen Tradition referiert *Bleidick* knapp vier verschiedene Sichtweisen des Personbegriffs: Neben dem neuscholastischen den phänomenologischen (in der Version *Schelers*), einen existenzphilosophischen (Person als punktuelles Selbstsein) sowie die Personauffassung in *Bubers* "Ich-Du"-Philosophie (Verwirklichung der Person im sozialen Bezug). *Bleidicks* Personverständnis ist jedoch einerseits rein formal - wohl im Sinne eines 'kleinsten gemeinsamen Nenners' - , andererseits - was in neueren Veröffentlichungen (1990; 1992) zur Ethikdebatte zum Vorschein kommt, sozusagen 'in der Not' - doch vom christlich-neuscholastischen Verständnis der Gottesebenbildlichkeit abhängig, das seit jeher in der Heilpädagogik vorherrschend war.

Grundsätzlich sind u.E. bereits die behindertenpädagogisch-anthropologischen Fragestellungen *Bleidicks* (468f.)

- nach dem "Anderssein" und der "Sonderstellung" des behinderten Menschen;
- nach dem "Wesen des Menschen (im ganzen) ..., damit sich in der Situation der Behinderung Erziehung (im einzelnen) als sinnvoll für sein Leben begreifen läßt" und
- nach dem rechten Verständnis von "Sondererziehung ..., damit sie als Fall der Bewährung, als Möglichkeit der Reifung und als Aufgabe der Überwindung zur Wesensverwirklichung des behinderten Menschen beiträgt"

auf dem Hintergrund einer anthropologie-kritischen und ethischen Grundlagenreflexion als verfehlt abzulehnen. Auch die Hypostasierung der "Hilfsbedürftigkeit" zu einem konstitutiven behinderten-anthropologischen Kriterium ("animal adiuvandum" - nach *Langeveld, Rössel* und *Wegner*), die sich übrigens ganz ähnlich auch bei *Speck* (1993a, 63ff.) findet (s. 4.2.3) - ist problematischer als nur nicht genügend zur Spezifizierung von Behindertsein, wie *Bleidick* meint (468f.).[14]

Befremdlich erscheint, daß sich der kritisch-rationale Erziehungswissenschaftler *Bleidick* auf die Existenzphilosophie bezieht - ja sich streckenweise an ihr zu orientieren scheint (1984, 478f.; auch später bekräftigt: 1992, 93); zumal die in Diktion und Gehalt doch ähnlichen religiös-konfessionellen "Sinn-des-Leidens"- und "Trost"-Interpretationen von ihm in derselben "Pädagogik der Behinderten" deutlich abgelehnt werden. Freilich ist und bleibt Leid(en) ein wichtiges Thema für die Heilpädagogik (vgl. auch *Thimm* 1985), das im Rahmen ethischer Reflexion und in kritischer Weise wiederaufzugreifen sein wird (Kap. 5). So aber wirkt die Darlegung "existenzphilosophischer Gedankengänge" additiv und pathetisch - beispielsweise die Rede von einer "Sinnvergewisserung im 'Scheitern'" (*Bleidick*, 480).[15] Um die Konzeption einer "Situationspädagogik" zu entwickeln, braucht man zudem keineswegs auf dem Boden der Existenzphilosophie zu stehen[16], wie unsere sozialphilosophischen und -psychologischen Erörterungen im weiteren Verlauf noch verdeutlichen werden.

Insgesamt macht *Bleidicks* Behandlung des Themas Anthropologie in seinem 'Exkurs' eher den Eindruck eines unentschlossenen wert-indifferenten Pluralismus. So diskutiert er relativ eingehend die vermeintliche "Sonderstellung des Behinderten" bzw. die Vor- und Nachteile einer Sonder-Anthropologie, ohne jedoch in seiner "Pädagogik der Behinderten" Anthropologie an sich zu hinterfragen. Er versucht quasi neutral die 'zwei Seiten der Medaille' zu sehen, was nicht dialektisch genannt werden kann. Dies wäre erst, um im Bilde zu bleiben, die Münze 'an sich', hinter ihren Seiten oder über sie hinaus zu sehen oder - i.S. negativer Dialektik (*Adorno*) - das zu beachten, was sich nicht eindeutig einer Seite zuordnen läßt (s. Kap. 2.2).

Eine grundsätzliche Infragestellung seiner Verbindung integral-anthropologischer mit existenzphilosophischen Fragestellungen und damit die (teilweise) Rücknahme seiner Konzeption vollzieht *Bleidick* erst später, da "wir uns heute

---

14 *Bleidicks* problematischer Rekurs auf *Karl Heinrichs'* Wissenschaftstheorie der "Sonderform" des Behinderten und der "Sondererziehung" aus den 30er Jahren (!), mit der sich wohl schwerlich die "Werthaftigkeit" behinderter Menschen begründen läßt, ist bereits von *Schwager* (1990, 210ff.) hinreichend kritisiert worden. *Diese* konkrete Art der Vermischung deskriptiv-anthropologischer Aussagen mit "humanitären Appellen", die von *Bleidick* allgemein als kennzeichnend für Erziehungsphilosophie (Anthropologie plus Ethik) angesehen wird, wird von ihm viel zu wenig kritisch hinterfragt.

15 Solcher Art Pathos liesse sich auch als "Jargon der Eigentlichkeit" bezeichnen, wie *Adorno* 1964) die Sprache *Heideggers* und *Bollnows* charakterisiert hat.

16 In diesem Zusammenhang gibt *Bleidick* (477) selbst einen leider nicht ausgeführten Hinweis auf Alternativen: das "pädagogische Feld" und *K. Lewins* psychologische Feldtheorie.

der geisteswissenschaftlichen Vorbilder nicht mehr so sicher" sind (1985, 78f.; vgl. auch 1990):

> "Die anthropologische Konstitution des Begriffs Sonderpädagogik dürfte nichtsdestoweniger der Vergangenheit angehören, weil ihre ungewollten Nebenwirkungen als schädlich erkannt sind. Zwar vermag sie das besondere Recht auf Bildung auch des Schwerstbehinderten zu reklamieren (...). Gleichwohl verkennt die Sonderanthropologie - vielleicht getragen von ihren guten Absichten - die Dialektik von Allgemeinem und Besonderem. Wer anders ist, weicht ab (...). Er droht aus dem Spektrum des uns alle als prinzipiell gleichberechtigt verbindenden Humanum, des Allgemeinmenschlichen herauszufallen." (1985, 261)

Dieser Einschätzung können wir folgen. Forderungen nach Sonderanthropologien werden bei *Haeberlin* und *Speck* und ebenso in der vorliegenden Arbeit eindeutiger als in *Bleidick*s ursprünglicher Konzeption zurückgewiesen und im Verlauf unserer Untersuchung durch den Versuch einer sozialphilosophischen Reflexion auf Mitwelt/Sozialität (s. Kap. 1.4) und praktische Intersubjektivität (s. Kap. 4.4) sowie ihre ethischen Implikationen (s. Kap. 5) ersetzt.

4.2.2 Heilpädagogik als »weltanschauliche Grundhaltung« (*Haeberlin*)

Angesichts der maßgeblich durch *Bleidick* (1972) initiierten 'wissenschaftstheoretischen Wende' der Heilpädagogik hin zu einem empirisch-analytischen Wissenschaftsverständnis plädiert *Haeberlin* bereits in seiner Antrittsvorlesung für eine ideologiekritisch aufgeklärte und methodologisch geläuterte Rückbesinnung auf die philosophisch-anthropologische und christliche Tradition der Schweizer Heilpädagogik und postuliert als primäre Aufgabe wissenschaftlicher Heilpädagogik "die Klärung der anthropologischen Frage" (1980a, 10). In diesem Kontext formuliert er als vorgängige wichtige Fragen (1981, 35): Wie bestimmen Heilpädagogen ihr Verhältnis zum anderen Menschen, zur sozialen und materiellen Welt? Was folgt daraus für ihr jeweiliges persönliches Selbstverständnis? Für das Verständnis des Menschlichen allgemein?

Als einen Ausgangspunkt seiner heilpädagogischen Überlegungen hat *Haeberlin* wiederholt (1980b; 1981; 1983; 1985) die Paradoxie resp. Widersprüchlichkeit des Menschen herausgestellt - und im Kontext seiner Rezeption von *Marx*, *Mead* und *Goffman* entfaltet -, zugleich Objekt gesellschaftlicher Determination zu sein und nach individueller Autonomie zu streben (Subjekthaftigkeit). Die Möglichkeit individueller Freiheits- und Beziehungserfahrungen erscheint sehr eingeschränkt; sie erhalten eine eigentümlich gefühlsmäßige (bis mystische) Färbung.

Ohne in diesem Kontext näher auf die einschlägige philosophisch-anthropologische Literatur einzugehen, geht *Haeberlin* (1983) von folgenden anthropologisch zu nennenden Grundannahmen aus, denen er Erklärungsfunktion für menschliches Verhalten zuspricht:

- der Instinktreduktion und der Prägung menschlichen Handelns durch die "Fähigkeit der reflexiven Intelligenz" (nach *Mead*);
- der völligen "gesellschaftlichen Formung" (Determinierung) des Handelns, die weitgehend unbewußt bleibt, mit einem nahezu vollständigen Verlust der Spontaneität einhergeht und bei der bestenfalls eine "innere Freiheit" bestehen könne[17];
- dem "menschlichen Egoismus" als "Triebfeder des gesellschaftlich geformten Handelns" (1983, 4; im Orig. kursiv).

  Dieser Egoismus - andernorts auch als "Privilegiensucht" charakterisiert (1980b, 563) - führt zu immer größeren Ungleichheiten und kann durch Demokratie nur notdürftig gezügelt werden. Da die Entstehung demokratischer Gesellschaften so aber noch nicht erklärbar ist, sind folgende Grundannahmen "mit normativer Funktion" (1983, 5f.) für das erwünschte Verhalten hinzuzufügen:
- "Der Mensch soll sich zu einer Person entwickeln, die Wertentscheidungen zur Grundlage ihres Handelns macht."
- "Der Mensch soll nicht nur ausgezeichnet sein durch die Fähigkeit der reflexiven Intelligenz, sondern auch durch die Möglichkeit der emotionalen Hingabe", der gleichfalls der Rang einer "Triebfeder" zugesprochen werden müsse.

Schon diese ersten Ausführungen führen in ein Kernproblem der *Haeberlin*´schen Konzeption, das uns noch weiter beschäftigen wird. Zunächst fällt auf,

- daß trotz der immer wieder beschworenen Trennung von Ist- und Soll-Aussagen manche vermeintlich bloß deskriptiven Erklärungen schon implizit normative Aussagen enthalten, zumindest aber evozieren: im ersten Fall (reflexive Vernunft), daß es so sein möge; im zweiten Fall (Egoismus), daß es nicht so sein soll;
- daß auch die normativen Annahmen indirekt oder hilfsweise doch wieder Erklärungsfunktion bekommen und Deskriptives implizieren;
- daß nicht (wie noch 1980b, 563) der eigentliche Gegenbegriff zum ethisch relevanten Egoismus-Begriff, nämlich »Altruismus« oder Mitleid, sondern

---

17 Die These, daß der Mensch in seinen "äußeren" Lebensumständen völlig gesellschaftlich determiniert sei, lehnt sich eng an die marxistische Kapitalismuskritik an (1983, 3; 1985).

einer zur reflexiven Intelligenz (Emotionalität) gewählt wird, wobei andere mögliche Begriffspaare (z.B. reflexive vs. instrumentelle Vernunft etc.) ausgeklammert bleiben; sowie
- daß eine vermeintlich eindeutige 'Bereichszuweisung' zwischen Rationalität und Emotionalität vorgenommen wird.

Neben diesen eher formalen Punkten ist inhaltlich die pessimistische Einschätzung der 'menschlichen Natur' und Gesellschaft, die Verweisung sozialer und ethischer Themen in den (irrationalen) emotionalen Bereich sowie die anfängliche heilpädagogisch nicht unproblematische Charakterisierung des Menschen durch die "Fähigkeit zur reflexiven Intelligenz" zu konstatieren.

Die normativen Annahmen sind wiederum mit ausdrücklich als "persönlich" apostrophierten Wertentscheidungen - "ohne Beweiskraft" (1988b, 11) - für *gleiche Würde und gleiche Rechte für alle* verknüpft. Wobei noch unterschieden wird zwischen *Rechten*, die durch Optimierung des demokratischen Zustands erreicht bzw. gewährleistet werden können, und der auf demokratischem Wege (juristisch und/oder politisch) nicht herstellbaren *Würde*: Gesichert werden könne - so *Haeberlin*s pessimistisches Fazit - "allenfalls die gleiche Unwürde, nämlich die gleiche Unfreiheit und die gleiche Determination durch gesellschaftliche Mechanismen" (1983, 5).

Die Wertentscheidungen für die gleiche Menschenwürde werden als "sittliche Haltung", der dahinter stehende "Glauben an die Idee der Nächstenliebe", der der Emotionalität ("emotionale Hingabe") zugerechnet wird, als "religiöse Haltung" bezeichnet (ebd. 6).

Am ausführlichsten und differenziertesten hat *Haeberlin* die für die Heilpädagogik grundlegenden Werte in einem späteren Beitrag zur Ethikdebatte (1989a, 75) aufgelistet:
- "den Wert der Unverletzlichkeit und Schutzbedürftigkeit von *allem* menschlichen Leben, auch von schwer geistig Behinderten;
- den Wert der gleichen Würde von *allem* menschlichen Leben;
- den Wert der gleichen Rechtsstellung *aller* Menschen;
- den Wert des Personseins *jedes* von Menschen gezeugten Wesens."

Im Gegensatz zur gesellschaftlichen Realität der spätkapitalistischen Marktwirtschaft mit ihrer utilitaristischen "Ökonomie des Glücks" steht die bei *Haeberlin* (wie schon bei *Hanselmann* und *Moor*) rein religiös begründete und lediglich auf die abendländischen Religionen bezogene "Tradition der personalen Menschenbilder" und der "Utopie des Dialogischen" (1989a, 77), die *Haeberlin* durch folgende Merkmale charakterisiert sieht, die anthropologischen Kategorien gleichkommen:

- Annahme des Partners ("personale Vergegenwärtigung" i.S. *Bubers*)
- Vergemeinschaftung (vom Ich zum Wir)
- Vertrauen in das Potential des Partners
- "Erzieherisches Helfen" (*Hanselmann*) statt Macht und Machbarkeit des Menschen
- Echtheit.

Abschnittüberschriften wie "Die Ohnmacht der Nächstenliebe" decken u.E. einen resignativen Zug auf und legen wiederum die Vermutung nahe, daß ein pessimistisches Welt- und Menschenbild als Ausgangsbasis dient. In einer Art religiösem Kulturpessimismus werden ein personales Menschenbild und eine dialogische Haltung ausschließlich für das "Gottvertrauen" reserviert, zu dem ja niemand gezwungen werden könne (78), wie auch der "Sinn des Lebens" letztlich unerreichbar bleibt, zumindest "keine intelligenten Fragen erträgt", sondern "sinnstiftender Gemütstiefe" bedarf (79).

Solche immer wiederkehrenden Überlegungen zum "Widerspruchswesen Mensch" - wie *Scheler* sagen würde - bzw. dazu, daß die für die Heilpädagogik wesentlichen menschlichen Grundwerte im Gegensatz zu den Werten und Normen einer marktwirtschaftlichen Leistungsgesellschaft stehen, deren Bestand von der Aufrechterhaltung von Ungleichheiten abhängt (vgl. u.a. 1988b), scheinen eine gewisse Ratlosigkeit auszudrücken darüber, daß zwar die Unabdingbarkeit, nicht aber die größere Sinnfülle der ethischen Entscheidung für gleiche Würde und Rechte aller Menschen überzeugend klargemacht werden könne (ebd. 8f.).

Haeberlin ist in mindestens zwei Punkten ausdrücklich beizupflichten, zum einen, wenn er verhindern will, daß heilpädagogisches Forschen und Handeln von versteckten resp. unbewußten Wertentscheidungen geleitet wird, die keiner öffentlichen Diskussion zugänglich sind, und zum anderen, wenn er feststellt, daß "es nicht ein Menschenbild für die »Normalen« und ein anderes Menschenbild für die »Anormalen« geben" darf (1988a, 82). "Eine heilpädagogische Anthropologie darf sich nicht von einer umfassenden Anthropologie unterscheiden." (1985, 11) - Das Menschenbild bekommt in diesem Verständnis eine doppelte Bedeutung: *als Zielbegriff und als Zustandsbeschreibung.*

Aufgrund ihrer impliziten "anthropologischen Komponente" ergibt sich für *Haeberlin* als "logisch erste(r) Schritt" jeder Theorie und Praxis der Heilpädagogik die Aufdeckung und kritische Diskussion der jeweils zugrundeliegenden Menschenbilder, die pädagogisches Handeln beeinflussen (1985, 13). Diese Kritik steht deutlich in der Tradition *Hanselmanns* - auch bezüglich der "Werte" (vgl. *Haeberlin* 1990a) - und ist zugleich Selbstkritik der heilpädagogisch Tätigen; sie wird gleichgesetzt mit der Klärung der "Grundhaltung zum eigenen Menschsein" (1985, 13), deren Ziel die "Selbsterkenntnis und Selbsterziehung des Heilpädagogen" ist (ebd. 14).

Jedoch ist damit u.E. noch nicht so viel gewonnen, da sich diese Überlegungen resp. die entsprechenden Wertentscheidungen quasi im vor-philosophischen (vor-anthropologischen) Raum bewegen und zudem eine problematische Gegen-Stellung von "rational" und "moralisch" implizieren.[18] Bei *Haeberlin* steht somit - um mit *Habermas* (1988b, 53) zu reden - die "»Wahrheitsfähigkeit« praktischer Fragen" auf dem Spiel (s. Kap. 5).

Was bleibt, ist die wesentliche pädagogische Verantwortung, vor der Anwendung bestimmter pädagogisch-therapeutischer Behandlungsmethoden das zugrundeliegende Menschenbild zu erkennen und eine bewußte Entscheidung dafür oder dagegen zu treffen.[19] M.a.W.: Dem Handeln vorgängige Wertentscheidungen sind erforderlich; anthropologische Fragen sind für Pädagogen immer normative Fragen, denn sie enthalten "als Kernfrage immer die Ziel- und Sinnfrage bezogen auch auf Extremvarianten menschlichen Seins" (*Haeberlin* 1985, 21).

Ausdrücklich wird die Gefahr reduktionistischer, meist unbewußter Menschenbilder erkannt und thematisiert. In neueren Veröffentlichungen spricht *Haeberlin* (1990b) deshalb sogar bewußt "paradox" von einem "Anti-Menschenbild" bzw. dem Widerspruch zwischen "visionärem"[20] und "realem Menschenbild" (ebd. 327), denn nur wenn "sich in uns kein festes Menschenbild verfestigt" (ebd. 323), kann die Menschenwürde behinderter Menschen gewahrt bleiben. Insbesondere ist ein "Perspektivenwechsel von der Integrationsfähigkeit als Merkmal einzelner Menschen zur Integrationsfähigkeit als Merkmal der Umwelt" (ebd.) dringend geboten.

Auch die heilpädagogische Selbstkritik wird fortgeführt und durch Konkretisierung noch verschärft: Die Menschenwürde behinderter Menschen sieht *Haeberlin* (1990b, 324ff.) v.a. durch die Tendenzen zunehmender Bürokratisie-

---

18 Eine typische und bes. prägnante Formulierung dafür spricht von der "Tatsache", daß Wertentscheidungen "den irrationalen Charakter der Willkürlichkeit und der Privatsache haben" (*Haeberlin* 1989b, 33).

19 Daß man ohne "Filter" eines Menschenbildes gar handlungsunfähig sei (ebd.), erscheint doch ein etwas überzogener Umkehrschluß; es ist auf jeden Fall eine viel weitergehende Behauptung als der bewußt-unbewußte Einfluß von Menschenbildern auf das Handeln.

20 Während *Haeberlin* 1989 noch von der "Utopie (des Dialogischen)" spricht, präferiert er seit 1990 den Begriff der "Vision (einer menschenwürdigen Gesellschaft)" (bzw. der "visionären Hoffnung")

rung, Institutionalisierung, Professionalisierung und Diagnostizierung der Behindertenhilfe bedroht, die bereits diskutiert wurden (s. 4.1.4).

Aufgabe resp. Ziel jeder Pädagogik als "Hilfe zur Vermenschlichung" (1985, 17) in einem "lebenslangen Prozeß der Identitätsentwicklung" (14) zu verstehen, bringt auf dieser Folie genau (aber unausdrücklich) ein "praktisches Erkenntnisinteresse" (*Habermas* 1969) an Verständigung und der Gestaltung des Zusammenlebens zum Ausdruck, das seine Orientierung durch das Interesse an "Emanzipation" (vgl. *Habermas*; *Mollenhauer*) gewinnen könnte, um die zunächst konstatierte Inhaltsleere einer "Entwicklung von einem *Ist*-Zustand zu einem *Soll*-Zustand" (*Haeberlin* 1985, 17; Hervorh. i.Orig.) zu füllen (s. dazu Kap. 2.3 u. 4.4).

Bleibt also *Haeberlin* bezüglich der Wertentscheidungen nicht sozusagen auf halbem Wege stehen? Denn diese können doch wohl kaum beliebig sein, müßten ihrerseits plausibel gemacht und gerechtfertigt werden. Seiner Behauptung der "Unmöglichkeit, Normen rational nachvollziehbar zu begründen" (1988a, 79), weshalb eine erfahrungswissenschaftliche (Heil-)Pädagogik an "andere Instanzen" (Philosophie, Theologie, Politik) verweise, kann entgegnet werden: Was soll denn Philosophie (und sogar Theologie) anderes sein, wenn nicht »rational«?

Rationalität ist nicht auf empirische Überprüfbarkeit der Behauptung von Sachverhalten beschränkt. Gefordert werden muß auch die rationale Begründbarkeit normativer Sätze. Die Ablehnung eines Rationalitäts- statt Wahrheitskriteriums pädagogischer Theorie und Praxis würde das Aufgeben des Anspruchs auf begründbare pädagogische Praxis und deren Abgrenzung gegenüber Manipulation und Indoktrinierung bedeuten (vgl. *Schwager* 1990, 329).

Daß Wertentscheidungen "als solche einer rationalen Begründung nicht zugänglich" (*Haeberlin* 1985, 11) seien, legt offenbar ein enges Verständnis von Rationalität zugrunde - i.S. des Kritischen Rationalismus bzw. als die rein auf Mittel-Zweck-Relationen zielende subjektive Vernunft, die von *Horkheimer* (1991) als "instrumentelle Vernunft" kritisiert worden ist -, das zugleich (ungewollt) alle philosophische Ethik zu diskreditieren droht. Hier könnte u.E. ein weiteres Verständnis von Rationalität entweder i.S. der philosophischen Tradition, wie sie *Horkheimer* (ebd. u. 1985, 22ff.) nachzeichnet, oder i.S. der Diskurstheorien von *Apel* (1990) und *Habermas* (1988b) weiterführen (s. Kap. 5.4). Schon die einfache Definition der "Rationalität" von Behauptungen oder Handlungen (und der sie ausführenden Personen) durch ihre "Kritisierbarkeit" und "Begründbarkeit" (*Habermas* 1988a, I, 26f.; 1988b, 66ff.) greift hier weiter (s. dazu Kap. 5.4). Kommunikation, die auf Verständigung zielt, ist rational, nämlich sozusagen 'die andere Hälfte' der Vernunft. In dieser Form kann die sog.

objektive Vernunft der philosophischen Metaphysik rekonstruiert resp. ersetzt werden.

Ein weiter gefasstes Verständnis von "Rationalität" und "rational" erscheint auch dem eigentlichen Anliegen einer normativ-anthropologisch fundierten Heilpädagogik als "wertgeleiteter Wissenschaft" (*Haeberlin* 1985; 1991; 1996) adäquater, die einerseits auf subjektiv-authentische Grundsatzentscheidungen (Geltungsanspruch der Wahrhaftigkeit), andererseits auf Intersubjektivität, Argumentation und kritische Prüfung abzielt.

Haeberlin formuliert folgende "drei Grundfragen einer pädagogischen Anthropologie" (1985, 17f.; vgl. auch 1980a, 10f.):

1. "Was *ist* der Mensch besonderes...?"
2. "Was *soll* der Mensch besonderes werden?" (Ziel der Erziehung)
3. "Welchen *Sinn* hat es, das menschliche Leben als etwas sich zwischen Sein und Sollen Entwickelndes zu verstehen?"

Die heilpädagogische Weiterführung in der vierten Frage - und ihre Beantwortung, denen wir nicht mehr so ohne weiteres folgen können - lautet dann:

4. "Welche Bedeutung hat *Behindertsein* für uns Menschen?"

Nicht nur die versuchten Antworten (sich über die eigene Normalität zu freuen resp. sich der Unvollkommenheit aller Menschen bewußt zu werden), sondern schon die Frage erscheint äußerst problematisch. Wenn (Heil-)Pädagogik als "Hilfe zur Vermenschlichung" (s.o.) implizit in Kantische Tradition gestellt wird, was diese Fragen vermuten lassen (vgl. auch *Speck* 1988, 168), wäre hier vielleicht eher von einer "Erschwerung der Vermenschlichung" zu sprechen - jedoch wäre auch dies eine nicht ganz unproblematische Formulierung.

Im Anschluß an *Moor* plädiert *Haeberlin* (1988a, 69) dafür, daß (Heil-)Pädagogik immer auch Philosophie sein muß, um Zielvorstellungen erarbeiten und begründen zu können. Auf dieser Ebene der Erziehungsziele stellt er eindeutig "Identität als Ziel menschlicher Entwicklung" (1985, 21f.) heraus, was vordringlich erfordert, das Verhältnis von "sozialbestimmter" und "personbestimmter Identität" zu klären, wozu ein Rekurs auf *Goffman* und die Sozialphilosophie von *Mead* dient (ebd. 22-47). Identität kann man nicht als etwas Festes haben oder "besitzen" (1990b, 328). Problematisch erscheint an diesem Sprachgebrauch, daß die Sozialbestimmtheit negativ besetzt (als einseitige Anpassung an gesellschaftliche Ungleichheiten) und an die *Goffman*´sche Sicht gebunden bleibt, während man gerade das für *Meads* Theorie Typische in der (positiv bewerteten) Sozialbestimmtheit/"Sozialität" aller Individualität (inklusive des Geistigen!) sehen kann (vgl. dazu *Rehberg* 1989; s. Kap. 4.4).

Kritische Zusammenfassung:
Haeberlin überspringt gleichsam die Begrifflichkeit der philosophischen Anthropologie und nimmt auf deren Tradition (resp. *Scheler*, *Gehlen* und *Plessner*) kaum Bezug.[21] Stattdessen beschränkt er sich gleich auf den "Menschenbild"-Begriff und entsprechende Konsequenzen für eine (heil)pädagogische Anthropologie. Dennoch hat *Haeberlin* im Vergleich zu anderen führenden Heilpädagogen wie *Bach*, *Bleidick* und *Speck* wohl am weitestgehenden anthropologische und sozialkritische Befunde in sein Menschenbild als Fundament der Heilpädagogik einbezogen. So hat er wiederholt die Paradoxie resp. Widersprüchlichkeit des Menschen, zugleich Objekt gesellschaftlicher Determination zu sein und nach individueller Autonomie sowie nach individuellen Freiheits- und Beziehungserfahrungen zu streben (Subjekthaftigkeit), thematisiert und zum Ausgangspunkt seiner wertgeleiteten Heilpädagogik gemacht (1980; 1983; 1985 u.ö.). Auch finden sich im "Menschenbild für die Heilpädagogik" wie in verschiedenen Zeitschriftenaufsätzen stark gesellschaftskritische Passagen. So spricht *Haeberlin* nahezu durchgängig von "(spät)kapitalistischer Gesellschaft". Jedoch wird die gesellschaftskritische Analyse u.E. vorzeitig abgebrochen und der kritisch-sozialphilosophische Hintergrund, auf dem sie weitergeführt werden könnte, trotz des Rekurses auf *Mead* nicht voll entfaltet.

Das Problem der Gültigkeit eines Menschenbildes wird gesehen, aber letztlich auch bei *Haeberlin* nicht gelöst. Ähnlich wie bei *Bleidick* (1984) und wohl schon bei *Moor*, in dessen Tradition sich *Haeberlin* stellt und der ein "werdendes Menschenbild", für jeden Menschen eine "eigene Anthropologie" postulierte (*Moor* 1974b, 10), läßt sich die Gefahr einer privatistischen Reduktion und Verkennung der dialektischen Verschränktheit von Subjektivität und Sozialität beobachten. Die ethische Entscheidung für den Wert der *Gleichheit* beispielsweise - später mit dem Zusatz "bei extremster individueller Verschiedenheit" (*Haeberlin* 1996, 33) - wird nicht näher hergeleitet; sie ist zwar eine notwendige, aber keine hinreichende Bedingung für die Abwendung heute erneut virulenter gesellschaftlicher Euthanasietendenzen.

So liegt es nahe, diese Spur einer gesellschaftskritischen Sozialphilosophie und Rationalitätsvergewisserung ethischer Prinzipien resp. Entscheidungen weiterzuverfolgen und v.a. solche sozialphilosophischen und -psychologischen Theorie-Entwürfe näher zu betrachten, die die genannte Paradoxie zwar nicht etwa lösen, aber gerade zum grundlegenden Thema machen und explizieren. Evtl. könnte in diesem Zusammenhang dann auch das begriffliche Nebeneinan-

---

21 Zumindest nicht in seinen früheren Publikationen; erst 1996, in seiner aus Lehrveranstaltungen hervorgegangenen Propädeutik, geht er kritisch auf *Scheler* und *Gehlen* ein.

der von "Selbst", "personalem Kern", "Psyche", "Wesen" etc. (wie wir es ähnlich auch bei *Speck* finden; s. 4.2.3) einer Klärung und Präzisierung zumindest nähergebracht werden. Wie von *Haeberlin* gefordert, sind die "individuellen und gesellschaftlichen Triebkräfte" (1985, 59) näher zu bestimmen. Dies wurde und wird in der vorliegenden Arbeit versucht, indem

1. im Rekurs auf die (bei *Haeberlin* nicht ausführlich zitierten) Originalquellen den anthropologischen und sozialtheoretischen Befunden nochmals nachgegangen wird und sie;
2. kritisch hinterfragt werden.
3. gilt es, den Versuch zu unternehmen, die verbliebene Argumentationslücke zu füllen, den Bruch zu überbrücken, der bei *Haeberlin* zwischen einem pessimistischen anthropologischen Befund und der weltanschaulichen, individualistisch reduzierten Wertentscheidung zu liegen scheint. Dieser Bruch ist zugleich (wie schon bei *Hanselmann*) der 'Sprung ins Religiöse', in die bewußt als irrational betrachtete "Glaubensentscheidung", der die vorab vollzogene Abgrenzung zur alten konfessionell-normativen Heilpädagogik (*Bopp*, *Montalta*) erneut verschwimmen läßt, und den unser Versuch zu vermeiden sucht, indem er i. S. des »Bilderverbots« im 'Vor-Religiösen', Weltimmanenten verbleibt und stattdessen eine kritisch-theoretische Rückbesinnung auf philosophische Leitlinien vorzieht.

Abschließend sei an dieser Stelle die 'These' gewagt, daß eine privat-reduktionistische, bloß 'glaubensmäßige' Verwendung des Menschenbild-Begriffs und die undialektische individualistisch-kulturpessimistische Reduktion verschränkt sind, ja einander bedingen.

Wenn Heilpädagogik "zur Bezeichnung für eine weltanschauliche Grundhaltung" erklärt wird - so der Klappentext des Buches *"Das Menschenbild für die Heilpädagogik"* (1985, 4. Umschlagseite) - wird sie letztlich (wieder) zu Metaphysik und damit philosophisch obsolet. Und es wäre zu fragen, ob die Bedenken, ja die Ablehnung, die *Haeberlin* gegenüber den älteren normativ-konfessionellen Erziehungslehren (z.B. *Bopp*) äußert, nicht auch auf seine eigene Gesamtkonzeption einer anthropologisch und normativ fundierten Heilpädagogik zutreffen, wenn man den Begriff 'Abweichung' in der folgenden Aussage nicht anthropologisch auf das behinderte Individuum, sondern auf die Einstellung/Haltung der HeilpädagogInnen bezieht:

"1. Abweichungen von den weltanschaulichen Prämissen können für das betroffene Individuum fatale Folgen wie Diskriminierung und Zuschreibung von Anormalität haben. 2. Es fehlen die metatheoretischen Regeln, mit welchen man intersubjektiv nachvollziehbar zu den normativen Annahmen kommen könnte." (*Haeberlin* 1988a, 78)

Bezüglich der geforderten metatheoretischen Regeln können z.B. erkenntnisanthropologische Konzepte oder Diskursethiken (*Apel, Habermas*) die Bestimmungen kritisch-rationaler Wissenschaftstheorie sinnvoll erweitern. Nimmt man die normativ-utopische Orientierung und den durchscheinenden anthropologischen Pessimismus der wertgeleiteten Heilpädagogik *Haeberlins* zum Ausgangspunkt, so zeigt sich darin eine Affinität zur älteren Kritischen Theorie (s. Kap. 2) sowie zu *Schopenhauer* (im Zusammenhang einer "Mitleidsethik" - s. Kap. 5). Durch einen Rekurs auf diese Ansätze, wie er in der vorliegenden Arbeit unternommen wird, kann eine kritisch-philosophische Präzisierung und Weiterführung der intendierten Ausrichtung der Heilpädagogik ermöglicht werden.

4.2.3 Die Frage nach dem Menschenbild als roter Faden durch das labyrinthische »System Heilpädagogik« (*Speck*)

In seinem "System Heilpädagogik" (1988) versucht *Speck* eine Verbindung bisheriger geisteswissenschaftlich orientierter Heil-/Sonderpädagogik respektive (heil)pädagogischer Anthropologie mit ökologisch-systemtheoretischen Konzepten. Soziale resp. "lebensweltliche Zusammenhänge", "innerhalb derer Leben sinnvoll gemeistert werden kann", nennt *Speck* "ökologische Zusammenhänge", die "immer auch normative Zusammenhänge sind" (14). Sozusagen in einem Atemzug werden hier drei wesentliche und zunächst ganz unterschiedliche Themenbereiche zusammengebracht, ohne ihre Übereinstimmung eigens herzuleiten oder zu begründen: Die soziale Lebenswelt kann nicht ohne weiteres gleichgesetzt werden mit ökologischen Kontexten. Eher schon plausibel erscheint, daß soziale immer auch normative Zusammenhänge sind, in denen eben die Regelung des Zusammenlebens in Frage steht. Die Frage nach den Werten ist für *Speck* die Frage nach dem *Menschenbild*; deshalb betrachtet er diese resp. die "anthropologische Dimension" als "die Basis oder den roten Faden" der Heilpädagogik (14), deren Thema "'der-behinderte-Mensch-in-unserer-Lebenswelt'" ist (15). Wie bereits in der Einleitung unserer Arbeit deutlich geworden sein sollte, teilen wir (formal) die Verwendung des "Lebenswelt"-Begriffs sowie das Ziel einer Überwindung der Aufspaltung in "gesellschaftsorientierte" und "personalistische" Heilpädagogik - doch (wie sich zeigen wird) in einem anderen Sinne als *Speck*. Schon diese Spaltung als "ideologischen Streit" zu klassifizieren (und abzutun) (15), erscheint uns verkürzt. Die Heilpädagogik wird bei

Speck jedenfalls nach wie vor seiner 'ökologischen Wende' anthropologisch begründet (1988, 168ff.; 1993a, 108f.).

Der *Menschenbild*-Begriff - neben dem *Lebenswelt*-Begriff also der Hauptbegriff in *Specks* anthropologisch-ökologischer Heilpädagogik - wird sehr häufig (1988, 94f., 168ff., 180f., 184ff., 191, 200, 205) und ausdrücklich unter Bezugnahme auf die Tradition der Schweizer Heilpädagogik und insbesondere auf *Haeberlin* und sein Plädoyer für unverzichtbare Grundwerte der Heilpädagogik verwendet. Diese Bezugnahme bekräftigt zugleich *Specks* Bekenntnis zum normativen Status der Heilpädagogik (94ff.). Anthropologische Fragen werden stets im Zusammenhang mit (Sozial-)Ethik und (seit 1988) mit ökologischer Orientierung thematisiert. Außerdem verweist *Speck* auf *Plessner*s Diktum der "offenen Frage" (95, 205). Dennoch wird die philosophische Anthropologie nicht eigentlich rezipiert.[22] Was also ist mit anthropologischen Grundlagen bei *Speck* gemeint?

Das gleichnamige Kapitel beginnt mit den vier Fragen *Kant*s[23] und der Feststellung, daß für die Heilpädagogik eine "Zusammenschau" einzelwissenschaftlicher Ergebnisse zum Thema Behinderung und behinderte Menschen zu leisten sei ("integrale Anthropologie"). *Speck* postuliert eine "Metawissenschaft", die versuchen soll, "Wissenschaft und Normativität (Menschenbild) zu vereinigen" (1988, 168).

Im Anschluß an *Haeberlin* (1985) fordert *Speck* (170) die Markierung bestimmter anthropologischer Positionen durch Menschenbilder. Er nimmt ebenso wie jener klar Stellung gegen eine 'Sonderanthropologie' für behinderte Menschen und formuliert folgende Grundfragen:

- "Was bedeutet eine Funktions- und Lebensbeeinträchtigung für den Menschen und damit für die Erziehung?
- Welcher Sinn kann und soll hinter heilpädagogischem Handeln stehen?" (Ebd.)

Speck führt in seiner Grundlagenreflexion neben biologischen und gesellschaftlichen auch sozialethische und humanökologisch-normative Aspekte aus, die

---

[22] In beiden komplexen und umfänglichen Lehrbüchern *Specks* (1988 u. 1993) finden sich weder *Scheler* noch *Gehlen* in Text, Personenregister oder Literaturverzeichnis. Von *Plessner* wird lediglich das Schlagwort von der "offenen Frage" bemüht (1988, 95 u. 205) sowie ein Zitat zur Kritik des Behaviorismus (ebd. 70); in beiden Literaturverzeichnissen (1988 u. 1993) findet sich nur ein Aufsatz von *Plessner* (1972). - Stärker berücksichtigt wird die biologische Anthropologie *Portmanns*, die auch als philosophische gelesen werden kann.

[23] "Was kann ich wissen? Was soll ich tun? Was darf ich hoffen? Was ist der Mensch?" (KWA VI, 448; s. Kap. 1.2 der vorliegenden Arbeit)

wir hier nicht im einzelnen nachzeichnen wollen. Nur soviel: Als gesellschaftliche Aspekte werden wiederum hauptsächlich "Befunde der biologischen Anthropologie zur Sozial- und Gesellschaftsentwicklung" (176ff.) referiert, Sozialisation und Gesellschaft damit implizit auf Biologie reduziert, was eine problematische Vereinfachung darstellt. *Specks* eigene sozialethische Sicht wird als christliche Verantwortungsethik (in Anlehnung an *Jonas* und in einer eigentümlichen 'Mischung' mit der biologischen Systemtheorie von *Maturana/Varela* 1987) erkennbar (1988, 180), die er marxistischen wie individualistisch-liberalistischen Positionen gleichermaßen gegenüberstellt.

Unter der Überschrift *"Human-ökologisch normative Aspekte"* und auf dem Hintergrund der gegenwärtigen ökonomischen Krisensituation versucht *Speck* (189ff.), ein anthropologisch begründetes "neues Bild vom Menschen" zu skizzieren, das sich v. a. auf die Wiedergabe amerikanischer Kombinationsversuche einer "ökologischen Ethik" mit einer "Ethik der Selbstverwirklichung" i.S. der humanistischen Psychologie beschränkt. Dies müsse und werde sowohl ein "neues Wissenschaftsparadigma" wie eine "neue Leitidee für die Gesellschaft" zur Folge haben.

Den Abschluß dieses Grundlagenteils - und ein zentrales Stück des gesamten "Systems Heilpädagogik" - bilden die Abschnitte *"Perspektiven für eine menschenwürdige Lebenswelt"* (194-207) und *"Implikationen für heilpädagogisches Helfen"* (208-217), in denen *Speck* eine ganze Reihe quasi kategorialer Bestimmungen (s)einer anthropologischen Heilpädagogik zu geben versucht, die an ähnliche anthropologische Leitbegriffe bei *Haeberlin* (1989a; s. 4.2.2) erinnern:

- Verantwortung des Einzelnen (Wechselwirkung von Individual- und Sozialethik)
- Dialogische Verständigung (in Anlehnung an *Buber*)
- Selbsterkenntnis (im Zusammenhang mit Fremdwahrnehmung, sozialer Haltung und Ethik)
- Partizipation (der Einzelne als Teil eines Ganzen/Zusammenhang großer und kleiner Systeme)
- Liebe (als Energie, die den Zusammenhalt des Kosmos gewährleistet)
- Personwürde der Ebenbildlichkeit (jüdisch-christliches Menschenbild/Gleichsetzung von Gottes- und Nächstenliebe)
- Leidensfähigkeit (Mit-Leben und Mit-Leiden; Gottbegegnung als "Sinn des Leidens" - nach *Hanselmann*)
- Normativer Grundkonsens (Funktion und Grenzen "religiös begründeter Menschenbilder und Normen"/Fragen des Wertepluralismus und Grundkonsens - mit Verweis auf *Habermas´* kommunikative Ethik)

- Selbstbezüglichkeit im System - Subjektivität (*Luhmanns* Systemtheorie versus *Habermas*)
- "Am Leitpfad besserer Realität" (Utopiekritik und soziale Stückwerktechnologie - nach *Popper* und *Jonas*)
- Weltanschauliche Basis (Plädoyer für eine Verbindung von Christentum und "New Age"; *Capra*)

Als Implikationen (gemeint wohl eher: Voraussetzungen) heilpädagogischen Helfens bezeichnet *Speck* (208ff.; Hervorh. i.Orig.) dann entsprechend folgende Aspekte:

1. Der Mensch ist als "Ganzheit" aufzufassen (das ganzheitliche Verständnis wendet sich gegen eine Fragmentarisierung durch Rollen, Arbeitsteilung etc.).
2. "Der Mensch ist *Subjekt*, ist Selbst...", dessen Autonomie zu respektieren ist;
3. "partnerschaftliche Grundintention" (Partizipation - soziale Zugehörigkeit - Integration) und die
4. "Frage nach dem Sinn des *Leidens*" (homo patiens).

Auf inhaltliche Aspekte dieser interessanten Kategorien, die jedoch aufgrund ihrer geringen Explikation sowie ihrer weltanschaulichen Beschränktheit und z.T. Widersprüchlichkeit etwas enttäuschen, sind wir bereits wiederholt gestoßen und werden wir noch kritisch zurückkommen (s. Kap. 2, 3, 4.4 u. 5).

Auch in *Speck*s über die Jahrzehnte mehrfach überarbeiteten und immer wieder aufgelegten Lehrbuch zur Geistigbehindertenpädagogik (zuletzt 1993a) findet sich eine entsprechende Auflistung anthropologischer Aussagen, die z.T. noch spezifizierter und um einige Punkte ergänzt ist. Sie sollen hier kurz wiedergegeben werden, da schwere und geistige Behinderung als Bewährungsfall anthropologischer Konzepte anzusehen sind. Folgende Grundentscheidungen sind demnach Ausgangspunkte und tragende Fundamente der Geistigbehindertenpädagogik:

- das "spezifisch Menschliche als 'Geist-in-Stoff-sein' (*Buytendijk* 1967) [ist] nicht teilbar: Mensch ist Mensch. Die Würde des Menschen ist unteilbar." (41)
- Die Anerkennung der Erziehungsbedürftigkeit und Bildsamkeit aller Menschen, was bzgl. Geistigbehinderter "kein gesichertes Kulturgut" ist (*Speck* 1980, 109).
- Zur "Basis" wird dabei ein "Menschenbild der Verwirklichung von Humanität" (1993a, 63).

Als anthropologische Kategorien nennt *Speck* (1993a, 64ff.)[24]:

1. "Abhängigkeit": "Das Ausgeliefertsein an die Mitmenschlichkeit der anderen...";
2. "Mitmenschliches Helfen";
3. "Soziale Integration und Autonomie";
4. "Die Frage nach dem Menschenbild" (75ff.).

Die extreme Abhängigkeit geistig behinderter Menschen wird von *Speck* quasi als positiv gesehen, da sie nur die besonders extreme Ausprägung einer selbstverständlichen allgemein-menschlichen Eigenschaft bezeichnet. Menschsein ist für *Speck* immer einzig in sozialer "Verflochtenheit" möglich (vgl. 1988, 194f.). Im Anschluß an *Thalhammer* (1977) versteht *Speck* die "existentiell positive Explikation des Andersseins durch die besondere Hilfebedürftigkeit" als eine "aufgabenorientierte Definition" von Behinderung "in der Dimension der Mit-Existenz" (1993a, 44).

Eine weitere wichtige anthropologisch zu nennende Konzeption *Specks* ist der Doppel- und Zielbegriff der *"personalen und sozialen Integration"* als ein prozeßorientierter Ansatz, der die soziale Verflochtenheit des Menschseins verdeutlicht. Am Beispiel der geistigen Behinderung wird betont, daß Behinderung ein Prozeß der Veränderung "in ständiger Wechselwirkung mit der Sozial- und Sachwelt" (ebd. 61) ist. Neben dem (schon in der früheren Ausgabe enthaltenen) Hinweis auf das soziologische Modell der Ausbalancierung von Identität (*Krappmann* 1978) wird in der Neufassung des Geistigbehindertenpädagogik-Lehrbuchs (1993a, 170f.) die Seite der *personalen* Integration im Anschluß an gestaltpsychologisch-feldtheoretische (*Lewin*) und humanistisch-psychologische Konzepte (*Allport*; *Maslow* u.a.) inhaltlich gefüllt und als innerer Zusammenhalt der Person herausgestellt. Bezüglich der *sozialen* Integration als der "wechselwirkenden Ergänzung" ist *Specks* (171f.) kritischer Hinweis wichtig, daß es nicht nur um äußere Gruppenzugehörigkeit und die Anpassung behinderter Menschen an die gesellschaftlichen Normen gehen kann, sondern daß Normalisierung auch den umgekehrten Prozeß einer Annäherung an die Bedürfnisse und Möglichkeiten der behinderten Menschen bezeichnen muß.

Soziale Integration wird über bloß äußerliche Gegebenheiten hinaus als wechselseitiger Anpassungsprozeß bzw. als "Zugehörigkeit" expliziert, ein Grundverhältnis der Menschen untereinander, das im Gegensatz zu in der heu-

---

24 - in einer früheren Ausgabe übrigens unter dem an *Max Scheler* erinnernden bezeichnenden Titel "Zur Stellung des geistigbehinderten Menschen in der Welt" (1980, 115-128) -

tigen Gesellschaft weit verbreiteten Formen der *"Indifferenz"*, des "Gegensatzes" oder des "Instrumentalismus" (ebd. 71f.) steht.

"Autonomie" wird "gerade beim Vorliegen einer Behinderung" als "wichtiger pädagogischer Leitbegriff" apostrophiert (ebd. 75), aber zugleich angemessen relativiert. An anderer Stelle spricht *Speck* (1991) deshalb auch von "Ko-Autonomie", weil nicht nur ein Behinderter nicht, sondern überhaupt kein Mensch jemals vollkommen autonom sein kann. Auch bei geistig behinderten Menschen hält *Speck* (anders als *Bleidick*) aufgrund seiner "anthropologischen Prämissen" und leider nicht näher bezeichneter "Beobachtungen im erzieherischen Verhältnis ... einen bestimmten Grad von Selbheit oder Ich-Identität" (1980, 123) sowie "reflexive Prozesse" (ebd. 34) für unbezweifelbar.

Pädagogische Anthropologie hat es für *Speck* immer mit Wertentscheidungen und deren Verwirklichung i.S. eines "integralen Humanum" (1993a, 76) zu tun; darin stimmt er sowohl mit *Bleidick* wie mit *Haeberlin* völlig überein. Dabei gibt das jeweilige Menschenbild das "kritische Maß" ab. Die heilpädagogisch-anthropologische Grundfrage lautet auf den (geistig) behinderten Menschen bezogen: "Wie ist sein Mensch-Sein zu verstehen?" (Ebd.) Für *Speck* unzweifelhaft als *Personalität* - in der christlichen Tradition und in Anlehnung an *Hengstenberg* (1966) als "das eine, allen Menschen Gemeinsame, Zentrale und Unverlierbare" (*Speck*, 77). Dieses Personverständnis scheint bei *Speck* einträchtig (aber unverbunden) neben dem eher humanistisch-psychologischen "Selbst"-Begriff und dem systemtheoretischen "autonomen System" zu stehen (ebd. 62; vgl. auch: 1988, 157-162). Zugleich wird der Mensch als "Wesen der Gefährdung und des Risikos, des Leidens und der Angst" (*Roth* 1966), als "homo patiens" (1980, 109; 1993a, 77) - wie schon bei *Bleidick* - existenzphilosophisch stilisiert.

Die "Notwendigkeit von Erziehung und Bildung" ist in diesem Zusammenhang ein stets vorgängiges Postulat, das sich für *Speck* ganz selbstverständlich ergibt, da jeder Mensch "auf personale Erziehung, auf Hinführung zur Menschlichkeit" (1993a, 77) angewiesen ist.

Zusammenfassende Kritik:

Um seinen "ökologischen Ansatz von Heilpädagogik" abzuleiten resp. zu begründen, wird der »Lebenswelt«-Begriff von *Speck* wiederholt bemüht, aber nirgends eingeführt bzw. erklärt (vgl. dazu *Antor* 1989). Der Begriff wird zwar benutzt, die Kritik von *Habermas* an *Luhmanns* Systemtheorie zwar wahrgenommen (*Speck* 1988, 202), aber nicht konsequent umgesetzt, sondern es kommt zu einer problematischen Gleichsetzung "Systeme als Lebenswelt" (249f.). Das "Lebensweltliche retten", wie es *Speck* als seine Absicht bekundet, kann man aber nicht einfach durch synonymen Sprachgebrauch. Auch die Rezeption des "System"-Begriffs erscheint recht uneinheitlich und unspezifisch. Ökologie kann durchaus nicht einfach mit "Systemtheorie gleichgesetzt werden" (15), da deren Hintergründe zu heterogen sind (vgl. *Brunkhorst* 1989).[25] Nicht nur der Ökologie-Begriff, sondern auch der alte philosophische System-Begriff (z.B. bei *Kant* und *Hegel*) werden bei *Speck* zusammengebracht mit kybernetischen, biologischen (*Maturana/Varela*) und soziologischen System-Begriffen (*Luhmann*). Die ethische Fragwürdigkeit der *Luhmann*'schen Systemtheorie, in der moralische Fragen eher "dysfunktional" sind, wird z.T. zwar erkannt, bleibt aber ebenfalls ohne Konsequenzen (*Speck* 1993b).

So lassen sich eine Reihe von (erkenntnis)theoretischen Widersprüchen bei *Speck* verzeichnen (vgl. auch *Bleidick* 1988b; *Schriber* 1990), die nicht alle mit dem grundsätzlich berechtigten Hinweis auf die "Illusion der Eindeutigkeit und der (wissenschaftlichen) Widerspruchsfreiheit" (*Speck* 1993b, 154) entschuldigt werden können und die von ihm auch nicht i.S. einer dialektischen Gegensatzspannung aufgelöst werden. Als die inhaltlich wesentlichsten und anthropologisch relevanten erscheinen die beiden folgenden:

1. der Widerspruch zwischen biologischer und Sozialbestimmtheit des Menschen: *Speck* (1988, 182f.) betrachtet (anders als *Haeberlin*) die gesellschaftliche Determiniertheit des Menschen als biologisch überholt. So lehnt *Speck* einerseits ausdrücklich die *Marx*'sche Formel vom "Ensemble der gesellschaftlichen Verhältnisse" ab, die er zudem irrtümlich mit Determination gleichsetzt (183), betont aber nur wenige Seiten weiter: "Andererseits ist der Mensch als Individuum durch soziale Beziehungen konstituiert." (195) Und weiter heißt es, daß der Mensch nur in menschlicher Gesellschaft Mensch sei.
2. der Widerspruch zwischen Systemtheorie resp. der Selbstreferentialität eines Systems und dem Subjekt-Begriff (202f., 209f.). Bei *Speck* herrscht ein Nebeneinander von 'System' und 'Subjekt', und seine Argumentation für den Subjekt-Begriff erscheint aufgrund des Widerspruchs als wenig überzeugend.

Fragwürdig erscheinen bei näherer Betrachtung aus kritisch-hermeneutischer Sicht neben einer u.E. nahezu euphorisch zu nennenden Sicht der systemischen Biologie und des 'radikalen Konstruktivismus' (ebd. 59ff.) sowie der Berufung

25 Der Ökologie-Begriff wurde zudem nicht erst durch *Bateson* (1981), wie *Speck* meint, sondern durch *Kurt Lewin* und seine amerikanischen Schüler in die Sozialwissenschaft eingeführt. Diesen Ursprung systemisch-ökologischen Denkens in *Lewins* Feldtheorie scheint *Speck* zu ignorieren, obwohl er doch in seiner Geistigbehindertenpädagogik *Lewin* näher rezipiert hat.

auf den Propheten des "New Age" *Frank Capra* bezüglich einer "neuen Sicht der Wirklichkeit" (16, 193 u. 207ff.) auch die folgenden Punkte:

- daß trotz der "Skepsis gegenüber einem szientistischen Modell" (169) nicht bemerkt wird, daß die Systemtheorie ja gerade ein solches ist;
- die Vermischung von biologischer Systemtheorie/Kommunikation und Ethik bzw. der Versuch einer biologischen Begründung einer "von *Liebe* bestimmten Ethik" (180; Hervorh.i.Orig.);
- die nahezu durchgängige Vermischung von Anthropologie und Ethik;
- die soziale Abhängigkeit (mit Bezug auf *Moors* Lehre vom Halt) explizit als anthropologisches Definitionskriterium nicht nur der geistigen Behinderung, sondern von Menschlichkeit überhaupt zu sehen, erscheint als zweifelhafte Hypostasierung und kann zu einer einseitig-reduzierten Auffassung der auch für unsere Abhandlung so zentralen "Dimension der Mit-Existenz" (*Speck* 1993) führen;
- die mit dieser Sicht korrespondierende (komplementäre) Tendenz, Mitmenschlichkeit und "Liebe" als 'kosmische Kraft' zu mystifizieren (*Speck* 1993a, 65). Die Betrachtung der "Geschichte des Menschen als eine Geschichte des Helfenwollens, aber auch der nicht gewährten Hilfe" (ebd.) individualisiert soziale Probleme und läßt gesellschaftliche qua sozioökonomische Rahmenbedingungen außer acht (vgl. auch *Speck* 1988, 194ff.). Besonders problematisch beim Thema 'Hilfe für randständige Menschen' ist die Vernachlässigung der jeweiligen Herrschaftsinteressen (vgl. dazu *Jantzen* 1988; o.J).

"Not und Elend" oder "Hilfe" als "spezifisch menschliche Phänomene" als quasi 'naturhaft' in die conditio humana einzuschreiben, kann fatalistisch werden und die historisch-gesellschaftliche Gemachtheit und Veränderbarkeit dieser Phänomene ebenso verstellen, wie "Helfen" und "Mitgefühl" ausschließlich in der "emotionalen Sphäre" anzusiedeln (so schon bei *Bleidick* 1984). Auf dieser Folie droht die "Deklaration der allgemeinen und besonderen Rechte der Geistigbehinderten" (1968), an die *Speck* in diesem Kontext erinnert, dann lediglich zu einer unverbundenen 'Ergänzung' der Metaphysik durch Rechtspositivismus zu werden.

Kritisch zu hinterfragen ist schließlich die - für unser Vorhaben einer kritisch-theoretischen Grundlagenreflexion der Heilpädagogik besonders relevante - wiederholte Bezugnahme auf die Kritische Theorie, die bei *Speck* erstaunlich negativ und ablehnend ausfällt, obwohl doch eine ganze Reihe seiner eigenen Grundmotive und Intentionen gerade von der Kritischen Theorie entwickelt und bereits präziser gefaßt worden sind (s. Kap. 2). Bezüglich der verschiedenen Verweise auf die Kritische Theorie, des "Ideologie-" (1988, 19 u. 296ff.) und negativen "Utopie-Verständnisses" (299 u.ö.) muß bei *Speck* insgesamt von einer (hermeneutisch) eher unangemessenen Darstellung und Kritik (ebd. 74f.) gesprochen werden. Es geht der Kritischen Theorie keineswegs nur um beschränkte "Zwecke" der Gesellschaftsveränderung, wie *Speck* meint, sondern gerade um die Subjektwerdung des Menschen, um seine "Emanzipation", und sie hat "das Glück aller Individuen zum Ziel" (*Horkheimer* 1988e, 219 u. 221).

Der "Verlust an Menschlichkeit in den wissenschaftlich-technologischen Ergebnissen" und die Gefahr der "Barbarei", die mit wissenschaftlicher Objektivität sich verbinden könne, und die von *Speck* (1988, 81) - ebenso wie die "Freiheit der Subjektivität" und die Skepsis gegen die Wissenschaft als Gegenkräfte - beschworen werden, sind gerade von *Horkheimer* und *Adorno* immer wieder genau *so* diagnostiziert bzw. proklamiert worden, was *Speck* zu ignorieren scheint. Er sieht anscheinend auch nicht den Widerspruch seiner Aussage zu der von ihm präferierten Systemtheorie (vgl. auch 202), die als Höhepunkt szientistisch-technologischer Entwicklung die Ebene des subjektiv Menschlichen längst hinter sich gelassen hat. Die von *Speck* zu Recht beklagte begriffliche und faktische Verdinglichung des Menschen, seine Degenerierung zu einem bloßen Objekt, auch in der Pädagogik (82), wird dagegen auch und vor allem von der als "relativ unkritisch" (!) kritisierten Kritischen Theorie, die den Menschen keineswegs "auf Gesellschaft reduzierte" (75), analysiert und bekämpft.

4.2.4 Anmerkungen zur Schwer(st)behindertenpädagogik

Da die anthropologische Frage i.w.S. in den letzten Jahren im Bereich der Schwerbehindertenpädagogik zunehmend thematisiert wurde, erscheint es angezeigt, in einem kursorischen Überblick einige Hinweise dazu nachzutragen.

In ihrem Bemühen, einen Zugang zu schwerbehinderten Menschen zu finden und deren Lebensäußerungen als sinnvolle besser verstehen zu können, und seit dem ersten Versuch einer anthropologischen Konstitution (*Siegenthaler* 1983; im Anschluß an *Bollnow* und *Moor*) hat sich die Schwerbehindertenpädagogik auf die konstitutive Bedeutung der Leiblichkeit und der zwischenmenschlichen Beziehungen (schon *Thalhammer* 1977) konzentriert. Dementsprechend hat sie sich zunehmend philosophischen Überlegungen zugewandt, die die gemeinsame Lebenswelt und das Fremdverstehen in den Mittelpunkt des Interesses rücken. Dabei handelt es sich v.a. um hermeneutische und phänomenologische Ansätze. Phänomenologische Ansätze grenzen sich sowohl von einer traditionellen idealistischen Erkenntnistheorie als auch von einer engen empiristischen Wissenschaftsauffassung ab.[26] Sie vertreten unter dem ursprünglichen Motto »Zurück zu den Sachen selbst« einen erweiterten Erfahrungsbegriff, der durch unvoreingenommene Phänomenbeschreibung, durch die 'Einklammerung' (Epoché) aller Vorannahmen und Vorkenntnisse über die Wirklichkeit das »Wesen« der Dinge und Menschen erfassen will.

Dieser weite Erfahrungsbegriff bringt auch einen erweiterten Rationalitätsbegriff mit sich, wie ihn z.B. *Dreher* (1979; 1986; 1991) i.S. einer »leibhaften Vernunft« verschiedentlich für die Heilpädagogik reklamiert hat. Leiblichkeit ist primäre Lebensform und die Grundlage auch von Geistigkeit. Damit wird ein nicht nur zeitlicher Vorrang des präreflexiven Weltbezuges vor der Reflexion postuliert. Wie bei *Pfeffer* (1988) und anderen AutorInnen geht es immer um die Darlegung eines leiblich vermittelten fundamental-basalen Mensch-Welt-Verhältnisses. Der Leib ist der beseelte Körper; durch den Leib ist auch die soziale Mitwelt (in der Fremdwahrnehmung) gegeben (vermittelt).

Damit grenzen sich *Dreher* und seine Schülerinnen *Fornefeld* (1989) und *Stinkes* (1993) kritisch ab von körperorientierten Theorien und Therapieverfahren wie 'basale Stimulation' (*Fröhlich*), die zumindest ursprünglich eher naturwissenschaftlich und behavioristisch dominiert war.

Ingesamt umreissen *Drehers* Inanspruchnahme einer 'natürlichen Einstellung' und sein Rückgriff auf medizinische, phänomenologische, organologisch-ganzheitliche Positionen - von *Auersperg* über *Kükelhaus* ("Leben ist Schwingung") bis zu *Viktor von Weizsäcker* ("Gestaltkreis" von Wahrnehmung und Bewegung) - eine eklektizistische und bislang methodologisch wenig elaborierte Position, die im Bemühen, die Menschlichkeit und integrierte Lebensperspektiven für schwerbehinderte Menschen zu fundieren, durchaus gerechtfertigt ist. Eher vernachlässigt wird dabei jedoch die sozialhistorische Dimension des Menschen.

Systematischer und eindeutiger phänomenologisch orientiert als *Dreher* hat *Pfeffer* (1988) die Phänomenologie nach *Husserl* und *Merleau-Ponty* für die Pädagogik der Schwerbehinderten adaptiert. Demnach ist vorreflexiv und ohne Wertung von der Erziehungswirklichkeit auszugehen. Durch Beschreibung von Erziehungssituationen können in einem zweiten Schritt reflektierend lebensweltliche und Erziehungs-Strukturen aufgedeckt und bewußt gemacht werden.

---

26 Inwieweit sich die verschiedensten phänomenologischen Schulen unterscheiden und inwieweit gerade die späte Bewußtseinsphilosophie *Husserls* nicht doch wieder einen transzendentalen Idealismus restituiert, kann und muß in unserem Rahmen nicht näher untersucht werden.

Schwer(st)e (geistige) Behinderung bedeutet mehr als Schädigung des ZNS; ausschlaggebend ist die Interaktion mit der Umwelt. Das Ausmaß der Behinderung bestimmt sich durch die "Diskrepanz zwischen den individuellen physischen und psychischen Handlungsdispositionen und den Anforderungen der komplexen Alltagswirklichkeit" (*Pfeffer* 1988, 101), d.h. sie ist lebensweltlich und lebensgeschichtlich bestimmt. - Anthropologische Leitbegriffe aus phänomenologischer Sicht, die sich laut *Pfeffer* in der Betreuungs- und Erziehungspraxis mit/bei schwerstbehinderten Kindern wiederfinden, sind also:

- Intentionalität und Leib: das sog. Zur-Welt-Sein des Menschen in und durch die Leiblichkeit als intentionaler Mensch-Welt-Bezug (Mensch als leibliches Wesen, das durch/in seiner Intentionalität auf die Welt sein Ich/Selbst und diese Welt erst konstituiert); insofern wird auch das Verhalten schwerstbehinderter Kinder als sinnvoll bzw. sinnstiftend verstanden, da es eine (über)-lebensnotwendige Selbstvergewisserung darstellt.
- Intersubjektivität: Auch der intersubjektive Bezug ist als leibhafte Begegnung in gemeinsamer Welt zunächst präreflexiv. Prozesse des Fremd- und des Selbstverstehens bedingen sich wechselseitig - eine wichtige Tatsache für die Erziehungswirklichkeit. Die Wirklichkeit des Menschen ist prinzipiell intersubjektiv (Mitwelt). Fremdverstehen als Bestätigung der Sinnkonstitution des Schwerstbehinderten ist gemeinsames Erleben und Gestalten der Welt.
- Kommunikation und Entwicklung des Selbst sind verschränkte Prozesse.

Aus diesen anthropologisch-phänomenologischen Prämissen leiten sich dann folgende Erziehungsziele bzw. Förderelemente ab:

"Die Aufgaben der Erziehung bei schwerer geistiger Behinderung sind Befähigung zur Kommunikation, zum Erleben und Gestalten der dinglichen Welt und zum Erleben und Gestalten seiner selbst." (Ebd. 138) Voraussetzung und Fundament dafür sind die zwischenmenschliche Beziehung (der pädagogische Bezug) und gemeinsame Lebens- und Lernsituationen. Beziehung hat Priorität vor Leistung. (Kommunikations-)Förderung und Beziehung durch leiblichen Kontakt bedeutet zugleich Selbsterziehung der ErzieherInnen.

Bei der Entwicklung leiborientierter (Kommunikations-)Förderung greift *Pfeffer* auch auf psychoanalytische Konzeptionen des Selbst (der Ich-Entwicklung; *Bettelheim*; *Mahler; Spitz*) und auf *Piaget*[27] zurück, die jedoch wenig theoretisch integriert erscheinen.

---

27 Vorrangig auf der *Piaget'*schen Entwicklungspsychologie (in Verknüpfung mit der 'kulturhistorischen Schule'/Aneignungstheorie) beruht der Ansatz der "sensumotorischen Kooperation" im Rahmen der sehr komplexen theorien-integrativ angelegten 'Kooperativen Pädagogik' (*Jetter; Praschak; Schönberger*).

4.2.5 Vergleich und zusammenfassende Bewertung

Bezüglich der oben vorgestellten erkenntnisleitenden 'Prüffragen' an die heilpädagogischen Konzepte läßt sich nun folgendes kritische Resümee ziehen:

1. *Menschenbild - Wissenschaft - Gesellschaft: Bleidick, Speck* und *Haeberlin* vertreten nahezu gleichlautend, daß Entscheidungen über a) Werte allgemein wie b) pädagogische Fragen speziell Sache des Menschen- und Weltbildes sind und sich von der Wissenschaft nicht eindeutig bestimmen lassen. Dahinter steht die geistesgeschichtliche Aufspaltung der Philosophie in strenge Wissenschaft einerseits und Weltanschauung andererseits, die im Grunde eine Angelegenheit des 19. Jahrhunderts war. Der "Diskurs der Moderne" (*Habermas* 1985) wird so in der Heil-/Sonderpädagogik arg verkürzt. Alle drei Autoren könnten deshalb (und insofern) als »Menschenbild-Pädagogen« bezeichnet werden, die ein zwar relativ offenes, aber summarisch als christlich-abendländisch zu kennzeichnendes Menschenbild vertreten, für das Gottesebenbildlichkeit, Geist (Person), Autonomie und Bildung die zentralen Kategorien sind. Sie ziehen jedoch nahezu entgegengesetzte Konsequenzen aus diesem Zusammenhang. Bezüglich der Rolle pädagogischer Anthropologie lehnt sich *Bleidick* in seiner Analyse eng an *Brezinka*s Trennung von Erziehungswissenschaft und Erziehungsphilosophie an. Auch wenn dies im strengen Sinne einer empirisch-analytischen resp. kritisch-rationalen Wissenschaftstheorie korrekt ist, so bleibt doch zu fragen, ob eine solch starre Trennung von Tatsachenwissen und Begründungswissen im (heil)pädagogischen Bereich angemessen, ja überhaupt haltbar ist. Diese Trennung wird deshalb von *Haeberlin* und *Speck* so nicht vollzogen. Sie betonen demgegenüber die notwendige Verbindung normativer und wissenschaftlicher Aspekte in der (Heil-)Pädagogik. Anders als bei *Haeberlin* ist dieses Verständnis bei *Speck* jedoch kaum mit *gesellschaftskritischen Folgerungen*, umso mehr aber mit utopie-kritischen Äußerungen einerseits und Elementen eines biologisch oder kybernetisch orientierten Menschenbildes andererseits verknüpft.

Alle drei - besonders *Bleidick* - diskutieren eingehend die Fragen und Implikationen von verschiedenen Menschenbildern, das Pro und Contra bezüglich anderer Positionen, während ihr eigenes Menschenbild eigentümlich unbestimmt zu bleiben scheint und nur vage in Anlehnung an ihre wissenschaftstheoretische Orientierung zu bestimmen ist: kritisch-rational (*Bleidick*); wertgeleitet-wissenschaftlich (*Haeberlin*); geisteswissenschaftlich-systemtheoretisch (*Speck*).

Bei den neueren phänomenologischen Ansätzen im Bereich der Schwerbehindertenpädagogik finden sich am ehesten Aussagen über das Menschsein, nämlich über Leiblichkeit und Intentionalität des In-der-Welt-Seins. Es wird also implizit anthropologisch argumentiert (Phänomenologie = Anthropologie) und (nicht zu Unrecht) der Anspruch erhoben, "anthropologische Grundlagen" zu entfalten (vgl. *Pfeffer*; *Stinkes*), aber anders als noch bei *Siegenthaler* und *Thalhammer* findet keine anthropologische Metareflexion statt, und das 'Menschenbild' wird nicht mehr explizit thematisiert. Auch gesellschaftstheoretische oder -kritische Aussagen finden sich kaum. Daß nicht auf die anthropologischen Entwürfe *Schelers* oder *Plessners* eingegangen wird, erstaunt umso mehr, als doch beide als (wenn auch sich unterschiedlich entwickelnde) Vertreter einer materialen Phänomenologie bekannt sind.

Diejenigen Kritiker einer empirisch-analytischen resp. kritisch-rationalen Behindertenpädagogik, die selbst weder explizit phänomenologische noch materialistische oder kritisch-theoretische Positionen vertreten (wie *Kobi, Siegenthaler, Thalhammer*; oder 'Praktiker' wie z.B. *Fischer* und *Mall*), gehen anscheinend davon aus, daß die Situation Schwerstbehinderter rational nicht zugänglich ist. Dem liegt eine zu eng gefasste Rationalitätsauffassung zugrunde, die zudem selbstwidersprüchlich wird - gerade dann, wenn z.B. vorrangig kommunikationstheoretisch argumentiert wird (vgl. die Kritik von *Schwager* 1990, 325ff.).

Unser Versuch einer kritisch-theoretischen Weiterführung wertgeleiteter Heilpädagogik bleibt im Bereich rationaler Überlegungen, aber nicht auf sprach- resp. handlungstheoretischen Formalismus beschränkt, und er hat zu prüfen, ob eine solche Art normative Heilpädagogik nicht auch sozusagen metaphysikfrei möglich ist. Dazu sind gerade die bei *Haeberlin* rudimentär vorhandenen kapitalismus- und kulturkritischen Ausführungen sowie seine sozialphilosophisch-psychologischen Hinweise systematisierend aufzugreifen, um eine Kritische Theorie der Heilpädagogik vorbereiten zu können. Selbst wenn man *Bleidick* konzediert, daß philosophische Reflexion die Erziehungswissenschaft bzw. die Wissenschaftstheorie der Pädagogik nicht "begründen" kann (1984, 429) - i.S. logischer Deduktion oder Abduktion -, so kann sie sie doch wenigstens legitimieren und i.S. einer "praktischen Intersubjektivität" (*Joas* 1989) explizieren, wie es im weiteren Verlauf versucht werden soll. Dies erscheint umso dringlicher, als bei allen Autoren (auch und gerade bei den 'Phänomenologen') wesentliche Fragen der sozialphilosophischen und gesellschaftstheoretischen Ebene offenbleiben.

2. *Ethische Schlußfolgerungen oder Begründung des Menschenbildes als normatives:* Die Betonung des rein Subjektiven eines Menschenbildes als Sache von "Weltanschauungsgemeinschaften" oder auch als "politische Grundauffassungen", die sich besonders bei *Speck* und *Haeberlin*, aber auch bei *Bleidick* in unterschiedlicher Gewichtung findet, relativiert die soziale und lebensweltliche, aber auch die politische Genese wie die Bedeutung resp. Geltung solch vermeintlicher 'Privatmeinungen', die ja zweifellos nicht voraussetzungslos sind. Weiterführend erscheint hier schon der Begriff der "normativen Basisentscheidungen" (*Antor* 1985; 1991a,b; *Haeberlin* 1989a) im Hinblick auf eine heilpädagogische Ethik (s. Kap. 5).

Alle genannten Autoren vertreten übereinstimmend die unteilbare gleiche Menschenwürde - und *insofern* eine wertgeleitete Heilpädagogik. Bei *Bleidick* finden sich ansonsten wenig ethische Schlußfolgerungen aus Menschenbildern; er schließt eher umgekehrt bzw. sucht ein zur Ethik des Lebensrechts passendes Menschenbild (1990b). *Speck* und *Haeberlin* betonen die Wechselwirkung von Menschenbild und Ethik und den normativen Aspekt pädagogischer Anthropologie. Sie gelten heute als typische Vertreter einer "normativen Heilpädagogik" (so *Bleidick* 1985 oder *Schwager* 1990). Die genannten Positionen der Schwerbehindertenpädagogik sind - nicht zuletzt aufgrund ihrer Frontstellung in der *Singer*-Debatte - per se mit einer normativen Orientierung identifiziert.

Zum Verhältnis von Anthropologie, Ethik und Gesellschaftstheorie (nach *Blass*) im heilpädagogischen Konstitutionszusammenhang läßt sich vereinfacht festhalten, daß *Speck* am deutlichsten die Ethik aus der Anthropologie hervorgehen läßt, bei *Bleidick* es sich eher umgekehrt verhält und bei *Haeberlin* eine relativ weitgehende (dialektische) Verschränkung anthropologischer, gesellschaftskritischer und ethischer Aussagen vorliegt.

Alle drei Autoren konvergieren schließlich, wie wir gesehen haben, in dem Rückgriff auf christlich-religiöse Grundwerte und den Personbegriff, d.h. sie begründen unteilbares Lebensrecht und gleiche Menschenwürde aufgrund der Gottesebenbildlichkeit des Menschen. Demgegenüber soll in unserem Rahmen versucht werden, eine von Religion und Bekenntnis unabhängige, verallgemeinerbare kritisch-philosophische Fundierung zu entwickeln.

3. *Referenztheorien:* Eine explizite *Berufung auf die philosophische Anthropologie* des 20. Jahrhunderts (im engeren Sinne) findet sich - trotz der Menschenbildthematik - bei keinem der drei ausführlicher vorgestellten Autoren: *Bleidick* bezieht sich auf die Existenzphilosophie, *Speck* stellenweise (und eher implizit) ebenfalls, besonders aber auf die biologische Anthropologie *Portmanns*

und 'öko-systemische' Ansätze; während *Haeberlin* (1985) vor allem auf die Sozialphilosophie *Meads* rekurriert und sich von *Scheler* und *Gehlen* kritisch distanziert (1996). Bei ihrer Reflexion anthropologischer Grundlagen greifen sowohl *Bleidick* wie auch *Speck* trotz ihrer unterschiedlichen Ausrichtung gleichermaßen zum einen auf ältere erziehungsphilosophische Überlegungen zur Fundierung von Heilpädagogik (*Löwisch* 1969) bzw. der Personwürde (geistig) behinderter Menschen (*Mühl* 1969) und auf die (katholische) Anthropologie *Hengstenbergs* (1966; vgl. auch *Kobi* 1985) zurück, die als einzige *philosophische* Anthropologie Behinderung und Personsein behinderter Menschen thematisiert hat, sowie zum anderen auf den (biologisch-phänomenologischen) Ansatz einer "anthropologischen Physiologie" (*Buytendijk* 1967), in der "Geist-in-Stoff-Sein" als unteilbares, allen Menschen zukommendes Merkmal reklamiert wird. - Bei den phänomenologischen Konstitutionsversuchen der Schwerbehindertenpädagogik wird kein ausdrücklicher Bezug zum philosophisch-anthropologischen Diskurs hergestellt.

Manche der Überlegungen *Haeberlin*s bezüglich der "menschlichen Wert- und Sinnbedürftigkeit" (1985, 78; u.ö.) lassen an die humanistische Psychologie und Sozialphilosophie *Erich Fromm*s denken, die aus einer Verbindung von Kritischer Theorie (Marxismus) und psychoanalytischer Theorie hervorgegangen ist. Implizit werden Themen dieser Denkrichtung aufgegriffen. So findet sich beispielsweise die »Haben-oder-Sein«-Alternative (*Fromm*, GA II) bei *Haeberlin* (1989a) wieder. Deshalb erscheint es interessant, auch diesen Pfad weiterzuverfolgen - zumal in der verwandten heilpädagogischen Position/Konzeption *Specks* (1988) *Fromm* gelegentlich explizit zitiert wird.

Die knappen Hinweise auf die Kritische Theorie bleiben ansonsten nicht nur bei *Speck* (s. 4.2.3), sondern auch bei *Haeberlin* (1996), der Kritische Theorie hauptsächlich als 'Wissenschaftstheorie' abhandelt und mißverständlich vom "Menschenbild" der Kritischen Theorie spricht, eher unbefriedigend.

4. *Pädagogisch-anthropologische Fragestellungen und Leitbegriffe:* Als weiterführende wissenschafts- resp. metatheoretische Aufgabe pädagogischer Anthropologie bezeichnen *Bleidick*, *Speck* und auch *Haeberlin* in etwa gleichlautend:

- die Klärung der Ziele von Erziehung
- die Sinnfrage von Entwicklung und Erziehung ("Wesen" der Erziehung, metaphysisch).

Und als spezifizierte Fragestellungen heilpädagogischer Anthropologie werden gesehen:

- die Frage nach Sinn resp. Bedeutung von Behindertsein für die Betroffenen wie für Menschen überhaupt;
- die Frage nach dem Sinn heilpädagogischen Handelns resp. der Behindertenhilfe.

Diese Fragen erweisen sich auf dem Hintergrund unserer kritisch-skeptischen Reflexion als falsch gestellt. Sie bleiben ebenso wie die (nur angedeuteten) Antwortversuche weitgehend metaphysisch (selbst bei *Bleidick*), was ihre Tragfähigkeit im heutigen philosophischen Diskurs in Frage stellt.

Etwas anders stellt sich die Situation bei den phänomenologischen Rekursen in der sog. Schwerbehindertenpädagogik dar. Mit ihrer leiborientierten basalen Pädagogik und ihrer ethischen Verankerung im "Antlitz", in der "Spur des Anderen" (*Levinas*) vermögen sie durchaus mitzuhalten im Diskurs der Moderne und Postmoderne; sie sind gewissermaßen nicht-metaphysisch und metaphysisch zugleich.

Als zentrale anthropologische Kategorie nennen *Bleidick* und *Speck* bevorzugt die *"Personalität"*, während *Haeberlin* mehr den "Identitätsbegriff" (als Entwicklungsprozeß - sensu *Mead*) in den Mittelpunkt stellt. "Person" oder "Selbst" sind auch bei *Pfeffer* und *Stinkes* zentrale (Ziel-)Begriffe. *Specks* Doppelbegriff der "personalen und sozialen Integration" (1988; 1993a) findet eine Entsprechung in *Haeberlins* Doppelbegriff der "personbestimmten und der sozialbestimmten Identität" (1985). Beide Sichtweisen sind prozessual und stehen in Beziehung zu den deklarierten *Erziehungszielen*. Bei *Haeberlin* sind das "Selbstbestimmung und Gesellschaftsfähigkeit" (1988a, 24) sowie die "Entwicklung des inneren Haltes" (sensu *Moor*) als Teilziel (i.S. von Lebenstechnik); wobei nicht genau unterschieden wird zwischen Entwicklung und Erziehung. Bei *Speck* wird "Autonomie" als "wichtiger pädagogischer Leitbegriff" auch und gerade für die Erziehung Behinderter apostrophiert (1988, 75), aber zugleich relativiert. So spricht er an anderer Stelle von "Ko-Autonomie" (1991), da niemand, auch kein sog. Nichtbehinderter, jemals vollständig autonom sein kann.

Bezüglich der theoretischen Fundierung von »*Integration*« als einem zentralen heilpädagogischen Leitbegriff tun sich zudem Fragen in zwei Richtungen auf: Zum einen ist mit *Haeberlin* (1989c; 1991) nach der Integrationsfähigkeit der Gesellschaft und ihrer Institutionen zu fragen, zum anderen - und zwar stärker, als das in der heil-/sonderpädagogischen Integrations-Debatte oder in *Specks* interaktionalem Modell bislang geschieht - nach den Möglichkeitsbedingungen der Integration der Persönlichkeit bzw. nach dem Leitziel einer integrierten Persönlichkeit (Identität und Integrität) i.S. einer Balance von

Wünschen und Bedürfnissen des Individuums einerseits und Anforderungen bzw. Erwartungen der Umwelt andererseits.[28]

Kritisch-theoretische Reflexion kann hier wie bei den aktuellen Begriffen »Systemisches Denken«, »Selbstorganisation« (Autopoiese) etc., die in der (Heil) Pädagogik zunehmend an die Stelle traditionell-anthropologischer Rekurse zu treten scheinen (vgl. *Hagmann/Simmen* 1990; *Speck* 1988, 1989, 1993b), noch einiges zur ideengeschichtlichen und metatheoretischen Klärung beitragen. Zeitgeist-Erscheinungen und populäre modisch-postmoderne Theoriekonzeptionen in den Humanwissenschaften sind ideologiekritisch zu hinterfragen. So übersieht eine naiv-idealistische Einschätzung der Systemtheorie in Verbindung mit einer vorbehaltlosen Rezeption des sog. 'radikalen Konstruktivismus' (vgl. *Watzlawick* 1985; *Rotthaus* 1987) leicht, daß solche zunächst erkenntnistheoretischen Konzepte zu einer Verharmlosung und Rechtfertigung sozialpolitischer Restriktionen mißbraucht werden können und bereits selbst sozialethisch fragwürdig sind. Denn sie gehen von einem anthropologischen Modell von Menschen als in sich abgeschlossenen, also '*nicht*-kommunizierenden Röhren', zwischen denen es lediglich 'Resonanz-Phänomene' geben könne, aus, das letztlich im buchstäblichen Sinne 'a-sozial' ist. Dazu paßt, einerseits Sozialisation als Selbstsozialisation eines (ab)geschlossenen Systems zu verstehen und andererseits "Personen in erzieherischen Kontexten wie 'Trivialmaschinen' zu behandeln" (*Luhmann* 1987, 77).

Für die fällige Ideologiekritik des sog. 'radikalen Konstruktivismus' und der modernen 'Systemtheorie' erweist sich *Horkheimers* Kritik an den anthropologischen Konzepten der traditionellen Metaphysik (hier am Beispiel der *Leibniz'*schen Monadenlehre) erneut als hochaktuell und im übertragenen Sinne treffend:

> "Wenn die kennzeichnende Philosophie des Zeitalters den Menschen als in sich abgeschlossene Monade in transzendentaler Einsamkeit begreift, die mit jeder anderen Monade nur durch komplizierte, ihrem Willen entzogene Mechanismen in Verbindung steht, so erscheint hier die Existenzform des bürgerlichen Menschen in den Begriffen der Metaphysik. Jeder bildet selbst den Mittelpunkt der Welt, und jeder andere ist 'draußen'. Jede Kommunikation ist ein Handel, eine Transaktion zwischen solipsistisch konstruierten Bereichen. ... Aus dieser Grundstruktur ... leiten sich ohne weiteres Kälte und Fremdheit her ..." (*Horkheimer* 1988d, 70f.)

---

28 Dieser Zusammenhang ist bislang v.a. in der humanistisch orientierten klinischen Psychologie i.S. einer "psychologisch-utopischen Norm" (*Pongratz* 1975) oder im pädagogisch-therapeutischen Kontext als die Ziele "Selbstachtung und Autonomie" (*Bettelheim*) sowie auch in der allgemeinen Soziologie (*Krappmann* 1978) und in kritisch-sozialpolitischen Differenzierungen des Normalisierungsprinzips für geistig behinderte Menschen (z.B. *Gaedt* 1985) thematisiert worden (vgl. auch *Jakobs* 1987a, b).

5. *Lösungsmöglichkeiten?* (Reflexionsformen anthropologischer Differenz für die Heilpädagogik)

Um aus den bisher beschriebenen anthropologischen und heilpädagogischen "Sackgassen" (s. auch 4.1.4) herauszuführen, die ja nicht nur auf traditionellen Menschenbildern, sondern auf realen materiellen und sozialen Verhältnissen beruhen, gilt es in der Theorie wie in der Praxis gegen die "Kolonialisierung der Lebenswelt" (*Habermas*) anzukämpfen, zugleich aber den Widerspruch zwischen gesellschaftlicher Determination und personaler Autonomie offenzuhalten.

Die dementsprechende *praktische* Konsequenz wäre, eine lebensweltliche Orientierung der Betreuung, Erziehung und Bildung behinderter Menschen durchzusetzen (statt »System« / »verwaltete Welt«; vgl. auch *Bächtold* 1994).

Theoretisch ist im Rahmen einer Kritik der verwalteten, entfremdeten Alltagswelt und der ihr entsprechenden Denkmodelle und Menschenbilder an das Programm der *»anthropologischen Differenz«* anzuknüpfen und zunächst pädagogisch und heilpädagogisch eine Wiederaufnahme (quasi in moderner Form) der 'doppelten Anthropologie' angezeigt, wie sie *Kant* erstmalig ausgeführt hat. Seine "Anthropologie in pragmatischer Hinsicht" (KWA XII) mit ihrem doppelten Ansatz ("pragmatische" vs. "physiologische Hinsicht") und in gewissem Sinne auch *Pestalozzis* (1797/1983) Gegenüberstellung von "natürlichem" vs. "gesellschaftlichem Zustand" können (mit *Kamper* 1973) als Ausgangspunkt bzw. Vorläufer eines Programms anthropologischer Differenz verstanden werden.

Nicht nur mit seiner selbstkritischen Bestandsaufnahme der Heilpädagogik (s. 4.1.4), sondern auch mit seinen Reflexionen der »conditio humana« als Widerspruch zwischen Freiheit und gesellschaftlichem Zwang, zwischen kapitalistischer Realität und normativer Utopie der Gesellschaft thematisiert und erfaßt *Haeberlin* implizit von allen anthropologisch orientierten Heil-/Sonderpädagogen der Gegenwart bisher wohl am deutlichsten die »anthropologische Differenz«, löst jedoch die erkannten Gegensatzspannungen durch Rückbindung (=*»Religio«*!) an eine höhere Einheit, einen höheren Sinn, sofort wieder auf. Dies wird auch bei *Haeberlin*s (1995a; 1996) Rezeption der pädagogischen Klassiker immer wieder deutlich, die unter dem Leitgedanken der "Ganzheitlichkeit" steht.

Daß der Mensch erst durch Erziehung zum Menschen *wird* (KWA XII, 697ff.), ist eine frühe begriffliche Fassung anthropologischer Differenz. Die Pädagogik - zugleich mit Ethik verknüpft - ist die Grundlage der Anthropologie, nicht umgekehrt. Die Notwendigkeit von Erziehung wird bei *Kant* aber nur postuliert, noch nicht historisch-gesellschaftlich verstanden. Dies wird erst im

Anschluß an *Hegel* möglich (s. Kap. 1.3). Pädagogik und Ethik stellen aus diesem Blickwinkel das 'Bindeglied' zwischen Natur und Geschichte dar.

Eine besondere Reflexionsform anthropologischer Differenz in der Pädagogik stellt die ursprüngliche Konzeption *Rombachs* (1966) dar, auf die hier abschließend als richtungweisend für die folgenden Erörterungen noch kurz hingewiesen werden soll: Erziehung ist *konstitutiv* für das Menschsein, das eine 'Selbstleistung' darstellt. Dies impliziert nach *Rombach* zweierlei:

1. Erziehung ist grundlegend und vorgängig gegenüber jeder Zweck- oder Zielsetzung, weil in der Erziehung ein soziales resp. intersubjektives Feld erst geschaffen ('erstellt') wird.
2. Erst in diesem Feld entstehen dann die Maßstäbe und Perspektiven, unter denen die Gültigkeit von (Erziehungs-)Zielen sich erweisen kann, Ziele überhaupt erst sinnvoll werden.

Dieses (spezifisch dialogische) Verständnis ist einem technisch-instrumentellen der Einwirkung auf einen 'Zögling', eines tendenziell manipulativen Eingriffs in das psychische Gefüge (á la *Brezinka*) diametral entgegengesetzt. Es bringt die völlige Unverfügbarkeit des/der zu Erziehenden zum Ausdruck, die traditionell mit dem Personstatus bezeichnet wird.

4.3 Kritischer Person-Begriff und Heilpädagogik

> Das ideologische Unwesen der Person ist immanent kritisierbar.
> Das Substantielle, das nach jener Ideologie
> der Person ihre Würde verleiht, existiert nicht.
> Die Menschen, keiner ausgenommen,
> sind überhaupt noch nicht sie selbst.
> *Th. W. Adorno* (1966/ND, 274)

Keine philosophische Anthropologie (auch nicht die *Plessner´*sche) vermag die Personhaftigkeit von schwerbehinderten Menschen i. S. einer 'starken' Form der philosophischen Grundlegung wirklich zu *begründen*, sondern Anthropologien (und hier v.a. die *Plessner´*sche) bieten lediglich (qua 'schwache' Form von Begründung) differenzierende Erläuterungen "normativer Utopien" vom Menschsein - um ein Diktum *Haeberlins* (1988d, 295; vgl. auch 1989a) in diesen Zusammenhang zu stellen; sie werden damit zu 'Hilfswissenschaften' der Ethik und der Pädagogik.

Der skizzierte Zusammenhang einer »Menschwerdung durch Erziehung« als einer Erscheinungsform der anthropologischen Differenz hat mit dem Personverständnis zu tun und führt uns nochmals zu der im ersten Teil bereits wiederholt gestellten Frage nach der *Personalität* des Menschen. Dies ist zugleich ein Indiz des Übergangs von der Anthropologie zur Ethik. Denn der Person-Begriff steht seit jeher im Schnittpunkt von Anthropologie und Ethik, Pädagogik und Politik. Auch in der Heil-/Sonderpädagogik wird er als wichtige Kategorie in Anspruch genommen (vgl. *Kobi* 1985), ist jedoch zusehends in eine Krise geraten - wie umgekehrt: Die Krise der Heilpädagogik ist nicht zuletzt auch Folge des Verlustes einer selbstverständlichen Inanspruchnahme des Personbegriffs und des Offenkundigwerdens seiner Ambivalenz.

4.3.1 Traditionelles versus kritisches Personverständnis

Im Laufe der Geistesgeschichte ist eine Vielzahl von mehr oder weniger ähnlichen Person-Begriffen entwickelt worden. In Philosophie und Recht stellen Person und Individuum Gegenbegriffe dar; in Psychologie und Soziologie sind es Person und Persönlichkeit. Die Kritische Theorie meidet bezeichnenderweise meist den Personbegriff und spricht von 'Individuum' oder 'Subjekt'. Das Individuum ist gesellschaftlich produziert (s. Kap. 2).

Ursprünglich und ganz entgegen personalistischen Theorien bezeichnete *Person* die äußere Maske, Fassade, Rolle[29] - sei es des antiken Schauspielers, sei es des Bürgers als Rechtsperson, der seine Würde zur Schau stellt. Eigentliche Individualität im modernen Sinne von Persönlichkeit ist darin noch keineswegs enthalten. Diese wird erst später in der christlichen Dogmatik und Philosophie des Mittelalters als unsterbliche Seele und Gottesebenbildlichkeit des Menschen thematisiert. Person impliziert, innerhalb bestimmter sozialer Verhältnisse und immer schon in bestimmten mitmenschlichen Rollen (Kind-Eltern, Schüler-Lehrer, Berufsrollen etc.) zu stehen (vgl. die sozialanthropologische Rollentheorie bei *Plessner*). "Noch die biographische Einzelperson ist eine soziale Kategorie." (IfS 1991, 43)

In heilpädagogischem Kontext herrscht über weite Strecken noch eine sehr statische und ontologisierende Betrachtung vor. Person wird apriorisch gesetzt, ist "werdelos", invariant, während "Persönlichkeit" als das "geschichtlich Gewordene" (und damit anscheinend weniger wichtige) gilt. So orientiert sich

---

29 Etymologisch: Persona = lat., das "Durchtönende", in der Antike die Maske des Schauspielers; ähnlich/entsprechend noch in der (philosophischen) komplexen Psychologie *C.G. Jungs*: Person ist die äußere, sozialisierte Fassade des Selbst, die gesellschaftliche Rolle. Schon bei *Cicero* - wie später bei *Marx* und im Freudomarxismus - gibt es den Begriff der 'Charaktermaske'.

Heilpädagogik bislang an anthropologischen Aussagen wie: "Person ist das letzte, selbst nicht mehr gegenständlich faßbare Subjekt aller seiner bewußten Vollzüge im physischen und geistigen Raum." (*Hengstenberg* 1966; zit. n. *Kobi* 1985, 285) Trotz - oder vermutlich wegen - solcher Unfaßbarkeit reklamiert Heilpädagogik den Person-Status für ihr Klientel, dessen Behinderungen gleichfalls je schwerer desto unfaßbarer erscheinen... Die Kehrseite sind dann jedoch solche 'behindertenphilosophischen' Defizitzuschreibungen wie die Charakterisierung des behinderten Menschen durch "die typische soziale Insuffizienz, die Ort- und Heimatlosigkeit" (ebd.), die wir auch schon in der Auseinandersetzung mit *Bleidick* und *Speck* (s. Kap. 4.2) festgestellt haben. Wobei diese 'alte' (katholische) Anthropologie *Hengstenbergs* insofern noch eine positive Rarität darstellt, als sie die Situation des geistig und körperlich behinderten Menschen überhaupt thematisiert.

Insgesamt wird u.E. der Personbegriff in der Heilpädagogik arg überstrapaziert, erst recht seit der Ethikdebatte, in der er seine unhinterfragte Selbstverständlichkeit verloren hat und zugleich wie ein letztes Bollwerk verteidigt wird (vgl. das "Dammbruchargument" von *Antor* 1991a; Kap. 5). Dies erscheint u.E. wenig sinnvoll und verstrickt in vergebliche Rückzugsgefechte. Sind die Kriterien für den Personstatus so hoch gesteckt, daß (geistig) behinderte Menschen nicht mithalten können, so stellt sich die Frage, ob es nicht (i.S. einer Offensiv-Verteidigung) besser wäre, ganz darauf zu verzichten. *Antor* (1991a) hat bereits vorgeschlagen, Sonderpädagogik solle zum Schutz von Schwerbehinderten einen normativen anstelle eines empirischen Personbegriffs vertreten. Das ist jedoch noch nicht unbedingt eine Lösung, da zum einen gerade die Gottesebenbildlichkeit solch ein normatives Personverständnis ist und zum anderen diese Unterscheidung mißverstanden und z.B. mit *Kants* Unterscheidung verwechselt werden kann.

Auch *Kant* bietet HeilpädagogInnen kaum einen Halt/Anknüpfungspunkt, sondern verschärft das Dilemma nur noch, wenn er in der Einleitung zur 'Metaphysik der Sitten' zwei Formen der Personalität unterscheidet und damit der philosophischen Tradition (von der Scholastik bis *Locke* und *Leibniz*) einer Betonung des rationalen Selbstbewußtseins, also der anthropologisch-psychologischen, die ethisch-moralische Person hinzufügt: "Person ist dasjenige *Subjekt*, dessen Handlungen einer *Zurechnung* fähig sind. Die *moralische* Persönlichkeit ist also nichts anderes als die Freiheit eines vernünftigen Wesens unter moralischen Gesetzen (die psychologische aber bloß das Vermögen, sich seiner selbst in den verschiedenen Zuständen, der Identität seines Daseins bewußt zu werden) ..." (KWA VIII, 329; Hervorh. i.Orig. gesperrt).

Die Frage ist nun, ob und wie ein Personverständnis expliziert werden kann, das (sozial)philosophisch und zugleich für die Heilpädagogik tragfähig ist. Dazu läßt sich zunächst folgende Systematik der Personbegriffe zusammenfassend darstellen:

a) In der christlich-abendländischen Tradition des Personverständnisses, das bis heute weithin vorherrschend ist, kommen zwei Strömungen zusammen, die nicht völlig bruchlos sind: Zum einen ist Person - theologisch - als die allen Menschen von Geburt zukommende Würde der »Gottesebenbildlichkeit« (Imago-Dei), zum anderen - philosophisch (in klassisch antiker Tradition) - als ein Wesens- und Substanz-Begriff und als Vernunftfähigkeit gefaßt, wie es die frühmittelalterliche Definitionsformel des *Boethius* zum Ausdruck bringt: *»Persona est naturae rationalis individua substantia.«* (zit. n. *Hoffmeister* 1955, 457; Person ist die unteilbare Substanz einer vernünftigen Natur). Individuum und Person werden in dieser Tradition nicht deutlich unterschieden. Auf diesen Personbegriff ziehen sich Heil-/Sonderpädagogen in der Ethikdebatte zunehmend zurück. Wobei man es als Ironie des Schicksals verstehen kann, daß dieses letzte vermeintlich sichere 'Bollwerk' sich als doppelt obsoletes 'Luftschloß' erweist: Weder dogmatische Glaubenspositionen noch Substanzbegriffe oder ungebrochen optimistische Auffassungen von Vernunft können nach der Dialektik der Aufklärung oder im postmodernen Pluralismus darauf zählen, im philosophischen, wissenschaftlichen oder gesellschaftlichen Diskurs ernst genommen zu werden.
b) Seit dem Empirismus (*Locke*) und im naturwissenschaftlichen Denken, v.a. in evolutionstheoretischer Sicht, ist Person definiert durch (im weitesten Sinne psychologische) Leistungen wie Selbstbewußtsein, Planung, Zweckrationalität etc. Diese Auffassung findet sich auch im Utilitarismus - so in der Gegenwart z.B. bei *Singer* (1984) - und hat in den letzten Jahren zur Infragestellung behinderten Lebens und für die Heilpädagogik zu den bekannten Legitimationsproblemen geführt (Neue Euthanasie-Debatte).
c) Die moderne philosophische Anthropologie unseres Jahrhunderts, die man insgesamt als eine personalistische Philosophie auffassen kann (die Ausnahme *Gehlen* bestätigt hier die Regel), versteht unter Personalität - trotz aller Unterschiede in der jeweiligen Herleitung (wie wir in Kap. 1 gesehen haben) - den Menschen unter dem Aspekt seiner Ungegenständlichkeit (Nicht-Objektivierbarkeit; vgl. auch *Kamper* 1973, 157). Während *Scheler* noch der Metaphysik verhaftet bleibt, steht *Plessners* skeptische Anthropologie der "Unergründlichkeit des Menschen" bereits an der Schwelle zur Anthropologiekritik.

d) Kritische Anthropologie im Horizont der »anthropologischen Differenz« unterscheidet - wie schon bei *Plessner* angelegt (s. Kap.1.3) - zwischen »Individuum« und »Person« und expliziert Person eindeutig als (behelfsmäßige) gesellschaftliche Kategorie (jedoch nicht im engen Sinne des soziologischen Rollenbegriffs). Person wird *im* und *als* Spannungsfeld zwischen Individuum und Gesellschaft verstanden; sie wird zum Beziehungsbegriff, der erst im sozialen Zusammenleben eingelöst wird, d.h. politisch eingefordert und verteidigt werden muß. Kurz: *Personalität ist gleich Sozialität.* Person stellt in dieser Sicht den "sozialen Grund" des Individuums dar, der stets gefährdet ist und auch verloren werden kann (vgl. *Kamper* 1973).

Dieser sozial aufzufassende Entwicklungsbegriff eignet sich damit besonders für Erziehung und Pädagogik. Er erscheint zudem für die Heilpädagogik realistischer und adäquat, da er nichts für sich hat als das moralische und politische Engagement der Starken für die Schwachen... In der kritischen Sicht erhält "die typische soziale Insuffienz" (s.o.) einen anderen Akzent, ist nicht mehr einseitig Mangel des behinderten Individuums, sondern zweiseitig: das Versagen eines intersubjektiven Zusammenhangs. Sozial insuffizient sind dann nicht Personen, sondern Verhältnisse, Lebensbedingungen, Beziehungen etc..

4.3.2 (Heil-)Pädagogische Schlußfolgerungen

Eine anthropologie-kritische Herangehensweise zeigt auf, daß es verschiedene Erkenntnisarten und Person-Konzepte und dementsprechend verschiedene Erziehungsziele gibt (vgl. *Kamper* 1973, 164f.):

Zunächst gilt es, drei Strukturmomente der anthropologischen Differenz zu unterscheiden: *Indifferenz* (Unterschiedslosigkeit) - *Individuum* (ausgeschlossener Unterschied) - *Person/Individualität* (eingeschlossener Unterschied). Ausserdem bedeutet diese anthropologie-kritische Betrachtung gewissermaßen eine Umkehrung von Ursache/(Beweg-)Grund (Prinzip/Postulat) und Folge (Resultat). Es ergibt sich somit folgende - dem traditionell-anthropologischen resp. personalistischen Verständnis gegenüber verschobene - Ordnung der Struktur (s. Abb. 2 auf der folgenden Seite):
Als *individuale Erkenntnis* kann die vorherrschende wissenschaftliche (szientistische) und technologisch-pragmatische Herangehensweise bezeichnet werden. Sie ist verstandesorientiert, und ihr Resultat ist *Indifferenz*, d.h. Gleichgültigkeit, Verdinglichung, Entfremdung. Sie ist der Zustand *nach* allen (individuellen) Unterschieden, die durch wissenschaftliches Erkennen und begriffliches Identifizieren gleichmacherisch an Außenkriterien gemessen und somit einge-

ebnet werden (heilpädagogisches Beispiel: standardisierte Diagnostik, aber auch ein technologisch verstandenes Normalisierungsprinzip). Die Herrschaft der Logik führt zur Logik der Herrschaft, wie es in der "Dialektik der Aufklärung" (*Horkheimer/Adorno*) heißt. Sie macht alles gleich. Indifferenz ist nicht (kausaler) Grund und kein Postulat der Erkenntnis, sondern lediglich deren problematisches Resultat.

Eine *personale Erkenntnis* erfordert demgegenüber Einbildungskraft und im zwischenmenschlichen Bereich Empathie (soziale Kreativität). Sie folgt einer "Logik der Interaktion" (so *Kamper*; mit *Habermas* könnte man auch von "kommunikativer Vernunft" sprechen). Ihr Resultat ist nicht Personalität, sondern *Individualität*, die die Unterschiede mit einschließt und respektiert. Personale Erkenntnis muß erst 'in die Tat umgesetzt' werden, verweist auf menschliche (soziale) Praxis und antizipiert bessere Zustände. Nach der älteren kritischen Theorie und im (heil)pädagogischen Kontext hat hier auch Mimesis ihren Ort (s. Kap. 2.3).

Natur (Naturalität) »**Individuum**« (ausgeschlossener Unterschied) Lebewesen Erkenntnis-Subjekt **[S ⇨ O]** * *individuale* Erkenntnis ⇨*Indifferenz* (Unterschiedslosigkeit; Verdinglichung, Entfremdung)	Geschichte (Sozialität) »**Person**« gesellschaftl. Wesen soziale Anerkenntnis [S ⇔ S] (Sozial-Philosophie/Ethik; Pädagogik) * *personale* Erkenntnis ⇨ *Individualität* (eingeschlossener Unterschied)

Abbildung 2: Individuum und Person in der Struktur anthropologischer Differenz

Personale Erkenntnis in der Heilpädagogik ist entwicklungs- bzw. wachstumsorientiert (wobei hier das Wort 'Förderdiagnostik' als eher inadäquat erkennbar wird). Als Beispiele einer um personale Erkenntnis bemühten, aber bezüglich der anthropologischen Differenz noch unbewußten, heilpädagogischen Praxis könnten (mit Vorbehalt) die »basale Kommunikation« (*Mall*) und ähnliche Ansätze in der Schwer(st)behindertenpädagogik oder auch die neueren Versuche einer "Selbstbestimmt-Leben"-Bewegung und die Adaptionsversuche des Empowerment-Ansatzes in der Geistigbehinderten-Pädagogik gelten (vgl. z.B. *Theunissen* 1995).

Personalität ist demnach kein Ergebnis einer (Wesens-)Erkenntnis des Menschen, erst recht nicht voraussetzungslos-vorausgesetzte Eigenschaft, sondern *nur* Postulat (*Kamper* 1973, 159). In der Sprache der alten Philosophie: Sie ist Denk- nicht ontologisches Prinzip (causa = Ursache). Das Individuum dagegen ist Resultat der Aufklärung/Erkenntnis, nicht etwa ein anthropologisches Prinzip (ebd. 169). M.a.W.: Person resp. Personalität ist ein Beziehungsbegriff, der erst in der sozialen Praxis (Lebenswelt) einzulösen ist. Sie basiert auf »sozialer Anerkennung« - seit *Hegel* ein Leitbegriff der Sozialphilosophie und Ethik (vgl. *Honneth* 1994).

Diese Differenz der Erkenntnisweisen erweist sich damit als ein der Unterscheidung von Erklären und Verstehen (*Dilthey*), dem Erfahrungsverständnis *Adorno*s und *Plessner*s oder den *Habermas*'schen Erkenntnis-Interessen verwandtes Modell von kritischer Erkenntnisanthropologie, das trotz seiner scheinbaren formalen Abstraktheit ein Modell für das pädagogische Feld abgeben kann - vereinfacht ausgedrückt: "Erst verstehen, dann erziehen" (*Moor* 1965, 16 u. 277ff.); *Erziehung baut auf Beziehung auf.*

Eine Vermittlung resp. Verbindung von individualer und personaler Erkenntnis ist überdies auch nur pädagogisch denkbar, d.h. daß Erziehung sowohl von Verschiedenheit ausgehen wie auf eine Achtung der Verschiedenheit hinwirken muß. Das Erziehungsziel 'der mündige Erwachsene' impliziert demnach, daß dieser sich nicht als egoistisches Individuum und Mittelpunkt der Welt nur selbstbehauptet, sondern diese individuelle Selbstbehauptung zugleich zwar als unvermeidlich, aber auch als Unrecht an anderen erkennt (so das "Konzept der Erziehung des Denkens" bei *Kamper* a.a.O., 164). Und noch weiter: daß man unter dem rücksichtslosen Konkurrenzkampf leidet, ihn als Selbstverlust erfährt und deshalb - hier stellt *Kamper* eine interessante Verbindung zu *Plessner* her - "exzentrisch" den Mittelpunkt freigibt.

Ein solches Verständnis hat also für die Pädagogik und die Heilpädagogik erhebliche Konsequenzen. Es deckt sich weder mit dem Personverständnis der sog. "Personalen Pädagogik" noch mit einer positivistisch-psychologischen "Persönlichkeits-Pädagogik", wie sie z.B. *Kobi* (1985) als Alternativen gegenüberstellt, sondern zeigt eine dritte Alternative auf.[30]

---

30 Jedoch stimmen wir mit *Kobi*s Bestandsaufnahme (1985, 273) insoweit überein, daß die empirische Persönlichkeitspsychologie den philosophisch- und psychologisch-anthropologischen Person-Begriff (Wesen - Wert - Personwürde) bereits weitgehend aus der wissenschaftlichen Diskussion verdrängt hat. Persönlichkeit kann also psychologisch-umgangssprachlich und/oder wertethisch (sensu *Hartmann; Scheler*) verstanden werden. Umgangssprache und empirische Persönlichkeitspsychologie sind bezüglich ihres Persönlichkeitsverständnisses durchaus ähnlich!

Der Grund des Humanum, der Menschlichkeit bzw. eines menschlichen Umgangs miteinander ist kein ontologischer, sondern Beweg-Grund, Motivation, ethischer Antrieb; er ist und bleibt ein Postulat. Menschlichkeit kann nicht erzwungen, sondern nur pädagogisch erstrebt und politisch-gesellschaftlich erkämpft werden (vgl. *Kamper* 1973, 160; ähnlich auch *Haeberlin*). Zweifellos begibt man sich damit - z.B. in der gegenwärtigen Ethikdebatte - in die Position des Schwächeren, da man sich weder logisch-rationalem Utilitarismus noch (idealistisch) 'starker' Normbegründung anschließen kann.

Die Respektierung des Anderen, des *von mir Verschiedenen*, ist für Heilpädagogik paradigmatisch. In diesem Sinne kann der Begriff der »Differenz« im heilpädagogischen Kontext auch zu einem wichtigen dialektischen Korrektiv von »Integration« (nämlich in die bestehende zweckrational verwaltete und den Gesetzen der Warenwirtschaft unterliegende Gesellschaft) und »Normalisierung« (als Anpassung/Angleichung an einen fiktiven Durchschnitt der Bevölkerung und ihres Lebensstandards) behinderter Menschen werden.

4.3.3 Folgerungen für den Behinderungs-Begriff

Analog zur kritischen (dialektischen) Aufklärung und Revision des (anthropologischen) Person-Begriffs ist der Behinderungs-Begriff als Grundkategorie der Heilpädagogik (qua Sonder-Pädagogik) erneut zu hinterfragen und ggf. zu ersetzen. Behinderungen nicht als Begründung bzw. als konstitutiven Gegenstand für die Heilpädagogik zu betrachten, scheint sich zunehmend als Konsens unter Fachvertretern herauszubilden. Das ist gewissermaßen richtig und falsch zugleich.

Seit *Hanselmann* sind verschiedene (meist biologisch-medizinische oder psychologische) Systematisierungsversuche von Behinderungen unternommen worden, die dann das besondere Erziehungsverständnis und die Erziehungsziele der Heilpädagogik begründen sollten. Demgegenüber haben schon *Georgens & Deinhardt* Behinderungen (qua Schädigungen) als medizinische Tatbestände zwar vorausgesetzt, diese stellen aber im Grunde außerpädagogische Faktoren dar. Es geht nicht darum, Behinderungen pädagogisch zu definieren, sondern sie sind zu berücksichtigende Voraussetzungen bzw. Randbedingungen des pädagogischen Handelns, das aber nicht grundsätzlich von ihnen abhängig ist (vgl. dazu *Schwager* 1990, 225ff.).

Bei *Bleidick* (1972, ^{4}1984) wird Behinderung jedoch noch zum Konstitutionsbegriff der entsprechend bezeichneten '*Pädagogik der Behinderten*' erhoben. Demgegenüber will *Speck* (1988) Behinderung als Konstitutionsbegriff ersetzen durch spezielle resp. besondere *Erziehungsbedürfnisse* (ähnlich *Haeberlin* 1985; 1988a).

Seit *Moors* (1965; 1974a) programmatischer Aussage gilt: Heilpädagogik ist aus der Pädagogik zu begründen, nicht primär aus dem Tatbestand einer Behinderung; deren Bedeutung zu klären, erscheint erst sekundär. Was eine Behinderung qua Schädigung *ist*, sein kann, also durch welche organischen Defekte sie (und wie) mitverursacht wird, ist nicht Hauptgegenstand der Heil-/Sonderpädagogik. Insofern können Diagnose und Klassifikation der Medizin und Psychologie überlassen werden, anstatt sie konstitutiv für heilpädagogisches Handeln werden zu lassen. "Gegenstand (besser: Thema) der Heilpädagogik ist daher *nicht* die Behinderung (verstanden als Funktionsbeeinträchtigung) und schon gar nicht die kausal 'dahinter' liegende Schädigung, sondern das, was sich im gesellschaftspolitischen Kontext an verzerrter Kommunikation aufbaut..." (*Kobi* 1988, 62f./1985b); Behinderungen sind "gesellschaftshistorische, dynamische Konstellationsbildungen" (!) (ebd. 63). Hier ergibt sich zu unserem Ansatz perspektivisch-kritischer Heilpädagogik (s. Kap. 3) eine unerwartete Analogie. Ohne daß bei *Kobi* in diesem Kontext erkennbar die negative Dialektik *Adornos* Pate gestanden hätte, kommt in diesem Zitat genau die Quintessenz einer kritisch-theoretischen Sicht von Behinderung zum Ausdruck.[31]

In diesem Zusammenhang bietet sich eine kritische Reformulierung des Begriffs der »Gesamtseelenschwachheit« (nach *Hanselmann* 1976, 109)[32] als Konstellation an, der schon in seiner traditionellen Form vor einer empiristisch-positivistischen Verkürzung auf bloße Intelligenzminderung schützte und zum Ausdruck bringt, daß sog. Behinderung nicht objektivierend-isolierend fragmentarisiert werden kann, sondern den Prozeß eines "beschädigten Lebens" (*Adorno* 1980a) insgesamt spiegelt. Mag 'Gesamtseelenschwäche' landläufig auch als die typische, pauschale, geradezu repräsentative Formel für Defektorientierung von Heilpädagogik und Abwertung behinderter Menschen attackiert worden sein (so *Thalhammer* 1977, 18-42), so läßt sie sich in einer nicht am Defekt, sondern an personaler und sozialer Integration orientierten Neuinterpretation durchaus als konstituierend für (Heil-)Pädagogik rekonstruieren. Die erschwerte geistige Integrierungsfähigkeit von Erlebnissen und Absichten, Handlungen und Erfahrungen, bzw. die mangelnde Zentrierungsfähigkeit auf einen 'Personkern' (Akt-

---

31 Diese ließe sich auch am Beispiel der geistigen Behinderung näher beleuchten (vgl. dazu *Niedecken* 1989).

32 Im Kontext der Beschreibung geistiger Behinderung ("Geistesschwachheit") heißt es bei *Hanselmann:* "Am eindeutigsten wäre das monströse Wort *Gesamtseelenschwachheit*, wenn der Terminus Seelenschwäche (Psychasthenie) nicht schon in ganz anderem Sinne in der Literatur bereits Anklang gefunden hätte." (Ebd.; Hervorh. i.Orig.)

zentrum) hin (um 'geistige Behinderung' hier einmal mittels der anthropologischen Terminologie *Scheler*s zu veranschaulichen - s. 1.2.1) ist wesentlich auch sozial bedingt, bezieht man die Erkenntnisse *Plessners* und der kritischen Theorie mit ein. Sie behindert das Leben, die Bildung von Erfahrungen, führt zum sozialen Ausschluß, schließt aber - kritisch-anthropologisch und gesellschaftstheoretisch betrachtet - den Betroffenen aus der Allgemeinheit bzw. der sog. Normalität nicht aus, sondern eher ein, da bei fast allen Menschen eine Beschränkung der vollen Entfaltungsmöglichkeiten in ihrem Leben vorliegt (vgl. auch den Begriff der "Entganzung" bei *Hanselmann*) und es sich nur um graduelle Unterschiede handelt.[33]

Demgegenüber fällt die eher existenzphilosophische Begrifflichkeit *Paul Moor*s (1974b) wieder in dualistische Positionen zurück, wenn er den Begriff der Gesamtseelenschwäche wieder aufgibt und aufspaltet in: "Intelligenzschwäche" einerseits, diese noch weiter differenziert und damit 'aufwertet', und "geschwächte Ansprechbarkeit des Gemütes" andererseits, was zudem ein problematisch-verschwommener Begriff ist. Diese Sicht stellt (mit *Adorno* gesprochen) einen Vorgang des Identifizierens und Verdinglichens dar, während die allgemeine Metapher der Gesamtseelenschwäche das Nicht-Identische besser zu bewahren vermag.

Auf kritisch-theoretischem Hintergrund können wir nun resümieren: Behinderung stellt eine spezifische Form des Nicht-Identischen, der anthropologischen Differenz dar. Behinderung als gesellschaftlicher Prozeß, als Frage der sozialen Anerkennung, bleibt insofern nach wie vor Thema von Heilpädagogik. Nicht fach-konstitutiv aber ist dagegen die individuell(-körperlich)e Schädigung des Organismus. Individual-theoretische und generalisierend defekt-orientierte (zudem meist gleichbedeutend mit "defekt-faszinierten") Betrachtungsweisen sollten deshalb aus der Heilpädagogik eliminiert werden. Kritische Heilpädagogik wäre stattdessen theoretisch wie praktisch auf der Basis der Intersubjektivität zu betreiben; sie sollte das, was Behinderung im Zwischenmenschlichen, im Lebensweltlichen *bedeutet,* aber nicht bloß interaktionistisch beschreiben, sondern sich auch in gesellschaftstheoretischer und sozialphilosophischer Perspektive mit der (materiellen) Umwelt und (sozialen) Mitwelt auseinandersetzen. Heilpädagogik ist dann und insofern Theorie und Praxis des

33 Zu parallelen Ergebnissen kommen - aber auf anderem Wege - auch die materialistische Behindertenpädagogik (*Jantzen* 1987 u.ö.) oder *Rödler* (1993), die - wie auch unsere Überlegungen nahelegen - auf eine grundlagentheoretische Überflüssigkeit von 'Sonder-Pädagogik' schließen.- Dieser Zusammenhang führt zudem geradewegs - darin Heilpädagogik konstituierend - zum pädagogisch-therapeutischen Ziel des "Leben lernen" (i.S. *Bettelheims* 1989) und zum Ziel Emanzipation.

»pädagogischen Feldes« und seiner human-optimalen Gestaltung unter erschwerten Bedingungen.

4.4 Von der Personalität zur praktischen Intersubjektivität

Wir sind, was wir sind,
durch unser Verhältnis zu anderen.
G.H. Mead (1973, 430)

Aber gerade in dem Prozeß der Erfahrung,
den Goethe oder Hegel mit »Entäußerung«
bezeichnet hätten,
in der Erfahrung des Nicht-Ichs am Anderen,
bildet sich vielleicht die Individualität.
Th. W. Adorno (1971, 118)

Der Begriff der »Intersubjektivität« kann sowohl wissenschaftstheoretisch wie (sozial)anthropologisch verstanden werden. Wurde bislang im Verständnis der Heilpädagogik als "wertgeleiteter Wissenschaft" vor allem die wissenschaftstheoretische Anforderung der intersubjektiven Nachvollziehbarkeit (Überprüfbarkeit) wissenschaftlicher Aussagen herausgestellt (*Haeberlin* 1993a,b), so soll im folgenden die sozialanthropologische und ethische Begriffsdimension von Intersubjektivität entfaltet werden, um auf dieser Folie heilpädagogische Grundsätze und Haltungen entwickeln bzw. erläutern zu können. Wobei in der hier eingenommenen interdisziplinären Perspektive einer kritisch-philosophischen 'Wissenschaftslehre' (Erkenntnisanthropologie) eher die Gemeinsamkeiten und Zusammenhänge (Konstellationen) zwischen Wissenschaftstheorie und Sozialanthropologie/Ethik in den Blick genommen werden und die scharfe Abgrenzung bewußt vernachlässigt wird. Oder anders gewendet, wir gehen hier von der normativen Utopie aus, daß der wissenschaftstheoretische Begriff von Intersubjektivität, d.h. die Verständlichkeit und Nachvollziehbarkeit von sprachlichen Äußerungen einerseits, und der anthropologisch-ethische Begriff von Intersubjektivität, d.h. das Verstehen und die Anerkennung von Personen andererseits, parallele Vorgänge sind, deren Linien - metaphorisch gesprochen - sich im Unendlichen schneiden. Zudem kann (und muß) in der Heilpädagogik ein weitgefaßter Begriff von Sprache und Verständigung zugrundegelegt werden (vgl. *Schwager* 1990; *Rödler* 1993).

In einem kursorischen Blick in die Begriffsgeschichte von »Intersubjektivität« - erstmals im Kontext der Phänomenologie aufgetaucht - zeigt sich, daß ihre

Koppelung an Bewußtsein, Sprache oder Körper(lichkeit) unterschiedlich gefaßt werden kann. Hier kommt es nun darauf an, ein mit den bisherigen Überlegungen um Exzentrizität, Differenz und Nichtidentität verträgliches, kritisches Modell von Intersubjektivität zu gewinnen, das den belasteten Personbegriff ablösen kann. Vorab läßt sich die ursprüngliche phänomenologische von einer pragmatischen Sichtweise abheben.

4.4.1 Intersubjektivität als sozialanthropologische Kategorie

Husserls (1986) in der Schwerbehindertenpädagogik zunehmend rezipierter transzendental-phänomenologischer Begriff der "Intersubjektivität" als einer wesentlichen Konstitutionsleistung des Bewußtseins (neben Wahrnehmung und Zeitbewußtsein) beruht auf einer Theorie der "Einfühlung" in fremde Bewußtseinszustände, ohne jedoch einen tatsächlichen kommunikativen Austausch vorauszusetzen (vgl. *Held* 1986, 31ff.; *Kleinbach* 1994). Das 'fremde Ich' ist mir durch die Erfahrung meiner eigenen Leiblichkeit vermittelt, von der ich auf den anderen schließe.

In einem anderen Sinne phänomenologisch ist *Plessners* "Mitwelt"-Begriff, der zunächst eine funktionale gesellschaftlich bedingte Alternative zu einem substantiellen Geist- oder Personbegriff darstellt. Diese Alternative wurde in unserem Rahmen einer sozialphilosophischen Fundierung bereits ausführlich erörtert (s. 1.3.5). Die formalen Strukturen des menschlichen Selbstverhältnisses (exzentrische Positionsform) bedingen - unabhängig von Einfühlung, aber gekoppelt an Ausdrucks- bzw. Nachahmungsverhalten - eine "Wir-Sphäre", die mit Personalität und Sozialität gleichgesetzt werden kann. Die conditio humana ist also schon formal-strukturell prinzipiell intersubjektiv angelegt, womit noch nichts über die Ausrichtung oder die prozeßhafte Verwirklichung sozialen Lebens oder über Kommunikation ausgesagt ist.

Bei *Plessner* bildet die Mitwelt nicht eine ontologisch eigenständige Sphäre des "Zwischen" wie z.B. in der religionsphilosophisch inspirierten Dialogphilosophie *Buber*s, die von vielen auch gesellschaftstheoretisch orientierten Heilpädagogen als Referenztheorie bemüht wird, oder im Anthropogenese-Konzept (*Auersperg*), das *Dreher* für die Heilpädagogik reklamiert. Sie wird auch nicht existenzphilosophisch verstanden, wie in *Moor*s (1974b) Lehre vom "äußeren und inneren Halt", sondern bezeichnet zunächst (lediglich) eine formale Folge der menschlichen Subjektivität. *Plessner*s "Mitwelt"-Verständnis wird damit einer kritisch-skeptischen Sicht wesentlich mehr gerecht und vermag neutral (metaphysik-frei) das "die menschliche Situation konstituierende 'Mitsein in gemeinsamer Mitwelt'" (*Dreher* 1990, 107) oder heilpädagogische Überlegungen zur "Mitexistenz" (*Speck*) zu präzisieren und fundieren. Dagegen bleiben Anthropogenese und "Leibphilosophie" (*Dreher*) zu sehr im Bereich des Angedeuteten einerseits, des ursprünglich medizinisch Inspirierten (*Auersperg; V.v.Weizsäcker*) andererseits.

In der Heilpädagogik ist der "Mitwelt"-Begriff explizit nur bei *Moor* (1974b) im Zusammenhang seiner Darstellung des "äußeren (und inneren) Halts" zu finden. Die "moralische Mitwelt" ist die Dimension der Lebensführung (Existenz), die durch "Wollen" bestimmt ist, und sie steht der "vitalen Umwelt" (Lebenstechnik), in der es auf das "Können" ankommt, gegenüber (a.a.O., 205, 243, 265, 267). Auf der Folie der transzendentalanthropologischen Konzeption *Plessners* ("Leben fundiert Existenz") kann nun auch diese - vermutlich durch *Heidegger* über *Binswanger* inspirierte - existentialontologische Begrifflichkeit mit 'anderen Augen' gesehen werden.

Vor allem zwischen der Konzeption *Plessners* - der (deutschen) Philosophischen Anthropologie überhaupt - auf der einen Seite und dem amerikanischen Pragmatismus (Handlungsphilosophie) im allgemeinen sowie der Sozialtheorie *G.H. Meads* mit ihrem Begriff der Intersubjektivität im speziellen auf der anderen Seite lassen sich viele Gemeinsamkeiten und Analogien feststellen, die dazu berechtigen, »Sozialität« resp. »Intersubjektivität« als *die* anthropologische 'Zentralkategorie' zu verstehen (*Rehberg* 1985), die den Personbegriff ablösen kann.

Im Gegensatz zum Maschinenmodell des Behaviorismus hat *Mead* (1993) eine sozialpsychologisch-sozialphilosophische Handlungs- und Persönlichkeitstheorie entwickelt, deren Zentralbegriff das *»Selbst«* ist.[34] Alles Leben wird von der Interaktion zwischen Organismus und Umwelt bestimmt, aber nur der Mensch handelt, führt sein Leben und hat ein 'Identitätsproblem'. Sozialisation und Individuation sind zwei Seiten eines Prozesses.

Die Entwicklung des eigenen Selbst ist nur durch die Erfahrung des anderen und durch die Sicht von sich selbst aus der Perspektive der anderen (Rollenübernahme) möglich: "Durch die Übernahme oder Einfühlung der Haltung des anderen gegenüber sich selbst entsteht Selbst-Bewußtsein, nicht lediglich durch die organischen Empfindungen, deren sich der Einzelne bewußt ist und die in seine Erfahrung eintreten." (*Mead* 1973, 214f.) M.a.W.: Subjektivität ist Inter-

34 Inwieweit die Bezeichnung "Sozialbehaviorismus" für *Mead* überhaupt zutrifft oder von seinem Hauptanliegen eher wegführt, ist in der Editions- und Rezeptionsgeschichte des *Mead'* schen Werkes umstritten. Auch die überwiegende Übersetzung von 'Self' mit 'Identität' erscheint *Mead*-Kennern heute als unangemessen. (Vgl. *Joas* 1985, 8; 1987, 14).

Subjektivität. Der Perspektive-Wechsel muß eingeübt werden; deshalb kommt z.B. dem Spiel oder allgemein mimetischen Handlungen eine wichtige Sozialisationsbedeutung zu. Der 'konkrete Andere' wird im Laufe der Entwicklung zum 'verallgemeinerten Anderen' ("generalized other"). Das Selbst bzw. die Person besteht aus zwei Seiten: dem spontan-aktiven "I" (persönliche Freiheit) und dem sozial geprägten "Me" (soziale Anpassung). Letzteres aber begründet für *Mead* ersteres.

Wie *Plessner* sucht auch *Mead* die abendländisch-philosophischen Körper-Geist-Dualismen zu überwinden, und beide haben eine gemeinsame Ausgangsbasis: die Anknüpfung an den Deutschen Idealismus mit seiner transzendentalphilosophischen Theorie des Selbst (*Fichte*; *Hegel*), die Lebensphilosophie und Geisteswissenschaft *Diltheys* (vgl. *Rehberg* 1985, 63f.), die sie kritisch aufzuheben suchen. Gemeinsame zentrale Themen sind die Einheit resp. die Wechselwirkung von Körper und Geist, die Konstitution der Personalität qua Sozialität (Was macht den Menschen zur Person?), Fragen des Selbst und der Identität.

Selbst in *Schelers* deskriptiven phänomenologischen Analysen, z.B. zur Wahrnehmung oder zur Sympathie, finden sich Ähnlichkeiten zum *Mead*'schen Intersubjektivitäts-Verständnis (vgl. *Rehberg* 1985, 67ff.), obwohl *Scheler* alle sozialtheoretischen Fundierungsversuche menschlichen »Personseins« und des "Wissens von fremden Ichen" strikt ablehnte. Diese seien nicht aus der Vitalsphäre, sondern aus dem unabhängigen Geistprinzip, also nur metaphysisch zu begründen. *Schelers* Modell beschreibt zwar die Evolution des Psychischen, Geist aber wird nicht - wie bei *Plessner* - aus der Struktur/Positionsform des menschlichen Lebens oder - wie im Pragmatismus und bei *Mead* - aus sozialen Wechselwirkungen/Interaktionen ("Verschränkungen sozialen Gruppenhandelns") abgeleitet (s. Kap. 1.4).

Obwohl *Gehlen* den Pragmatismus stärker als *Scheler* oder *Plessner* rezipiert hat, läßt sich bei ihm wiederum eine seltsame "Ungleichzeitigkeit" feststellen: Je mehr er die Handlung - das Signet einer pragmatischen Philosophie - als Grundlage seiner 'empirischen' Philosophie herausstellt, desto mehr wird Handlung zu der eines 'einsamen' Subjekts und die intersubjektive Vermittlung vernachlässigt (*Rehberg* 1985, 73ff.; vgl. *Joas* 1989). Auch den bei *Gehlen* zentralen Institutionen bzw. der Institutionalisierung von individuellem Verhalten kommt keine intersubjektive Genese zu, wie sie als Verknüpfung von Interaktionen für *Meads* Denken selbstverständlich ist.

Mead wie *Plessner* vertreten dagegen beide eine dialektische Sicht, daß nämlich das »Selbst« oder die Personalität eines menschlichen Organismus nicht unmittelbar gegeben sind, sondern eine soziale Genese haben. Nicht einmal zu sich selbst, geschweige denn zu anderen oder der Welt kann man in einem unmittelbaren Verhältnis stehen, "vielmehr bedingen sich Subjektivität und 'soziales Feld' gegenseitig" (*Rehberg* 1985, 71). Der Geist als Mitwelt bezeichnet eine sozial-gesellschaftliche Kategorie.

Der Unterschied zwischen beiden Konzeptionen liegt jedoch darin, daß bei *Plessner* die Intersubjektivität nicht aus der Sprache, sondern aus der Exzentrizität der Lebensform abgeleitet wird. Diesen von *Habermas* (1977b; 1988c) kritisierten Tatbestand kann man im heilpädagogischen Kontext durchaus eher für einen Vorteil halten, da auch nicht-sprechende Personen mit umfaßt werden. Zudem wird auch die sprachliche Verständigung bei *Mead* (1993, 90ff.) nicht fundamental, sondern selbst noch durch leiblich-mimetische Ausdrucksformen (Gebärden und Gesten)und kooperative Handlungen fundiert (vgl. *Joas* 1989, 19).

Auch der kritische Einwand von *Honneth* und *Joas* (1980, 83), daß *Plessner* die intersubjektive Konstitution des Körperschemas (also auch der exzentrischen Positionsform) nicht berücksichtigt habe, und daß die Wahrnehmung des eigenen Körpers bereits eine intersubjektive Beziehung voraussetze, läßt sich ebenfalls durchaus kontrovers diskutieren. Denn daß man sich gleichsam im Spiegel des anderen erlebt (analog zu *Mead* 1993; auch *Merleau-Ponty* 1966), hat *Plessner* ebenfalls gesehen und in seinem Reziprozitäts- und Mitwelt-Konzept thematisiert.

Der menschlichen Welt- und Selbsterfahrung liegt von Anfang an ein Wechselwirkungsverhältnis zwischen verschiedenen Individuen zugrunde - im Spiegel der anderen erfahre ich mich selbst. Das bezeichnet sowohl das *Mead*'sche Kerntheorem einer *»praktischen Intersubjektivität«* (*Joas* 1989) als auch *Plessners* Exzentrizitäts- und Reziprozitätsthese. Sie lassen sich an der kindlichen Entwicklung verifizieren, die sich (nach allgemeinem entwicklungspsychologischem und pädagogischem Konsens) in zwei entscheidenden Schritten vollzieht (vgl. auch *Piaget/Inhelder* 1986):

- Die erste Unterscheidung und Grenzziehung ist die zwischen umgrenzten Dingen der Außenwelt und dem eigenen abgegrenzten Körper-Ich (*zentrisch*).
- Die zweite Unterscheidung betrifft die von anderen Personen und ihren Handlungen sowie die damit einhergehende Rollenübernahme, die für die körperunabhängige Vorstellung vom eigenen Ich, für die Entwicklung von Selbst- und Fremdbild entscheidend ist (*exzentrisch*). Das eigene Selbstbild und Selbstbewußtsein ist abhängig von den Erwartungen und Reaktionen der anderen.

Mit dieser Sicht eines Primats der Intersubjektivität kommt schließlich auch *Adorno* überein, obwohl er keine Theorie der Intersubjektivität entwickelt, sondern sich hauptsächlich auf den "Vorrang des Objekts" konzentriert hat, nach dessen Maßgabe der "Ursprung des Ichs im Nichtich" (ND, 199) sich mehr auf die Auseinandersetzung mit Sachen (Arbeit) bezieht (man beachte die Parallele zur oben skizzierten Entwicklungspsychologie). Als eine real-empirische, gleichermaßen materialistische Voraussetzung für Individuation gilt ihm aber auch die intersubjektive Vermitteltheit, wie folgende Stelle in seiner *Husserl*-Kritik deutlich macht:

> "»Mein« Ich ist in Wahrheit eine Abstraktion und nichts weniger als die Urerfahrung, als welche Husserl es reklamiert. Durch das Possessivverhältnis bestimmt es sich als höchst vermitteltes. In ihm ist »Intersubjektivität« mitgesetzt, nur nicht als beliebige reine Möglichkeit, sondern als die reale Bedingung von Ichsein, ohne welche die Einschränkung auf »mein« Ich nicht kann verstanden werden." (*Adorno* 1990b, 231)

Von der "absoluten Monade" her kann das 'Wesen' des Menschen nicht bestimmt werden; sie bezeichnet aber die Situation des Individuums in einer "monadologischen Gesellschaft" (ebd.). Damit wird übrigens genau *Horkheimers* Anthropologiekritik (s. 2.2.3; 4.2.5) wieder aufgenommen.

Zusammenfassend: Differenz von Individuen ist Voraussetzung für Intersubjektivität et vice versa: Intersubjektivität ist Voraussetzung für Individuation. Diese vom empirisch-analytischen Standpunkt zirkulär-unsinnige These bringt die unauflösbare Dialektik auf den Punkt. *Subjektivität ist Inter-Subjektivität; Intersubjektivität ist Personalität.* Intersubjektivität ist nicht nur eine sozialpsychologische und -anthropologische Kategorie, sondern wird auch zur *zentralen Thematik pädagogischer und ethischer Theoriebildung und Praxis*:

- "Individualität bildet sich in Verhältnissen intersubjektiver Anerkennung und intersubjektiv vermittelter Selbstverständigung." (*Habermas* 1988c, 190) Entwicklung von Subjektivität (Personalität; von Geist, Persönlichkeit etc.) ist ein intersubjektiver, gesellschaftlicher Vorgang (*Mead*), der aber nicht notwendig sprachlich vermittelt sein muß (vs. *Habermas*) - im engen Sinne von Wortsprache bzw. Symbolisierungsfähigkeit (vgl. *Rödler* 1993; 1994a,b), sondern sich bereits vorsprachlich und leibgebunden vollzieht.[35]
- Empathie und leibliche Kommunikation sind in der frühen Entwicklung zwar notwendige, keinesfalls aber lebenslang hinreichende Bedingungen von Intersubjektivität.

---

35 Dies kommt in der - von *Rödler* (1994b, 121) explizit als solche - bezeichneten Metapher vom "Reich der Sprache" (nach *Maturana/Varela*) zum Ausdruck, die ganz allgemein ('basal') für Austausch und gegenseitige Beeinflussung von Menschen steht.

- Unabhängig von gelingender Einfühlung ist die prinzipiell gegebene (in die conditio humana eingeschriebene) Intersubjektivität eine transzendentale Bedingung aller (Heil-)Pädagogik.
- Allein durch das Dasein behinderter Menschen, durch die Konfrontation mit ihnen und durch unsere Reaktion (vom spontanen Abwehr- oder Mitleidsimpuls bis zu komplexen Formen der Beziehung oder Behandlung/Betreuung) sind Behinderte wie Nichtbehinderte immer schon in einer sozialen Situation, *praktizieren* Intersubjektivität.[36]
- *Intersubjektivität ist praktische Intersubjektivität*, weil sie weder bloße Begegnung mit dem anderen (*Buber*) noch nur durch Sprache als Handlungsentlastung (*Gehlen*) oder sprachliche Verständigung (*Habermas*) bestimmt ist, sondern weil und insofern sie zugleich Voraussetzung gemeinsamen Lebens und Handelns (auch von Pädagogik) wie Ziel ist, sich also im gemeinsamen Handeln zur Lebensbewältigung erst bestätigen und bewähren muß.

4.4.2 Übergang zur Ethik: Intersubjektivität und Verantwortung

In Anknüpfung an *Horkheimer*s Kritik, daß philosophische Anthropologie zugleich zuviel und zuwenig verlange und deshalb angesichts der realen Not der Menschen sozusagen moralisch versage (s. Kap. 2.2), sind in unseren bisherigen Erörterungen die alten metaphysisch-spekulativen anthropologischen Vorstellungen wie der traditionelle Personbegriff zunehmend zurückgetreten. Sie sind sozusagen unwichtig geworden im philosophischen und heilpädagogischen Diskurs der Gegenwart, für den ganz andere Fragen drängend sind. Es geht um eine gedanklich-begriffliche Wende von der Personalität zur Sozialität, von transzendentaler Subjektivität zur praktischen Intersubjektivität, die normativ-utopische Implikationen hat.

Entsprechend konstatiert *Schulz* (1980, 461f.) eine zweifache Wende der anthropologischen Diskussion: zum einen "zur einzelwissenschaftlichen Forschung" und zum anderen "zur praktischen Bewältigung" der psychophysischen und psychosozialen Zusammenhänge. Diese Wende markiert zugleich den Übergang von anthropologischen Fragen zur *Ethik*, denn Grundfrage resp. Hauptproblem der menschlichen Selbstverständigung, das durch 'Verwissenschaftlichung' nicht gelöst werden kann, bleibt, "wie in der gegenwärtigen Gesellschaft das Menschsein in geschichtlicher Verantwortung verwirklicht wer-

---

36 Dies gilt auch noch für extreme Negativ-Formen, z.B. des Liegenlassens und der zur Euthanasie schön geredeten Tötung.

den kann" (ebd. 463). Diese Aufhebung philosophischer Anthropologie in praktische Philosophie/Ethik kann für unsere Absicht aufgegriffen und wie folgt ergänzt bzw. in die (heil)pädagogische Dimension übersetzt werden: Wie kann pädagogisch zur Vermenschlichung der Gesellschaft, zur 'Menschwerdung' der nachfolgenden Generation und - in heilpädagogischer Zuspitzung - der benachteiligten/behinderten Mitglieder dieser Gesellschaft beigetragen werden?

Was *Schulz* (ebd.) als doppelte Aufgabe der Philosophie kennzeichnet, kann deshalb auch als die einer kritischen Pädagogik gesehen werden:

1) die Reflexion der in einer Wissenschaft jeweils vorherrschenden Methoden (für die [Heil-]Pädagogik bedeutet das auch ihrer 'praktischen Erziehungs-Methoden');
2) die Funktion eines "mahnenden Gewissens" der Forschung, d.h. die ethische Verantwortbarkeit humanwissenschaftlicher Forschung zu prüfen (in der [Heil-]Pädagogik auch ihrer Diagnostik, Erziehungs- und Betreuungspraxis).

Zwar ist die alte Idealvorstellung der Anthropologie, alle einzelwissenschaftlichen Ergebnisse zusammenfassen und verbindlich interpretieren zu können, obsolet geworden und aufzugeben, da deren Fülle nicht mehr überschaubar ist und zudem kein einheitliches Bezugssystem mehr die lückenlose Erhellung und Beurteilung zu leisten vermag.[37] "Aber dieser Verzicht ist durchaus dialektisch", so *Schulz* (1980, 463). Er ist aber - gegen *Schulz* - negativ-dialektisch weiterzutreiben und sollte nicht dabei stehenbleiben, der Unmöglichkeit, "ein philosophisches Gesamtbild des Menschen ein für allemal als theoretische Wesensaussage ... aufzustellen", lediglich die Möglichkeit und Forderung entgegenzuhalten, "von der geschichtlichen Situation her in offenen Horizonten so etwas wie *Leitbilder* für das Handeln zu entwerfen", die als "Rahmenordnungen"(!) fungieren sollen (ebd.; Hervorh. i.Orig.). In dieser Forderung bleibt nämlich deren Ambivalenz, ihre Heteronomie außer Betracht. Auch auf Leitbilder ist zu verzichten. Stattdessen bleiben nur die kritische Analyse und die bestimmte Negation. Auch entsprechende Versuche sog. skeptischer Ethik[38] enden bisher

---

37 Auch nicht die Systemtheorie, bei der in letzter Zeit auch immer mehr Pädagogen und Heilpädagogen Zuflucht nehmen (vgl. *Speck* 1988; *Rödler* 1993).

38 Eine solche entwerfen in der Gegenwart außer *Schulz* (1980; 1989) selbst auch *Kamlah* (1973), *Weischedel* (1976) und *W. Marx* (1986). Außer skeptischer Ethik umfaßt *nicht-metaphysische* Ethik, d.h. eine Ethik, die sich nicht mehr auf einen den innerweltlichen Erfahrungshorizont übersteigenden Weltgrund stützen kann und will, auch die Diskursethiken von *Apel* u. *Habermas* (s. Kap. 5).

meist wiederum in idealistischen Gesamtansichten oder kehren zu 'altväterlichen' Weisheiten und Tugenden zurück.

Ausgangspunkt jeder ethischen und auch einer kritisch-skeptischen Reflexion ist und bleibt der "handelnde und leidende Mensch" (*Schulz* 1980, 463), wobei die Aufhebung des Leidens die Zielperspektive ist (s. dazu Kap. 5.3). Humanwissenschaftliche Einzelanalysen sind unter dem kritisch-ethischen Aspekt einer Verbesserung der conditio humana in den Lebenszusammenhang zurückzuübersetzen. Deshalb ist z.B. bereits bei *Plessner* und *Gehlen* eine zunehmende Einbeziehung sozialphilosophischer, -psychologischer und soziologischer Themen sowie lebensweltlicher Phänomene (s. Kap. 1) festzustellen. Aus dem gleichen Grunde sind heute die Sozialwissenschaften - einschließlich der Pädagogik - als anthropologische Grundwissenschaften anzusprechen. Philosophische Reflexion, insbesondere praktische Philosophie/Ethik darf sich nicht bloß auf Privat-Persönliches beschränken, sonst würde sie stillstehen und positiv sanktionieren, daß das 'Wesen des Menschen' auf der Folie der modernen pluralistischen Gesellschaft sozusagen zur 'Privatperson' verblaßt ist. Diesem Auflösungsprozeß in völlige Vereinzelung gilt es gegenzusteuern.

Dabei könnte der Heilpädagogik aufgrund ihrer Erfahrungen mit Separation und Integration sowie aufgrund ihres Gegenstandsbereichs ('Behinderungen', isolierende Bedingungen etc.) - bei allem Vorbehalt - sogar eine spezielle gesellschaftliche Vorreiterrolle und ethische Instruktionskompetenz zukommen. Moral ist jedenfalls keine Privatsache, sondern immer schon sozial vermittelt (vgl. *Höffe* 1981; 1986); und die Übernahme von *Verantwortung* ist ein pädagogisches Grundmotiv.

Analyse und Gestaltung der *Intersubjektivität* resp. der (sozial geprägten) Lebenswelt des Menschen bedarf *einerseits* einer "komplizierten Doppelform" (*Schulz* 1980, 464) von *Sozialwissenschaft*, die sowohl 'Empirie' der Lebenswirklichkeit (Erfahrung) wie theoretisch konstruierte und konstellierte Modelle ihrer 'Erklärung' resp. des Verstehens umfaßt, und *andererseits* einer für das Handeln orientierenden *Ethik*, die auch und vor allem den Bezug zwischen Erfahrung und theoretischen Modellen thematisiert, also die "dialektische Vermittlung von Wissenschaft und Leben" leistet (ebd. 465). In dieser "indirekten Vermittlung" sieht *Schulz* - genau wie *Plessner* (s. 1.3.5) - "ein Grundgesetz des menschlichen Lebens überhaupt" (ebd.). Ethik ist das »Zwischen«, das Medium resp. die Dimension dieser Vermittlung. Sie wird in dieser Sicht zu einer Art Metatheorie der Sozialwissenschaft (und damit der Pädagogik) und löst - soviel läßt sich schon 'vor-kritisch' sagen - die Anthropologie als grundlage-sichernde Disziplin ab.

Die bisherigen Überlegungen lassen sich vor diesem Hintergrund in folgende These fassen: Nicht die Anthropologie gibt der Pädagogik Maßstäbe und Leitziele vor, sondern umgekehrt muß Pädagogik (zusammen mit der Gesellschaftstheorie und der Ethik) darüber orientieren, was menschliche (anthropologische) Perspektiven sind, wie die conditio humana zu gestalten ist. Dies kann sie aber nicht qua Erziehungs-Technologie, sondern nur als kritisch-normative.

4.5 Statt einer Zusammenfassung: Kritische oder negative Heilpädagogik?

Wie ist nun nach dem Durchgang durch Anthropologie und Anthropologiekritik, nach der vorläufigen Diskussion von Differenz und Intersubjektivität, bei der deren normativ-ethische Implikationen bereits anklangen, das Projekt einer kritischen Heilpädagogik zu verorten? Wie schon in der Einleitung betont, stellt sich die wissenschafts- und gesellschaftstheoretische Ausrichtung der vorliegenden Arbeit in die Tradition der (älteren) Kritischen Theorie. Sie könnte deshalb als ein Beitrag zu einer Kritischen Erziehungswissenschaft gelten, die in der allgemeinen Pädagogik heute jedoch kaum noch relevant scheint und in der Heil-/Sonderpädagogik noch nie so recht rezipiert worden ist. So wären an dieser Stelle Gemeinsamkeiten und Unterschiede zur Kritischen Erziehungswissenschaft nachzutragen. Mit unserer Anknüpfung an *Adornos* "Negative Dialektik" ist nun aber eine besondere Problematik verbunden - nämlich die, ob daraus zwingend eine *negative* (Heil-)Pädagogik folgt bzw. ob es eine solche überhaupt geben kann, und wenn ja, wie sie zu denken und auszuführen sei.[39]

Die Kontroverse zwischen empirisch-analytischen oder kritisch-rationalen, geisteswissenschaftlich-hermeneutischen und kritisch-theoretischen Positionen (der sog. Positivismusstreit) ist zwar heute in den Sozialwissenschaften (einschließlich der Pädagogik) in den Hintergrund getreten, was jedoch nicht heißt, daß die Fragen gelöst sind. Gerade in der Heil- und Sonderpädagogik ist die Debatte kaum systematisch geführt worden, wurde eher übergangen als überwunden (vgl. dazu auch *Schwager* 1990, 305ff. 327ff.). Die wissenschaftstheoretischen Differenzen sind mehr als das, nämlich gesellschaftstheoretisch-sozialphilosophische, und lassen sich auch schwerlich einfach additiv lösen, indem man den Postulaten der empirischen Forschung die Forderung nach Ideologie-

[39] Ein solches Projekt einer dezidiert "Negativen Pädagogik" hat bisher einzig *Gruschka* (1988) mit der Publikation von Vorlesungen in Angriff genommen, in denen zentrale Grundbegriffe wie Lernen, Entwicklung, Sozialisation, Erziehung, Bildung und Didaktik negativ-dialektisch durchbuchstabiert werden.

kritik und die Darstellung der normativ-utopischen Ziele hinzufügt - oder diese gar zu "Wunschvorstellungen" herabhandelt (vgl. *Haeberlin* 1991; 1993a). Zudem stellt ja bereits die kritische Theorie - sowohl vor wie nach ihrer 'kommunikativen Wende' - selbst eine Synthese resp. Aufhebung von empirisch-analytischen und geisteswissenschaftlichen Prinzipien und Methoden dar (vgl. auch *Wulf* 1983).[40]

Die Kritische Erziehungswissenschaft der späten sechziger und frühen siebziger Jahre war nicht einfach die Pädagogik der Kritischen Theorie. Sie schloß weder an *Horkheimers* Programm eines sozialphilosophischen 'interdisziplinären Materialismus' noch an *Adornos* Negative Dialektik an, sondern stellte eher eine modifizierte Weiterentwicklung resp. eine weitere Revisionsstufe der geisteswissenschaftlichen Pädagogik dar - und zwar durch Hinzufügung ideologiekritischer Elemente und hauptsächlich in Anknüpfung an die *Habermas*´sche Erkenntnisinteressenlehre (1969; 1975) und später auch an dessen 'Theorie des kommunikativen Handelns' (1981; 1988a).[41] Die Lehre vom technischen (empirisch), praktischen (hermeneutisch) und emanzipatorischen Erkenntnisinteresse (s. Kap. 2.3), das jeweils einer bestimmten Wissenschaftsart zuzuordnen ist, erschien als leicht zu adaptierende Begrifflichkeit; wobei die Rezeption jedoch insgesamt eher oberflächlich blieb (vgl. *Keckeisen* 1989, 493).

Unter dem Sammelnamen einer sog. »Kritischen Erziehungswissenschaft« firmierte schließlich eine kaum noch zu übersehende Fülle unterschiedlicher Ansätze und Autoren.[42] Ihr kleinster gemeinsamer Nenner bestand zum einen in einer Abgrenzung sowohl von der traditionellen geisteswissenschaftlichen (hermeneutischen) Pädagogik, aus der sie gleichwohl hervorgegangen war, als auch von der seit den 60er Jahren ("realistische Wendung") auftretenden und an angloamerikanische sozialwissenschaftlich-positivistische Strömungen anknüpfenden "empirischen Erziehungswissenschaft", sowie zum anderen in einer Reflexion auf gesamtgesellschaftliche Rahmenbedingungen (vgl. *Wulf* 1983).

Pädagogik wird nicht länger auf die Dyade 'Erzieher-Zögling' beschränkt, sondern als gesellschaftliches Handeln und Movens gesellschaftlicher Verände-

---

40 'Aufheben' im dreifachen Sinne *Hegels*: tollere + conservare + elevare. - Dies haben nicht zuletzt die Sozialforschungsprojekte der Frankfurter Schule (vor wie nach dem 2. Weltkrieg) gezeigt (z.B.: "Autorität und Familie"; "Die autoritäre Persönlichkeit" etc.)

41 So auch der bislang einzige größere Konstitutionsversuch einer 'Kritischen Heilpädagogik' durch *Gerspach* (1981), der außerdem auf der Psychoanalyse als kritisch-hermeneutischer Theorie beschädigter Subjektivität (nach *Lorenzer*) aufbaut.

42 Das Spektrum reichte von "transzendentalkritischen" (i.S. *Kants*) über christlich-liberale und kommunikationstheoretisch-interaktionistische bis hin zu (mehr oder weniger) orthodox (neo-)marxistischen Positionen: Vgl. den repräsentativen Sammelband von *Claussen /Scarbath* (1979) und den Handbuchartikel von *Keckeisen* (1989).

rung im Interesse der Emanzipation verstanden. Die geisteswissenschaftliche Sicht des »pädagogischen Bezugs« bzw. des »erzieherischen Verhältnisses« wird damit wesentlich erweitert, sozioökonomische und Umweltfaktoren finden eine stärkere Berücksichtigung. Dies alles bedeutet zugleich eine besondere Sicht der Verbindung von Theorie und Praxis unter dem Primat der Gesellschaftskritik.

Das »pädagogische Feld« - von *Mollenhauer* (1976) vorläufig strukturiert und bestimmt durch die drei Komponenten (1.) symbolische Interaktion (*Mead*), (2.) gesellschaftliche (Re-)Produktion (*Marx*) und (3.) Kommunikationsgemeinschaft (*Apel; Habermas*) - wird zum konstituierenden Gegenstand der Erziehungswissenschaft. Erkenntnis- und handlungsleitendes Interesse ist die Emanzipation der zu erziehenden Subjekte, d.h. das pädagogische Feld ist so zu strukturieren, daß diese gefördert wird. Emanzipation bleibt in diesem Modell jedoch weitgehend abstrakt. Allgemein steht Kritische Erziehungswissenschaft in dem Dilemma zwischen "falscher Positivität" und "folgenlos abstrakter Negation" (*Keckeisen* 1989, 497), d.h. daß sie einerseits keine konkret-inhaltlichen Erziehungsziele angeben kann und will, also nicht affirmativ-anpasserisch wirken will, andererseits aber Maßstäbe der Kritik und der Emanzipation braucht. Diese werden letztlich idealistisch in der idealen Kommunikationsgemeinschaft gesehen.

Mollenhauers pädagogische Feldtheorie zeigt nochmals deutlich, daß die Kritische Erziehungswissenschaft überwiegend an *Habermas* und *Mead* anknüpft, kaum dagegen an der anscheinend 'sperrigeren' ursprünglichen Kritischen Theorie *Horkheimers* und *Adornos*. Besonders mit letzterem tut sich Pädagogik resp. Erziehungswissenschaft bis heute schwer.

Adornos negativ-dialektische Philosophie wurde kaum beachtet bzw. für die Pädagogik sogar als ungeeignet angesehen (vgl. z.B. *Klafki* 1971; *Blass* 1978b, 132; *Wulf* 1983, 148f.), da mit ihr keine Handlungsanweisungen gewonnen werden könnten. Bestenfalls wurde sie gelegentlich als 'Steinbruch' für Zitate benutzt - so in der Heilpädagogik z.B. von *Thalhammer* (1977). Vor allem der Satz - "Die Forderung, daß Auschwitz nicht noch einmal sei, ist die allererste an Erziehung" (*Adorno* 1971, 88; 1977, 674) - aus dem Umkreis der Negativen Dialektik ist schlagwortartig, jedoch meist ohne eine erkennbare Rezeption des Kontextes, immer wieder von Pädagogen bemüht worden - zuletzt wieder auch von Heilpädagogen im Zusammenhang mit der sog. Euthanasiedebatte (vgl. *Theunissen* 1989; *Rödler* 1994). Die mangelnde Rezeption *Adornos* mag mit der Schwierigkeit und Komplexität des Werkes, nicht zuletzt aber auch mit *Adornos* Mißtrauen gegen Pädagogen und Pädagogik, genauer: gegenüber dem

Berufsstand des Lehrers und seiner VertreterInnen (vgl. *Adorno* 1977, 656ff.) zusammenhängen.

Inhaltlich sind es v.a. zwei Problemkreise, die sein Ansatz für die pädagogische Theoriebildung aufwirft (vgl. zum folgenden auch *Piecha/Zedler* 1984, 334ff.):

1. die Problematisierung des Theorie-Praxis-Verhältnisses
2. die Begründung von Erziehungszielen und das Problem der Autonomie des Subjekts

ad 1) Während die Pädagogik für ihre Legitimation und Eigenständigkeit auf die praktische Umsetzung (und Umsetzbarkeit) ihrer Erkenntnisse bzw. Ziele angewiesen scheint - so verstand sich die geisteswissenschaftliche Pädagogik immer als Theorie von der Praxis für die Praxis - und der gesellschaftlichen Reproduktion dient, wehrt sich *Adorno* stets vehement gegen ein kurzschlüssiges Praktisch-Werden theoretischer Reflexionen, gegen eine zunehmende subtile Theoriefeindschaft, die in der Forderung nach praktischer Anwendbarkeit aller Theorie zum Ausdruck kommt. Er stilisierte gar den geforderten Praxisbezug zum "Zensurstempel" (ND 146f.; 1977, 759-782).

Für *Adorno* ist Theorie dagegen so lange ein notwendiger Platzhalter für Praxis, als inhumane ungerechte entfremdete Verhältnisse und Rahmenbedingungen ("Verblendungszusammenhang", "bürgerliche Kälte") nur eine "falsche Praxis" ermöglichen, die keine ist (*Adorno* 1977, 766). - Dennoch bleibt Kritische Theorie immer praktische Theorie, nicht im Sinne einer direkten Anwendbarkeit, sondern wegen ihres grundsätzlichen emanzipatorischen Veränderungsinteresses und weil sie vom Sachbezug, von der Analyse konkreter Einzelheiten ausgeht.

ad 2) Ziel der Erziehung ist und bleibt letztlich - wie auch immer begründet oder verbrämt - die Ein- und Anpassung der nachwachsenden Generation in das gesellschaftlich sanktionierte Normen- und Rollengefüge - bzw. positiver ausgedrückt: die Vermittlung von individuellen Bedürfnissen und gesellschaftlichen Anforderungen, vom Glücksanspruch des Individuums und den materiellen und sozialen Gegebenheiten. In der Heilpädagogik wird dieses Problem noch verschärft durch die reduzierten Lebensbedingungen behinderter Menschen sowie ihr reduziertes Leistungsvermögen, zur gesellschaftlichen Reproduktion beizutragen. Dieser Widerspruch kann nun aber nicht einfach in einer Formel aufgelöst werden - so wie es in der Heilpädagogik mit dem selbstverständlich gewordenen Leitziel: *»Selbstverwirklichung in sozialer Eingliederung«* geschieht. Dies ließe sich als ein vergeblicher Versöhnungsversuch von Allgemeinem und Besonderem charakterisieren. Auch das (formale) Ziel der

Autonomie bedeutet zwar freie Verfügung innerhalb des gesellschaftlichen Rahmens bzw. mit gesellschaftlichen Anforderungen flexibel und souverän umgehen zu können. Dies wird aber zugleich erkauft durch eine grundsätzliche Anpassung an die Spielregeln des Warentauschs auch im Bereich von Bildung und Erziehung, so "daß am 'Ich' verloren geht, was seine Differenz zum gesellschaftlichen Allgemeinen ausmacht" (*Piecha/Zedler* 1984, 338; für die Heilpädagogik vgl. auch *Furrer* 1990). Dieser Verlust nun ist für *Adorno* (1979b) gerade ein kennzeichnendes Element von "Halbbildung". Es ist der Verlust lebendiger lebensweltlich-intersubjektiver Erfahrung und das Fehlen einer authentischen Integration lediglich angesammelter 'Wissensmengen' resp. 'Bildungsgüter', die zur Ware geworden sind, in die Persönlichkeit.

Spätestens hier ist nun die grundsätzliche Problematik einer negativen Pädagogik zu diskutieren. 'Negativ' in Verbindung mit Pädagogik hat zunächst einen Doppelsinn: 1. Verhinderung (qua bestimmte Negation) von negativem Verhalten; 2. Nicht-Erziehung, d.h. das Positiv-Erwünschte entwickelt sich nur durch Gewährenlassen. Dies bedeutet aber nicht, daß negative Pädagogik mit 'Antipädagogik' gleichzusetzen wäre, weder im alten *Rousseau´*schen noch im modernen Sinne (zu dieser Abgrenzung vgl. *Gruschka* 1986, 306-339).

Adornos Diktum von der "Erziehung zur Mündigkeit" (1971) erscheint jedoch zunächst eher als positive Formulierung.[43] Seine negative Variante ist die, daß "Auschwitz nicht mehr sein darf". Kritische Theorie macht - mit dieser Ausnahme - kaum je explizite Aussagen über Pädagogik und Erziehung; eher und eingehender wohl über Bildung und ihren Verfall zur Halbbildung (vgl. *Adorno* 1979b). Die Notwendigkeit von Erziehung wird aber auch nie in Frage gestellt. Bildung in der Dialektik der Aufklärung, Mündigkeit und Heteronomie werden in der Kritischen Theorie immer als wesentlich (mit)thematisiert. Dies betrifft aber auch die Pädagogik, da auch Bildung Thema von Pädagogik und mit Erziehung dialektisch verschränkt ist. Es handelt sich lediglich um verschiedene Perspektiven.

Inwiefern wäre also dann von einer Negativen Pädagogik zu sprechen? Sie sagt zunächst, was Bildung und Erziehung *nicht* sein sollen:

- nicht Menschenformung (Dressur)
- nicht (nur) Wissensvermittlung.

Adorno (1971, 107ff.) wendet sich mit seinen Aussagen zur Erziehung in sehr allgemeiner Form gegen Gewalt, Unfreiheit und Heteronomie und insbesondere

---

43 Das ist auch der Grund dafür, daß *Gruschka* (1988, 53) an Wert und Bedeutung der direkt pädagogischen Äußerungen *Adornos* (1971) erhebliche Zweifel anmeldet.

gegen einen autoritären Anti-Individualismus, dessen Extrempol die faschistische Gemeinschaftsideologie[44] darstellt. Aber: Erziehung zum Individualismus ist auch nicht einfach proklamierbar, nicht positiv zu setzen (s. 2.3.1). Das isolierte Individuum ist nicht Erziehungsziel. Emanzipation heißt zugleich immer, sich mit einem Gegenüber auseinanderzusetzen, ist also eine Angelegenheit der Intersubjektivität.

Auch die Rede von der "Ganzheitlichkeit" verfällt als eine nicht mehr erreichbare Harmonie von Individuum und seiner gesellschaftlichen Funktion (Rolle) der Kritik. Sie positiv als Erziehungsziel zu setzen, ist höchstens formal möglich und sinnvoll, wenn nicht in jedem Fall illusionär und ideologisch. Denn damit verbunden ist, daß zwischenmenschliche und auch pädagogische Phänomene wie "Bindung", "Gefühl", "Tiefe" als ontologische Entitäten hypostasiert und substantialisiert werden (vgl. auch *Adorno* 1964).

Solche Verdikte treffen auch und besonders eine Haupttraditionslinie der Heilpädagogik (von *Hanselmann* und *Moor* über *Siegenthaler, Kobi* bis zu *Haeberlin* und *Speck*) und stellen ein notwendiges Korrektiv gegen eine Überschätzung von Ganzheit und Bindung sowie gegen die Hypostasierung der sog. heilpädagogischen Haltung dar. Ganzheitlichkeit kann es nach *Adorno* nur noch als negative, als totalen "Verblendungszusammenhang", als "beschädigtes Leben" geben. Spannungen und Konflikte müssen ausgehalten, Brüche und Widersprüche - wie die zwischen Individualität und Rolle, zwischen Selbständigkeit und Abhängigkeit, zwischen Fähigkeiten und Defiziten - bewußt gemacht werden. Gerade diese Brüche wären als Gegenstand einer negativen (Heil-)Pädagogik zu thematisieren. Denn es macht die 'Paradoxie' des Individuums und der Individuation aus, zwischen Anpassung und Selbstbestimmung zu changieren. Statt einer Erziehung zum Gefühlsleben bzw. zum Halt, die in der verwalteten Welt bzw. der Gesellschaft der bürgerlichen Kälte nicht einfach postuliert und positiv gesetzt werden kann, gilt es, "Erziehung zur Mündigkeit" auch für Menschen mit Behinderungen zu thematisieren. Mündigkeit heißt zwar in erster Linie Reflexion, Bewußtmachung, kritisches Bewußtsein (Rationalität); Mündigkeit und Selbständigkeit zielen aber auch stets auf Realitätsprüfung und -bewältigung, was notwendig ein Moment der Anpassung enthält (rationales Verhalten). Diese Dialektik von Rationalität und rationalem Verhalten wäre pädagogisch-bildungstheoretisch zu entfalten; in jedem Falle ist sie zu leben. Kurz - mit den Worten *Adorno*s: "Individualität ist sowohl Produkt des Drucks (der Gesellschaft; hj.j.), wie das Kraftzentrum, das ihm widersteht ..."

---

44 Die Unterscheidung von Gemeinschaft und Gesellschaft ist wesentlich für Kritische Theorie wie auch schon für *Plessners* (1924/1981a) Sozialanthropologie.

(ND, 279). "Das Individuum ... überlebt heute nur als Kraftzentrum des Widerstandes." (1971, 118).

Negative Pädagogik hält am Unterschied von Bildung (Mündigkeit) und Erziehung zur Selbstdisziplin (Anpassung), am Grundwiderspruch zwischen Autonomie und Heteronomie fest. Schon deshalb kann sie kein vollständiges positives Praxismodell entwickeln, sondern beschränkt sich auf die Kritik pädagogischer Phänomene sowie der Versuche, diese theoretisch zu erfassen. Insofern bleibt negative Pädagogik praxisbezogen, da sie an der Verbesserung von Erziehungswirklichkeit und Lebensbedingungen interessiert ist und bleibt.

Sogar einige 'praktisch'-pädagogische Hinweise lassen sich aus einer negativdialektischen Sicht auf das pädagogische Feld ableiten: Abzulehnen bzw. zu vermeiden sind

- eine vorgängige normative Formulierung von generalisierten Erziehungszielen;
- autoritäre Leitbilder (vgl. auch *Stahlmann* 1993);
- Wettbewerb und Konkurrenz als Erziehungsmittel (zur Leistungssteigerung) sowie
- alle Versuche einer Perfektionierung des Menschen durch ausgeklügelte Verhaltenstherapieprogramme.

Gefragt sind

- Geduld (Abwarten-Können) und "gleichschwebende Aufmerksamkeit" (sensu *Freud* 1989c) für Personen und situative Details;
- das Ermöglichen individueller Freiräume und Zulassen von Abweichungen;
- Phantasie und kreative Imagination im Alltäglichen (fällt nicht unter das Bilderverbot!);
- Vorgehen gegen rücksichtslose Selbstbehauptung;
- Erziehung zur Kritikfähigkeit und kritischen Prüfung von Autorität;
- Erziehung zur Konfliktfähigkeit: Spannungen müssen ausgehalten, Konflikte benannt und nicht durch Gewalt aufgelöst werden.

Kritische oder negative Pädagogik bedeutet nicht nur Kritik an traditionellen Menschenbildern und (Sekundär-)Tugenden, sondern grenzt sich auch ab von einem modisch-therapeutischen Menschenbild und Jargon, von der naiv-optimistischen Idealisierung von Kommunikation, wie sie heute in der allgemeinen wie den speziellen (=Sozial-/Sonder-/Heil-)Pädagogiken häufig anzutreffen sind. Wir können nicht so tun, als ob individuelle und soziale Probleme schon gelöst wären, wenn man so miteinander redet ('kommuniziert'), wie die Gesprächsregeln der 'humanistischen Psychologie' (*Rogers* u.a.) es vorschreiben (vgl. *Gruschka* 1988, 275ff.). Die Verdinglichungsgefahr ist dabei nicht geringer als bei traditionellen Empfehlungen einer 'heilpädagogischen Haltung' (*Bach* 1984; *Haeberlin* 1988c).

Negative Pädagogik jedoch als neuen Inhalt zu setzen, wäre selbstwidersprüchlich; es wäre falsch, die (negative) Dialektik einseitig aufzulösen, d.h. Nicht-Erziehung (Antipädagogik) ist eine neue *Position* - schon bevor sie (was sie ja tut) alternative Regeln für den pädagogischen Umgang aufstellt. Die Tatsache von Erziehung kann nicht hintergangen werden.[45] Wohl aber können (und müssen) ideale Konstruktionen des pädagogischen Verhältnisses oder Feldes hinterfragt und *erstens* auf die praktische Intersubjektivität und *zweitens* auf ihre gegebenen Bestandteile, Einflußfaktoren und Rahmenbedingungen zurückgeführt werden; in diesem Sinne ist eine negative oder kritische Pädagogik auch empirisch. Es ist stets auszugehen von den realen Verhältnissen, von sog. 'Praxis'-Situationen; aber es geht sozusagen um eine Verzögerungsschleife, in der nicht nur sorgfältige Analysen, sondern auch eine Einfühlung in das Gegenüber vor und über jeglichen Aktionismus gestellt werden, ein Abwarten-Können direktem Umsetzen ('Anwenden') vorgezogen wird. Dieses mikrologische Vorgehen erscheint besonders im heilpädagogischen Feld wichtig, da die behinderten 'EdukandInnen' einem "Mehr an sozialer Abhängigkeit" (*Hahn* 1981) unterliegen und die Manipulationsgefahr noch sehr viel größer ist als in der 'Normal-Erziehung'.

Zusammenfassend läßt sich das pädagogische Verhältnis *praktisch* als das Problem der Dialektik von Nähe und Distanz, von Einflußnahme und Gewährenlassen, *theoretisch* als das der Dialektik von Differenz und Intersubjektivität beschreiben, die nicht hintergangen oder weggeredet werden kann, sondern bewußten Umgang, Reflexion und ethische Intuition erfordert. Angesichts dieser komplexen Problemstellung erscheint die Frage 'Kritische' oder 'Negative' Heilpädagogik sekundär und könnte im Grunde getrost offenbleiben; doch soll hier weiterhin der unmißverständlichere Begriff 'kritische Heilpädagogik' verwendet werden.

---

45 Vgl. dazu bereits *Bernfelds* Einsicht von der Erziehung als "Summe der Reaktionen einer Gesellschaft auf die Entwicklungstatsache" (1981, 51).

5. Die ethische Perspektive

5.0 Ethik und Heilpädagogik - Vorbemerkungen

Das Legitimationsproblem der Heil-/Sonderpädagogik hat sich spätestens durch die sog. *Singer*-Debatte zur Legitimationskrise ausgeweitet, da nicht mehr 'nur' die Wege und Methoden, die Wahl der Mittel zur Verbesserung der Lebenssituation behinderter Menschen in Frage stehen, sondern dieses Ziel und die entsprechenden 'Basisnormen' (Lebensrecht, gleiche Menschenwürde, Bildungsrecht etc.) selbst (*Antor* 1991a,b; vgl. auch *Antor/Bleidick* 1995; *Haeberlin* 1989a,b u.ö.). Die Heilpädagogik ist im ethischen und politischen Diskurs gefordert. Natürlich kann sie keine vollständige Ethik liefern, schon gar keine ethische Letztbegründung, von der fraglich ist, ob es sie überhaupt geben kann; das ist weder Thema noch Aufgabe von Heilpädagogik. Heilpädagogik muß aber als normative Wissenschaft - und deshalb sprechen wir von ethischer Perspektive - Ziele eines »guten« oder «richtigen Lebens« des Einzelnen wie der Gesellschaft reflektieren und sich über ethisch-moralische Fragen, sei es als Voraussetzungen, sei es als Konsequenzen ihrer Theorie und Praxis, Rechenschaft geben.

Moralische Fragen in der und für die Heilpädagogik sind dabei keineswegs beschränkt auf den Streit um das Lebens- und Bildungsrecht Schwerbehinderter. Das hieße die Ebenen sozialpolitischer Maßnahmen und institutioneller Angebote (System) sowie der alltäglichen Betreuungspraxis und der Interaktionen zwischen behinderten und nicht-behinderten Menschen (Lebenswelt) übersehen. Vielmehr geht es darum, die Programmatik einer "gemeinsamen Daseinsgestaltung" (*Kobi* 1989, 139ff. 160) aufzugreifen, die aufgrund der pädagogischen Ratlosigkeit angesichts schwer(st)er Behinderung entstanden ist und in Gefahr steht, irrational zu werden. Sie praktisch-philosophisch zu legitimieren und zu präzisieren, steht weithin noch aus. Gemessen an dieser Problematik greifen die Fragen, nach "welchen ethisch-relevanten Gesichtspunkten"

1. die Zeugung behinderten Lebens erlaubt,
2. die Förderung behinderter Menschen durchzuführen,
3. eine Mitbestimmung ihrer Lebenswelt möglich und nötig ist,

die *Leist* (1994) jüngst vorgeschlagen hat, in der Formulierung noch zu kurz und reduzieren die sozialethische Komplexität.

Im folgenden kann und soll dies alles freilich nicht ausführlich debattiert, soll auch die *Singer*-Debatte nicht wieder aufgerollt werden, sondern es geht im

Rahmen unserer Grundlagenreflexion vorrangig um die ethische Dimension der diskutierten Fragen von Differenz und/oder Intersubjektivität und um eine grundsätzliche Orientierung zum Verhältnis Ethik und Heilpädagogik, da Moraltheorien und ethisches Begriffsinstrumentarium in der Heilpädagogik meist unvollständig-unsystematisch oder einseitig rezipiert wurden. Ausgelöst durch die *Singer*-Debatte sind zwar viele mehr oder weniger plausible oder stimmige Aufsätze publiziert worden. Aber nur wenige heilpädagogische Autoren haben bislang versucht, explizit eine heilpädagogische Ethik als Monographie vorzulegen: Dies sind außer *Anstötz* (1990), dessen Blick hauptsächlich auf angloamerikanische bzw. utilitaristische Entwürfe beschränkt bleibt und der damit vorrangig eine heilpädagogische Apologetik *Singers* zu verfolgen scheint, nur noch *Gröschke* (1993)[1] und - allerdings begrenzt auf das Feld einer Schwergeistigbehinderten-Pädagogik - in jüngster Zeit *Kleinbach* (1994). Dessen phänomenologische Studie will gerade die Praxis der Geistigbehindertenpädagogik ethisch begründen, bezieht sich dabei aber kaum auf den allgemeinen philosophisch-ethischen Diskurs. Zudem ist für Nicht-Phänomenologen seine Bestimmung der ethischen Dimension des Kommunikativen, die ausdrücklich keinen intersubjektiv-reziproken Charakter habe, durch eine "Aesthesiologie der Sinne"[2] (Blick-Stimme-Haut) nur schwer nachvollziehbar und kaum kompatibel mit anderen Ansätzen einer Ethik des Kommunikativen (*Apel; Habermas; Mead*).

Gröschke verfolgt zwar ein ähnliches Anliegen wie das hier vorliegende Kapitel, v.a. in seinen als "skeptisch" apostrophierten Konturen einer Ethik, jedoch bleibt sein eher additiver Umgang mit z.T. widersprüchlichen Bezugstheorien unbefriedigend und erweist sich strenggenommen als ein weiteres Beispiel für die Hilflosigkeit und den Nachholbedarf der Heilpädagogik auf philosophisch-ethischem Feld. *Gröschke* widerspricht sich selbst bzw. seiner skeptischen Perspektive und droht die Heilpädagogik zu überfordern, wenn er "die Wahrung absoluter Verbindlichkeiten in der Heilpädagogik" (ebd. 170) einklagt und letztlich eine religiös-theologische Position einnimmt. Seine Erörterung praktischer Fragen erschöpft sich schließlich in einer heilpädagogischen "Tugend-

---

1 Erwähnenswert sind auch einige mehr oder weniger fragmentarische Versuche: So hat *Jantzen* in diversen Aufsätzen wichtige Vorarbeiten zu einer heilpädagogischen Ethik geleistet (gesammelt: o.J.). Bereits 1987 wurden recht elaborierte Ausführungen zur "Ethik der Kooperativen Pädagogik" (*Schönberger* et al.) publiziert, aber wenig beachtet. *Antors* (1991a,b) Aufriß der ethischen Fragen einer Schwerbehindertenpädagogik, der (im Anschluß an den konservativen Philosophen *Lübbe*) ein "lebenswertindifferentes Lebensrecht" einfordert, wurde bereits erwähnt. Nicht zuletzt bleibt auf *Haeberlins* Entwurf einer Berufsethik für Heilpädagogen (1995b; 1996) hinzuweisen.

2 *Kleinbach* (1994, 150ff.) verweist diesbezüglich zwar auch auf *Plessner*, grenzt sich aber gegen dessen Sicht deutlich ab.

lehre" (ebd. 134ff.), die aus kritisch-theoretischer Sicht antiquiert und wenig hilfreich erscheint. Der Tugend-Begriff bleibt trotz mancher Dynamisierungsversuche (vgl. z.B.: *Marx* 1986; *Weischedel* 1976) vorbelastet und statisch; er ist u.E. auch nicht völlig gleichzusetzen mit Haltung (s.u.). Zudem ist unser Versuch davon bestimmt, ohne die von nahezu allen Heilpädagogen in den Mittelpunkt gestellten, aber problematischen Begriffe 'Person/Personalität' auszukommen (s. Kap. 4.3 u. 4.4).

Durchaus in Übereinstimmung mit dem Versuch von *Anstötz* (1990) gehen die folgenden Überlegungen von den beiden Prämissen aus, daß Pädagogik es immer mit Ethik zu tun hat, daß zugleich aber Wertentscheidungen resp. moralische Urteile sich einer Diskussion stellen und rational diskutierbar sein müssen. Anders als *Anstötz* vertreten wir allerdings die Möglichkeit, ja Notwendigkeit normativer Sozialwissenschaft, da Erkenntnis sozialer (inklusive pädagogischer) Zusammenhänge (Verstehen des Lebens, des anderen, der Erziehung etc.) per se verbunden ist mit Wertentscheidungen und (praktischen) Interessen. Diese Normativität muß keineswegs zu einem geschlossenen totalitären Wissenschaftsbegriff führen, wie *Anstötz* (ebd. 12) befürchtet und was ihn dann u.a. zu einer u.E. kontraproduktiven, rigiden Trennung von Ethik, Metaethik (=Moralphilosophie) und Moralwissenschaft (=Moralpsychologie und -soziologie) sowie zur Beschränkung auf den Utilitarismus veranlaßt. Berechtigt wiederum erscheint *Anstötz´* Kritik an problematischen 'Vermengungen' oder kurzschlüssigen Gleichsetzungen moralphilosophischer und dogmatisch-weltanschaulicher Positionen, ethischer Reflexionen mit christlichen Glaubensaussagen, die nach wie vor die gegenwärtige defensiv geführte Ethikdiskussion in der Heilpädagogik über weite Strecken zu kennzeichnen scheinen.

Die ethische Perspektive, die in unserem Kontext zugleich mehr und weniger als eine heilpädagogische 'Berufsethik' (vgl. *Gröschke* 1993; *Haeberlin* 1995b) meint, wird nun wie folgt entwickelt: Zunächst ist eine Einführung auf metaethischer Ebene erforderlich, damit in einer heilpädagogischen Theoriebildung (wie Praxistätigkeit) die Grundbegriffe, die unterschiedlichen ethischen Theorien und Begründungsmuster überhaupt adäquat gehandhabt und rezipiert werden können (5.1). Diesbezüglich scheint bei HeilpädagogInnen immer noch ein erheblicher Nachholbedarf zu bestehen. Sodann wird eine Darlegung und Diskussion von für die Heilpädagogik - und d.h. jetzt auch für die Verteidigung des Lebens- und Bildungsrechts schwer(st)behinderter Menschen - akzeptierbaren Ethikmodellen nötig (5.2-5.4). Auswahl und Bewertung erfolgen dabei in kritisch-theoretischer Perspektive. Abschließend bleibt ein heilpädagogisches Resümee zu ziehen, das sowohl eine konkrete Anwendung, d.h. sittlich-normative

Urteile im engeren Sinne, vorbereiten hilft wie auch auf spezielle Einzelfragen hinweist, ohne wiederum eine Tugendlehre zu restaurieren (5.5).

5.1 Ethik für Heilpädagogik? - Eine metaethische Einführung

> Die Ethik ist in Wahrheit die leichteste aller Wissenschaften ...,
> da jeder die Obliegenheit hat, sie selbst zu konstruieren,
> selbst aus dem obersten Grundsatz, der in seinem Herzen wurzelt,
> die Regel für jeden vorkommenden Fall abzuleiten ...
> *A. Schopenhauer* (ZA VI, 270)

In ihrem antiken Ursprung bildeten Theorie und Praxis, Ontologie und Ethik noch eine ungeschiedene Einheit. Ethik galt von Anfang an als »Lehre vom guten (resp. richtigen) Leben«, die in direkter Konsequenz aus der Anschauung (Theoria), den vorwiegend mimetisch gewonnenen Einsichten über die Weltordnung (Kosmos) abgeleitet wurden. "Die Theorie geht auf dem Wege über die Angleichung der Seele an die geordnete Bewegung des Kosmos in die Lebenspraxis ein ..." (*Habermas* 1969, 147). Das Sein bestimmte das Sollen - was man aus heutiger Sicht wohl als logischen oder (nicht immer ganz zu Recht) 'naturalistischen Fehlschluß' qualifizieren würde. Dessen ungeachtet gilt: Pädagogik, Erziehen, ... überhaupt jedes "menschliche Handeln spielt sich innerhalb einer normativen Lebenswelt ab" (*Höffe* 1981, 29). Soziale Spielregeln und Institutionen (Ethos), rechtliche und sittliche Ge- und Verbote etc., die freilich historisch-sozialem Wandel unterliegen, bestimmen als Rahmen objektiver Sittlichkeit (sensu *Hegel*) - ebenso wie natürliche Dispositionen - das Leben des Einzelnen wie der Gemeinschaft. Das Pendant bildet die subjektive Sittlichkeit (Moralität; sensu *Kant*), die in der Spannung von Autonomie und Verantwortung steht.

So bleibt auch eine kritische Heilpädagogik immer noch normative Pädagogik - in mehrfachem, freilich nicht traditionellem, dogmatisch-konfessionellem Sinne. Diese Art Pädagogik wurde bereits von der geisteswissenschaftlichen Pädagogik in der ersten Hälfte des Jahrhunderts kritisiert und überwunden (vgl. *Wulf* 1983, 15ff.; zur Kritik konfessionell-normativer Heilpädagogik: *Bleidick* 1984, 367ff.). Ganz allgemein erhält pädagogische Tätigkeit und die Reflexion dieser Tätigkeit bereits dadurch eine ethische Dimension, daß sie zielgerichtete und begrenzte Übernahme von Verantwortung für andere ist: Erziehung zielt auf "Mündigkeit", "Autonomie", "Selbstverwirklichung in sozialer Eingliederung" etc. Sie muß die bestmögliche Entwicklung des Individuums in seinem sozialen Umfeld ermöglichen - die Heilpädagogik muß diese meist sogar kontrafaktisch antizipieren -, also sich auch mit Normen auseinandersetzen (vgl. schon *Hanselmanns* Normalitäts-Kritik 1930) und selbst eigene Normen setzen. Sie kommt nicht mit rein deskriptiven Aussagen über Zustände und Verhältnisse aus, auf die eine empirische Erziehungswissenschaft glaubt sich beschränken zu müssen, sondern muß diese mit Blick auf die Ziele bewerten, muß Werturteile fällen, d.h. sie trifft wiederum normative Aussagen. Inwieweit sie aber positiv-konstruktive Einzelziele über die bewußt unbestimmte Utopie der Mündigkeit der Subjekte und der gerechten Gesellschaft hinaus angeben kann, ist in kritisch-theoretischer Perspektive fraglich.

Der Streit um die Zuordnung der Pädagogik zur (empirisch-analytischen) Wissenschaft oder zur Philosophie resp. Geisteswissenschaft erscheint auf diesem Hintergrund müßig. Pädagogik bleibt als Nachdenken über Erziehung und deren Ziele nach wie vor praktische Philosophie, also letztlich Ethik: Sie macht Aussagen, wie *es* resp. der Mensch sein oder werden *soll* - oder negativ-kritisch gewendet: nicht sein oder werden darf. Aber dadurch ist sie noch nicht unwissenschaftlich, wie Positivisten und manche Kritische Rationalisten glauben machen wollen. Denn 'Wissenschaft' hat es nicht nur mit 'harten Fakten' (Meß-Daten) zu tun, bedeutet nicht nur »Erklären«, sondern auch »Verstehen«, was in unseren Überlegungen zu einem weiten Erfahrungsbegriff (s. Kap. 3) aufgegriffen wurde.

Menschliche Erkenntnis ist zudem immer schon interesse-gebunden und interesse-geleitet, wie die Kritische Theorie u.E. überzeugend gezeigt hat. Und Wissenschaft lediglich auf das "technische Erkenntnisinteresse" zu beziehen oder das politische Feld gruppenegoistischen Partikularinteressen zu überlassen, bedeutet eine Engführung, die verhängnisvolle Folgen zeitigt: Damit wird die Selbstzwecklichkeit des einzelnen (i.S. *Kants*) mißachtet, was zu Manipulation, Ausbeutung und Unterdrückung führt; - der Mensch verdinglicht sich selbst. Auch das "praktische" und das "emanzipatorische Erkenntnisinteresse" (*Habermas* 1969; s. Kap. 2.3) motivieren und befördern Wissenschaft - insbesondere dort und insofern, als es dieser direkt um die Menschen, deren psychische Innenwelt wie die Organisation ihres Zusammenlebens (Mitwelt) zu tun ist. Psychologisches, Soziales, Politisches und Ethisches kommen hier zusammen, konvergieren ebenso wie Theoretisches und Praktisches: Pädagogik kann in diesem Zusammenspiel modellhaft als ein wesentlicher Schnittpunkt - mit *Kant* als Antizipation dessen, was der Mensch aus sich machen kann und soll, um Mensch zu werden - verstanden werden. Zugleich ist Erziehung Begleitung und Anleitung zu diesem Ziel, aber keineswegs nur auf kommunikatives Handeln beschränkt;

in der Erziehung und Bildung geht es um Verständigung *und* Vermittlung von Handlungskompetenzen und Lerninhalten (vgl. *Schwager* 1990, 503ff.).[3]

Normsetzungen stehen freilich stets in Gefahr, in Irrationalismus und Dogmatismus zurückzufallen. Vor einer drohenden "Instrumentalisierung der Werte" (*Haeberlin* 1988d) kann die negativ-dialektische Variante kritischer Theorie (*Adorno*) schützen, indem sie auf Grund theoretischer Reflexion und historisch-gesellschaftskritischer Analyse des Bestehenden (indirekt) aufzeigt, wie die Verhältnisse resp. die Menschen *nicht* sein sollen, m.a.W.: indem sie inhumane und a-soziale Gegebenheiten *bestimmt negiert*. So sehen wir in unserem Zusammenhang eine wesentliche Aufgabe der (Heil-)Pädagogik - und damit zugleich ihre (sozial-)ethische Dimension - in der Aufdeckung behindertenfeindlicher Tendenzen sowohl in 'großen' Theorien als auch 'im Kleinen', in praktischen Regelungen des Alltags. Für dieses mikrologische Unternehmen (vgl. *Jakobs* 1994) einer permanenten und schrittweisen bestimmten Negation aller Lebensbedingungen, die der Entwicklung des Individuums abträglich sind - sei es in Familie, Schule, Heim etc. - soll hier weiteres gedankliches 'Rüstzeug' bereitgestellt werden.

5.1.1 Begriffsklärungen I: Gegenstand, Ziel und Aufgabe von Ethik

Ethik - synonym mit Moralphilosophie - ist die »Wissenschaft vom moralischen Handeln«.[4] Eine entscheidende Anforderung an jede wissenschaftliche oder philosophische Theorie, so auch an die Ethik, ist die Ermittlung und Darstellung ihres Begründungszusammenhangs. Das bedeutet für die Ethik also die Anforderung, über Quelle, Gegenstand und Ziel von Moralität und Sittlichkeit sowie über den Geltungsbereich von Normen Rechenschaft zu geben.

Gegenstand von Ethik ist das Ethos in seinem (auch etymologisch) zweifachen Ursprung: die 'Sitten und Gebräuche'/Gewohnheiten (= εϑος) bzw. die (soziale) *Moral* (Regeln des Verhaltens; sittliche Ordnung) in ihrer Wechselwirkung mit dem 'Charakter' (= ηϑος) bzw. der *Moralität* (moralische Intuitionen,

3 Dabei gibt es keine Untergrenze; das gleiche gilt auch bei sog. schwer Geistigbehinderten, wie *Schwager* ebd. aufzeigt.

4 Begriffswahl und Erläuterungen folgen in den Abschnitten 5.1.1 - 5.1.3 im wesentlichen den Einführungen von *A. Pieper* (1991) und *Birnbacher/Hoerster* (1978, 9-23); vgl. auch *Böckle* (1977), *Höffe* (1981; 1986) und *Steinvorth* (1990).

Haltung/Gesinnung des einzelnen).[5] Moral ist der Ethik vorgängig, und es kann Moral ohne Ethik (ethische Reflexion), kaum aber Ethik ohne Moral geben. Es geht der Ethik normalerweise nicht um die Lösung bestimmter Einzelprobleme, sondern vorrangig um die Grundsätze (Prinzipien) und um die entsprechenden Fragen nach Grund und Begründung moralischen Handelns.

Die Begründungsfrage war von alters her die Frage nach dem »guten« resp. dem »richtigen Leben«, an dem dann alle praktischen Fragen bzw. Handlungen zu bemessen sind. Aber nicht jede Handlung ist moralisch relevant, nicht jede Regel (Handlungsnorm) oder Beurteilung menschlichen Verhaltens ist eine moralische.[6] Zudem geschieht die Bewertung von Handlungen und Absichten (Wollen) zunächst vielfach unreflektiert - aufgrund sog. moralischer Intuitionen. "Moralische Intuitionen haben für die Ethik dieselbe Rolle wie empirische Daten für eine empirische Theorie." (*Steinvorth* 1990, 207 - Anm. 2) Was kennzeichnet nun die moralischen Handlungsnormen gegenüber außermoralischen? Mit *Hoerster* (1978, 17ff.) können drei Kriterien ausgemacht werden, die gleichzeitig erfüllt sein müssen:

- *Erstens* geht es um eine grundsätzliche Bewertung menschlichen Verhaltens als solches, d.h. mit Blick auf die Bestimmung des Menschen (»gut an sich«, »gutes Leben«) als letztem Maßstab.
- *Zweitens* handelt es sich nicht um lediglich praktisch-instrumentale Anleitungen, sondern um kategorische Urteile (sensu *Kant*).
- *Drittens* erheben moralische Handlungsnormen in der Regel einen Anspruch auf Allgemeingültigkeit (intersubjektive Geltung und Verbindlichkeit). Dieser Anspruch bezieht sich auf zwei Aspekte: den Anwendungsbereich (nicht der Einzelfall, sondern alle Fälle) und den überpersönlich-objektiven Status der Norm (rationale Überprüfbarkeit).

Mit diesen Bestimmungen wird bereits die Ebene der konventionellen Sittlichkeit oder des positiven Rechts einer bestimmten Gesellschaft überstiegen und

---

5 Diese begriffliche Gegenüberstellung wurde von *Hegel* im Rahmen seiner *Kant*-Kritik in den modernen philosophischen Diskurs eingeführt: *Moralität* ist die vom *Subjekt* selbst gesetzte Vernunftmoral qua (idealistische) "Gesinnungsethik", deren Gefahr der "Tugendterror" ist; während die Gefahr der schon bei *Hegel* eher konservativen *Sittlichkeit* = ("objektive") Gewohnheiten/Sitten in der Affirmation ungerechter Zustände besteht (vgl. *Kuhlmann* 1986; *Habermas* 1988b).

6 Beispiel: Regelwerk eines Handwerks; die Frage, ob jemand ein 'guter' Handwerker ist. Von moralisch-ethischen sind also einerseits praktisch-pragmatische (Technik; Zweckmäßigkeit) und andererseits ästhetische oder Geschmacksfragen ('das Schöne') abzugrenzen.

das weitreichende Ziel einer möglichst universalisierbaren Begründung von moralischen Normen angepeilt.

Als *Ziel* von Ethik ist zunächst allgemein die Aufklärung und kritische Reflexion menschlicher Praxis und Lebenswelt zu nennen, die Bewußtmachung von (individueller und sozialer) Verantwortung. Ziel im speziellen ist dann die Beurteilung der mit bestimmten präskriptiven Aussagen (Ge- und Verbote), Haltungen, Lebensformen etc. erhobenen Geltungsansprüche bzw. die Rechtfertigung von verbindlichen Moralprinzipien (Begründungsfrage/Frage nach dem »Guten«) für das Alltagsleben. Deshalb bezeichnet man die Ethik (neben Politik, Rechts- und Wirtschaftsphilosophie und im Unterschied zu Erkenntnistheorie, Metaphysik etc.) auch als *praktische* Philosophie. Die Erreichung dieser Ziele übersteigt aber letztlich die Möglichkeit einer ethischen Theorie oder Moralphilosophie und ist nur in menschlicher Praxis (qua gelebte Theorie) möglich.[7]

Bezüglich der Zielsetzung oder Aufgabenstellung von Ethik ergibt sich ein Problem, das wohl von *Schopenhauer* (ZA VI, 176ff.) erstmals explizit thematisiert wurde: *Inhalt* - i. S. eines obersten Grundsatzes (ο,τι = Daß / das, was) - und *Grund* oder Fundament (διοτι = das Weshalb) der Moral werden oftmals nicht klar genug unterschieden, sondern - so schon seit *Kant*s kategorischem Imperativ - von 'rational-kognitiven', eher formalen Ethikern oft verwechselt oder einfach gleichgesetzt (vgl. dazu auch *Steinvorth* 1990, 15ff.). Dagegen differenzieren materiale Moraltheorien zwischen dem allgemeinen *Inhalt* der Moral einerseits, der wohl nie vollständig und ausnahmslos, sondern immer nur provisorisch bestimmt werden kann (z.B. durch die Idee eines sinnvollen, guten und gerechten Lebens oder durch Handlungsregeln wie die »Goldene Regel« oder das Gebot der Nächstenliebe) und interpretationsbedürftig bleibt, und andererseits dem *Grund* dafür, warum man diesem moralischen Inhalt folgt oder folgen soll.

Die Problematik der Auslegung oder Verbindlichkeit hängt freilich auch damit zusammen, daß Ethik weder sich einfach allgemein verordnen oder 'beweisen' läßt - gar mit Garantie auf das Moralischwerden der Menschen - noch eine reine "Privatsache" ist, als die sie im Falle eines engen (szientistischen) Wissenschaftsverständnisses abgetan wird. Viele diesbezügliche Mißverständnisse entstehen aber auch auf Grund eines weiteren Mangels an Differenzierung, nämlich der Unterscheidung verschiedener Arten von Ethik bzw. verschiedener Ebenen und Phasen innerhalb der Moralphilosophie.

---

7 Auf die im Rahmen der Lebenspraxis wichtigen Fragen der Moralentwicklung und -erziehung kann in unserem Rahmen nicht näher eingegangen werden - vgl. dazu: *Habermas* (1988b, 127-200); *Oser / Althof* (1992).

5.1.2 Begriffsklärungen II: Ethik - Metaethik - normative Ethik

Zu unterscheiden sind zunächst deskriptive und Metaethik einerseits von einer Ethik des Guten und normativer Ethik andererseits. *Deskriptive*, meist sprachanalytisch arbeitende Ethik befaßt sich mit den empirisch vorfindbaren Moralen, ohne selbst eigene Normen oder Werte aufzustellen; sie wird im angloamerikanischen Sprachraum als Metaethik bezeichnet, obwohl sie von der Sache her eher 'Metamoral' ist. Gegenstand von *Metaethik* im engeren Sinne sind die ethischen Theorien. Auf der metaethischen Ebene werden die unterschiedlichen Begründungs- und Rechtfertigungsmethoden moralischer Urteile diskutiert.

Normative Ethiken fragen »Was sollen wir tun?«; es sind Theorien, die Normen aufstellen und deren Gegenstand Handlungen sind (Grundbegriff: 'Sollen'). »Wie sieht das zu erstrebende Leben aus?« ist dagegen die typische Fragestellung einer *Ethik des Guten* resp. des guten Lebens (*Eudaimonismus*; Grundbegriff: 'gut'). In der modernen Ethikdiskussion ließe sich eine Ethik des Guten insofern noch unter normative Ethik subsumieren, als zu fragen ist: Was sollen wir tun, um das gute Leben zu verwirklichen? Normative Ethiken versuchen, oberste Prinzipien des moralisch Richtigen resp. Guten, ggf. i.S. eines letzten Kriteriums, aufzuzeigen. Dabei gibt es hauptsächlich vier Positionen, die sich bezüglich ihres grundlegenden *Moralprinzips* resp. der *Begründungsmethode* für die Geltung von Normen unterscheiden (*Hoerster* 1978, 11f.):

- religiöse (absolute): Moralprinzip ist der 'Wille Gottes';
- deontologische: Begründung durch den Aufweis unbedingter Verpflichtung (Gesinnungs-/Pflichtethik - klassisch: *Kant*s "kategorischer Imperativ"[8]);
- konsequentialistische resp. teleologische: Sie urteilen nach den Folgen oder Zielen der Handlungen; dabei handelt es sich meist, aber nicht immer um utilitaristische Ethiken (Moralprinzip: das 'Allgemeinwohl');
- egoistische (isoliertes Eigeninteresse/Eigennutz als ethischer Maßstab).

Eine andere Unterscheidungsart ist die nach *formaler* (formale Normen, Verfahrensfragen) und *materialer Ethik* (inhaltliche Normenkataloge; Wertethik). Jene kann evtl. für diese einen Bewertungsmaßstab abgeben. Beispiele für formale Ethiken sind Diskursethiken (i.S. von *Apel* und *Habermas*), für materiale Ethik die Wertethik eines *Scheler* oder *N. Hartmann*, die den "Formalismus in der Ethik" (*Scheler* 1966) kritisierten. Eine *Wertethik* fragt danach, welche Güter und Werte, denen ein eigenes geistiges Sein zugesprochen wird, verwirklicht werden sollen (Grundbegriff: 'Wert').

---

8 "Handle so, daß die Maxime deines Willens jederzeit zugleich als Prinzip einer allgemeinen Gesetzgebung gelten könne." (KWA VII, 140)

5.1.3 Der ethische Entscheidungsprozeß: Wertfeststellungsurteile und normative Handlungsurteile

Eine weitere hilfreiche begriffliche Differenzierung kann die systematische Unterscheidung von *Gütern* und *Werten* sowie *Handlungsnormen* bzw. zwischen der Entwicklung und Begründung von Rechtsgütern und Werthaltungen (=Wertfeststellungsurteile) einerseits und daraus ableitbaren konkret handlungsrelevanten Entscheidungen (=normative Handlungsurteile) andererseits sein (vgl. *Böckle* 1977).

Der Prozeß normativ-ethischer Entscheidungsfindung läuft in der Regel in folgenden Schritten ab:

1. Vorgängig wäre der *Aufweis, warum Menschen überhaupt moralisch sein bzw. handeln sollen* und inwiefern sie dazu befähigt sind. Diese Stufe einer transzendentalen Sollensbegründung oder Letztbegründung verbleibt oft im Vorfeld rationaler Erörterung und ist meist eine Frage religiöser Glaubensüberzeugung oder 'klassische' Aufgabe der Metaphysik.[9] Einzig diese Ebene ethischer Letztbegründung ließe sich deshalb ggf. für die Exklusivität privatweltanschaulicher Entscheidungen reklamieren[10], als welche ethische Entscheidungen allgemein von wissenschaftlichen Heilpädagogen häufig qualifiziert werden (von *Bleidick* bis *Haeberlin*; s. Kap.4.2).
Philosophisch gewendet ist die Frage nach der unbedingten Verpflichtung diejenige nach der Möglichkeit und Grenze der (Vernunft-)Autonomie des Menschen (paradigmatisch bei *Kant*), die eine Selbstverpflichtung erst begründen kann. Autonomie-Entwicklung kann dabei sowohl idealistisch als Autonomie des transzendentalen Erkenntnissubjekts wie geschichts- und sozialphilosophisch als Autonomie intersubjektiver und/oder gesellschaftlicher Prozesse, als Autonomie der Praxis (Pragmatik) verstanden werden.[11]

2. *Entwicklung und Begründung ethisch relevanter Einsichten:* Hier geht es um die Klärung der in Frage stehenden Güter und Werte, die dem Handeln vorgegeben oder die zur Realisierung aufgegeben sind (=Wertfeststellungs-

---

9 Ein historischer Sonderfall ist *Schopenhauers* Mitleidsethik, die zwar letztlich doch wieder metaphysisch wird, aber atheistisch ist; eine moderne Ausnahme ist die transzendentalpragmatische Letztbegründung (*Apel*); auf beide wird noch zurückzukommen sein.

10 Obwohl z.B. auch in christlich-theologischem Verständnis die Rückbindung an Glaubensgemeinschaft und Heilsgeschichte, in der der einzelne steht, so fundamental ist, daß die Isolierung einer einsam-subjektiven Entscheidung kaum denkbar erscheint.

11 Als philosophiegeschichtliche Ausnahme erscheint hier wiederum *Schopenhauer*, dem es (versus *Kant*) nicht um Verpflichtung und Pflichten geht, sondern um das universale anthropologische Fundament der Ethik, als das er das Mitleid herausstellt (s. Kap. 5.3.2).

urteile). Vorgängige anthropologische und sozialwissenschaftliche Erkenntnisse und Reflexionen können dabei eine wichtige Entscheidungsgrundlage bilden, da sie zur Aufklärung über die Bedeutung der zur Disposition stehenden Güter und Werte beitragen. *Güter*, die noch im prä-sittlichen Raum, d.h. unabhängig vom moralischen Handeln, anzusiedeln sind, sind z.B. Menschenwürde, Lebens- und Bildungsrecht. *Werte* im eigentlichen Sinne sind handlungsbezogene und willensabhängige Haltungen wie Gerechtigkeit, Nächstenliebe, 'heilpädagogische Haltung' etc.

3. Erst nach der Wertfeststellung geht es um die *Begründung konkreter sittlicher Entscheidungen* (=normative Handlungsurteile). Diese nimmt stets Bezug auf konkretes Handeln und klärt vorab, welche Güter und Werte von einer Handlung betroffen sind und inwiefern sie im Konkurrenzfall abgewogen und bewertet werden müssen.[12] Solche Handlungsurteile, die entscheiden, was zu tun oder zu unterlassen ist, können keine absolute Geltung beanspruchen; sie sind nicht *a-priorisch* (wie *Kants* kategorischer Imperativ), sondern nur im nachhinein, aufgrund von Erfahrung, d.h. als *synthetische Urteile a posteriori* möglich. Damit wird jedoch nicht einem Relativismus das Wort geredet, sondern nur konsequent aus der Kontingenz der Welt gefolgert, daß es im zwischenmenschlichen Bereich immer nur bedingte und begrenzte Güter geben kann. Auch christliche Ethik (Moraltheologie) ist insofern Vernunftethik. Das sog. Sittengesetz ist nach Meinung vieler moderner Moraltheologen nicht 'göttliche Setzung', sondern eindeutig 'Menschenwerk', d.h. Ergebnis menschlicher Vernunft und Sozialentwicklung - und deshalb auch veränderbar (vgl. *Böckle* 1977). Von daher müssen ethische Modelle und Normen vernünftiger Überprüfung standhalten können und intersubjektiv zu rechtfertigen sein.

Theologische und philosophische Ethik kommen hier also zum gleichen Schluß: "Nur insofern prinzipiell überhaupt die Möglichkeit besteht, normativ-moralische Urteile intersubjektiv zu begründen, kann das Bemühen der normativen Ethik als einer philosophischen, auf Erkenntnis ausgerichteten Disziplin sinnvoll erscheinen, die Suche nach obersten Prinzipien des moralisch richtigen Handelns in Angriff zu nehmen." (*Hoerster* 1978, 23)

---

12 In der moraltheologischen Tradition werden beispielsweise Hierarchien gebildet entweder nach der Fundamentalität (Leben als fundamentalstes Gut) oder nach der 'größten Sinnfülle' (Freiheit als höchster Wert) (vgl. *Böckle* 1977).

5.1.4 Ausgewählte Modelle einer Ethik der Intersubjektivität und kritische Anmerkungen zum Utilitarismus

Für die (kritische) Heilpädagogik, die durch ihren 'Gegenstand' - a) Behinderungen der Emanzipation (qua Entwicklung zum optimalen Menschsein resp. zum mündigen Menschen) und b) die davon betroffenen Menschen sowie deren 'soziale Anerkennung' (dieser Begriff wäre u.E. dem der 'Eingliederung' vorzuziehen) - nicht nur besonders sensibilisiert ist, sondern selbst quasi ein soziales 'Frühwarnsystem' darstellt, kommen generell zunächst *drei ethische Modelle* in Betracht[13], die zugleich als konstellative Ergänzung zu den bei *Anstötz* und *Gröschke* vorgestellten Theorien zu verstehen sind und in den folgenden Kapiteln näher beleuchtet werden sollen:

- *»Humanistische Ethik«*: Als ein allgemeiner Referenzrahmen kann zunächst die Tradition eudämonistischer und humanistischer Ethik angenommen werden. Für sie stehen in unserem Jahrhundert zwei spezielle Beispiele: 1. *Erich Fromm,* aus dem Umfeld der Psychoanalyse und der Kritischen Theorie hervorgegangen, und 2. die christliche 'Ethik des Lebens' von *A. Schweitzer*, die in letzter Zeit auch *Jantzen* (o.J., 178ff. und 209ff.) für die Heilpädagogik (wieder)entdeckt hat. Auf *Fromm* sind in der Heilpädagogik nur gelegentlich explizite - aber nicht explizit ethische - (*Speck*) oder implizite Hinweise (*Haeberlin*) zu finden, die durchaus eine eingehendere Rezeption lohnend erscheinen lassen. *Schweitzers* Ethik kann auch als eine radikalisierte Mitleidsethik verstanden werden.
- *»Ethik des Mitleids«*: Mitleid ist ein gerade in der Theorie und Praxis helfender Berufe problematischer, gleichwohl wichtiger Begriff (vgl. *Schmidbauer* 1984; *Thimm* 1985 - im Anschluß an *Scheler*). Mitleidsethiken sowohl im traditionellen christlichen wie auch nicht-christlichen Sinn werden auch in der Heilpädagogik wieder häufiger diskutiert (vgl. z.B. den Hinweis von *Bonfranchi* 1992 auf *Schopenhauer*). Solche Hinweise sollen aufgegriffen, vertieft und besonders durch in der Heilpädagogik bislang noch nicht aufgearbeitete mitleidsethische Elemente der Kritischen Theorie *Horkheimers* und *Adornos* ergänzt werden.
- *»Diskursethik/Ethik der kommunikativen Vernunft«*: Sie ist die ethische Theorie der neueren Kritischen Theorie *Habermas'* und der Transzendentalpragmatik *Apels*, die u.a. an *Mead* anknüpft und eine notwendige Ergänzung

13 Die in jüngster Zeit geführte spezielle sozialethische Fachdebatte zwischen liberalen Vertrags- resp. Gerechtigkeitstheoretikern (z.B. *Rawls*) und Vertretern des sog. Kommunitarismus kann hier ausgespart bleiben; vgl. dazu *Brumlik/Brunkhorst* (1993); *Wolf* (1994); *Gröschke* (1995).

resp. Korrektur durch eine "advokatorische Ethik" (*Brumlik* 1992a) erfährt. Die Diskursethik wird in der Heilpädagogik erstaunlich wenig und meist eher skeptisch (bis ablehnend) erwähnt, ohne je näher untersucht worden zu sein.[14]

Diesen drei Modellen ethischer Theoriebildung gemeinsam ist ein *universaler Geltungsanspruch resp. -bereich,* der jedoch unterschiedlich gefaßt wird. D.h. ihr wesentlicher Gehalt, ihr zentraler Gedanke wird entweder anthropologisch untermauert und trifft demzufolge für alle Situationen und alle Menschen zu (z.B. in der humanistischen Ethik und in Mitleidsethiken); oder es ist die allgemeine Gültigkeit ihrer Basisnormen intendiert bzw. die Universalisierungsmöglichkeit oder -unmöglichkeit wird zum Gültigkeits-Kriterium von Normen (z.B. der Universalisierungsgrundsatz im speziellen Sinne der Diskursethik), womit die ältere kritische Theorie jedoch besonders zurückhaltend ist.

Inwieweit die Universalisierung auch über den Bereich des Menschlichen hinauszugehen hat, hinausgehen kann - etwa i.S. einer unbedingten Verpflichtung gegenüber allen Lebewesen (*A. Schweitzer),* den natürlichen Ressourcen von Leben überhaupt, wie es besonders in dem Entwurf einer ökologischen resp. kosmischen Verantwortungsethik (*H. Jonas* 1989) angelegt oder sogar bereits in der »Dialektik der Aufklärung« (s. Kap. 2) intendiert ist -, bliebe noch zu fragen und soll hier nicht entschieden werden.[15]

Utilitaristische Ethiken - gleich welcher Ausprägung[16] - gelten dagegen bislang als ethisches Bezugssystem für die Heilpädagogik als kaum geeignet (vgl. *Haeberlin* 1995b; 1996), da bei einer Funktionalisierung/Instrumentalisierung des allgemeinen Wohls, beim berechenbaren »größtmöglichen Glück der größten Zahl«, gerade die schwächsten Glieder des Gemeinwesens auf der Strecke zu bleiben drohen, wie die *Singer*-Debatte wieder einmal gezeigt hat. Utilitaristische Ethiken sind Formen eines Sozialeudämonismus, die die Prinzipien des 'guten Lebens' und der Glücksethik einerseits auf eine empirische Basis stellen

---

14 *Schwagers* (1990) breit angelegte und komplexe Aufarbeitung der Universal- und Transzendentalpragmatik ist weder explizit ethisch motiviert noch macht sie die Diskursethik zum expliziten Gegenstand.

15 Gefragt wären "neue Perspektiven für Menschen *und* Tiere" (*Wolf* 1992; Hervorh. hj.j.). Entwürfe einer separaten Tierethik werden dagegen eher fragwürdig - nämlich dann und insofern (wie z.B. bei *Singer*) sie den Eindruck entstehen lassen, daß die Interessen von Tieren gegen die von (schwerbehinderten) Menschen ausgespielt werden. *Wolf* (1992) argumentiert differenzierter und in Grenzen *Singer*-kritisch.

16 Der Utilitarismus mit seinen verschiedenen Richtungen (Handlungs-, Regel- und Präferenzutilitarismus) und historischen Entwicklungsverläufen kann hier nicht annähernd umfassend behandelt und gewürdigt werden; vgl. dazu z.B. *Höffe* (1981, 53ff.; 1986); *Wolf* (1994).

und operationalisieren wollen (Nutzen- und Lustprinzip) sowie andererseits mit Prinzipien des Allgemeinwohls und sozialreformerischen Bestrebungen verbinden (Sozialprinzip). Sie sind also - auch von ihrem historischen Hintergrund als eine Art Säkularisierung der Nächstenliebe/christlichen Religion her - keineswegs eindeutig positiv oder negativ zu bewerten. So ist auch das Kernprinzip, das Utilitäts- oder Nützlichkeitsprinzip (mit seinen 4 Teilprinzipien), vordergründig vielen Mißverständnissen ausgesetzt. Nützlichkeit meint Nützlichkeit für die Bedürfnisse und Interessen der Betroffenen. Und die Beurteilung von Handlungen und Normen nach ihren Folgen (Folgenprinzip, Konsequentialismus) findet auch über utilitaristische Theorien hinaus verbreitete Zustimmung (s. Verantwortungsethik: *Weber; Jonas; Apel;* in der Moraltheologie: *Böckle* u.a.).

Obwohl also das Prinzip des »guten Lebens« im Utilitarismus zunächst um die wichtige soziale Dimension erweitert wird, wird dieses "soziale Glück" dennoch aber meist nur in individueller Perspektive und entfremdeter Gestalt thematisiert, nämlich a-historisch und undialektisch als Ausgleich egoistischer Interessen (vgl. dazu *Horkheimer* 1988d; *Jantzen* 1991; o.J.). Es hat seine emanzipatorische Universalität und kritisch-utopische Kraft, die ihm in der Antike zukam, und die wir in der kritischen Theorie bewahrt finden (s. Kap. 2 u. 5.3.4), eingebüßt, wenn es nach Maßgabe staatlicher Verfassung und marktwirtschaftlicher Prinzipien behandelt wird. Weder Glück noch Leid noch Interessen sind quantifizierbar bzw. quantitativ vergleichbar. Sie können auch nicht durch einen vermeintlich neutralen 'Ethikexperten' festgestellt und bewertet werden, wie es z.B im Präferenzutilitarismus *Singer´*scher Prägung den Anschein hat, sondern nur inter-subjektiv von den Betroffenen und in gesellschaftlichen Auseinandersetzungen.

Ein Dreh- und Angelpunkt der *Singer´*schen Argumentation sind bekanntlich die als Selektionskriterium funktionalisierten Personbestimmungen wie *Rationalität, Autonomie* und *Selbstbewußtsein*, die der philosophischen Tradition entstammen, und die bei *Singer* (1984, 106ff. 115ff.) u.E. fälschlicherweise auf die empirische Tatsachenebene heruntergeholt und quasi zu kognitionspsychologischen Leistungen resp. Fähigkeiten umgedeutet werden. Im Unterschied zu diesem reduzierten *Vernunftbegriff* wurde in unserem Rahmen im Anschluß an die kritische Theorie ein wesentlich weiteres Verständnis menschlicher Vernünftigkeit zugrundegelegt und erläutert (s. Kap. 2 u. 3). *Autonomie* als positives Faktum wird von keinem Menschen je voll erreicht, sondern ist - schon vom Begriff und seiner Tradition her - sinnvoll 'nur' als Leitutopie; sie muß stets antizipiert und kontrafaktisch unterstellt werden, wozu gerade Heilpädagogik zu sensibilisieren vermag. In der heilpädagogischen Literatur hat das in ähnlicher Weise v.a. *Speck* wiederholt herausgestellt und gelegentlich mit dem Begriff der

"Koautonomie" bezeichnet (z.B. *Speck* 1991, 141). *Selbstbewußtsein* schließlich steht in einem dialektischen Spannungsverhältnis: Einerseits kann es nie von einem Außenstehenden mit letzter Sicherheit eingesehen bzw. zu- oder abgesprochen werden. Andererseits aber bildet es sich nach dem Verständnis der philosophischen Tradition (*Hegel*) wie der Entwicklungs- und Sozialpsychologie (*Mead*) erst durch die Anerkennung durch andere (vgl. *Honneth* 1994; s. auch die Diskussion zum Personbegriff in Kap. 4).

Zwar vertritt auch *Singer* (1984, 9-25) theoretisch den Verallgemeinerungs- bzw. *Universalisierungsgrundsatz* und spricht sich nicht nur gegen religiös begründete (und damit auf die Glaubenden beschränkte) Ethik, sondern auch gegen Subjektivismus und Relativismus in der Ethik aus. Dem (präferenz-)utilitaristischen Anspruch, die Interessen aller Betroffenen (vs. Binnen- oder Gruppenmoral) berücksichtigen zu wollen, ist zunächst zuzustimmen. Er scheint dem diskursethischen Ansatz zu gleichen, sich also ebenfalls auf 'postkonventioneller' (universaler) Stufe (nach *Kohlberg*) zu befinden. Das diskursethische Universalisierungsverständnis reicht aber weiter - wenn es auch zugegeben abstrakt oder idealistisch bleibt (s. dazu Kap. 5.4). Der Universalisierungsgrundsatz kann von einer utilitaristischen gesellschaftsimmanenten Ethik nicht eigentlich vertreten, geschweige denn eingelöst werden, und er wird auch von *Singer* nicht eingelöst, wie *Matheis* (1992, 234f.) aus Sicht der Diskursethik kritisiert. Denn *Singer* schließt nicht nur sogar von einer Entscheidung Betroffene aus, indem er ihnen den Personstatus glaubt absprechen zu können, sondern das Verfahren ist auch nicht intersubjektiv auf Verständigung aller angelegt, sondern auf Ausgleich konkurrierender Partikularinteressen, und läßt die polemisch zugespitzte Frage aufkommen: "Ersetzt Singer nicht lediglich Sexismus, Rassismus, Speziesismus durch einen 'Fitneßismus'?" (*Matheis* 1992, 248 - Anm. 20). Das Vorgehen bei der Abwägung der Interessen und Rechte ist zudem durch ein oberflächlich-berechnendes Maximierungsdenken geprägt. Die Begründungsfrage, warum eine solche Interessenabwägung und Maximierung überhaupt moralisch verpflichtend sein kann oder soll, bleibt ausgespart, was für eine Vernunftethik nicht haltbar ist (ebd. 249ff.; vgl. auch *Höffe* 1981, 58).

Es liegt also ein eingeschränkter (nicht-kritischer) Interesse- und Gesellschafts-Begriff zugrunde, der vom Gegebenen ausgeht, ohne einen Horizont der Überschreitung rein deskriptiver Tatsachenfeststellung zu kennen. Ein solches (positivistisches) Verständnis bleibt gesellschaftstheoretisch wie ethisch affirmativ und kann zu sozialdarwinistischen Konsequenzen führen. Ein weiteres Problem des Bewertungsmaßstabes für die Dignität der jeweiligen Interessen hängt damit zusammen. In der präferenzutilitaristischen Frage nach dem 'Wert des Lebens' wird die (notwendige) Innenperspektive des Subjekts ersetzt durch die Außenbewertung, die Behandlung des Betroffenen als Objekt, obwohl der Präferenzutilitarismus nach seinem Selbstverständnis auf Berücksichtigung der Innenperspektive aufbaut. Auf die Ambivalenz von Mitleid, die darin zum Ausdruck kommt, werden wir noch zurückkommen (s. Kap. 5.3). Die Wertehierarchie und Güterabwägung (Leben von Föten, nichtmenschliches Leben etc.) wird nicht mit allgemeinverbindlichen Kriterien begründet (vgl. *Matheis* 1992, 237f.). Utilitaristische Interessenabwägungen und Kosten-Nutzen-Kalkulationen entsprechen den Gesetzen der sog. freien Marktwirtschaft; der Utilitarismus erscheint als eine notwendige Folge des wirtschaftlichen Liberalismus (vgl. *Horkheimer* 1988a, 62f.; *Furrer* 1994).

Zwar wurde ansonsten bislang fast nur von christlichen Moralpositionen aus dezidiert gegen *Singer* Stellung genommen, jedoch aufgrund ihrer Gebundenheit an eine bestimmte religiöse Glaubensposition, die in der (post)modernen, pluralen und multikulturellen Gesellschaft nicht mehr selbstverständlich Konsens sein kann, reicht diese Kritik nicht aus. Außerdem ist die sog. 'Heiligkeit des Lebens' auch durchaus nicht nur in religiöser Tradition sinnvoll, sondern kann als Metapher in eine breite humanistische Tradition gestellt und auch vernünftig, d.h. vernunft- und erfahrungsgemäß (rational-ethisch), plausibel und verbindlich gemacht werden.

Wie bereits deutlich geworden sein dürfte, können dabei sozialwissenschaftlich-psychologische und sozialphilosophisch-anthropologische Erkenntnisse - wie deren Kritik - Möglichkeitsbedingung und Bezugspunkte einer materialen Ethik der Intersubjektivität sein, die nicht bloß formal bleiben will, und die im folgenden als »humanistische Ethik« skizziert werden soll.

5.2 Humanistische Ethik - ein Referenzrahmen?

> Der Widerspruch zwischen
> immanent sozialer und universaler Ethik
> wird in dem Maße abnehmen und verschwinden,
> wie die Gesellschaft wirklich human wird:
> das heißt, wie die Gesellschaft lernt,
> auf die volle menschliche Entwicklung
> aller ihrer Glieder zu achten.
> *Erich Fromm* (1978a, 263)

Die Frage nach der »Menschwerdung des Menschen«, das zentrale Thema einer humanistischen Pädagogik, ist auch das einer humanistischen Ethik, deren Ausgangs- wie Zielpunkt die Selbstzwecklichkeit und gegenseitige Anerkennung der Menschen ist.

Humanistische Ethik ist materiale Ethik, die auf Natur und Erfahrung, auf geschichtlichen und sozialen Lebensbedingungen aufbaut. Denn menschlichem Handeln und Verhalten geht immer schon zweierlei als Disposition voraus: einerseits die den Menschen umgebende *Natur* und die eigenen natürlichen (psycho-somatischen) Bedingungen und Bedürfnisse ('innere Natur') sowie andererseits die *Erfahrung* als Erkenntnisprozeß, in dem die geschichtlichen und gesellschaftlich-sozialen Bedingungen und Bedingtheiten des Menschen sowohl realisiert werden wie repräsentiert sind. Die Auseinandersetzung mit der eigenen und fremden Natur, mit den historisch-sozialen Tatsachen - also mit der Innenwelt, der materiellen Um- und der sozialen Mitwelt - macht menschliche Praxis aus.

Natur aber allein als ursprüngliche (körperlich-triebhafte) Bedürfnisstruktur zu sehen, die es bloß wiederzuentdecken und in ihr Recht zu setzen gilt ('Zurück zur Natur' à la *Rousseau*), ist ebenso einseitig, wie solche (scheinbar) natürlichen Bedürfnisse als moralisch schlecht zu qualifizieren und entsprechend zu unterdrücken (eine lange - nicht nur christlich-pietistische - Tradition der Leibfeindlichkeit). Natur und Geist sind dialektisch verschränkt, menschliche Natur ist immer schon sozial(isiert). Die zentrale Erkenntnis der »Dialektik der Aufklärung« ist ja, wie wir gesehen haben (Kap. 2), daß die Geschichte der Aufklärung - intendiert als Befreiung von Herrschaft - gerade in der Aufspaltung von Vernunft und Natur sowie als sich verselbständigender technischer Fortschritt zwar ein Prozeß zunehmender Naturbeherrschung, aber damit zugleich neuer Naturverfallenheit und Unfreiheit ist (Unterwerfung der eigenen inneren Natur). Demgegenüber gilt es, der "Natur im Subjekt" eingedenk zu bleiben (DA, 47). Auch die Vernunft als "das andere der Natur" ist ursprünglich Teil der inneren Natur - als psychische Kraft, die der Selbsterhaltung dient (vgl. ND, 285).

Naturale Disposition und Freiheitsgrade des Menschen werden zwar grossenteils von den biologischen und anthropologischen Wissenschaften thematisiert, wobei es jedoch nicht nur in der Kritischen Theorie, sondern auch in der Entwicklung der modernen Wissenschaften zunehmend umstritten ist, ob es so etwas wie eine 'Natur' oder ein 'Wesen des Menschen' überhaupt gibt, ja geben kann. Vielmehr ist wegen dieser erheblichen inhaltlichen und methodischen Schwierigkeiten, eine solche allgemeine Natur zu bestimmen und daraus ein verbindliches Menschenbild abzuleiten, heute von einer »anthropologischen Differenz« auszugehen (s. Kap. 4.1), weshalb unsere Studie einen anderen, 'bilderlosen' Weg eingeschlagen hat.

In der humanistischen Tradition hat es den Begriff der »Menschennatur« als Denkhorizont und erkenntnis- und handlungsleitendes Interesse allerdings immer gegeben. Und er war und ist bis heute - wenn auch freilich nicht mehr als spezifische 'Substanz' - Gegenstand der Diskussion und als ständiges Handlungskorrektiv und erst zur verwirklichendes Humanum aufs engste mit Ethik verknüpft.

Erfahrung als ein anderer Ansatz materialer Ethik findet als geschichtliche Lebenswelt, »Zeitgeist« etc. in einem immer schon normativ geprägten sozialen Rahmen statt; wobei Erfahrung keineswegs nur im engen Sinne eines positivistisch-empiristischen Wissenschaftsverständnisses gesehen werden darf (s. Kap. 3), sondern subjektives Erleben und Lebens-Erfahrung ebenso wie praktisch-hermeneutisch oder kritisch-materialistisch gedeutete Erfahrung umfaßt (vgl. *Adorno* 1990a; *Habermas* 1969; *Plessner* 1982).

Humanistische Ethik ist in einem spezifischen Sinne *anthropozentrisch*, da sie auf theologische Begründungen des Sittlichen verzichtet, und die Autonomie des Menschen sowohl Grund wie Ziel der Ethik ist. 'Der Mensch als Maß aller Dinge'[17]; das Wohl des Menschen ist zunächst einziges Kriterium aller ethischen Werte und Entscheidungen. Humanistische Ethik steht als eudämonistische Ethik ursprünglich in der alten aristotelischen Tradition einer »Lehre des guten Lebens«, die jedoch aufgrund der geschichtlichen Entwicklung und gesellschaftlicher Deformationen - der "Pathologie der Normalität" (*Fromm* 1978b, 227) - zunehmend zu einer »Reflexion aus dem beschädigten Leben« (sensu *Adorno* 1980a) werden mußte.

Entsprechend sind gesellschaftstheoretische und sozialkritische Konzepte in der Tradition der Psychoanalyse und eines originären Marxismus resp. der Kritischen Theorie, die diese beiden Strömungen verbindet, immer schon mittelbar oder implizit (Sozial-)Ethik. Als einer der wichtigsten Vertreter einer auch explizit thematisierten »humanistischen Ethik« kann in unserem Jahrhundert der Sozialphilosoph und Psychoanalytiker *Erich Fromm* gelten, der sich in die Tradition von *Aristoteles* und *Spinoza*, aber auch *J. Dewey* stellt, und dessen kritisch-sozialphilosophischen und ethischen Überlegungen zugleich pädagogisch-therapeutisch motiviert sind: "Es ist unmöglich, den Menschen mit all seinen emotionalen und geistigen Störungen zu verstehen, wenn man sich nicht über die Eigenart der Wertkonflikte und der moralischen Konflikte im klaren ist." (*Fromm* 1978a, 19)

Fromms ethische Konzeption soll nicht zuletzt auch deshalb hier vorgestellt werden, weil sie bei näherer Betrachtung eine Affinität zur Heilpädagogik er-

---

17 Mit dieser Devise des *Protagoras* setzt man sich heute freilich einem doppelten Vorwurf aus: dem des Naturalismus (naturalistischer Fehlschluß) und dem der ökologischen Verantwortungslosigkeit. Zumindest letzterer erscheint bei näherer Betrachtung einschlägiger Autoren einer humanistischen Ethik jedoch als unberechtigt.

kennen läßt, in der sie nicht von ungefähr gelegentlich explizit zitiert wird oder implizit anklingt (s. Kap. 4.2).

5.2.1 »Humanistische Ethik als angewandte Wissenschaft der Kunst des Lebens«: *Erich Fromm*

Notwendigkeit, Evidenz und Begründbarkeit einer ethischen Theorie, die als kritisch-anthropologisch fundierte Vernunftethik zugleich "Ethik des Guten" ist, stehen für *Fromm* außer Frage. Da fast alle Ansätze humanistischer Ethik eine Kenntnis der 'menschlichen Natur', ein Wissen um das, was gut oder schlecht für den Menschen ist, voraussetzen, sie also in weitem Sinne auf psychologischen Einsichten basieren, sind sie für *Fromm* im Grunde nichts anderes als "angewandte Psychologie" (1978a, 18 u. 40f.). Psychologie und philosophische Ethik dürfen nicht getrennt werden. Wirklicher Fortschritt der Human- und Sozialwissenschaften kann nur in der Rückbesinnung auf die humanistisch-ethischen Traditionen der Selbstzwecklichkeit und Selbstverwirklichung des Menschen bestehen. Gleichgültigkeit (Indifferenz) gegenüber der Einzigartigkeit jedes Menschen ist *das* moralische Problem der Gegenwart (ebd. 267).

Diese Auffassung von Humanwissenschaft knüpft an das antike Verständnis von Philosophie als "angewandter Wissenschaft von der »Kunst des Lebens«" an (*Fromm* 1978a, 21 u. 32), die i.S. einer Fertigkeit (τεχνη) erlernt und beständig geübt werden muß. Aber *Fromm* will keine Rezepte zur Erreichung von Glück oder Seelenfrieden liefern, sondern die Lebensführung des einzelnen in Frage stellen und problematisieren. Lebensgestaltung und Selbstverwirklichung sind der Zweck der sog. Lebenskunst, deren Besonderheit gegenüber anderen Künsten darin liegt, daß der Mensch zugleich Ausführender und 'Gegenstand', Subjekt und Objekt ist. Man beachte die Parallele: Entsprechendes kann von der Pädagogik gesagt werden.

Materialethische Konsequenz ist die Erhaltung und Entwicklung des Lebens (was *Fromm* mißverständlich als "produktive Orientierung" bezeichnet) als positiver und fundamental(st)er Wert versus einer Verfehlung der eigenen Bestimmung als Inbegriff des Unsittlichen. »Gut« bedeutet in diesem Sinne ähnlich wie bei *Schweitzer*, auf den *Fromm* auch immer wieder Bezug nimmt (s.u.), "Bejahung des Lebens", Entfaltung menschlicher Möglichkeiten, »böse« ist lebensfeindliches Verhalten, Desinteresse an der eigenen und fremden Existenz, Verantwortungslosigkeit sich selbst und anderen gegenüber. In solchen Bestimmungen wird die Begrenzung der *Fromm*'schen Konzeption deutlich, die zugleich eine Grenzüberschreitung Kritischer Theorie markiert: Formalität und Materialität humanistischer Ethik konvergieren in einem spezifischen, positiv gesetzten Verständnis menschlicher Natur und Existenz. Damit sind auch alle Probleme einer positiven Anthropologie und des sog. 'naturalistischen Fehlschlusses' impliziert.

Kritisch-theoretischer Prüfung standhalten kann dagegen die Entgegensetzung humanistischer Ethik sowohl zu autoritär-heteronomer oder 'absoluter' Ethik (traditionelle Moraltheologie, Naturrecht, göttliche Ordnung) wie auch zu einem ethischen Relativismus - sei es in der subjektivistischen (Egoismus; Existentialismus) oder der 'sozialimmanenten' Variante (Utilitarismus). Humanistische Ethik steht darüber hinaus auch im Gegensatz zu einer 'biologisch-immanenten' Ethik (vergleichende Verhaltensforschung), die Egoismus und Aggression als Werte begreift, da sie unabdingbar seien für die Arterhaltung. Demgegenüber beruht humanistische Ethik formal auf der Vernunftnatur des Menschen, dergemäß allein der Mensch das Kriterium des Sittlichen bestimmen kann (Autonomie).

Humanistische Ethik ist *universale Ethik:* Jedes Verhaftetbleiben in bloß konventionellen Verhaltenscodices und singulär-abstrakten Regelsystemen ist zu überwinden; insofern ist humanistische Ethik universal und objektiv, aber - auch für *Fromm* - genau wie andere wissenschaftliche Erkenntnisse stets revidierbar und nicht absolut. Die Verbindlichkeit sittlicher Aussagen bestimmt sich also aus ihrer Vernünftigkeit (Plausibilität und Kommunizierbarkeit), nicht durch eine irrationale Autorität (heteronom). Entscheidend für Normfindung wie Normbegründung wird dann z.B. die von *Fromm* immer wieder variationsreich vertretene, aber problematische These, "daß die Gültigkeit von Normen auf den Bedingungen der menschlichen Existenz beruht" (GA IV, 328). Diese werden wir im nächsten Abschnitt näher beleuchten.

"Wissenschaft vom Menschen", die *Fromm* freilich weiter faßt als die herkömmliche (philosophische) Anthropologie, ist Grundlage der Ethik. Normen der Lebensführung können durch ein "Modell der menschlichen Natur" (1978a) begründet und erläutert werden. Wobei durchaus auch die Gefahr gesehen wird, daß häufig immanent soziale Normen dann als absolut bzw. universal, oder als in der Menschennatur fundiert, ausgegeben werden, was eindeutig ideologischen Charakter hat (Instrumentalisierung).

5.2.2 Ethik und Differenz: Widersprüche der Conditio humana als Ort (und Möglichkeitsbedingungen) humanistischer Ethik

Ethik bildet sich aus im bewußten Umgang mit den Widersprüchen der menschlichen Situation. *Fromm* versteht den Menschen, wie *Scheler* und *Plessner* ausdrücklich als Widerspruchswesen, das zugleich jedoch die Möglichkeit der Überwindung dieses Widerspruchs in sich trägt. Der Mensch hat die 'paradiesische' (d.i. die vormenschliche) Harmonie unwiederbringlich verloren, und das Bewußtsein, "den Kräften der Natur und der Gesellschaft hilflos ausgeliefert" zu sein, "macht seine abgesonderte, einsame Existenz zu einem unerträglichen Gefängnis" (*Fromm*: GA IX, 444). Die so bezeichnete Situation des Individuums ist für *Fromm* der eigentliche Grundwiderspruch im Menschen, aus dem alle übrigen "existentiellen Widersprüche" - und in deren Folge die menschlichen Bedürfnisse wie die ethisch-moralischen Probleme - resultieren und in dem sie wiederum konvergieren.

Das - wenn auch in unterschiedlichem Gewande - immer wiederkehrende Grundproblem des Menschen im Laufe seiner Geschichte ist die Überwindung der 'Getrenntheit' durch ein (innerweltliches) Transzendieren der individuellen Existenz auf soziales Bezogensein und in eigenverantwortliche Praxis, da der Mensch sich sonst unrettbar in Schuld verstrickt und entweder im Wahnsinn endet oder - so wäre hier nahezu bruchlos zu ergänzen - andere der Isolation und dem 'Wahn' (der schweren Wahrnehmungsstörung oder geistigen Behinderung, dem schweren Autismus etc.) überläßt. So ist es eine Eigentümlichkeit dieser existentiellen Situation, daß sie immer neue, sehr wohl verschiedenartige Antwortmöglichkeiten hervorruft; alle Philosophie und die Religionen müssen nach *Fromm* von daher verstanden werden (vgl. das analoge innerweltliche Transzendenzverständnis bei *Plessner*; s. 1.4.3).

Drei *"existentielle Widersprüche"* (*Fromm* 1978a)[18], auf die sich zwar verschieden reagieren läßt, sind als Bestandteil der conditio humana aber prinzipiell unaufhebbar:

1. Leben versus Tod;
2. die potentiellen Fähigkeiten versus deren Realisierbarkeit in der Lebensspanne; und
3. Isolierung versus Bezogenheit.

---

18 Zu unterscheiden von diesen existentiellen sind die vielfältigen "geschichtlichen", individuellen oder gesellschaftlichen Widersprüche, die nicht konstitutiv für die conditio humana und in Geschichte aufhebbar sind. Häufig werden historische Dichotomien - wie z.B. in unserer Zeit die materiellen und technischen Potentiale in Relation zur Unfähigkeit, sie aussschließlich für Frieden und Allgemeinwohl zu nutzen - ideologisierend als unabänderliches Geschick (also als 'existentieller Widerspruch') dargestellt, mit dem man sich abzufinden habe. Deshalb ist im emanzipatorischen Interesse die ideologiekritische Unterscheidung "historisch" versus "existentiell" von großer Wichtigkeit.

Dieses sozialanthropologische Interpretationskonzept der menschlichen Situation hat bei *Fromm* in zweierlei Hinsicht Auswirkungen. Einmal bezüglich der Persönlichkeitspsychologie, wenn es um Triebe, Leidenschaften, allen Menschen gemeinsame physiologische und psychische Bedürfnisse und deren Intensität geht, was sich in *Fromms* Aufstellung "existentieller Bedürfnisse" ausdrückt. Zum anderen ist damit gleichzeitig immer schon Ethik intendiert, da die anthropologischen Aussagen *erstens* eo ipso normativ "gefärbt" sind, d.h. als norm-analog zu betrachten sind, und *zweitens* zum materialen Kriterium werden, wenngleich sie im strengen Sinne lediglich prä-sittliche Qualität haben (s. 5.1.3). Existentielle Bedürfnisse und humane Erfahrungen bilden die Grundlagen und Möglichkeitsbedingungen humanistischer Ethik.

Auch wenn alle physiologischen (animalischen) Bedürfnisse - wie Hunger oder Sexualität - befriedigt sind, "ist der Mensch selbst nicht befriedigt" (*Fromm* 1978a, 61), sondern er hat darüber hinaus spezifisch menschliche Bedürfnisse, die *Fromm* "existentiell" nennt, weil sie sich aus den Existenzbedingungen des Menschen als Widerspruchswesen ergeben. Diese Bedürfnisse benennen und problematisieren also humane Grundbefindlichkeiten, die ein Reagieren erfordern, vergleichbar den "Widersprüchen", deren Folgewirkung sie sind. Ebenso wie die physiologischen verlangen diese psychischen Bedürfnisse nach angemessener Befriedigung als notwendiger Bedingung für geistig-seelische Gesundheit. Dabei verdient das Wort "angemessen" besondere Beachtung, denn Art und Weise der Befriedigung können erheblich differieren, je nach den sozioökonomischen Bedingungen und dem bestehenden 'Sozialcharakter' in einer Gesellschaft.

Die Bedürfnisse äußern sich in den Charakterstrebungen und -orientierungen und bewirken die ganze Spannbreite "rationaler" bis "irrationaler menschlicher Leidenschaften" (GA VII, 1ff. 229ff.), die *Fromm* in einem Kontinuum "produktiv - nicht-produktiv" ansiedelt (GA II; s. Kap. 1.5). Bei *Fromm* wird Ethik also - salopp formuliert - zur 'Charakterfrage'.[19] Damit wird - in modernem psychoanalytisch-sozialpsychologischem Gewand - wiederum direkt angeknüpft an eine der ursprünglichen Wortbedeutungen des antiken Ethos (ηϑος). Die Charakter- und Sozialcharakter-Theorie *Fromms* versteht sich als Versuch, Ethik

19 Im Unterschied zu *Freud* sieht *Fromm* die Charakterstruktur nicht in den verschiedenen Erscheinungsformen der menschlichen Triebnatur (Libido) fundiert, "sondern in den verschiedenen Arten, in denen sich ein Mensch zur Welt in Beziehung setzt" - und zwar sowohl durch Aneignung der dinglichen Umwelt (=Assimilationsprozeß) als auch durch In-Beziehung-Treten zu anderen Menschen und sich selbst (=Vergesellschaftungs- bzw. Sozialisationsprozeß) (1978a, 73). *Fromm* unterscheidet idealtypisch verschiedene entfremdete 'nicht-produktive' Charakterorientierungen (wie z.B. die Orientierung an Markt und Warentausch) von einer produktiven Orientierung.

mit den Mitteln der Sozialwissenschaften - insbesondere der analytischen Sozialpsychologie - neu zu begründen. Sie kann als ein Beitrag zur kritischen Hermeneutik der conditio humana gelten - in Abgrenzung resp. als Korrektiv zu empiristischen Verkürzungen in den einzelnen Humanwissenschaften einerseits und unhistorisch spekulativem Philosophieren über das vermeintlich apriorische 'Wesen' des Menschen andererseits.

Zu einer humanen "produktiven Charakter-Orientierung" ("Produktivität/Liebe") gehören Fürsorge, Verantwortung, Achtung und Verstehen (Selbst-/Fremderkenntnis) (GA II, 64ff.; IX, 444ff.). Die inhaltlichen Unterschiede der Befriedigungsweisen menschlicher Grundbedürfnisse beruhen nach *Fromm* auf Wertunterschieden.

Sein Konzept notwendiger "existentieller Bedürfnisse" entwickelt *Fromm* bezüglich Terminologie und Anzahl unterschiedlich. Die ausführlichste und wohl systematischste Auflistung, die jedoch einige Überschneidungen aufweist, findet sich in der sozialpsychologischen Monographie *»Wege aus einer kranken Gesellschaft«* (1955/GA IV, 24-50):

a) Bezogenheit durch Liebe (oder Narzißmus) (=Grundparadigma aller Bedürfnisse);
b) Transzendenz durch Kreativität (oder Destruktivität)[20] - ist in allen Bedürfnissen implizit enthalten...bleibt stets weltimmanent (Öffnung zu Welt/Mitwelt);
c) Verwurzelung durch Brüderlichkeit (oder seelischen Inzest);
d) Identitätserleben durch Individualität (oder Herdenkonformität);
e) Suche nach einem Rahmen der Orientierung und einem Objekt der Hingabe durch Vernunft (oder Irrationalität) - als ein "Bedürfnis nach Ganzheit" (1978a, 62) wird dieses ranghöchste zum Oberbegriff aller existentiellen Bedürfnisse.

Später (1974, 212-229; GA VII) werden (vermutlich aufgrund neurophysiologischer Studien) drei weitere existentielle Bedürfnisse hinzugefügt, von denen zwei gerade in heilpädagogischer Hinsicht besonders interessant erscheinen[21], da sie basale, bei schwerbehinderten Menschen wichtige Ansatzpunkte für Bildung, Erziehung (und Pflege) aufzeigen:

f) Bedürfnis nach Wirkmächtigkeit: Für jeden Menschen ist es psychisch lebenswichtig, in seine Umwelt eingreifen, etwas bewirken zu können, um

---

20 Vgl. hier auch die anthropologische Bedeutung der "Vergegenständlichung" der Dingwelt bei *Scheler* und *Gehlen* (s. Kap. 1.2).

21 Das dritte, die "Entwicklung einer Charakterstruktur" als Instinktersatz ist nur auf dem Hintergrund der sozialbiologisch-historischen Charaktertheorie *Fromms* verständlich (s. Kap. 1.5 u. 2.2.2) und kann hier vernachlässigt werden.

daran sein Selbstbewußtsein zu entwickeln. Dies z.B. durch pädagogisch-therapeutische Gestaltung im Wohn- und Beschäftigungsbereich zu unterstützen, ist gerade für sog. schwerbehinderte Menschen wichtig, deren Umwelt und eigene Handlungsmöglichkeiten meist extrem reduziert sind (vgl. *Jakobs/Zovkic* 1987).

g) *Erregung und Stimulation:* Dieses Bedürfnis wird bestätigt durch die Erkenntnisse psycho-physischer Schädigungen des menschlichen Organismus durch Unter- oder Überstimulation, Reizarmut oder Reizüberflutung. In der Heil- resp. Behindertenpädagogik hat *Jantzen* (1978; 1980) diese Zusammenhänge mit dem Konzept der Isolation verdeutlicht. Im Rahmen pädagogisch-therapeutischer Förderkonzepte der Schwerbehindertenpädagogik - wie basale Stimulation (*Fröhlich*) und Kommunikation (*Mall*) - wurden entsprechende Konsequenzen gezogen.

Paradigmatisch für alle existentiellen Bedürfnisse ist das *'Bedürfnis nach Verbundenheit'* (Zugehörigkeit), da es direkt aus der durch Entfremdung und Getrenntheit geprägten conditio humana resultiert und diese expliziert. Der Zustand des Alleinseins, der Isolation, das Bewußtsein, ein abgeschlossenes Individuum zu sein, wären unerträglich, wenn sie absolut bestünden und nicht in einen inter-subjektiven, relationalen Zu-Stand zu anderen Individuen, zu Mitwelt und Umwelt auflösbar wären.

Das *'Bedürfnis nach Ganzheit'* (Orientierung und Devotion/Hingabe) thematisiert die Disposition des Menschen zum Religiösen, wobei 'Religion' für *Fromm* jedes Denk- und Handlungssystem meint, "das von einer Gruppe geteilt wird und dem Individuum einen Rahmen der Orientierung und ein Objekt der Hingabe bietet" (GA VI, 241). Man könnte hier von einem Bedürfnis nach 'Weltanschauung' sprechen, das durch ein Konstrukt von Idealen, Überzeugungen, durch Menschenbilder etc. befriedigt werden kann, und das lediglich eine andere Ausdrucksform der Sehnsucht nach der verlorenen Harmonie bzw. eine weitere Variante der Notwendigkeit menschlicher Bezogenheit (Relationalität) darstellt. Diese Bedürfnis-Darstellung entspricht fast wörtlich den diesbezüglichen Ausführungen *Haeberlins* oder der Schweizer 'Klassiker' der Heilpädagogik. Im Unterschied zu ihnen wird aber bei *Fromm* eine Transzendenz im christlichen Sinne abgelehnt, seine Sicht bleibt a-theistisch (vgl. auch *Plessner*; s. 1.3.3). Rein intellektuell läßt sich dieses Bedürfnis nicht stillen, nur die Verbindung kognitiv-rationaler *und* sinnlich-emotionaler Bezogenheit werden der Ganzheit des Menschen gerecht. Bewertungskriterien für die verschiedenen Inhalte möglicher Weltanschauungssysteme (Welt- und Menschenbilder, philosophische Lehren, Religionen, Ideologien) sind einerseits ihre Rationalität und

'Objektivität' (qua intersubjektive Kommunizierbarkeit), andererseits die sinnlich-emotionale subjektive Sinnerfahrung nach Maßgabe der psychologischen und anthropologischen Einsichten über das Wohl des Menschen. Diese Kriterien widerspiegeln aber auch deutlich die Problematik dieser komplexen Konzeption, die weder das Problem wissenschaftlicher Objektivität noch das eines möglichen 'falschen Bewußtseins' oder eines Irrationalismus verbindlich zu lösen vermag.

Korrespondierend zum Bedürfniskonzept ist ergänzend noch die eher summarische Darstellung "*spezifisch menschlicher Erfahrungen*" (GA IV, 315ff.) zu nennen. Diese umfassen - in grundsätzlicher Abhebung vom Negativ-Phänomen der Gier - Gefühlserfahrungen wie Zärtlichkeit, Mitleid, Einfühlungsvermögen (Empathie), Einstellungen oder Haltungen (Interesse vs. Neugier, Verantwortung aus Freiheit vs. autoritäres Pflichtgefühl), "Identitätserleben" und "Integrität". Auch Hoffnung, rationaler Glaube und "Seelenstärke" sind solche wesentlichen "Strukturelemente des Lebens" (ebd. 267ff.). All diesen humanen Erfahrungen gemeinsam ist die Liebe zum Leben, ein Streben nach "Lebendigkeit" jenseits egoistischer Fixierungen und utilitaristischer Zwecksetzungen. Solche und ähnliche Formulierungen finden sich auch bei heilpädagogischen Autoren (z.B. im Zusammenhang eines Begriffs der heilpädagogischen Haltung: vgl. *Bach* 1984; *Haeberlin* 1988c).

Bei allen Bedürfnissen und Erfahrungen geht es letztlich um die Freiheit, darum, eine bloße Fristung des Daseins zu überwinden.[22] Diese Reflexionen vermögen damit anschaulicher als andere philosophisch-anthropologische Entwürfe das Basale, das psychophysische Fundament resp. Substrat von Freiheit zu verdeutlichen, das für jedes Individuum zutrifft, sei es auch noch so sehr geschädigt/behindert.[23] Auf diesem Hintergrund wird auch nochmals deutlich, daß humanistische Ethik mehr und anderes ist als kognitive Verfahrensethik oder Theorie der Moralentwicklung.

Als Resultat für die Ethik führt die These von einer organismischen Wachstumstendenz zur Begründung 'objektiver' Normen bzw. präziser: zur Feststellung wichtiger Güter und Werte. Die Befähigung des Menschen zu Moralität und Sittlichkeit ist dem Lebensprinzip selbst eingeschrieben (Lebensprinzip = Wertprinzip); die Charakterlehre stellt das Bindeglied dar. Als Kritik an *Fromm*

---

22 Ausdruck eines Transzendenzphänomens (vgl. *Plessner*) - im Gegensatz z.B. zu einem ursprünglichen "Biologismus" bei *Gehlen* (s. Kap. 1.3-4).

23 Dieses Substrat stellt also ein Allgemeines im Besonderen dar. - *Fromms* Konzept mündet schließlich in seinen späten Schriften in eine umfassende Sicht von 'Biophilie' vs. 'Nekrophilie' (1964/GA II), von "Haben oder Sein" (1976/GA II), die jedoch inhaltlich nichts Neues bieten, aber an Präzision und Erklärungswert gegenüber den ursprünglichen Darstellungen eingebüßt haben.

muß eine gewisse Widersprüchlichkeit zwischen der Absolutheit dieses Lebens/Wachstumsprinzips als Moralprinzip einerseits und der Ablehnung absoluter Ethik andererseits, zwischen dem Anspruch, keine biologisch-immanente Ethik sein zu wollen, und der Begründung von Normen durch organismisches Wachstum (Naturalismus) festgehalten werden (Gefahr des naturalistischen Fehlschlusses).

Humanistische Ethik meint genau mit *Schweitzer* "Ehrfurcht vor dem Leben". Sie könnte sich nicht legitimieren, wenn der Mensch von Natur aus »böse« (moralisch schlecht) wäre. Doch heißt dies nicht, daß er von Natur aus »gut« sei. Weder das eine noch das andere läßt sich (anthropologisch) beweisen. Der Mensch ist in beiden Richtungen offen; er hat die Wahl. Er hat kraft seiner Vernunft die Möglichkeit zur Einsicht in das sittlich Gute (so die humanistische Tradition), und es macht gerade die ethische Aufgabe aus, sich für eine Alternative zu entscheiden: "Die Wahl zwischen Leben und Tod ist ... die fundamentale Alternative der Ethik. Es ist die Alternative zwischen Produktivität und Destruktion, zwischen Potenz und Impotenz, zwischen Tugend und Laster." (*Fromm* 1974, 253)

5.2.3 Radikal-christliche »Ethik des Lebens«: *Albert Schweitzer*

Die Ethik der "Ehrfurcht vor dem Leben", die direkt auf der christlichen Glaubenslehre aufbaut, durchaus aber auch säkular-humanistisch verstanden werden kann, ist nicht anthropozentrisch. Sie stellt auch keine formal elaborierte ethische Theorie dar. Der zentrale Satz, der Inhalt und Grund dieser Ethik ausdrückt, ist für *Schweitzer* (1988, 21) einfach eine fundamentale Bewußtseinstatsache und lautet: "Ich bin Leben, das leben will, inmitten von Leben, das leben will." Eine radikalisierte Formel des Mitgefühls: der bewußte Mensch erlebt anderes Leben in seinem. "Als gut gilt ihm, Leben erhalten, Leben fördern, entwickelbares Leben auf seinen höchsten Wert bringen. Als böse: Leben vernichten, Leben schädigen, entwickelbares Leben niederhalten. Dies ist das denknotwendige, universelle, absolute Grundprinzip des Ethischen." (Ebd. 22) Oder noch kürzer: "Gut ist: Leben erhalten und fördern; schlecht ist: Leben hemmen und zerstören." (Ebd. 32)

"Die Ehrfurcht vor dem Leben ... begreift also alles in sich, was als Liebe, Hingebung, Mitleiden, Mitfreude, Mitstreben in Betracht kommen kann. Wir müssen uns von dem gedankenlosen Dahinleben frei machen. - Nun aber sind wir alle dem rätselhaften und grausigen Schicksal unterworfen, in die Lage zu kommen, unser Leben nur auf

Kosten andern Lebens erhalten zu können und durch Schädigen, ja auch durch Vernichtung von Leben, fort und fort schuldig zu werden." (Ebd.)

Das bedeutet auch: Ethik ist eine humane Kulturleistung, denn Natur kennt keine Ehrfurcht vor dem Leben, sondern nur das Überleben des Stärkeren. Lebewesen leben zwangsläufig auf Kosten anderer.

Diese Ethik gibt sich absolut - in jedem Fall ist sie radikal humanistisch (vgl. auch *Fromm*: GA V, 329ff. u.ö.), was einschließt, daß sie auch für andere (nichtmenschliche) Lebewesen Verantwortung übernimmt. Es handelt sich bei dieser Haltung aber nur vordergründig um absolute deontologische Ethik - i.S. der kritischen Unterscheidung *Fromms* (s.o.) -, denn *Schweitzer* reklamiert - erstens - wiederholt die "subjektive ethische Entscheidung" und betont - zweitens - stets die Unvermeidlichkeit von Güterabwägungen im Einzelfall. Sich von Fall zu Fall für das kleinere Übel entscheiden zu müssen, bedeutet die Notwendigkeit, Leben schädigen und vernichten zu müssen, um anderes Leben zu erhalten. Der Arzt *Schweitzer* weiß hier natürlich viele Beispiele solcher Konflikte zu berichten (Bsp.: Auch Krankheitserreger sind Lebensformen und müssen abgetötet werden... etc.). Handlungen werden also auch nach den jeweiligen Konsequenzen bewertet (=teleologische Ethik). Nicht solche Konfliktsituationen, in denen man bewußt und verantwortlich um die richtige Entscheidung ringt, sind das eigentliche moralische Problem oder Versagen des Menschen, sondern "aus Gedankenlosigkeit leiden machen und töten" (*Schweitzer* a.a.O., 70) ist die wahrhafte und schwerwiegende Schuld.

Wenn man diesen ethischen Ansatz von seiner apodiktischen Sprache befreien, gewissermaßen kritisch-theoretisch rekonstruieren, und seine scheinbare Absolutheit als normative Leitutopie verstehen würde - wobei die Intentionen vollständig bewahrt blieben -, wäre ein gutes Stück kritischer Orientierung für soziales, also auch pädagogisches Handeln erreicht. Die wesentliche ethische Aussage liegt in der oben zitierten Formulierung "von dem gedankenlosen Dahinleben frei machen". Sie läßt den Zwang zur Lebensführung (nach *Plessner*) assoziieren, den es im negativ-dialektischen Sinne *Adorno*s mikrologisch und in bestimmter Negation zu bewältigen gilt.

Eine solche Ethik hat "nicht mehr den Gesetzescharakter... Sie besteht nicht mehr in klar gegründeten und klar formulierten Geboten. Sie ist von Grund aus subjektiv, weil sie jedem von uns die Verantwortung zugesteht, zu entscheiden, wieweit er in der Aufopferung gehen will." (*Schweitzer* 1988, 107) Eine solche Ethik ist radikalisierte Mitleidsethik. Was Mitleidsethik ausmacht und was Mitleid heißt, ist jetzt im nächsten Kapitel zu erörtern.

5.3 Entwürfe einer Ethik des Mitleids

Nicht die Weichheit,
sondern das Beschränkende am Mitleid
macht es fragwürdig, es ist immer zu wenig.
Horkheimer & Adorno (1947, 93)

Mitleid ist Reaktion auf Leid. Was Leid, Leiden in dieser Welt ausmacht, erleben wir alltäglich durch die Massenmedien, die die Welt zum globalen Dorf haben werden lassen. Das aber hat zur Folge, daß mit zunehmender Information über Leid und Elend vielfach Abstumpfungsprozesse einhergehen, und das Leid (der anderen) seltsam fremd und distanziert bleibt. Was Leiden ist, haben (wenn wir hier religiöse Aussagen einmal außen vor lassen) v.a. sog. negative Theorien in Philosophie und anthropologischer Forschung zu klären versucht.

Gerade in der Behindertenhilfe/Heilpädagogik wird eine Gleichsetzung von 'Behinderung' und 'Leiden' und deshalb auch Mit-Leid heute als etwas Negatives, zu Überwindendes angesehen. Inwieweit zu Recht, soll im folgenden näher untersucht werden.

5.3.1 Begriffsklärungsversuch: Leid und Mitleid

Nach *Schopenhauer* und *Freud* (1930/1989b) bestehen für den Menschen drei Leidensquellen (vgl. auch *Höffe* 1986): 1. die Übermacht der Naturgewalten; 2. die Hinfälligkeit des eigenen Körpers und 3. mangelhafte und ungerechte soziale Einrichtungen. Leiden kann sich dementsprechend in körperlichen Schmerzen und/oder unheilbaren Krankheiten, in seelischem Leid (Angst und Isolation), aber auch in sozialer Isolierung (Ausschluß) oder Unterdrückung (Ausbeutung) äußern. Leiden hat also eine *physische*, eine *psychische* und eine *soziale* Dimension und ist eine Erfahrung der Einschränkung oder Unterdrückung von Lebensmöglichkeiten, -vorstellungen und Zukunftserwartungen.

Leid(en) und Behinderung können nicht kurzschlüssig gleichgesetzt werden; schon semantisch, erst recht realiter decken sich diese beiden Begriffe keineswegs. Zumindest sind verschiedene Dimensionen des Erlebens sehr genau und sensibel zu differenzieren. Betrachtet man z.B. *Singers* Zuschreibung bzw. Identifizierung von Leid und Behinderung, die er als Rechtfertigung für 'erlösende Tötungsmaßnahmen' benötigt, so ist zu beachten, daß - *erstens* - Behinderungen keineswegs besonders häufig mit körperlichen Schmerzen und auch nicht notwendig immer mit psychischem Elend verbunden sind, und daß -

zweitens - Angst und Isolation, Bevormundung und Unterdrückung - also die psycho-soziale Dimension von Leid wie ggf. auch von Behinderung - keinesfalls bloß individuelle Probleme, sondern von anderen (mit-)zuverantworten sind, also soziale Ursachen haben und deshalb ebenso solidarisch (statt bürokratisch/sozial-technisch oder bio-ethisch/medizinisch) verändert werden müssen und auch können. Sog. Euthanasie würde sich hier direkt als zynische soziale 'Entsorgungsmaßnahme' entlarven (vgl. auch *Dörner*s Diktum vom "tödlichen Mitleid").

Mitleid ist ein schillernder, äußerst umstrittener Begriff. So erscheint es notwendig, vorab verschiedene mögliche Begriffsverständnisse zu differenzieren und zu explizieren. Mitleid kann eine andere Bedeutung, einen anderen Stellenwert und andere Konsequenzen haben sowie anders bewertet werden, je nachdem, ob es im Alltagsverständnis und alltäglichen Leben (1), in der Sozialpsychologie (2) oder in der praktischen Philosophie/Ethik (3) verhandelt wird.

ad 1) Das *Alltagsverständnis von Mitleid* kann uns zunächst als Ausgangspunkt unserer Überlegungen dienen. Welche alltäglichen Phänomene bezeichnen wir als Mitleid? Zu nennen wäre wohl zunächst jede spontan-unreflektierte Reaktion der Anteilnahme und des Helfens auf das Zuschadenkommen eines anderen - Beispiel: Wenn wir eine alte Dame beim Überqueren der Straße stürzen sehen, eilen wir hinzu, um ihr aufzuhelfen... Diese Erscheinungsform des Mitleids ist nicht nur unproblematisch, sondern allgemein positiv bewertet. Wie sieht es nun aber aus, wenn wir als Mitleidsreaktion z.B. dem Bettler in der Stadt etwas in den Hut werfen oder - wieder etwas anderes - für die Behindertenhilfe oder für Kriegsopfer Geld spenden? In diesem Fall kann der Auslöser der Mitleidsreaktion anscheinend noch etwas ganz anderes sein als die Hilfsbedürftigkeit des anderen Menschen. Z.B. kann es auch darum gehen, ein situativ entstandenes oder latent vorhandenes Schuldgefühl, das berühmte 'schlechte Gewissen', gegenüber einer Person zu beruhigen, die schlechter als man selbst gestellt ist; wir geben ein Almosen, um uns von unserer Verantwortung freizukaufen und das eigene Wohlergehen zu entschuldigen... Die moralische Bewertung fällt hier weniger günstig aus, da es sich bei dieser Mitleidsreaktion um ein verdecktes Eigeninteresse handelt.

Ähnlich kann auch die organisiert-institutionalisierte Form des Mitleids (bürokratisches Versorgungssystem; private oder staatliche Fürsorge) analysiert werden, wobei der wesentliche Unterschied im Verlust des spontanen Elements zu sehen ist. Man könnte deshalb sagen, je größer die Distanz, desto problematischer (weil unauthentischer) wird Mitleid.

ad 2) Die im alltäglichen Leben vorkommenden Phänomene von Mitleid können zugleich *Gegenstand empirischer Sozialforschung* werden. In der Sozialpsychologie spricht man von Empathie, von Altruismus oder *prosozialem Verhalten*. Dabei interessieren v.a. die möglichen verschiedenen Motive dieses prosozialen Verhaltens und die eventuellen situativen Gründe, die es ermöglichen oder verhindern. Man erforscht Einstellungen, soziale Normen, aber auch Stimmungen des Helfers, evtl. Schuldgefühle sowie die Abhängigkeit des Opfers vom Helfer (vgl. *Lück* 1975; *Bierhoff* 1980).

ad 3) Mitleid als Instanz von Ethik (vgl. *Schulz* 1980, 749ff.): Auch philosophisch zeichnen sich Mitleid und Mitleidsethik - im Gegensatz zu Vernunft und Vernunftsethik - durch ihre Unmittelbarkeit, ihren präreflexiven Status aus. In der philosophischen Tradition des Rationalismus wurde und wird das Mitleid deshalb meist als negativ, als für eine ethische Fundierung nicht genügender Affekt, als Sentimentalität bewertet. Von manchen Autoren - wie z.B. *Nietzsche* oder *Gehlen* (1986c) - wurde es gar als verweichlichte Humanitätsduselei abgetan.[24]

Philosophisch wird Mitleid seit *Hume* und *Schopenhauer* als ein menschliches Urphänomen (wie Egoismus und "reine Bosheit") und nicht als ein moralisches Gebot aufgefaßt. Es ist von Vernunft unabhängig und instinktive "Triebfeder" des moralischen Handelns. Demgegenüber gilt für *Hobbes* das Selbstinteresse als Basis jeder Moral. Dieses Denken setzt sich im Utilitarismus fort: Freude und Wohlfahrt aller liegen im vernünftigen Selbstinteresse (Altruismus aus Selbstinteresse).

Einen anderen, eher indirekten Zugang zum Mitleid gewinnen wir über *Plessners* Mitwelt-Konzept (s. 1.3 u. 4.3). Auch wenn *Plessner* (im Unterschied zu *Scheler* und *Gehlen*) nie eine eigene Ethik entwickelt hat, so hat seine Anthropologie doch ethische Implikationen. Die Mitwelt ist konstitutiv für den Menschen, sie beeinhaltet die Reziprozität der Perspektiven (Wechselseitigkeit). Auf diesem Hintergrund könnte dann Mitleid als Folge prinzipieller Intersubjektivität verstanden werden.

Unser vorläufiges Fazit lautet: Mitleid scheint immer ambivalent... Folgende Bedenken und Einwände stellen sich speziell im Kontext der sozialen Arbeit resp. der Behindertenhilfe (vgl. auch *Schmidbauer* 1984) ein:

- Mitleid kann mit Macht und Arroganz assoziiert sein und einen Gestus des "Von-oben-Herab" besitzen.
- Spontaneität reicht nicht; nicht-professionelle (versus theoriegeleitete und geplante) Hilfe kann fehlgehen, im Extremfall mehr schaden als nützen.

---

24 Deshalb ist es u.E. befremdlich, daß sich ein Heilpädagoge positiv auf *Gehlens* sog. 'pluralistische Ethik' stützt (vgl. *Bleidick* 1988a, 63f.), die ein letztlich autoritäres Institutionenethos gegen das Ethos der Mitmenschlichkeit (Humanitarismus) ausspielt (zur Kritik an *Gehlen* vgl. *Habermas* 1987, 107ff.).

- Mitleid als Grund der Hilfe impliziert im Falle der Behindertenarbeit/Heilpädagogik häufig eine vorschnelle und zu pauschale Gleichsetzung von Leid und Behinderung.
- Mitleid kann entwicklungshemmend statt fördernd wirken und Eigenverantwortung der Betreuten unterdrücken (Ambivalenz von 'Fürsorge').
- Bedeutet Mitleid nicht letztlich eine Engführung der ethischen Dimension von Intersubjektivität, des sozialen Lebens, der Mit*welt*? Wäre stattdessen Mit-*leben* nicht die umfassendere und gerade für die Heilpädagogik anzustrebende Ziel-Kategorie (vgl. auch die verschiedenen Formen der 'Liebe' bei *Moor* 1965; *Fromm*: GA II, 64ff., IX, 452ff.; s. Kap. 4.4 u. 5.2.2)?

5.3.2 Nicht-religiöse metaphysische Mitleidsethik: *Arthur Schopenhauer*

Schopenhauer grenzt sich vor allem gegen die seinerzeit dominierende normative Ethik *Kant*s ab. Alle imperativische (Sollens-)Ethik - einschließlich der Kantischen - bleibt nach seiner Auffassung letztlich an Glaubenssätze gebundene, mehr oder weniger verkleidete theologische Ethik und zudem lediglich formal (ZA VI, 160ff..208f.)[25]. Gegen lebensfremde, rein akademische Begründungsversuche will *Schopenhauer* nun - und das mutet sehr modern an - eine "empirische", im weitesten Sinne als Erfahrungswissenschaft (a posteriori und nicht a priori) begründete Ethik bieten, deren Hauptgegenstand nicht irgendwelche Sollenssätze (Normen) sind; nicht das, was getan werden soll, sondern "wie die Menschen wirklich handeln" (ZA VI, 234).[26] *Schopenhauer* sieht als Aufgabe der Ethik die Deutung bzw. Erklärung des wirklichen, sehr verschiedenen Handelns von Menschen - qua Zurückführung auf einen letzten Grund. Seine konkrete Ausgangsfrage ist, ob es überhaupt Handlungen gibt, denen man moralischen Wert zuerkennen muß (ZA VI, 235). Im Grunde entspricht diese Position bzw. Vorgehensweise ein Stück weit heutiger Metaethik.

Das bedeutet (wie oben bereits dargestellt), daß zunächst einmal zwischen inhaltlichen Grundsätzen (Moralprinzipien) und Ursprung oder Grund des Moralischen unterschieden werden muß. Als das inhaltliche Moralprinzip, den obersten Grundsatz, über den bei aller Verschiedenheit und allen unterschiedli-

---

25 *Schopenhauer* wird nach der Zürcher Ausgabe (=ZA) seiner Werke in 10 Bänden zitiert.

26 So lassen sich denn auch bemerkenswerte Übereinstimmungen zwischen *Schopenhauers* Sicht und modernen empirisch-entwicklungspsychologischen Untersuchungen zum prosozialen Verhalten feststellen (vgl. *Bierhoff* 1980; *Gröschke* 1993, 28).

chen Begründungsbemühungen im Grunde Konsens bestehe, formuliert *Schopenhauer*: "Neminem laede; imo omnes, quantum potes, juva [Verletze niemanden; vielmehr hilf allen, soweit du kannst]" (ZA VI, 177). Diese philosophisch präzisierte und zugleich ergänzte wie vereinfachte Version der »Goldenen Regel« (Was du nicht willst, daß man dir tu, das füg´ auch keinem andern zu!) besteht aus zwei Teilen: dem Verletzungs*verbot*[27] und dem Hilfe*gebot*.

Das eigentliche Problem der Ethik ist nun aber seit jeher, diesen Satz, auf den alle anderen (Formulierungs-)Varianten letztlich rückführbar sind, zu begründen, d.h. den Ursprung eines dementsprechenden Verhaltens zu erklären. Diese 'Letztbegründung' - wie die jeglicher menschlicher Handlungen - sieht *Schopenhauer* im jeweiligen Motiv bzw. den *drei Grund-"Triebfedern"* menschlichen Handelns, denen er quasi naturgesetzliche Kausalität zuspricht, und die er in vielfältigen Alltagsphänomenen bestätigt sieht (ZA VI, 235ff. 249):

- *Egoismus*: dieses Motiv der Selbsterhaltung, des Strebens nach dem eigenen Wohlsein, ist naturgemäß eine ubiquitäre Erscheinung bei allen Lebewesen. Egoismus ist genau genommen als solcher moralisch indifferent. Moralisch problematisch, meist zum Nachteil, selten auch zum gleichzeitigen Vorteil anderer, können seine Folgen sein.
- *Bosheit*: Dieses Motiv ist per definitionem moralisch verwerflich, da es darauf ausgerichtet ist, anderen zu schaden (von der vielleicht noch harmlosen Schadenfreude bis zur schlimmsten Grausamkeit), selbst wenn man dafür eigene Nachteile in Kauf nehmen muß (also in Widerspruch zum egoistischen Selbsterhaltungsinteresse gerät).
- *Mitleid*: will das fremde Wohl. Es baut auf der Anteilnahme am Leiden eines anderen, der Identifikation von Ich und Du auf, die den Unterschied z.T. aufhebt durch die zunehmende "Erkenntnis" des anderen, wie *Schopenhauer* (ZA VI, 248) betont, da ja der leibhafte Unterschied bestehen bleibt. Nur die durch dieses Motiv ausgelösten uneigennützigen Handlungen "freiwilliger Gerechtigkeit", "reiner Menschenliebe" oder "edelmütiger Gesinnung" qualifiziert *Schopenhauer* als moralisch wertvoll.

Jede Handlung muß auf eine dieser drei Motivarten oder ein je unterschiedliches individuelles 'Mischungsverhältnis' zurückzuführen sein. Der alleinige Grund der Ethik ist für *Schopenhauer*, den "anderen zum Zweck setzen" (ZA VI,

---

27 *Steinvorth* (1990, 16f.) macht deutlich, daß unter Verletzung die "Behinderung des Willens eines menschlichen Individuums zu verstehen (ist), sofern es nicht selbst den Willen eines anderen Individuums behindert"; das Verletzungsverbot umfaßt damit nicht nur das Gewalt-, sondern auch bereits das Betrugsverbot.

246ff.; darin also von *Kant* wiederum gar nicht so weit entfernt). Letztendlich geht es um ein Absehen von der konkreten Person.

Schopenhauer argumentiert vorwiegend negativ bzw. indirekt: Die "Abwesenheit aller egoistischen Motivation" ist das einzige Kriterium moralisch wertvollen (richtigen) Handelns. Die Anteilnahme beschränkt sich auf Leid, nicht direkt auf "Wohlsein" eines anderen, da Schmerz, Leiden etc. das unmittelbar Empfundene und positiv Gegebene sind. Befriedigung, Genuß und Glück sieht *Schopenhauer* (darin ungebrochen in antiken Traditionen seit *Epikur* u.a. stehend) nur negativ als Aufhebung von Entbehrung oder Schmerz (ZA VI, 250).

Mitleidsreaktionen sind nach *Schopenhauer* etwas ganz Einfaches, Selbstverständliches und zugleich doch Geheimnisvolles. Die Fähigkeit zu Mitleid führt er zurück auf die für alle gleiche Lage, in dieser Welt von Schmerz und Leid bestimmt zu sein. Diese Lage wird bei *Schopenhauer* zu einer Metaphysik des Leids als Weltgrund: Der Wille bzw. Drang ist eine Art einheitlich in allen Lebewesen wirkendes Lebensprinzip - was sowohl notwendig Entbehrungen und Schmerzen bedeutet wie auch zur Identifikation mit Leben und Leiden der anderen führt. Er spricht sich damit gegen idealistisch-metaphysische Unterstellungen einer einfachen, a priori gegebenen Idee des Guten aus (ZA VI, 305f.) und argumentiert selbst metaphysisch-pessimistisch, da er die Welt (i.S. östlicher Philosophie, vom Buddhismus beeinflußt) als einen totalen Leidzusammenhang auffaßt.

Aus dem "natürlichen Mitleid" können dann auch sowohl die Gerechtigkeit als auch die Menschenliebe abgeleitet werden, die letztendlich absehen von konkreten Personen, und die *Schopenhauer* in Abgrenzung zu *Kant*s *Pflichten* als "*Tugenden*" bezeichnet. Die erste (zunächst rein negativ gefaßte) Folgerung ist der Gerechtigkeits-Grundsatz *"Neminem laede"* (Schädige/verletze niemanden!). Dabei ist nicht ein immer wieder erneuertes Erleben des Mitgefühls erforderlich, sondern die einmal erlangte Kenntnis vom Leid reicht aus. Einsicht resp. Wissen übernimmt langfristig die Funktion der Mitleidserregung.

Gegenüber der 'starken Variante', aber nur negativen Verpflichtung, dem *Verbot*, ist die Menschenliebe (αγαπη, caritas) oder das *Hilfegebot* als zweite, positive Folgerung aus dem Mitleid nur ein 'schwacher' Appell bzw. ein verdienstliches Gebot (*Steinvorth* 1990, 16ff.).

*Schopenhauer*s Ethik des universellen Mitleids ist nicht anthropozentrisch, sondern bezieht prinzipiell alle Lebewesen mit ein. Mitleid ist zwar universell ("...mit Allem was Leben hat, zunächst aber mit dem Menschen..."!), doch vertritt *Schopenhauer* insofern einen gemäßigten Speziesismus, als er davon ausgeht, daß die Leidensfähigkeit mit höherem Entwicklungs-/Intelligenz-

Niveau ebenfalls zunehme, also bei Menschen größer sei als bei Tieren (ZA VI, 294).

5.3.3 Phänomenologische Ethik des Mitgefühls: *Max Scheler*

Sympathie, Mitgefühl und Liebe bezeichnen nach *Scheler* (1973) - zunächst durchaus ähnlich wie bei *Schopenhauer* - allgemein-menschliche Urphänomene. Sie ermöglichen dem Menschen, seinen Egozentrismus zu transzendieren, können aber nicht die Intersubjektivität, die soziale Realität überhaupt, begründen, wie umgekehrt das Fehlen von Sympathiephänomenen und das Verharren in der 'egozentrischen Illusion' diese Realität auch nicht verhindern oder zerstören können. Auch ist nach *Scheler* nicht alles moralisch richtige Verhalten aus dem Mitgefühl ableitbar. Dieses ist - anders als die Liebe - nicht ursprünglich-spontan, sondern stets abgeleitet und reaktiv. So stellt es keinen Wert an sich dar, sondern setzt einen anderen Wert, der dem Handeln, dem So-Sein, dem Person-Sein etc. des anderen zukommt oder auch nicht, bereits voraus. *Scheler* grenzt sich damit sowohl von der angelsächsischen Sympathieethik (*Hume*; *A.Smith*) wie von *Schopenhauer* kritisch ab und arbeitet eine Reihe von phänomenologischen Unterschieden innerhalb eines weiten Spektrums der Sympathiegefühle heraus.[28]

Zunächst unterscheidet er das "Nachfühlen" oder "Nachleben", das "noch kein sittlich relevanter Akt" ist, deutlich vom eigentlichen Mitgefühl (1973, 20). Beim "Nachfühlen" geht es um das Verstehen eines anderen und seiner Gefühle (Freude, Leid). Man erkennt zwar nicht bloß, sondern fühlt das fremde Gefühl, erfaßt seine Qualität, aber nicht seine ganze Realität,[29] d.h. ich habe nicht das gleiche reale Gefühl wie der zuerst Betroffene. *Verstehen* ist nach *Scheler* weder durch Analogieschluß von mir auf die andere Person noch durch Nachahmung des fremden Ausdrucksverhaltens oder Projektion eigener Erlebnisse auf den anderen bestimmt. Geradezu als Gegenteil von Verstehen sieht er die "Ansteckung durch fremde Affekte".

Beim eigentlichen Mitgefühl, das auf dem Verstehen aufbaut und durch dieses fundiert wird, unterscheidet *Scheler* (23ff.) vier verschiedene Arten:

---

28 In der Heil-/Sonderpädagogik hat erstmals *Thimm* (1985) auf *Schelers* "Wesen und Formen der Sympathie" rekurriert - wenn auch wenig ausführlich und differenziert.

29 Ob dabei die Personen austauschbar bleiben, wie *Thimm* annimmt und dann für die Heilpädagogik z.B. unpersönliche "institutionalisierte behindertenpädagogische Bemühungen" folgert (Thimm 1985, 136), ist zweifelhaft.

1.) Das "unmittelbare Mitfühlen z.B. eines und desselben Leidens 'mit jemand'" ("Mit-einanderfühlen") ist ein gleichzeitiges Betroffensein. Es ist nur bei psychischem Leiden (Bsp.: Eltern beim Tod eines Kindes), nicht bei physischem Schmerz möglich.
2.) Das "Mitgefühl 'an etwas'" (Mitfreude; Mitleid i.e.S.): Freude oder Leid des einen und Mitfreude oder Mitleid des anderen bleiben dabei zwei verschiedene Phänomene (Folgereaktionen auf das Nachfühlen; Gefühls-Intention, gerichtet auf das Sein des anderen).
3.) Die "bloße Gefühlsansteckung" heißt, daß ich hauptsächlich selbst durch den Anblick fremden Leids leide. Sie hat etwas Oberflächliches, ist nicht intentional auf den anderen gerichtet und somit "kein echtes Mitgefühlsphänomen", mit dem sie aber häufig verwechselt wird.[30] Hierbei handelt es sich um Fragen der Atmosphäre, eines Milieus, die eine unwillkürliche Gefühlsansteckung bewirken, die sowohl bewußt wie unbewußt sein kann. Gefühls-Ausdruck führt zu Nachahmung (bis hin zu Phänomenen der Massenpsychologie).
4.) Die "echte Einsfühlung" ist eine unbewußte Identifikation (als "Grenzfall" bzw. Steigerung von 3.) und wird von *Scheler* fast am ausführlichsten diskutiert. Beispiele sind religiöse Mysterien, sexuelle Erlebensformen, Massensuggestion und Hypnose, aber auch das kindliche Spiel (man beachte die Analogie zur Mimesis, s. 2.3.3) oder die Mutter-Kind-Symbiose. Einsfühlung ist ein der Vitalsphäre zugeordneter automatischer Vorgang, der sich auch bei Tieren findet.

Einfühlen bzw. *Verstehen* gehört dagegen zur geistigen, intentionalen Welt nur des Menschen. Nachfühlen und Mitgefühl an etwas sind die beiden Komponenten des Mitgefühls, bei denen die *Distanz* zwischen den Personen bestehen bleibt; Ansteckung und Einsfühlung fallen heraus. Das ist auch ein Grund für *Scheler*s Ablehnung metaphysisch-monistischer Theorien des Mitgefühls (z.B. *Schopenhauer*): "Mitleiden ... ist Leiden am Leiden des anderen *als dieses anderen.*" (*Scheler*, 48; Hervorh. i.Orig.) Alles Mitgefühl ist phänomenologisch nicht Identifizierung mit dem anderen, sondern *intentional* auf das Sein der anderen Person bzw. ihr individuelles einzigartiges Leid (oder ihre Freude) gerichtet. Selbstbewußtsein, Selbstgefühl und Eigenleben sind für *Scheler* Voraussetzung für echtes Mitgefühl (ebd. 55). Nur das echte Mitgefühl ist ethisch positiv, die anderen Formen sind ethisch neutral oder sogar negativ.

---

30 So in evolutionstheoretischen Erklärungsversuchen des Mitgefühls (Ableitung aus dem Herdenverhalten von Tieren etc.; *H. Spencer*).

Mitgefühl basiert auf Differenz: "Nicht also auf Wesensidentität der Personen weist das Mitgefühl hin, wie Schopenhauer und Hartmann lehren, sondern gerade die pure Wesens*verschiedenheit* (als letzter Grund auch ihrer realen Daseinsverschiedenheit) setzt das echte Mitgefühl sogar *voraus*." (Ebd. 76; Hervorh. i.Orig.) Jedoch stimmt er mit *Schopenhauer* zumindest insoweit wieder überein, als daß für beide das Mitgefühl - wenn auch mit verschiedener Akzentsetzung - letztlich ein metaphysisches Phänomen ist.

Scheler sieht insbesondere die höchste Stufe, die *Liebe*, metaphysisch, als "Einsfühlung mit dem Kosmos" (Aufhebung des isolierten Ichs). Auf diesem Hintergrund einer Trennung von leiblichen und sozialen Phänomenen einerseits und von kosmologisch-transzendenten andererseits wird auch nochmals deutlich, daß *Scheler* der Intersubjektivität keine konstitutive Bedeutung beimißt und die anthropologische Kategorie Sozialität im Unterschied zu *Plessner* (oder *Mead*) stark relativiert (s. Kap. 4.4).

5.3.4 Mitleidsethische Implikationen der Kritischen Theorie

Ethik, ja Philosophie überhaupt meint ursprünglich die »Lehre vom richtigen Leben«. Eine solche ist in unserer Zeit nicht mehr ungebrochen möglich. Vielmehr geht es i.S. der Kritischen Theorie (und einer kritischen Heilpädagogik) um "Reflexionen aus dem beschädigten Leben" - so lautet der Untertitel von *Adornos* Buch *»Minima Moralia«* (1951/1980a). "Beschädigtes Leben" steht hier als zusammenfassende Metapher, aber zugleich als konkret lebensweltlicher Ausdruck für Entfremdung, Verdinglichung bzw. die Warenförmigkeit menschlicher Beziehungen und die Reduktion des Menschen auf seine Arbeitsleistung (i.S. von *Marx* und *Adorno*) sowie die Unterdrückung seiner inneren Natur (i.S. *Freuds* und *Adornos*). Auch die heilpädagogische Literatur kennt ein breites Spektrum analoger Metaphern: So ist von der "Gebrochenheit menschlicher Existenz" (*Speck*) oder der "Entganzung" (*Hanselmann*) die Rede, werden psycho-soziales Leiden, gestörte Kommunikation (*Thalhammer* 1977), die gesellschaftlich-abstrakte Seite von Behinderung als minderwertige Arbeitskraft und ihre individuell-konkrete Seite als (soziale) Isolation (*Jantzen*) analysiert und beschrieben. So scheint Behinderung geradezu paradigmatisch für eine solche Beschädigung des Lebens - und somit für die conditio humana zu stehen (beschädigte Subjektivität) und Mitleid hervorzurufen.

Solche Reflexionen aus dem beschädigten Leben - i.S. der Kritischen Theorie - vermögen freilich kaum noch irgendeine direkte ethisch-moralische Verbindlichkeit zu deduzieren - und schon gar keine Letztbegründung ethischer

Normen. *Horkheimer* und *Adorno* haben im Unterschied zu *Habermas* und seiner Diskursethik keine eigene Ethik ausgearbeitet und sind gegen eine Vernunftethik, die das Vernünftige mit dem Kommunikativen und dieses wiederum mit dem moralisch Guten gleichsetzt, äußerst skeptisch, ja pflegen bisweilen gar einen antimoral(ist)ischen Gestus. Aber auch die ältere Kritische Theorie nimmt zu ihren normativen Absichten Stellung, und sie impliziert eine Moralphilosophie.[31] *Horkheimers* (1933/1988b) stark von *Schopenhauer* beeinflußte materialistische Moralphilosophie ist zwar in erster Linie Moralkritik und Soziologie der Moral, die moralische Probleme als historisch veränderliche, gesellschaftliche Probleme analysiert. Moralität/Moralbewußtsein gilt ihr als ein psychisches (individuelles) Phänomen. Dennoch aber bedeutet kritische Gesellschaftstheorie mehr als historische, psychologische und soziologische Analyse der Moral, die alleine nicht ausreichen, um die Kantische Frage "Was sollen wir tun?" zu beantworten. Was also ist die normative Basis der Kritischen Theorie?

Ihr Antrieb, Thema und Ziel ist eine gerechte, vom Zwang befreite Gesellschaft emanzipierter Individuen, die unreduzierte Erfahrung und Teilhabe aller Menschen an den Gütern dieser Erde. Letztlich geht es auch in der Kritischen Theorie um die Frage der Verwirklichung des Glücks. Diese Utopie setzt einen Begriff von Moral voraus, der jedoch in einem strengen Sinne nicht begründet werden kann - "weder durch Intuition noch durch Argumente" (*Horkheimer* 1988b, 133). Die normative Basis der Kritischen Theorie liegt in ihrem spezifischen *Interesse*-Begriff: "Die kritische Theorie hat ... keine spezifische Instanz für sich als das mit ihr selbst verknüpfte Interesse an der Aufhebung des gesellschaftlichen Unrechts." (*Horkheimer* 1988e, 216) Dies stellt eine durch *Marx* und *Freud* kritisch aufgeklärte materialistische Weiterführung der bürgerlichen Aufklärung dar. D.h.: Die Kritische Theorie kann weder an einen überzeitlichen anthropologischen Wesensbegriff des Menschen noch an eine idealistische Geistmetaphysik anknüpfen, sondern bindet die Vernunft - als historische und praktische - an ein fundamentales Interesse an humanen Lebensbedingungen für alle. Dieses "vernünftige Interesse an einer gerechten Gesellschaft" (*Horkheimer*) bedarf keiner theoretischen Begründung, sondern es wird durch den Widerspruch zwischen dem Anspruch jedes Individuums auf ein gutes Leben und der gesellschaftlich vorenthaltenen Erfüllung dieses Anspruchs hervorgerufen und wachgehalten.

In der kritisch-theoretischen Auffassung bezeichnet 'Interesse', das theoretisch-systematisch unterbestimmt bleibt, so etwas wie eine komplexe "Antriebs- und Willensdisposition", eine Art Vorverständnis in einem speziellen hermeneu-

---

31 Vgl. dazu die Rekonstruktionsversuche durch *Schurz* (1985); *Schnädelbach* (1986); *Thyen* (1989) sowie zuletzt in *Schweppenhäuser/Wischke* (1995).

tischen Zirkel (*Schnädelbach* 1986, 66). Oder mit den Worten *Anke Thyens*: "Es ist das Mitleiden angesichts des Unrechts, das sich bis in die Theorie hinein fortsetzt und dort sein Interesse artikuliert. Die Erfahrung dieses Interesses ist unabweisbar." (1989, 262)

Zwar heißt es in der »Dialektik der Aufklärung« vom Mitleid, daß es vor der Philosophie nicht standhalte, aber "nach der Formalisierung der Vernunft ... gleichsam als das sinnliche Bewußtsein der Identität von Allgemeinem und Besonderem, als die naturalisierte Vermittlung, noch übrig" bleibt (DA, 108f.). So beinhaltet sowohl die »Dialektik der Aufklärung« wie später die »Negative Dialektik« *Adornos* einen ganz elementaren (freilich indirekten) ethischen Ansatz einer Aufhebung des Leidens, der ohne religiös-metaphysische Bestimmungen auskommt, sondern stattdessen von sinnlicher Erfahrung und sensiblem Einfühlen - also: *Mit-Leid* - geprägt ist. Dies muß keineswegs mit reiner 'Gefühlsethik' (Emotivismus) gleichgesetzt werden, sondern ist umfassender - nämlich auch rational, auch körperlich - verankert. Obwohl schon Gefühl für sich genommen eine wichtige eigenständige Art der Selbst- und Welterfahrung darstellt (vgl. *Höffe* 1986, 71f.). In diesem Zusammenhang bekommt auch das Mimetische (s. 2.3.3) eine ethische Dimension. Mitleid ist mehr als bloßer Affekt, Mitleidsethik mehr als reine Gefühlsethik. Eine solche kritische Mitleidsethik erfordert zugleich solidarische Praxis (Politik) zu ihrer Verwirklichung (vgl. *Horkheimer* 1988b,e; *Schnädelbach* 1986; *Thyen* 1989).

Auch die »Negative Dialektik« argumentiert noch implizit moralisch, da sie gesellschaftskritisch ist.[32] Jedoch ist sie bereits wesentlich bescheidener oder, wenn man so will, pessimistischer und resignativer als die Programmatik in *Horkheimers* Aufsätzen der 30er Jahre. Was als ethisches Leitziel in der traditionellen Philosophie »Freiheit« (und Pflicht aus Freiheit!) hieß, ist nun nur noch Negation von gesellschaftlichem Zwang. Es geht um die bestimmte Negation schlechter, d.h. menschenfeindlicher, ungerechter Verhältnisse, um das schrittweise mikrologische Abarbeiten (an) einer negativen gesellschaftlichen Totalität, die durch den universellen Warencharakter, die Totalität des Warentauschs bestimmt ist. Moralität (qua Gesinnung aus Verpflichtung) ist unter diesen Umständen kaum mehr möglich. Zum ethischen Pendant dieses kapitalistisch-liberalistischen Gesellschaftssystems ist deshalb folgerichtig der Utilitarismus avanciert.

> "Alle Einzelnen sind in der vergesellschafteten Gesellschaft des Moralischen unfähig, das gesellschaftlich gefordert ist, wirklich jedoch nur in einer befreiten Gesellschaft

---

32 Vgl. dazu auch: *Schulz* (1980, 648ff.; 1989, 183f.); *Schurz* (1985). - Zudem ist die Absicht *Adornos* bekannt, die er jedoch nicht mehr verwirklichen konnte, sein Hauptwerk zu einer Trilogie auszugestalten, in der nach der ND und der 'Ästhetischen Theorie' eine Ethik folgen sollte.

wäre. Gesellschaftliche Moral wäre einzig noch, einmal der schlechten Unendlichkeit, dem verruchten Tausch der Vergeltung sein Ende zu bereiten. Indessen: dem Einzelnen bleibt an Moralischem nichts mehr übrig, als wofür die Kantische Moraltheorie, welche den Tieren Neigung, keine Achtung konzidiert, nur Verachtung hat: versuchen, so zu leben, daß man glauben darf, ein gutes Tier gewesen zu sein." (ND, 292)

Mikrologische Ethik arbeitet deshalb kein System ethischer Forderungen (Imperative) aus, die selbst nur wieder Unfreiheit bedeuten und zu einem Zwangssystem entarten würden. Sie ist stets situativ, und es handelt sich um spontane Widerstands-Impulse angesichts eines je begegnenden Negativen, gegen erfahrenes Unrecht und Leid, die nicht akzeptiert werden können. Diese Impulse können (müssen aber nicht!) sich zu einer ethisch-moralischen Einstellung oder Haltung verdichten, aber niemals als allgemeingültige übergreifende Normen fixiert werden. Solcher Art moralischer Protest ist aber zugleich äußerst zurückhaltend bzgl. moralisierender Appelle. Der ethisch-moralische Impetus der Kritischen Theorie ist auch darin erkennbar, daß ihre Wendung gegen die sog. Wertfreiheit der Wissenschaft weniger wissenschaftstheoretische Gründe hat, sondern vielmehr aus der Motivation sich speist, daß Leiden (konkret: ein neues Auschwitz!) verhindert werden muß. Dazu sind keine positiven Leitbilder oder Ideale erforderlich ('Bilderverbot').

So wie in der alten Metaphysik das (ontologisch) Allgemeine auch als das (deontologisch) Gute galt (so noch in *Schopenhauer*s Mitleidsauffassung), ist Kritische Theorie qua Mikrologie "durch die Überzeugung, daß das Allgemeine und Mächtige gerade deswegen, weil es allgemein und mächtig ist, *nicht* gut sein könne" geprägt; "also ist das Gute in dieser Welt im Ephemeren, im Schwachen, im individuellen Impuls ..., ja im Unwahrscheinlichen zu suchen - in der ... eigentlich unklugen Güte individueller Antriebe und Handlungen" (*Schnädelbach* 1986, 59).

Statt abstrakt-philosophischer Begründungsverfahren, die auf ein transzendentales Subjekt der Erkenntnis rekurrieren und unbedingte Verpflichtungen ableiten (deontologische Ethik; z.B. *Kant*), findet in dieser Sicht eine Rehabilitierung des empirischen Subjekts, das empfindungs- und leidensfähig, verletzbar oder beschädigt ist, statt. Die Körperlichkeit (Körpergebundenheit) aller subjektiven Erkenntnis wird in einer solchen Mitleidsethik, die rational und emotional zugleich ist, ernstgenommen. Materialistische Moral ergänzt so die Unzulänglichkeit des Kantischen Kategorischen Imperativs, der schon von *Schopenhauer* (a.a.O.) als zu abstrakt-rationalistisch und als letztlich theologisch attakkiert wurde. *Kant* und der Deutsche Idealismus vertreten eine deontologische, universalistische und rationalistische Ethik. Aber Vernunft und Universalität, Vernunft und Moralität sind nicht einfach gleichzusetzen, auch Gefühle und

Motive, die nicht weiter begründet werden können, können universell (wenn auch je individuell) bei allen Menschen auftreten. Von dieser ganz spezifischen Art der Universalisierung geht z.B. *Schopenhauers* Mitleidsethik aus. Ähnlich die implizite materialistische Moralphilosophie bei *Horkheimer* und *Adorno*: Sie ist eudaimonistisch, individualistisch und situationsbezogen. Mitleidsethik ist komplementär zur Vernunftethik wie Mitleid zu Gerechtigkeit.[33] Mitleid und Vernunft entsprechen einer Dialektik von Besonderem (Nicht-Identischem) und Allgemeinem (Identität).

In der »Dialektik der Aufklärung« wird aber auch die Kehrseite des Mitleids gesehen: Denn es "bestätigt die Regel der Unmenschlichkeit durch die Ausnahme, die es praktiziert. Indem Mitleid die Aufhebung des Unrechts der Nächstenliebe in ihrer Zufälligkeit vorbehält, nimmt es das Gesetz der universalen Entfremdung, die es mildern möchte, als unabänderlich hin." (DA, 110). Mitleid ist also in diesem Sinne bloß eine Vorform von Respekt/Achtung/Anerkennung (oder bereits wiederum eine Regression), wo Achtung aufgrund der gesellschaftlichen Lebensverhältnisse noch nicht oder nicht mehr möglich ist. Es ist buchstäblich not-wendig, aber nicht hinreichend. Jedoch können im Kontext Kritischer Theorie die Mitleidsimpulse durch Gesellschaftsanalyse und bestimmte Negation ihrer Zufälligkeit enthoben werden.

Das Interesse Kritischer Theorie ist gegen gesellschaftliches Unrecht und Leid gerichtetes Engagement. Es impliziert eine Mitleidsethik, in der rational-kognitive und emotionale sowie willensmäßige Elemente eine Verbindung eingehen, die selbst wieder auf einer begriffsgeleiteten Moralität (Interesse; Gesellschaft) beruht. Mitleid ist nicht eine rational-vernünftige Angelegenheit, aber auch nicht bloßer Affekt oder Trieb - z.B. wie ein Brutpflegeinstinkt o.ä..

So kann das, was *Anke Thyen* (1989, 278) für die Kritische Theorie feststellt, im übertragenen Sinn auch von einer kritischen Heilpädagogik gesagt werden: Sie "kann nicht auf die Utopie der Versöhnung, des Glücks verzichten"; aber auch nicht auf deren Vorstufe bzw. das 'Ersatzmittel' Mitleid. Versöhnung greift erst nach Mitleid und nach der Anerkennung von Verschiedenheit; sie meint auch das Miteinander von verschiedenen Weisen des Menschseins, meint jedes einzelne Individuum. Glück bedeutet die soziale Aufgehobenheit aller - auch behinderter - Menschen. Auf diesem Hintergrund wird deutlich, daß hier die Utopie einer gerechten Gesellschaft, einer Welt ohne Leid, wie sie von der Kritischen Theorie immer vertreten, aber nie dogmatisch ausgemalt wird, etwas

33 Vgl. analog das Verständnis von *Carol Gilligan* (1988), die in ihrer kritischen Auseinandersetzung mit *Kohlberg* eine weibliche Moral der Fürsorglichkeit der männlichen kognitiven Gerechtigkeitsmoral entgegensetzt, was sich auch schon bei *Schopenhauer* findet (ZA VI, 255).

völlig anderes meint als das Idealbild des leidensfreien, gesunden, schönen, tüchtigen usf. Menschen, wie ihn der Zeitgeist bzw. der Präferenzutilitarismus zu fordern scheinen.

Mit dieser Sichtweise eröffnet sich auch die Möglichkeit einer kritischen Relativierung einer 'kopflastigen', sprachgebundenen Diskursethik, die, ergänzt um eine advokatorische Ethik (vgl. *Apel; Brumlik*), gleichwohl ein wichtiger Bezugspunkt einer heilpädagogischen Ethik-Perspektive bleibt und deshalb als letztes ethisches Modell vorgestellt werden soll.

5.4 Diskursethische Aspekte und Probleme

5.4.1 Problemlage und Einführung

Nicht nur in der Heilpädagogik befindet man sich heute in der geradezu paradoxen Situation, daß einerseits "das Bedürfnis nach einer universalen, d.h. für die menschliche Gesellschaft insgesamt verbindlichen Ethik noch nie so dringend", andererseits "die philosophische Aufgabe einer rationalen Begründung allgemeiner Ethik noch nie so schwierig, ja aussichtslos gewesen zu sein (scheint) wie im Zeitalter der Wissenschaft ..., weil die Idee intersubjektiver Geltung ... ebenfalls durch die Wissenschaft präjudiziert ist: nämlich durch die szientistische Idee der normativ neutralen oder wertfreien 'Objektivität'" (*Apel* 1976b, 359). Ein erneuter Index von Differenz im Bereich der Ethik.

Wenn man bzgl. der Reichweite von Normen zwischen einem Nah- oder Mikrobereich (Familie und andere Bezugsgruppen; auch Erziehung etc.), einem mittleren (Gesellschaft, Staat) und einem Fern- oder Makrobereich (Menschheitsfragen; weltumspannende Probleme wie Ökologie) unterscheiden will, so beziehen sich heute - im Zeichen der Individualisierung der Lebensformen - die meisten moralischen Normen auf den Mikrobereich von Kleingruppen, was nach Meinung der Diskursethiker nicht ausreicht. Auf der 'mittleren Ebene' herrschen dagegen Gruppenegoismen, Macht und strategisches Handeln vor - im Extremfall wird Politik als "moralfreier Raum" verstanden. Ansatzpunkt der Diskursethiker ist deshalb vorrangig die mittlere, politische Ebene von Gesellschaft, Staat, Nation. Diese Ebene ist zudem stark durch juristische Normen geprägt. Das positive Recht stimmt nun aber nicht automatisch mit dem ethisch Guten überein; es ist nur effektiv, nicht normativ verbindlich (ebd. 375). Auf Dauer reicht es nicht aus, da auch seine Effektivität verlorengehen kann. Deshalb ist eine ethische *Grundnorm* gefordert, deren intersubjektive Gültigkeit nach *Apel* und *Habermas* aus den sog. *Präsuppositionen*, d.h. aus den Voraussetzungen oder notwendigen Unterstellungen der menschlichen *Argumentation* abgeleitet werden kann. Diskursethik zielt also ursprünglich auf Grundlegung einer "*Ethik der demokratischen Willensbildung*"; ihre historischen Wurzeln liegen bei *Kant* einerseits und im amerikanischen Pragmatismus andererseits. Vorläufer sind v.a. *Mead* mit seinem Konzept der Perspektivenübernahme ("ideal role-taking") und des "generalized other" sowie *C.S. Peirce* mit seiner Idee einer "universalen Forscher-" bzw. "Kommunikationsgemeinschaft" (vgl. *Apel* 1976b; 1988).

Habermas hat in seinen Arbeiten zur Ethik deutlich gemacht, daß man nicht nur empirisch (metaethisch) oder dogmatisch (metaphysisch) über Moral sprechen kann. Er bezeichnet es als "Pathologie des modernen Bewußtseins" in der technisch-wissenschaftlichen Zivilisation, "den Bereich der Fragen, die sich mit Gründen entscheiden lassen, aufs Kognitiv-Instrumentelle" zu reduzieren (Zweckrationalität) (*Habermas* 1988b, 55). Fragen des sozialen Zusammenlebens, eine lebensweltliche Hermeneutik also, werden so ins Irrationale abgedrängt; philosophische Ethik muß dagegen "*therapeutisch* ... die Selbstheilungskräfte der Reflexion aufbieten" (ebd., Hervorh. i.Orig.). Auf dem Spiel steht also "die »Wahrheitsfähigkeit« praktischer Fragen" (ebd. 53). Eine Erweiterung des Rationalitäts- und des Wahrheitsbegriffs ist angezeigt, die für die Sozialwissenschaften wie für die soziale Praxis adäquater ist.

Anknüpfungspunkte für moralische Phänomene und normative Theorie zeigt uns die "kommunikative Alltagspraxis" auf, in der z.B. Handlungsweisen entweder entschuldigt, kritisiert oder gerechtfertigt werden. "Etwas tun *sollen* heißt, *Gründe haben*, etwas zu tun." (Ebd. 59; Hervorh. i.Orig.) Begründetes Tun und Gründe haben oder kritisieren etc. ist aber *vernünftiges* Handeln oder Reden. Dabei geht es weder um Fragen der Klugheit oder Zweckmäßigkeit ('empiristischer Standpunkt') noch allein um die Frage der sozialen Wohlfahrt ('utilitaristischer Standpunkt'). Der Utilitarismus erweitert die Kantische Frage 'Was soll ich tun?' zwar auf die Gemeinschaft, reduziert sie aber zugleich "auf die technische Frage der zweckrationalen Erzeugung sozial wünschenswerter Effekte" (ebd.).

Handlungsnormen bzw. normativen Aussagen muß also eine *analoge* (nicht gleichsinnige) Wahrheitsfähigkeit wie deskriptiven Aussagen zukommen. In der Alltagspraxis werden mit normativen Aussagen stets bestimmte *Geltungsansprüche* verbunden, die kritisiert und verteidigt werden können. Bei den normativen Geltungsansprüchen gibt es verschiedene Modi der Begründung und Argumentation. *Habermas* versucht nun in diesem Zusammenhang, "die Ethik in der Form einer Logik der moralischen Argumentation zu begründen" (67) - und zwar "im Horizont der Lebenswelt" bzw. "in den Zusammenhängen kommunikativen Handelns" (68). In seiner Handlungstheorie unterscheidet *Habermas* zunächst zwischen instrumentellem (nicht sozialem) Handeln und sozialem Handeln; letzteres wiederum teilt sich auf in "strategisches Handeln" einerseits und "kommunikatives Handeln" andererseits. Das kommunikative (Verständigungs-) Handeln unterscheidet sich dabei prinzipiell vom sog. strategischen Handeln, das ebenso wie das instrumentelle Handeln am Erfolg orientiert und auf die Erreichung bestimmter Zwecke gerichtet ist (Zweckrationalität; Effektivität; vgl. *Habermas* 1988a, I, 126ff. 384). Da aber auch instrumentelles und strategisches Handeln sich stets im Rahmen von Interaktion/Kommunikation abspielen, kann das kommunikative Handeln letztlich doch als Oberbegriff fungieren.

5.4.2 Geltungsansprüche und Universalisierungsgrundsatz

Habermas (1973; 1988b - und mit ihm *Apel*) unterscheidet folgende drei bzw. vier verschiedene Arten, wie und inwiefern "Sprechhandlungen" beanspruchen können, gültig zu sein/zu gelten: Ein übliches Kriterium ist, ob etwas wahr oder falsch ist. Wahrheit meint, daß (empirische) Tatsachen festgestellt, konstatiert werden (konstative Sprechhandlungen / assertorische Sätze). Ob ein Tun beispielsweise richtig ist oder nicht, ist eine andere Frage. Richtigkeit betrifft die zwischenmenschlichen Beziehungen und die Regelung des sozialen Verhaltens und Zusammenlebens (regulative Sprechhandlungen / normative Sätze). Ob schließlich ein Tun oder Reden ehrlich gemeint oder authentisch ist (Echtheit), betrifft den Geltungsanspruch der Wahrhaftigkeit.

Geltungsanspruch:	**Dimension**:	**Kriterium**:
• Wahrheit	objektive Dimension	Existenz von Sachverhalten
• normative Richtigkeit	soziale Dimension	Erfüllung von Handlungsnormen
• Wahrhaftigkeit	subjektive Dimension	Übereinstimmung von Aussage und Handlung
Grundlage für alle 3 Geltungsansprüche:		
• Verständlichkeit der Äußerungen		Zustandekommen eines Gesprächs

Abbildung 3: Übersicht über die Geltungsansprüche von Sprechhandlungen (nach *Habermas* 1988b)

Wahrheit und Richtigkeit können *diskursiv*, d.h. "durch das Beibringen von Gründen", Wahrhaftigkeitsansprüche durch *konsistentes Verhalten* eingelöst werden (*Habermas* 1988b, 68f.). Die Gültigkeitsbedingungen empirischer Urteile zu klären, ist Thema der Erkenntnis- und Wissenschaftstheorie.[34] Den Geltungsrahmen moralischer Urteile (Normen) abzustecken, ist dagegen Aufgabe "praktischer Diskurse" der Beteiligten.

Wie aber kommt man in der Wissenschaftstheorie - oder analog im praktischen Diskurs - von wissenschaftlichen Einzelbeobachtungen (einzelnen moralisch-relevanten Aussagen oder Handlungen) zu allgemeinen Hypothesen (begründbaren moralischen Normen)? Zu dieser Verbindung sind sog. *Brückenprinzipien*[35] erforderlich. In der empirischen Wissenschaft ist das z.B. die 'Induktion', in der wissenschaftlichen (philosophischen) Ethik das *Moralprinzip*, das als *Argumentationsregel* im praktischen Diskurs fungiert und die Verallgemeinerungsfähigkeit von moralischen Argumenten, Handlungsweisen und Interessen ausdrückt. Dieses Moralprinzip ist der *Universalisierungsgrundsatz* (**U**), der die Richtigkeit von strittigen Handlungsnormen an die "qualifizierte Zustimmung aller möglicherweise Betroffenen", ihren *Konsens* bindet (*Habermas* 1988b, 73):

"Jede gültige Norm muß der Bedingung genügen, daß die Folgen und Nebenwirkungen, die sich aus ihrer *allgemeinen* Befolgung für die Befriedigung der Interessen *jedes* Einzelnen voraussichtlich ergeben, von *allen* Betroffenen zwanglos akzeptiert werden können." (Ebd. 131; Hervorh. i.Orig.)

Wie alle kognitivistischen Ethiken steht die Diskursethik in der Tradition *Kants*, der eine derartige Universalisierung bereits mit seinem *kategorischen Imperativ* ausgesprochen hat. Dessen individuelle Fassung ("monologische Anwendung") reicht jedoch nicht aus - nicht einmal wenn alle Individuen sich je für sich daran orientieren würden. Mit der Begründungsformel **U** ist auch noch nicht der Inhalt resp. der *Grundsatz der Diskursethik* (**D**) vorgegeben oder ihr Vorgehen ausreichend geklärt (s.u.). Gefordert ist in jedem Fall ein real stattfindender "praktischer Diskurs" der Betroffenen. In diesen realen Diskursen zeigt sich ein weiterer wichtiger Unterschied zur reinen Pflichtethik *Kants*, nämlich daß den menschlichen Bedürfnissen und individuellen Interessen, die *Kant* völlig ausklammern wollte, eine ethische Bedeutung beigemessen wird, wenn und insofern sie durch Argumente intersubjektiv gerechtfertigt werden können.

---

34 Und zwar unabhängig von der "Logik theoretischer Diskurse" - vgl. dazu die Konsenstheorie der Wahrheit (*Habermas* 1973).

35 Ein Ausdruck von *Albert* (1980, 76ff.); er nennt für eine rationale Verbindung von Sein und Sollen bekanntlich 3 "Brückenprinzipien": Überprüfung der Konsequenzen, Realisierbarkeit und Widerspruchsfreiheit der Sollensforderungen.

Zusammenfassend: "Eine Diskursethik steht und fällt also mit den beiden Annahmen, daß (a) normative Geltungsansprüche einen kognitiven Sinn haben und *wie* Wahrheitsansprüche behandelt werden können, und daß (b) die Begründung von Normen und Geboten die Durchführung eines realen Diskurses verlangt und *letztlich* nicht monologisch, in der Form einer im Geiste hypothetisch durchgespielten Argumentation möglich ist." (*Habermas* 1988b, 78; Hervorh. i.Orig.)

5.4.3 Begründung des Moralprinzips: Transzendentalpragmatik (*Apel*)

Das Moralprinzip »U« ist nun seinerseits wieder zu begründen. Diese Begründung erweist sich aber als problematisch. Zweifel an der Möglichkeit der Begründung einer universalistischen Moral werden von Vertretern des Kritischen Rationalismus sogar zu einer Unmöglichkeitsbehauptung zugespitzt (vgl. das sog. *"Münchhausentrilemma"* nach *Albert* 1980, 11ff.; vgl. *Reese-Schäfer* 1990, 45ff.). Demnach gibt es nur drei gleichermaßen unbefriedigende Möglichkeiten:

1. Unendlicher Regreß: Man muß beim Anführen von Gründen immer weiter zurückgehen...
2. Fehlerhafter logischer Zirkel: Die scheinbaren Gründe wurden ihrerseits bereits vorausgesetzt.
3. Abbruch des Begründungsverfahrens durch (dogmatische) Entscheidung (Dezision).

Die Diskursethiker können darauf erwidern, daß diese Sackgassen der Begründung aber eigentlich nur für semantische Begründungskonzepte bzw. logische Deduktionen gelten, nicht aber für den Rekurs auf die Grundlagen menschlichen Sprechens und Argumentierens. Jedoch sind die Begründungsmöglichkeiten auch bei den Vertretern der Diskursethik selbst umstritten. Während *Habermas* in seinem sog. universalpragmatischen Ansatz glaubt, ohne Letztbegründung auskommen zu können (und zu müssen), vertreten *Apel* und sein Schüler *Kuhlmann* eine (starke) Begründungsversion, die als »Transzendentalpragmatik« bezeichnet wird. Dieser Name nimmt Bezug auf die (Kantische) Transzendentalphilosophie, die die Bedingungen der Möglichkeit (das Apriori) von Erkenntnis zum Thema hat. Transzendentalpragmatisch heißt analog dazu, die nicht hintergehbaren Bedingungen des (Sprech-)Handelns, wie sie in jeder

Argumentationssituation vorliegen, zu klären.[36] Über sprachliche Aussagen etwas zu begründen ebenso wie etwas zu bestreiten, heißt immer zu argumentieren. Warum gerade das von entscheidender Bedeutung ist, hat *Apel* (1976b) unter dem Titel »Das Apriori der Kommunikationsgemeinschaft« im Sinne "*einer Dialektik* (diesseits) *von Idealismus und Materialismus*" wie folgt erläutert:

> "Wer nämlich argumentiert, der setzt immer schon zwei Dinge gleichzeitig voraus: Erstens eine *reale Kommunikationsgemeinschaft*, deren Mitglied er selbst durch einen Sozialisationsprozeß geworden ist, und zweitens eine *ideale Kommunikationsgemeinschaft*, die prinzipiell imstande sein würde, den Sinn seiner Argumente adäquat zu verstehen und ihre Wahrheit definitiv zu beurteilen." (Ebd. 429; Hervorh.i.Orig.)

M.a.W.: Die ideale Kommunikationsgemeinschaft ist der stets implizit vorausgesetzte Maßstab und Bezugspunkt realer Diskurse. Aus diesen Implikationen jeder argumentativen Auseinandersetzung leitet *Apel* zwei Ziele oder "*grundlegende regulative Prinzipien* für die langfristige moralische Handlungsstrategie jedes Menschen" ab:

> "Erstens muß es in allem Tun und Lassen darum gehen, das *Überleben* der menschlichen Gattung als der *realen* Kommunikationsgemeinschaft sicherzustellen, zweitens darum, in der realen die *ideale* Kommunikationsgemeinschaft zu verwirklichen. Das erste Ziel ist die notwendige Bedingung des zweiten Ziels; und das zweite Ziel gibt dem ersten seinen Sinn, - den Sinn, der mit jedem Argument schon antizipiert ist. ... M.a.W.: Die *Überlebensstrategie* erhält ihren Sinn durch eine langfristige *Emanzipationsstrategie*." (Ebd. 431f.; Hervorh.i.Orig.)

Mit dieser Vergegenwärtigung der Reflexivität (Selbstbezüglichkeit) von Argumentation wird zugleich die Aussichtslosigkeit einer üblichen deduktiven Begründung 'letzter' Prinzipien eingestanden, die durch "Explikation 'unausweichlicher', d.h. allgemeiner und notwendiger Präsuppositionen" (= Voraussetzungen) (*Habermas* 1988b, 92) ersetzt werden soll.

> "Etwas, das ich nicht, ohne einen aktuellen Selbstwiderspruch zu begehen, bestreiten und zugleich nicht ohne formallogische petitio principii deduktiv begründen kann, gehört zu jenen transzendentalpragmatischen Voraussetzungen der Argumentation, die man immer schon anerkannt haben muß, wenn das Sprachspiel der Argumentation seinen *Sinn* behalten soll." (*Apel* - zit. n. *Habermas* 1988b, 92)

Das Moralprinzip der Universalisierung resp. "moralische Grundsätze müßten aus dem propositionalen Gehalt solcher Voraussetzungen gewonnen werden

---

36 Für *Apel* "ist die Argumentationssituation in demselben Sinne 'nicht hintergehbar' wie das Erkennen für den Transzendentalphilosophen" (*Habermas* 1988b, 92) - deshalb der Name "Transzendentalpragmatik".

können" (ebd. 93). Diese Form der philosophischen Letztbegründung ist nicht im Sinne der traditionellen Logik oder Bewußtseinsphilosophie zu verstehen, sondern basiert auf sprachphilosophischen Argumenten (linguistic turn) und wird als "reflexiv-sinnkritische Form von Letztbegründung" bezeichnet, die nicht auf *theoretischer*, sondern auf der sog. *"strikten" Reflexion* beruht (vgl. *Reese-Schäfer* 1990). Es geht also nicht um Begründung theoretischer Inhalte (konkreter Normen), sondern um implizite Voraussetzungen bzw. pragmatische Vorannahmen. Bestimmte Voraussetzungen (=die Regeln der Argumentation) müssen also immer schon gemacht werden, da man sonst einen *"performativen"* bzw. *"pragmatischen" (Selbst-)Widerspruch* begeht; die Situation des argumentativen Diskurses ist rational nicht hintergehbar.[37]

Mit Hilfe der Transzendentalpragmatik soll (und kann) also nachgewiesen werden, "*wie das als Argumentationsregel fungierende Verallgemeinerungsprinzip von Voraussetzungen der Argumentation überhaupt impliziert wird*", da "sich zeigen läßt, daß

- jeder, der sich auf die allgemeinen und notwendigen Kommunikationsvoraussetzungen der argumentativen Rede einläßt und der weiß, was es heißt, eine Handlungsnorm zu rechtfertigen, implizit die Gültigkeit des Universalisierungsgrundsatzes (...) unterstellen muß." (*Habermas* 1988b, 97; Hervorh. i.Orig.)

Ist »U« also durch die Diskursregeln begründet, so kann - laut *Habermas* - "*die Diskursethik selbst* auf den sparsamen Grundsatz »D« gebracht werden, daß nur die Normen Geltung beanspruchen dürfen, die die Zustimmung aller Betroffenen als Teilnehmer eines praktischen Diskurses finden (oder finden könnten).

... Einziges Moralprinzip ist der angegebene Grundsatz der Verallgemeinerung, der als Argumentationsregel gilt und zur Logik des praktischen Diskurses gehört. »U« muß sorgfältig unterschieden werden

- von irgendwelchen inhaltlichen Prinzipien oder Grundnormen, die nur den *Gegenstand* moralischer Argumentationen bilden dürfen;

---

37 Diese Unhintergehbarkeit wird wie folgt erläutert: "Wenn ich etwas behaupte, dann sage ich (der Sprecher) mit etwas (der Proposition) etwas (Prädikat) über etwas (Referenzobjekt), und dies so, daß ich mit etwas (performativer Satz) zu etwas (Proposition) einen Geltungsanspruch (etwa der Wahrheit) erhebe, und zwar zunächst gegenüber der realen Kommunikationsgemeinschaft (bzw. deren Vertretern, die die gegenwärtige Gesprächssituation mit-konstituieren), dann aber auch gegenüber der idealen unbegrenzten Kommunikationsgemeinschaft (auf die ich Bezug nehme als die Instanz, welche, anders als die reale Kommunikationsgemeinschaft, wirklich imstande ist, das Recht meines Geltungsanspruchs adäquat zu beurteilen)." (*Kuhlmann* - zit.n. *Reese-Schäfer* 1990, 60f.)

- vom normativen Gehalt der Argumentationsvoraussetzungen, die ... in Regelform expliziert werden können;
- von »D«, dem diskursethischen Grundsatz, der die Grundvorstellung einer Moraltheorie ausspricht, aber nicht zur Argumentationslogik gehört" (*Habermas* 1988b, 103; Hervorh. i.Orig.).

Eine *Letztbegründung* der Diskursethik bleibt dennoch weiterhin strittig - auch zwischen *Apel* und *Habermas*. Und die meisten Begründungs- oder Adaptionsversuche der Diskursethik begehen zudem den Fehler, "daß Argumentations*regeln* mit Argumentations*inhalten* und Argumentations*voraussetzungen* kurzgeschlossen - und mit »Moralprinzipien« als Grundsätzen der philosophischen Ethik verwechselt werden" (*Habermas* 1988b, 103f.; Hervorh. i.Orig.).

5.4.4 Von der Diskurs- zur Advokatorischen Ethik

Ein Problem der Diskursethik ist die Einbeziehung bzw. Berücksichtigung solcher Menschen, die von den in Frage stehenden Entscheidungen betroffen, aber nicht, noch nicht oder nicht mehr als "Mündige" fähig sind, ihre Interessen selbst zu vertreten und am Diskurs teilzunehmen: z.B. Kinder, geistig schwerbehinderte Menschen etc. Für diesen Personenkreis, auch antizipatorisch für künftige Generationen, hat bereits *Apel* (1976b; 1986, 231) ein advokatorisches Element in die Diskursethik eingeführt; d.h. diejenigen, die den Diskurs führen, sollen als Stellvertreter oder Fürsprecher (Advokaten) auch für die Ansprüche virtueller Mitglieder der Kommunikationsgemeinschaft eintreten.

Inwieweit nun mit dieser vorgängigen normativen Verpflichtung die Möglichkeiten einer diskursiven Ethik prinzipiell überschritten werden, da sie nicht mehr rein formale Verfahrensethik (Diskurs) bleiben kann, sondern inhaltlich-materiale Annahmen machen muß (Rechts- und Schutzansprüche), hat v.a. *Brumlik* wiederholt zur Diskussion gestellt. Er hat deshalb versucht, eine »advokatorische Ethik« als eine Ethik sui generis für pädagogische und soziale Berufe zu etablieren, die die "Gültigkeit ihrer Normierungsvorschläge nicht an die Zustimmung oder Ablehnung der ... betroffenen Individuen bindet" (1992a, 110).

Das Programm einer advokatorischen Ethik erweist sich durchaus als unfertig und impliziert zudem viele Fragen, Probleme und Ambivalenzen von Mündigkeit und Bevormundung, die bereits im Zusammenhang kritischer oder negativer Pädagogik angesprochen wurden. Die Legitimationsprobleme von Pädagogik hat es noch keineswegs gelöst. Zugleich wird ein ethisches Modell angestrebt, das Diskurs- und Mitleidsethik in einer Art Synthese vermittelt (*Brumlik*

1992a, 143ff.), da Diskurs, Vertrag oder andere formale ethische Verfahren ohne Mitgefühl unzureichend bleiben - et vice versa (vgl. auch *Wolf* 1994, 106).

Brumlik definiert advokatorische Ethik vorläufig "als ein System von Behauptungen und Aufforderungen in bezug auf die Interessen von Menschen, die nicht dazu in der Lage sind, diesen selbst nachzugehen(,) sowie jenen Handlungen, zu denen uns diese Unfähigkeit anderer verpflichtet" (1992a, 161; i.Orig. kursiv). Ausgangspunkt ist also das reale "Gefälle" zwischen "Mündigen" und zumindest zeitweise als "unmündig" Geltenden. Letztere - und das verdeutlicht die Verschränkung von (advokatorischer) Ethik und Pädagogik - sind zu Bildende bzw. zu Erziehende. Dieses Gefälle ist also nicht nur für die Heilpädagogik, sondern für die ganze Pädagogik ein Problem und begründet advokatorisches Handeln. Pädagogik ist per se advokatorisch - und umgekehrt: advokatorisches ist *-erstens-* pädagogisches Handeln, da es um die Herstellung von Personalität und Mündigkeit geht (ebd. 164). Es ist darüber hinaus - *zweitens* - nach *Brumlik* "caritatives" Handeln, wenn Mündigkeit/Personalität nicht erreichbar ist. Dennoch hält *Brumlik* an der Verpflichtung fest, auch die Unmündigen unter Wahrung ihrer Integrität zu bilden. Wobei dann die Bezeichnung als "caritativ" angesichts vielfältiger heilpädagogischer Bemühungen um diesen Personenkreis eine problematisch-mißverständliche Engführung darstellt.[38]

Advokatorische Pädagogik wie Ethik kommen nicht mit diskursiven Verfahren aus, sondern müssen zwei moralische Imperative zugrunde legen und befolgen: 1. *Mündigkeit* soweit möglich herbeizuführen (Emanzipation) und 2. jede Beeinträchtigung der leiblichen *Integrität* eines Individuums zu vermeiden. Aufgrund der historischen Erfahrungen der Vernichtung angeblich 'lebensunwerten Lebens' sollte nicht mehr an der Kantischen Tradition einer Koppelung von Mündigkeit (Personalität) und Würde (Integrität) festgehalten werden (vgl. *Brumlik* 1992a, 169).

Brumliks Überlegungen münden in die schwerwiegende begriffliche Unterscheidung zwischen Personen und Noch-nicht-, Nicht-mehr- und Niemals-Personen, die in der Heilpädagogik umstritten ist (vgl. *Bleidick* 1992). Die Plausibilität dieser Unterscheidung stellt u.E. jedoch nur einen weiteren Grund dar, sich nicht auf den Personbegriff als fundamentale Kategorie von (Heil-)Pädagogik und Ethik festzulegen (s. Kap. 4.3). Heilpädagogisch problematischer ist *Brumliks* nach dem bisher Beschriebenen selbstwidersprüchlich erscheinende Einschätzung, daß Personalität qua Selbstbewußtsein Bedingung der Möglichkeit von Bildung und Erziehung sei (*Brumlik* 1991; 1992a, 189). Der Zustand 'Perso-

---

38 Sie findet sich ähnlich schon bei *Bleidick* (1988a), dessen Versuch einer kategorialen Unterscheidung "Ethos, Caritas, System" an üblichen moralphilosophischen Begriffsklärungen vorbeigeht (s. Kap. 5.1).

nalität' ist aber, wie *Brumlik* selbst betont, relativ und von unterschiedlichem Umfang. Er umfaßt nicht nur kognitive Leistungen, sondern auch Affekte; und er ist beeinflußbar, ja durch Bildung und Erziehung überhaupt erst herstellbar. Zwar bedeutet die dauerhafte Abwesenheit von Personalität die Inkompetenz, Entscheidungen für die eigene Lebens*führung* zu treffen, doch korrespondiert damit die ethische Verpflichtung einer Lebens*begleitung*, und das bedeutet, anderen Angehörigen der Gattung Mensch bezüglich der Entwicklung, Erhaltung oder Wiederherstellung ihrer Personalität behilflich zu sein, was auch *Brumlik* (1992a, 194) i. S. eines "reflektierten Spezies[is]mus" vertritt.

Die Hauptschwierigkeit besteht also in der Verbindung bzw. Vermittlung von "moralischen Gefühlen" (i.S. einer Mitleidsethik) - die allein laut *Brumlik* (ebd. 192) dem Utilitarismus leicht "Tür und Tor öffnen" könnten - und der Einbeziehung der Betroffenen (Diskursethik). Beide sind komplementär und müssen sich ergänzen. Es geht nicht nur um Mitleid, sondern um berechtigte *Ansprüche* auf Bildung und Emanzipation, auf Therapie und Rehabilitation. Ein genereller Verzicht auf oder gar ein Verbot der Auseinandersetzung um das Lebens- und Bildungsrecht, wie sie das konsequentialistische zweifache "Dammbruchargument" (*Antor* 1991a,b) nahezulegen scheint[39], vermag allerdings aus Sicht einer advokatorischen Ethik - zumindest in seinem ersten Teil - kaum zu überzeugen, da sie die bereits existierende stillschweigende Tötungspraxis in Kliniken (das sog. Liegenlassen) ebenso stillschweigend sanktionieren würde (vgl. *Brumlik* 1992, 199).

Problematisch für die Heilpädagogik erscheint an *Brumlik*s Position aus kritisch-skeptischer Perspektive also weniger das theoretische In-Abrede-Stellen des Personbegriffs bei Schwerbehinderten (s. Kap. 4.3), sondern vielmehr, daß *Brumlik* stellenweise mißverständlich bleibt und zu trennen scheint, was unteilbar ist: Bildung und Rehabilitation, Mitgefühl und Rechtsanspruch.

5.4.5 Von den Grenzen der Diskursethik zum Problem gesellschaftlicher Anerkennung

Die notwendige Institutionalisierung realer Diskurse stößt immer wieder an Grenzen. In der sozialen Realität finden wir keine idealen Kommunikationsbedingungen vor. Die konkreten geschichtlich-gesellschaftlichen Bedingungen,

---

39 Das zweifache Dammbruchargument lautet, daß die Diskussion über das Lebensrecht einzelner nicht nur (1.) das Lebensrecht aller gefährde, sondern (2.) einen Abbau von Rechten und die Reduktion von Bildungsangeboten und Hilfeleistungen zur Folge haben kann.

Zeitdruck, Interessenkonflikte etc. zwingen zu einer praktisch-pragmatischen Ergänzung der idealisierend-idealistischen Konzeption, die *Apel* (1986, 241ff.) als "Teil B" der Kommunikationsethik und analog zu *M. Webers* "Verantwortungsethik" versteht. Diese Ergänzung ist keineswegs irrational, sondern gerade notwendig, um das Abrutschen in irrationale Behandlungsweisen sozialer und moralischer Fragen abzuwenden. Es ist der Versuch eines regulativen Prinzips, demzufolge ein Handeln dann als richtig gilt, wenn zumindest nachträglich jeder, der sich in dieselbe Lage versetzen kann, seine Zustimmung erteilen kann. Da die strenge "Universalisierung" zu formal(istisch) ist, wird zudem eine jeweilige inhaltliche Füllung erforderlich.

Habermas sucht mit/in seiner kommunikativen Ethik einen Kompromiß - sozusagen einen 'dritten Weg' - zwischen einer subjektiv-idealistischen Gesinnungsethik (Moralität) und einer objektivistischen Sittlichkeit, die von einer bereits "vernünftigen Wirklichkeit" (*Hegel*) ausgeht, indem er die Notwendigkeit der Einordnung subjektiver Interessen in die intersubjektive Überlieferung (kulturelle Werte) und die Lebenswelt betont. Diese Einordnung ist zugleich verbunden mit einer zunehmenden "Rationalisierung" (einem 'Vernünftigmachen') der Lebensformen:

> "Jede universalistische Moral muß ... Einbußen an konkreter Sittlichkeit, die sie um des kognitiven Vorteils willen zunächst in Kauf nimmt, wettmachen, um praktisch wirksam zu werden. Universalistische Moralen sind auf Lebensformen angewiesen, die ihrerseits soweit 'rationalisiert' sind, daß sie die kluge Applikation allgemeiner moralischer Einsichten ermöglichen und Motivationen für die Umsetzung von Einsichten in moralisches Handeln fördern." (*Habermas* 1988b, 118)

Die Diskursethik gibt keine konkreten Lösungen, aber Maßstäbe der Kritik. Bei komplizierten praktisch-moralischen Fragen ist sie (wie jede philosophische Ethik) auf klärende Beiträge der Geschichts- und Sozialwissenschaften angewiesen. *Habermas* vertritt deshalb einen "engen Begriff der Moral" (1986, 32) und grenzt die Zuständigkeit der Diskursethik auf Begründungsfragen ein. Doch auch wenn klar ist, daß Philosophie resp. philosophische Ethik keinen "privilegierten Zugang zu moralischen Wahrheiten hat" und natürlich "niemandem die praktische Verantwortung ab(nimmt)" (ebd. 32f.), so erscheint dennoch die (noch) ungenügende oder fehlende Verbindung zu Einzelfragen von Recht und Gerechtigkeit, aber v.a. auch zur gesellschaftlichen Lebenspraxis (wie z.B. Erziehung, [Heil]Pädagogik etc.) als ein Mangel der Diskursethik.

Auch wenn die Diskursethiker für sich in Anspruch nehmen, durch die Erklärung, wie moralische Urteile begründet werden können, den ethischen Skeptizismus widerlegt zu haben, der von ihnen in u.E. übertriebener Weise letztlich als Kommunikations- resp. Argumentationsverweigerung ausgelegt wird, so halten wir hier weiter an einer kritisch-skeptischen Sicht fest. Und zwar deshalb, weil von allen möglichen Bewertungsfragen eines guten Lebens in der Diskursethik letztlich bloß Gerechtigkeitsprobleme übrigbleiben (*Habermas* 1988b, 132), die zudem noch recht formal (verfahrenstechnisch) behandelt werden und damit einem material-inhaltlichen Ethikverständnis (z.B. Eudämonismus) entgegenstehen.

Gerade an diesem Punkt knüpfen verschiedene KritikerInnen der kommunikativen oder Diskursethik an (*Wellmer* 1986; *Benhabib* 1992; *Brumlik* 1992; *Cortina* 1992). Sie sprechen z.B. von einem "'kognitivistischen Vorurteil' der kommunikativen Ethik" (*Benhabib* 1992, 12) und unterstellen ihr einen schon bei *Kant* zu bemerkenden repressiven und abwertenden Umgang mit Gefühlen und Motivationsfragen, der bei *Habermas* zu einer (theoretisch generell nicht zwingenden) restriktiven Trennung von Gerechtigkeitsproblemen und Fragen des guten Lebens führt. Demgegenüber hat die alte Kritische Theorie stets den Zusammenhang von Gerechtigkeitsfragen und individuellem Lebensglück bzw. erfülltem Leben des einzelnen betont.

Die Diskursethik abstrahiert von Wille, Motiv, Begehren und Bedürfnissen der Menschen sowie von Werten als moralische Dimensionen. Sie kennt anscheinend nur die intellektuelle Dimension der Urteilsbildung und -begründung und gerät als lediglich normenklärende Verfahrensethik damit in die Gefahr einer "Ethik ohne Moral" (*Cortina* 1992). Moral wird letztlich nur noch als "defizienter Modus des Rechts" gehandelt, also einseitig verrechtlicht (ebd. 282ff.).

Außerdem bleibt nach wie vor die Gleichsetzung von Moralprinzipien und Argumentationsregeln umstritten und ein Hauptkritikpunkt an der Diskursethik (vgl. *Wellmer* 1986, 102; *Benhabib* 1992, 187ff.). Der Universalisierungsgrundsatz läßt sich nicht "beweisen" i.S. deduktiver Ableitung; er ist nicht notwendig eine Präsupposition des Argumentierens. Stattdessen ist er nach Meinung der Kritiker in und aus dem jeweiligen lebensweltlichen Kontext interdisziplinär (sozial- und moralpsychologisch) zu erläutern und handlungs- und moraltheoretisch plausibel zu machen. Zwar wird anerkannt, daß die Argumentationsregeln ohne einen performativen Selbstwiderspruch nicht hintergehbar sind, aber sie werden dadurch noch nicht zu moralischen Normen oder Metanormen. Denn *ob* jemand argumentiert oder nicht, den Dialog verweigert oder nicht, abbricht oder fortsetzt, ist mit ihnen noch nicht normativ geregelt, sondern nur das *Wie*.

Alternativ zur Diskursethik und mit stärkerem Rekurs auf *Hegels* Institutionen der Sittlichkeit reformuliert *Benhabib* (1992, 13 u. 218ff.) deshalb zwei verschiedene, aber interdependente "Formen menschlicher Vergesellschaftung", die nicht gegeneinander ausgespielt werden dürfen:

1) "eine Gemeinschaft der Rechte und der Befähigung";
2) "eine Gemeinschaft der Bedürfnisse und der Solidarität".

Während erstere evtl. mit *Apels* Teil B der Ethik, mit Verantwortungsethik oder pragmatisch-reformerischem Denken zu assoziieren wäre, bedeutet letztere ein Wachhalten des kritisch-utopischen Elements i. S. der »Dialektik der Aufklärung«, die wider alle Vernunft und wider alle Erfahrung paradox an einer »Versöhnung« von innerer Natur (Leiblichkeit, Emotionalität), äußerer Natur der Welt und Vernunft festhält. "Wenn das Erbe der Aufklärung darin besteht, die menschliche Würde des »verallgemeinerten Anderen« zu verteidigen, dann muß die utopische Kritik dieses Erbes uns an die menschliche Besonderheit und die Bedürfnisse des »konkreten Anderen« erinnern." (*Benhabib* 1992, 13) M.a.W.: Es geht um eine Verbindung und Vermittlung von Differenz und Intersubjektivität, von Norm und Utopie, von Menschenrechten und kritischer Sozialutopie, die auch für eine kritische Heilpädagogik richtungsweisend ist.
Die sozialethische Dimension praktischer Intersubjektivität, die Frage von konkretem und generalisiertem Anderen, kann nun noch weiter ausdifferenziert werden. Nach *Honneth* (1994, 148-211), der in diesem Zusammenhang eine Reinterpretation der Frühschriften *Hegel*s vorgelegt und diese mit der Sozialpsychologie *Mead*s verbunden hat, müssen in der gesellschaftlichen Entwicklung verschiedene, aufeinander aufbauende Stufen wechselseitiger intersubjektiver Anerkennung unterschieden werden.[40] Diese Kategorien können auch für die heilpädagogische Diskussion fruchtbar gemacht, ja direkt auf heilpädagogische Zusammenhänge wie Normalisierung und Integration übertragen werden und diese kritisch präzisieren (vgl. dazu auch *Gröschke* 1995).

1. *Liebe bzw. emotionale Zuwendung* (Ebene der Primärbeziehungen): Diese Form der basalen Annahme und wechselseitigen Bedürfniserfüllung, die besonders auch von psychoanalytischen AutorInnen untersucht worden ist, gibt *Sicherheit* und ermöglicht *Selbstvertrauen* (vgl. *Erikson* 1977; in pädagogisch-therapeutischem Kontext v.a. *Bettelheim* 1989 u.ö.). Zuwendung stellt eine notwendige, aber nicht hinreichende Voraussetzung von Anerkennung und individueller Unabhängigkeit dar. Anerkennung bezeichnet auf der Beziehungsebene "den doppelten Vorgang einer gleichzeitigen Freigabe und emotionalen Bindung" (*Honneth* 1994, 173).
2. *Recht und kognitive Achtung* (Ebene der Rechtsverhältnisse/Staat): Gleichberechtigung berücksichtigt noch nicht die individuellen Unterschiede, sondern betrifft den 'verallgemeinerten Anderen' (nach *Mead*). Gleiche Rechts-

40 *Honneth* (151f.) weist auch auf ähnliche Dreiteilungen von Gemeinschafts- bzw. Vergesellschaftungsformen bei *Scheler* (1966) und *Plessner* (1981a) hin.

stellung und deren Respektierung durch andere ermöglichen die *Selbstachtung* eines Individuums.

3. *Solidarität und soziale Wertschätzung* des Individuums (Ebene der Wertgemeinschaft): Hierbei geht es um die individuellen Unterschiede (Fähigkeiten/Kompetenzen und Eigenschaften der Personen) und darum, welcher Stellenwert ihnen innerhalb einer konkreten Gemeinschaft zukommt. Nur auf dieser dritten Stufe ist die volle Anerkennung des Verschiedenen, des "konkreten Anderen" (nach *Mead*) und damit seine *Selbstwertschätzung* zu gewährleisten.

Gerade diese dritte Ebene erweist sich bezüglich behinderter Menschen in einer durchrationalisierten Leistungsgesellschaft als die problematischste. Gesellschaftliche Voraussetzungen für *Solidarität*, die wechselseitige Wertschätzung konkreter Menschen, sind nach *Honneth* (183ff.):

- die gemeinsam geteilte Erfahrung der Bedrohung (Risiko eines Verlustes der Kompetenzen und Eigenschaften);
- ein gemeinsames normatives Konzept eines guten Lebens sowie ein gemeinsam geteilter Bewertungsmaßstab der individuellen Eigenschaften und Kompetenzen als Beitrag zum gesellschaftlichen Leben (gemeinsame Wertorientierung).

Das Problem der Anerkennung betrifft also nicht nur die kognitive Ebene des Selbstbewußtseins oder des Status einer Rechtsperson, sondern die "Formen der praktischen Bestätigung, durch die es [das Subjekt, hj.j.] ein normatives Verständnis seiner selbst als eine bestimmte Art von menschlicher Person erwirbt" (ebd. 121). Es geht um das "praktische Selbstverhältnis des Menschen" (ebd. 122) in der affektiv-emotionalen oder *Bedürfnis*-, der kognitiven oder *Rechts*- und der beides verbindenden *Wertschätzungsdimension*. Werden individuelle Eigenschaften und Lebensformen in der gesellschaftlichen Bewertung als "minderwertig oder mangelhaft herabgestuft, dann nimmt sie den davon betroffenen Subjekten jede Möglichkeit, ihren eigenen Fähigkeiten einen sozialen Wert beizumessen" (ebd. 217).

Weder bei *Mead* noch bei *Hegel* ist jedoch die Voraussetzung einer normativen Gesellschaftstheorie, d.h. die Frage nach der Entsprechung der drei Anerkennungsformen mit realen sozialen Lebensverhältnissen, wie auch die Verursachung des Kampfes um Anerkennung geklärt. Um diese zu erläutern, gibt *Honneth* (212-224) parallel zu den Achtungsformen eine phänomenologische Auflistung von drei korrespondierenden Mißachtungsformen und -erfahrungen.

Diese sozialen Erfahrungen sind Grund und Anlaß dafür, daß ein Kampf um Anerkennung überhaupt entsteht bzw. zu führen ist:

- Mißhandlung und Vergewaltigung (psychischer Tod)
- Entrechtung und Ausschließung (sozialer Tod)
- Entwürdigung und Beleidigung (Kränkung).

Mit ihnen sind zugleich implizit - keineswegs bloß 'historische' - Extremformen des gesellschaftlichen Umgangs mit sog. behinderten Menschen beschrieben.

5.5 Vom Mitleid zur Solidarität - Auf dem Weg zu einer heilpädagogischen Ethik? (Kritische Schlußfolgerungen)

Der Weg heilpädagogischer Theorie und Praxis könnte idealtypisch durchaus als eine Entwicklung vom Mitleidsimpuls zum solidarischen Handeln in einer gemeinsamen Lebenswelt rekonstruiert werden. Inwieweit es möglich ist, eine Ethik des 'verallgemeinerten Anderen' und eine Ethik des 'konkreten Anderen' miteinander zu verbinden, ist letztlich auch entscheidend für heilpädagogische Anwaltschaft und Parteinahme für behinderte Menschen. Als Minimalbedingung (bzw. Minimalkonsens) ist dabei die Wahrung der Integrität, der körperlichen Unversehrtheit jedes Menschen vorauszusetzen.

Heilpädagogik muß einerseits weitgehend auf moralische Intuitionen bauen, andererseits skeptisch-kritisch gegen Normvorgaben, normative Menschenbilder und deren Begründungstheorien sein, will sie Anwalt größtmöglicher Verschiedenheit der Menschen bleiben. So werden im Kontext der vorliegenden Arbeit Mitleid resp. Mitgefühl und Solidarität als spezifische ethische Erscheinungsformen praktischer Intersubjektivität auf Grund der Differenz der Individuen verstanden. Kritische Heilpädagogik orientiert sich damit zwar vorrangig an einer erfahrungsbezogen-mimetischen *Ethik des Mitleids* (in der Tradition von *Schopenhauer, Horkheimer* und *Adorno*), da weder die rechtliche Gleichstellung von behinderten Menschen noch formal-diskursethische Verfahren zum Schutz ihrer fundamentalen Lebensinteressen ausreichen, tut dies aber nicht im Sinne einer heilpädagogischen 'Spezial-Ethik'.

Auch ist eine Ethik für die Heilpädagogik oder heilpädagogische Ethik nicht einfach mit einer *advokatorischen Ethik* i.S. *Apels* oder *Brumliks* gleichzusetzen, die stellvertretend gegebene Rechte und Pflichten sog. Unmündiger wahrnimmt, die nicht selbst am Diskurs teilnehmen können, Entscheidungen für sie fällt etc., obwohl (Heil-)Pädagogik notwendig immer advokatorisch-paternalistische Züge aufweisen wird.

Ob die *Diskursethik* wirklich keinerlei materiale Werte - wie v.a. das Lebensrecht - postuliert, sie nicht doch voraussetzen muß, ist durchaus fraglich. Auch Diskursethiker wissen um die Gefährdung der Identität und die Verletzbarkeit der Individuen und die Notwendigkeit einer "Garantie gegenseitiger Schonung", für die Gerechtigkeit und Solidarität komplementäre Prinzipien darstellen (*Habermas* 1986b, 20f.). Die Diskursethik versucht, moralische Intuitionen indirekt auf den Begriff zu bringen, also gewissermaßen das 'Bilderverbot' über die Vision des 'guten Lebens' zu wahren (ebd.). Insofern die Diskursethik nicht vom Individuum und seiner egoistischen Interessenkalkulation ausgeht, sondern einen kommunikativen Vergesellschaftungsprozeß (sensu *Mead*) schon voraussetzt, impliziert sie aber bereits materialethische Vorstellungen über Fragen der sozialen Gerechtigkeit (vgl. *Honneth* 1986). Ein gerechter Interessenausgleich ist nicht bloß eine Verteilungsfrage materieller Güter, sondern auch eine Frage der Chancengleichheit und der intersubjektiven Anerkennung. Basale Voraussetzungen einer chancengleichen Teilnahme am gesellschaftlichen Leben (an 'praktischen Diskursen') sind (ebd.):

1. ein gleichberechtigter Zugang zu Information und Bildung;
2. soziale Anerkennung und Selbstachtung.

Die Verwirklichung dieser Voraussetzungen bezeichnet auch Aufgabe und Ziel von Heilpädagogik und erfordert moralische Parteilichkeit (Solidarität).

Unabhängig davon kann Diskursethik, deren Stärke die Überprüfung (nicht die Erzeugung) von Normen ist, (heil)pädagogisch zumindest auch insofern hilfreich sein, als sie eine verfahrensethische Anleitung in Wissenschaft und Praxis geben kann - so z.B. zur Entwicklung und Diskussion von Erziehungs- und Betreuungszielen. Diskursethische Regeln könnten auch - i.S. einer erweiterten "Ethik des Alltagsdiskurses" (*Schönberger* 1988, 298f.) - als Modell für Teamarbeit und für eine Mitbestimmung von Behinderten über ihre Lebenswelt (kooperative Pädagogik) stärker fruchtbar gemacht werden, als es bisher in der professionellen Behindertenhilfe geschieht.

Ein skeptischer Vorbehalt bleibt, da die Meßlatte des Diskurses - nach *Habermas* (1988b) bestehend aus idealer Sprechsituation (Gespräch ohne Zwang, Herrschaftsfreiheit allgemein) sowie Zurechnungsfähigkeit der Diskurspartner - für das Handeln im heilpädagogischen Feld allem Anschein nach zu hoch liegt. Diskurs ist Metakommunikation; als praktischer bedeutet er die Verständigung über Normen und Werte, die die Diskurspartner ihrer Interaktion zugrunde legen, als theoretischer stellt er eine alternative Form der Erkenntnisgewinnung und Theoriebildung dar. Erziehung oder heilpädagogische Betreuung sind nicht einfach Diskurs. Überhaupt ist pädagogisches Handeln nicht einmal in jedem Falle sprachliches Handeln und die Kommunikation im pädagogischen Feld nicht von vornherein symmetrisch, sondern weist ein Gefälle auf (an Kompetenzen, Ausdrucks- und Handlungsmöglichkeiten etc.), wenn diese 'Symmetrie' auch aus kritisch-theoretischer Sicht (vs. *Kleinbach* 1994) ein wesentliches anzustrebendes Ziel bleibt. So ist auch die Unterstellung der Zurechnungsfähigkeit der zu erziehenden Person - zumal in der Heilpädagogik - nicht immer möglich, ja nicht einmal immer im Interesse des/der Betroffenen.

Das pädagogische Handeln ist also weder einfach dem kommunikativen Handeln noch dem praktischen - schon gar nicht dem theoretischen - Diskurs gleichzusetzen oder zu subsumieren, sondern es stellt ein Handeln sui generis dar, das Elemente von Empathischem und Direktivem, Verständigung und Vermittlung verbindet (vgl. auch *Schwager* 1990). Das schließt eine 'Schnittmenge' gemeinsamer Elemente bzw. Ähnlichkeiten mit kommunikativem Handeln und praktischem Diskurs freilich nicht aus. (Heil-)Pädagogisches Handeln muß in der Interaktion nicht nur Verständigung und Vermittlung verbinden (*Schwager*), sondern bereits im Vorfeld der Interaktion Fürsorge[41] betreiben und Nähe erst herstellen (*Kleinbach* 1994).

Kommunikation wird gerade da zum ethischen Problem, wo sie nicht auf Symmetrie und Reziprozität beruht, sich also in einem vor-intentionalen Vorfeld bewegt. Gerade darin, daß auf Förderung und Kommunikation im engeren Sinne verzichtet wird, werden das Erfahren und Akzeptieren von Andersheit und die Konstitution von Nähe erst möglich und als für die Heilpädagogik wichtige Grundlage freigelegt. Das haben *Kleinbachs* (1994) phänomenologische Überlegungen eindrücklich aufgezeigt - insbesondere seine Ausführungen über Geduld (ebd. 163-180), die jedoch ausdrücklich nicht als Tugendlehre verstanden werden wollen (ebd. 16), sondern als philosophisch-resignative Meditation der Begegnung mit dem Anderen.[42]

Ein Zug des Resignativen eignet durchaus auch einer philosophischen Ethik allgemein, da sie "sich nicht mehr von einem absoluten Weltgrund her abstützen" läßt und "keine Rückendeckung" mehr hat (*Schulz* 1980, 633, vgl.

---

41 So haben *Oser et al.* (1991, 50ff.) das pädagogische Handeln (zumindest von LehrerInnen) zwar weitgehend mit dem praktischen Diskurs gleichgesetzt, aber auch auf wichtige Unterschiede zwischen pädagogischem und philosophischem Diskursverständnis hingewiesen. Wichtig ist in diesem Zusammenhang v.a. die Verortung der "Fürsorge" als wesentliche pädagogische Ergänzung des Geltungsanspruchs der Richtigkeit, der sich im pädagogischen Feld aus Gerechtigkeit *und* Fürsorge zusammensetzt!

42 Darin ist *Kleinbachs* Studie ein kritisch-theoretischer Mikrologie zugleich fremder wie verwandter Versuch, der eine Beschränkung der Kommunikation auf Verstehen und Verständigung ebenso für falsch hält wie Erziehung als kommunikatives Handeln aufzufassen - gar mit dem Zweck, kommunikative Fähigkeiten zu vermitteln.

1989, 418ff.). Die Vergeblichkeit, ja Unmöglichkeit moralischen Verhaltens angesichts der Negativität der Welt wird gerade in kritisch-theoretischer Reflexion deutlich: "Es gibt kein richtiges Leben im falschen." (*Adorno* 1980a, 42) Trotz ihrer großen Differenz ist hier auch eine bemerkenswerte Übereinstimmung zwischen *Adorno* und *Mead* zu verzeichnen: Solange ungerechte gesellschaftliche Verhältnisse bestehen und die Bedingungen für eine unmittelbare Erfahrung von Mit-Menschlichkeit nicht gegeben sind, bleibt Moral etwas Äußerliches ('Falsches'), an "äußerliche moralische Ordnung" gebunden (*Mead* 1987, 369). Moraltheorien setzen einen vernünftigen und freien Willen voraus, daß Menschen moralisch sein wollen. Solchen ethischen Optimismus, der v.a. die Diskursethik auszuzeichnen scheint, stellt *Adorno* gerade in Frage: die Menschen können unter den gegebenen Bedingungen gar nicht moralisch sein.

Die *Grenzen von Ethik* lassen sich auch noch lapidarer auf den Punkt bringen: "Die Ethik ist nicht die Praxis, deren Theorie sie ist." (*Pieper* 1991, 152) Durch Ethik wird man nicht besonders moralisch oder tugendhaft - darin sind sich alle Moralphilosophen von *Schopenhauer* bis *Habermas* einig. Für die Heilpädagogik heißt das konkret, daß die theoretisch-reflexive Durchdringung der Situation Behinderter oder der heilpädagogischen Aufgabenstellung die moralische Entscheidung für einen je bestimmten Menschen mit Behinderung nicht ersetzt und auch nicht den richtigen pädagogischen Umgang mit ihm garantiert.

Nicht nur eine heilpädagogische, sondern jede Ethik bleibt auf *moralische Intuitionen und Impulse* angewiesen. »Impulse« sind Motive für moralisches Handeln, auf einen "Zweck" bzw. ein bestimmtes Objekt gerichtet (*Mead* 1993, 434; vgl. analog *Schopenhauer*; *Adorno*: ND, 202f. u.ö.). Solche moralischen Impulse können sich zu einer ethisch-moralischen Einstellung oder Haltung verdichten (müssen es aber nicht!). Es geht - auch in der kritischen Theorie - um eine ethische 'Haltung', die analog zur (heil)pädagogischen Haltung, zur Haltung des/der Erziehenden gesehen werden kann; es geht nicht um ethische Theorie oder singuläre Präskriptionen, ethisch-moralische Lehrsätze oder Imperative. Elemente einer sog. 'heilpädagogischen Haltung' können nicht einfach mit berufsständischen Pflichten identifiziert und als solche fixiert werden, sondern stellen allgemein ethische Intuitionen des intersubjektiven Umgangs resp. intersubjektive Werte (i.S. solidarischen Handelns) dar, nicht unbedingt Tugenden (i.S. situations- bzw. kontextunabhängiger, 'naturgemäßer' Wesenseigenschaften). Normativer Impuls kritischer Theorie ist - trotz oder gerade wegen aller scharfsichtigen Gesellschafts- und Vernunftkritik - das Mitleid mit jeglicher Kreatur; diesbezüglich ist sie niemals resignativ. Auf diesen Impuls bleibt auch eine heilpädagogische Ethik auf dem Weg zur Solidarität angewiesen.

Thimm (1985) hat daran erinnert, daß die *Dialektik von Leiden und Mitleiden* (insbesondere in der Tradition *Hanselmanns*) wesentlich für Theoriebildung und Grundlegung/Begründung von Heilpädagogik ist. In der heutigen professionellen Behindertenhilfe droht jedoch - wie im modernen Sozialstaat allgemein - das ursprüngliche Mitleid (wie das auslösende Leid) entweder völlig in den privaten Raum abgedrängt, 'privatisiert' und/oder durch Verrechtlichung und Bürokratisierung formalisiert zu werden (vgl. *Haeberlin* 1990a). Beides stellt eine Pervertierung dar, macht aber auch deutlich, daß Mitleid eine problematisch-ambivalente Angelegenheit ist und bleibt. Mit beiden Verbiegungen geht zugleich eine nahezu ubiquitäre Tendenz der Leidensverdrängung einher. Leid wird abstrakt, der Umgang damit institutionalisiert. Die konkrete, individuelle Lebenswirklichkeit (und soziale Lebenswelt) behinderter, kranker, alter und armer Menschen verschwindet aus dem öffentlichen Bewußtsein. Das alles aber ergibt u.E. dennoch keinen zwingenden Grund für eine metaphysische Reinterpretation des Leidens, wie sie in der Heilpädagogik bislang präferiert wurde.

Es besteht ein fundamentaler Unterschied zwischen der christlichen (und existenzphilosophischen) 'Annahme' des Leidens oder seiner (scheinbaren) Aufhebung durch diese Annahme (mittels Sinnzuschreibung) auf der einen Seite und der gesellschaftlichen Utopie einer Abschaffung des Leidens auf der anderen Seite, die sich weigert, Leiden hinzunehmen, und auf seiner Sinnlosigkeit beharrt. Alle Spekulationen über den 'Sinn' (und die 'Tiefe'!) von Leiden - vom Kirchenvater *Augustinus* bis zum Phänomenologen *Scheler* ("Vom Sinn des Leidens"), von *Hanselmann* bis *Thimm* - drohen das Leiden zu verklären und seine Abschaffung bzw. entsprechend das Glück als oberflächlich zu diffamieren. Dies ist nach *Freuds* (1989b) und *Adornos* (1992a, 171f.) Interpretation auf die Geringschätzung und Unterdrückung der Sinnlichkeit, auf den zivilisatorischen Zwang zurückzuführen. Leid scheint als Reaktion, als Möglichkeit seiner Verarbeitung, eine Sinnzuschreibung geradezu zu erzwingen (= Funktion von Religion); oder aber die Reaktion besteht in der Verdrängung und Individualisierung von Leid. Kritische Theorie verweigert sich beidem - jedoch nicht in dem Sinne, daß sie gegenüber dem leidenden Individuum sich verhärtet.

Der Begriff des Leid(en)s bleibt gesellschaftlich wie individuell stets auf´s Neue klärungsbedürftig. Behinderung darf zwar einerseits nicht per se mit Leid gleichgesetzt werden; andererseits aber bedeutet Behinderung ein *Nicht-Identischsein-Können* mit sich und der Mitwelt und insofern immer *soziales Leid*, Leiden am Sozialen durch 'Nicht-Dazugehören' oder Bedrohung durch Ausschluß. Im *persönlichen* Mikrobereich und v.a. körperlich muß Behinderung dagegen nicht immer Leiden bedeuten. Leiden ist dialektisch, und es wird zum Index negativer Dialektik, gerade dann, wenn die Unternehmungen zur Leidvermeidung mißlingen und in neues Leid umschlagen, wie am Beispiel von Zwangstherapien und Euthanasie deutlich wird.

Auch außerhalb der 'Leid-Frage' wäre die ethische Argumentation in der Heilpädagogik um eine kritisch-sozialethische Perspektive zu erweitern. Eine auch in der gegenwärtigen Heil-/Sonderpädagogik verbreitete wissenschaftstheoretische Orientierung am kritischen Rationalismus würde es durchaus nahelegen, zu einer sozialtechnologischen und insofern utilitaristischen Position zu kommen. Es ist jedenfalls nicht verwunderlich, daß ein eher 'puristisch' eingestellter kritischer Rationalist wie *Anstötz* (1990) innerhalb der Heilpädagogik den Präferenzutilitarismus mit Vehemenz vertreten hat. Bezeichnend ist in diesem Zusammenhang jedoch, daß der 'Schock' der Euthanasiedebatte auch bei kritisch-rational orientierten HeilpädagogInnen eine Rückbindung an verbindliche christlich-abendländische Werte wie den Personbegriff der Gottesebenbildlichkeit bewirkt hat, da alternative kritisch-sozialethische Bezugstheorien bislang zuwenig in ihr Blickfeld kommen. Unsere Diskussion aus dem vierten Kapitel hier nochmals aufnehmend, wäre zum Projekt einer wertgeleiteten Heilpädagogik in ethischer Perspektive deshalb folgendes nachzutragen:

Folgt man der Rückführung der Anthropologie auf den *Egoismus* und der Gesellschaft auf das *Konkurrenzprinzip* (*Haeberlin*, s. 4.2.2), ergeben sich ungeklärte Analogien einerseits zu einem utilitaristischen Gesellschaftsverständnis, andererseits zu einem quasi-metaphysischen Kulturpessimismus. Beides bringt die Gefahr mit sich, über keine normative qua rational ausweisbare Argumentationsbasis mehr zu verfügen - sieht man von der religiösen Verankerung ab, die kein philosophisches Argument sein kann. Zudem verbleibt die ethisch-normative Argumentation bei *Haeberlin* bisher letztlich im Bereich der Individualethik und weist keine explizit sozialethische Dimension auf.

Der von *Haeberlin* oft avisierte faktische demokratische Interessenausgleich, dessen Begrenztheit zwar gesehen wird, wird kaum in einen sozialphilosophischen Kontext gestellt und kann diesen nicht ersetzen. Darin liegt ein entscheidender Unterschied zur Diskursethik, die nicht mit demokratischer Konsens- oder gar Kompromißbildung verwechselt werden darf. Zur Klärung ihrer Geltungsansprüche würde sich für eine wertgeleitete Heilpädagogik als Wissenschaft und Forschungsprogramm (formal-ethisch) aber empfehlen, das Rationalitäts- und Normverständnis der Diskursethiker stärker zu adaptieren und das nach unserer Einschätzung begrifflich zu enge 'Korsett' einer 'Berufsethik' zu erweitern.

Eine wesentliche (materiale) Ergänzung eines kritisch-anthropologischen bzw. motivationskritischen Ansatzes, die sowohl auf individual- wie sozialethischer Ebene relevant ist, könnte außerdem in einer Vervollständigung seiner 'Motivtafel', d.h. konkret in der Einbeziehung des Mitleids und der Mitleidsethiken (5.3) bestehen. In diesem Zusammenhang eröffnet sich eine mögliche sozialethische Perspektive mit dem anthropologiekritischen Sprachgebrauch von "Entsolidarisierung" und "Solidarität" (*Haeberlin* 1996), die an die sozialethischen Diskurse bei *Benhabib* und *Honneth* (s. 5.4.5) angeschlossen werden kann.

Zum Abschluß unserer ethischen Diskussion von Differenz und Intersubjektivität kann das im ersten und vierten Kapitel bereits wiederholt diskutierte Motto *Kant*s, daß der Mensch erst durch Erziehung zum Menschen wird, sozusagen vom 'Risiko' zur 'Chance' bzw. reformuliert werden: als eine pädagogisch-ethische 'Bringschuld', als Verpflichtung der Gattung wie des Einzelnen zur Erziehung und Bildung aller von Menschen Geborener. So bleibt als Kernpunkt einer kritisch-heilpädagogischen Ethikreflexion, daß aus der Erkenntnis der nicht hintergehbaren Intersubjektivität menschlichen Lebens formal zugleich die Verantwortung aller sog. Nicht-Behinderter für das Menschsein sog. Behinderter folgt. Diese normative Pflicht bedeutet, durch praktische Intersubjektivität (In-Beziehung-Treten, Zusammenleben) den Prozeß der Menschwerdung zu ermöglichen. Auf dieser grundsätzlichen Ebene löst sich der Unterschied 'Behindert - Nichtbehindert' auf, da dieses 'Prinzip' der Intersubjektivität für alle Menschen gilt.

Jedoch gilt es, zwei Gefahren zu sehen: Ebenso wie eine Hypostasierung und 'Negativ-Verklärung' von Behinderung als Leid vermieden werden muß, die die Betroffenen durch eine Gleichsetzung mit ihrer sog. Behinderung aus sozialen Interaktionsprozessen als Fremde auszuschließen droht, darf freilich andererseits auch nicht die Sozialität/Intersubjektivität als etwas Objektivierbares, Statisch-Substantielles hypostasiert werden.

Ursprung und Ausgangspunkt, nicht still zu stellender Antrieb von Ethik bleibt der nicht aufhebbare Widerspruch zwischen der Utopie einer gerechten und solidarischen Gesellschaft und der ihr widersprechenden Realität. Der dauernde 'Stein des Anstoßes' ist die Differenz, das Gefälle zwischen Starken und Schwachen, Privilegierten und Benachteiligten - sei es politisch-wirtschaftlich oder in der Erziehung (Generationengefälle, soziale Abhängigkeit etc.), so auch zwischen Behinderten und Nicht-Behinderten.

Teil III
Abschliessende Überlegungen

*

Sei mißtrauisch gegen den, der behauptet,
daß man entweder nur dem großen Ganzen
oder überhaupt nicht helfen könne.
Es ist die Lebenslüge derer,
die in der Wirklichkeit nicht helfen wollen
und die sich vor der Verpflichtung
im einzelnen bestimmten Fall
auf die große Theorie hinausreden.
Sie rationalisieren ihre Unmenschlichkeit.
Max Horkheimer (1931/1987)

6. Rückblick

Bei dem hier vorgelegten Versuch, den Konstitutionszusammenhang von Heilpädagogik aus kritisch-sozialtheoretischer Sicht zu diskutieren, ging es weder vorrangig um alte oder neue heilpädagogische Anthropologie noch um die Herstellung einer 'Einheitswissenschaft' und schon gar nicht um eine abstrakt-universale Konzeption etwa von 'Behinderung' als konstitutive Kategorie, sondern um nicht mehr, aber auch nicht weniger als das Abstecken und Ausmessen eines (notwendig normativen) Reflexionsrahmens und um die (meta)theoretische Thematisierung und Problematisierung des (heil)pädagogischen Feldes. Dabei dürfte exemplarisch deutlich geworden sein, daß sowohl eine (sozial)philosophische Grundlagenreflexion als auch ein Rekurs auf (sozial)psychologische Elemente durchaus 'mehr zu bieten' haben, als dies bei maßgeblichen Vertretern der Heil- resp. Sonderpädagogik gegenwärtig widergespiegelt wird.

Die Pädagogik hat sich seit den 60er Jahren von einer Geisteswissenschaft zu einer Sozialwissenschaft entwickelt. Diese Wendung äußerte sich in der deutschsprachigen Pädagogik zunächst als Forcierung anthropologischer Forschung und war verknüpft mit dem Programm einer pädagogischen Anthropologie als "Integrationswissenschaft" (*Roth*). Auf diese integrative Aufgabe pädagogischer Anthropologie beziehen sich in der Heil-/Sonderpädagogik bis heute *Bleidick* und *Speck.*

Sozialwissenschaft wurde in der Folgezeit entweder als empirisch-analytische, phänomenologisch-hermeneutische oder als kritisch-dialektische betrieben (vgl. *Wulf* 1983; *Meinberg* 1988). Insbesondere die erste und die letzte Position haben ihre Grenzen im Rahmen des Positivismusstreits abgesteckt, der in der Sonder- und Heilpädagogik jedoch - wie diese wissenschaftliche 'Binnendifferenzierung' insgesamt - erst mit großer Verspätung aufgenommen und nicht zu Ende geführt wurde, aber auch nicht einfach ausgesetzt werden kann (vgl. *Schwager* 1990, 305-338). Zwar verstehen sowohl *Bleidick* (1985, 73) wie *Haeberlin* (1988a, 40) auch die Behinderten- resp. Heilpädagogik als Sozialwissenschaft, jedoch ohne dies z.B. durch eine sozialtheoretische Fundierung genauer zu spezifizieren. Bei *Speck* (1988) und den erwähnten VertreterInnen der Schwerbehindertenpädagogik bleibt eine entsprechende Zuordnung gänzlich offen. Auf diesem Hintergrund läßt sich die vorliegende Arbeit zunächst durchaus als ein weiterführender, von der Kritischen Theorie ausgehender Klärungsversuch des wissenschaftlichen Konstitutionsproblems lesen.

Dabei wurde nicht ein spezielles Menschenbild oder der Tatbestand einer Behinderung, sondern - neben der *anthropologischen Differenz* - die grundsätzliche *Intersubjektivität*, das pädagogische Feld, zur konstitutiven Kategorie einer kritischen Heilpädagogik erhoben.

Auf der Suche nach anderen Ansätzen, d.h. nach erkenntnistheoretischen Rückversicherungen und eventuellen anthropologischen Fundierungen, die nicht von vornherein Entsolidarisierungseffekte (vgl. *Haeberlin* 1996) hervorrufen oder das kognitive Subjekt überbetonen, wurde ein Mittelweg zwischen postmoderner Beliebigkeit und weltanschaulich-beschränkter Dogmatik eingeschlagen, der zu einer Rückbesinnung auf heilpädagogisch bislang kaum rezipierte Theorietraditionen und Autoren führte.

Konkret bot sich ein Rückgriff auf die Sozialanthropologie *Plessners* und die negative Dialektik *Adornos* an, die beide bisher in der Pädagogik und erst recht in der Heilpädagogik wenig beachtete Versuche darstellen, die traditionelle rationalistische resp. idealistische Subjektphilosophie zu überwinden. Insbesondere *Adorno* hat dazu Entscheidendes beigetragen, indem er die Anthropologie hinter sich ließ und die Differenz, *das Nicht-Identische*, d.h. das nicht mit begrifflicher Erkenntnis zu Fixierende, und den "Vorrang des Objekts" vor dem erkennenden Subjekt betont hat. Dieser Vorrang vor aller subjektiven Vereinnahmung, so konnten wir folgern, kommt auch dem *anderen Subjekt* als 'Erkenntnisgegenstand' und Handlungsobjekt zu. Welt, Gegenstand, Objekt sind nicht von Subjektivität (allein) konstituiert, und Subjektivität realisiert sich stets nur in Intersubjektivität. Diesbezüglich konnten verborgene Verbindungslinien und einige wichtige Konvergenzen zwischen verschiedenen Autoren (*Adorno* und *Horkheimer, Fromm, Mead* und *Plessner*) aufgezeigt werden, die im weiteren Verlauf der Überlegungen zur Intersubjektivität zumindest ansatzweise bis in sozialpsychologische und sozialethische Konzeptionen hinein verfolgt wurden.

6.1 Kritische Heilpädagogik und Anthropologiekritik

Nach einem kursorischen Durchgang durch die philosophische Anthropologie und die Kritische Theorie konnte aus kritisch-theoretischer Sicht gezeigt werden, daß der bislang nicht genügend problematisierte und auch selten präzisierte Rekurs der Heil-/Sonderpädagogik auf Anthropologie sowie die Rede vom 'Menschenbild' in mehrfacher Hinsicht in Sackgassen führen. Anthropologisches Ganzheitsdenken ('Integrationswissenschaft') unterschätzt die Differenz und Diskontinuität, die vielfältigen Brüche, die individuell-biographisch wie gesellschaftlich-historisch typisch sind für das menschliche Leben allgemein wie das (heil)pädagogische Feld im besonderen (vgl. auch *Wulf* 1994).

Was man von heilpädagogischer Anthropologie und Menschenbild-Orientierung zunächst erwarten könnte, nämlich Anthropologie der Behinderung zu sein, ein Bild des behinderten Menschen zu bieten, hat sie kaum je zu leisten vermocht - zum Glück der Betroffenen, ist man versucht zu sagen. Wenn Sonderanthropologien, Typologien oder spezielle Bilder von Behinderungen und behinderten Menschen entwickelt wurden - so in den Anfängen heilpädagogischer Anthropologie (vgl. z.B. noch *Moor* 1974a, b) -, so wurde dieser Weg u.a. wegen seiner impliziten Pauschalisierungstendenz und Diskriminierungsgefahr zu Recht bald als unangemessen und falsch abgebrochen.[1] Was anthropologische Orientierung in der Heilpädagogik heute ausmacht, bleibt häufig unbestimmt oder ist im wesentlichen die Reklamation allgemein menschlicher Bildungs- und Entwicklungsfähigkeit sowie die anthropologische Selbstvergewisserung der - sei es wissenschaftlich, sei es praktisch - heilpädagogisch Tätigen. Die Rede vom Menschenbild hat in diesem Kontext nahezu inflationäre Ausmaße angenommen, der Begriff wird überdehnt und verkommt zur Leerformel. Es erscheint wenig sinnvoll, jegliche allgemeine Grundsatzerklärung, theoretische Orientierung oder Wertentscheidung als 'Menschenbild' zu apostrophieren. Tradierte (traditionelle) Menschenbilder reichen für die Anerkennung behinderter Menschen nicht (mehr) aus. Aber auch die paradoxe Rede von einem "Anti-Menschenbild" (*Haeberlin* 1990b) führt hier nicht weiter, weil dies eine erneute Festschreibung nur mit anderem Vorzeichen bedeuten würde. Bilder sind aufzulösen, Begriffe zu 'verflüssigen' - der Mensch bleibt offene Frage.

Neben der kritischen Darstellung anthropologischer Heilpädagogik ging es in unserer Studie um die Skizzierung einer explizit anthropologie-kritischen Perspektive für die Heilpädagogik. Gemeinsam ist und bleibt beiden die *normativ-utopische Dimension*. Anstatt »Menschenbilder« zu beschwören oder zu entwerfen, hält eine anthropologie-kritische Heilpädagogik sich an das *»Bilderverbot«*, das zwar schon von *Bleidick* - wenn auch eher beiläufig - proklamiert worden, aber in der Heilpädagogik bislang ohne nähere Darstellung oder explizite Bezugnahme auf die Kritische Theorie geblieben ist. Die 'ältere' Kritische Theorie *Horkheimer*s und *Adorno*s hat zur Erläuterung dieser Metapher vom Bilderverbot als einem typischen Merkmal einer kritischen Sozialphilosophie einiges beigetragen. So wurde in der vorliegenden Arbeit an Kritik und

1 Zugespitzt ließe sich formulieren, daß schwerbehinderte Menschen bereits durch ihre Existenz ungewollt zu einer lebenden Anthropologiekritik werden - so *Ackermann* (1995).

Kritischer Theorie, die weder bestimmte gesellschaftliche Verhältnisse als 'objektiv' setzt noch einen idealen Gesellschaftszustand ausmalt, festgehalten, ohne dem letztlich kritik- und theoriefeindlichen Zwang sich zu beugen, immer schon zugleich eine positive, inhaltlich gefüllte Alternative vorlegen zu sollen.

Die wissenschaftshistorisch vollzogene Trennung von Glauben und Wissen, das Zurückdrängen des Transzendenten, also der Sinnverlust, der von der wertgeleiteten Heilpädagogik lediglich konstatiert bzw. bislang mehr beklagt als verarbeitet wird, ist mit wissenschaftlichen oder philosophischen Mitteln nicht mehr rückgängig zu machen. Auch dafür steht die Metapher vom Bilderverbot. Das macht aber die Sehnsucht der Menschen nach einer besseren Welt, die heilpädagogische Utopie eines solidarischen und gerechten Umgangs/Zusammenlebens mit Benachteiligten und Behinderten, erst recht deren Bedürfnisse und Ansprüche, nicht falsch oder schlecht.

In diesem Kontext kann die Kritische Theorie *Horkheimers* und *Adornos* insgesamt als ein Versuch gelesen werden, (indirekte) normative Kriterien sozialer Rationalität zu entwickeln, die auch lebensweltlich zum Tragen kommen, aber auf heteronome Leitbilder verzichten.

So bedeutet unsere Anwendung einer mikrologischen 'Methodologie' der negativen Dialektik, des Verfahrens der immanenten Kritik und der bestimmten Negation nicht einfach eine pauschale Ablehnung von Visionen, Inhalten von Weltanschauungen oder sogenannter Bindungen (Religiosität) etc., sondern vorrangig nicht mehr und nicht weniger als die nicht zu suspendierende selbständige, kritisch-skeptische Prüfung jeglicher metaphysischer und theoretischer Vorgaben. Abgelehnt wird, solche gesellschaftlich und sozial bedingten Phänomene/Desiderate wie Visionen oder Bindungen zu etwas Natürlichem oder Übernatürlichem zu hypostasieren oder zu mystifizieren.

Heilpädagogische Theorie wie Praxis müßten in diesem Sinne mikrologisch rekonstruiert und neu konstelliert werden, da es allgemeingültige Sinn-Vorgaben in der Pädagogik wie in der Philosophie nicht mehr geben kann - weder von seiten einer integralen Anthropologie noch einer positivistischen Einheitswissenschaft -, und da die Praxis zudem von einem oft unkritischen Eklektizismus beherrscht wird, den es aufzuklären gilt.

Diese Sichtweise führte uns schließlich zu verschiedenen Formen einer Ethik der Intersubjektivität, speziell zu einer präzisierten Ethik des Mitleids, der Empathie und der Solidarität mit Benachteiligten und Schwachen.

6.2 Kritische Heilpädagogik und skeptische Ethik

Aus 'Menschenbildern' können keine allgemein verbindlichen ethischen Prinzipien oder sittlichen Handlungsnormen abgeleitet werden. Das würde entweder zu einer dogmatisch-autoritären Ethik (Heteronomie) oder - angesichts der Vielzahl der 'Bilder' - zu einem pluralistischen Relativismus (Wertindifferentismus) führen. So mußte auch der Ertrag für eine ethisch begründete Heilpädagogik oder gar eine heilpädagogische Ethik aus kritisch-theoretischer Sicht bewußt vorsichtig und notwendig bescheiden ausfallen. Es gibt keine für Heilpädagogik eindeutig in Frage kommende ethische Theorie und auch keine heilpädagogische Spezial-Ethik.

Die hier vertretene kritisch-skeptische Ethik meint dennoch nicht einen Wertskeptizismus i.S. einer generellen Ablehnung von Werten. Es geht - auch in der in unserem Rahmen zugrunde gelegten kritischen Theorie - um eine Konstellation ethischer Intuitionen und Impulse, die analog zur (heil)pädagogischen Haltung, zur Haltung des/der Erziehenden, und gleichsam als deren 'Verflüssigung' gesehen werden kann. Jede Fixierung normativ-ethischer Theorie oder moralischer Imperative bedeutet demgegenüber Heteronomie- und Ideologiegefahr. Elemente einer kritisch-heilpädagogischen 'Haltung' sind allgemein *'Werte' des intersubjektiven Umgangs,* freilich in einer negativ-indirekten Fassung, und sollten nicht zu zeitlosen 'Tugenden' stilisiert werden. Werte werden hier auch nicht i.S. *Scheler*s als eigene Seinseinheiten verstanden. Die intendierten intersubjektiven Werte konnten in unserer Darstellung zumindest in Ansätzen *kritisch reformuliert* werden als *Mitleid und Empathie*; als *Achtung und Anerkennung*; als *Solidarität.*

Aufgrund dieser Erwägungen ziehen wir es vor, statt von 'wertgeleiteter' bis auf weiteres lieber von *'kritisch-normativer Heilpädagogik'* zu sprechen, die sowohl hinsichtlich der Begründungsfrage wie der Vorgehensweise als *mikrologische* weiterzuentwickeln wäre. So plädierten wir mit unseren skeptisch-ethischen Überlegungen zwar durchaus ähnlich wie *Haeberlin* (1988b; 1996) und *Thimm* (1985) für eine erneuerte intersubjektive 'Sinnstiftung' heilpädagogischer Arbeit aus der Differenz, der Anerkennung des Verschiedenen, nicht jedoch bezüglich ihrer Rückbesinnung auf *Hanselmanns* religiöse Fundierung der Heilpädagogik oder auf *Schelers* religiös-neutrale(re) »Phänomenologie der Sympathie«, sondern im Anschluß an *Schopenhauer* und die ältere Kritische Theorie. Anerkennung des Verschiedenen, Solidarität, setzt Empathie, "gleichschwebende Aufmerksamkeit" (*Freud* 1989e, 170ff.) und ein In-Beziehung-Treten voraus, um ein soziales und auch pädagogisches Verhältnis allererst zu ermöglichen. Dieser Prozeß kann kritisch und sozialtheoretisch gewendet zum einen als "Kampf um Anerkennung" (*Honneth* 1994) - von der Mikroebene der Primärbeziehungen bis zur gesellschaftlichen Makroebene - sowie zum anderen - und darin im Grunde bereits impliziert - konkret als Erziehung, als dynamisches pädagogisches Feld verstanden werden, was in weiteren Untersuchungen methodologisch zu präzisieren wäre.

6.3 Abschließende Thesen zur kritischen Heilpädagogik als Wissenschaft

Am Ende unserer Grundlagenreflexion soll eine Reihe zusammenfassender Thesen nochmals den Weg zu einer kritisch-normativen und mikrologischen Heilpädagogik markieren:

1. Nicht DIE ANTHROPOLOGIE [als 'Großtheorie'] kann der (Heil-)Pädagogik Maßstäbe und Leitziele vorgeben, sondern umgekehrt muß die Pädagogik als kritisch-normative Sozialwissenschaft darüber orientieren, was *anthropologische* [klein geschrieben] und ethische Perspektiven für die »conditio humana« sind. - M.a.W.: *Anthropologie ist in Ethik und Pädagogik aufzuheben.*
2. Analog der Behandlung anthropologischer Fragen gelangten wir auch bezüglich der Ethik zu der Auffassung, diese nicht mehr 'groß' [als makrologische Theorie "ETHIK"], sondern nur noch 'klein zu schreiben' bzw. adjektivisch ["ethisch"] und mikrologisch anzuwenden.
3. Anstelle von »Menschenbildern« und einem elaborierten Person- wie Behinderungsbegriff geben die Begriffe der *»anthropologischen Differenz«*, der *»Emanzipation«* und der *»praktischen Intersubjektivität«* als Konstruktionselemente einer normativen Utopie zugleich einen hinreichenden begrifflichen Rahmen für eine (sozial)theoretische Konstitution der (Heil) Pädagogik ab.
4. Der Person-Status muß auf sozialphilosophisch-gesellschaftstheoretischer wie pädagogischer Ebene als Spannungsfeld zwischen Individuum und Gesellschaft bzw. als Ergebnis eines sozialen Anerkennungsprozesses verstanden werden. M.a.W.: *Der Intersubjektivitätsbegriff tritt an die Stelle des Personbegriffs.*
5. »Praktische Intersubjektivität« im heilpädagogischen Kontext ist als pädagogisch-therapeutisches Feld zu beschreiben und bezeichnet eine gleichzeitig formal-metatheoretische wie material-inhaltliche Kategorie.
6. *»Mikrologie«*, d.h. die Beachtung des Kleinen und Unscheinbaren, des Abweichenden (Differenten) wird zum Grundmodell heilpädagogischen Den-

kens und Handelns. Metaphysik ist in Mikrologie zu überführen, mikrologische Heilpädagogik/heilpädagogische Mikrologie löst metaphysische Begründungen von Heilpädagogik ab.

7. D.h. auch und vor allem: Anthropologische Aussagen müssen auf gemeinsame Erfahrungen der Solidarität und "Ko-Existenz" (*Speck* 1988, 206) beziehbar sein, ja umgekehrt aus diesen erst entwickelt werden.

8. *Kritisch-normative Heilpädagogik als Wissenschaft* ist

- notwendig *anthropologie-kritisch,* da fixe Menschenbilder und hochgesteckte Begriffe vom Wesen des Menschen behindertenfeindliche Auswirkungen haben...
- notwendig *gesellschaftskritisch*, da das marktwirtschaftliche System die Schwächsten aussondert...
- notwendig *selbstkritisch*, da Heilpädagogik und heilpädagogische Fachkräfte (wissenschaftliche wie praktische) oben genannten Tendenzen der Dogmatisierung von Menschenbildern und der Vertretung egoistischer Interessen ebenfalls unterliegen können...

9. Als *mikrologische Heilpädagogik* bleibt sie skeptisch gegenüber

- dem Ideal einer Einheitswissenschaft und wissenschaftlichen Groß-Theorien;
- vorgeblich elaborierten Methoden, die nicht selten zu einer Mißachtung des Subjekts mit Behinderung beitragen;
- weltanschaulichen Festlegungen heilpädagogischer Theorie und Praxis (Dogmatismus, Ideologie);
- der Forderung, theoretische Bemühungen müßten unmittelbar praktischer Machbarkeit unterworfen werden.

10. Mikrologische Heilpädagogik stellt damit eine Akzentuierung und Modifikation einer "wertgeleiteten Wissenschaft" (*Haeberlin* 1996) dar, da sie einzelne Elemente geisteswissenschaftlicher, empirisch-analytischer und kritisch-theoretischer Methodologie nicht im Sinne eines (additiven) Methodenpluralismus, sondern interdisziplinär-materialistisch zu konstellieren versucht.

Diese Modifikation hat wissenschaftstheoretische und wissenschaftspraktische Konsequenzen: Sie erfordert die doppelte Perspektive von Objekt- und Metatheorie, wie sie im II. Teil einzunehmen versucht wurde, und eine Theorie *interdependenter Verhältnisse* (s. dazu auch den methodologischen Ausblick in 7.2). Heilpädagogik hat das materielle und soziale Bedingungs- und Beziehungsfeld (Umwelt und Mitwelt) so zu rekonstruieren und zu reflektieren, daß Menschen mit Behinderung Selbstachtung, persönliches Wachstum und Emanzipation ermöglicht werden. Dies zu verdeutlichen, war ein wesentliches Anliegen dieser Untersuchung.

Folgerichtig sollen sich hier einige Hinweise anschließen und die Arbeit beschließen, die mögliche Konsequenzen für die heilpädagogische Praxis (v.a. die außerschulische Bildung, Erziehung und Betreuung von Menschen mit sog. geistiger Behinderung) und Methodologie aufzeigen können.

7. Ausblick

Nach der Skizzierung einiger Perspektiven einer kritischen Heilpädagogik als Wissenschaft wären im weiteren mögliche Perspektiven *kritischer Heilpädagogik als Praxis* zu entwickeln. 'Praxis' nicht i.S. einer 1:1-Übertragung oder technologischen Anwendung theoretischer Erkenntnisse verstanden, sondern bezüglich der (indirekten) Konsequenzen, die sich aus den vorgestellten kritischen Analysen für die berufliche Tätigkeit von HeilpädagogInnen einerseits und die Lebenswelt von Behinderten und ihren Begleit-/Bezugspersonen andererseits ergeben. Mit anderen Worten: Heilpädagogik ist nicht nur theoretisch, sondern auch 'praktisch' als Anthropologiekritik zu betreiben.

7.1 Lebensweltliche Perspektiven: Kritische Heilpädagogik als Praxis

Die vorliegende Untersuchung mündet in die zentrale Fragestellung einer Verbindung von Theorie und Praxis: ob und wie überwiegend vorwissenschaftlich-lebensweltliche oder philosophisch-anthropologische Menschenbilder und ein traditionell-metaphysischer Person-Begriff, nachdem sie transparent gemacht, ideologiekritisch 'aufgeklärt' und 'aufgehoben' worden sind, nun anschließend - und mit welchen Konsequenzen - in die Lebenswelt zurückwirken resp. zurückübersetzt werden können.

Um aus den in unserer Untersuchung beschriebenen anthropologischen und heilpädagogischen 'Sackgassen' herauszuführen, gilt es nicht nur in der Theorie, sondern auch in der Praxis gegen die "Kolonialisierung der Lebenswelt" (*Habermas*) anzukämpfen, zugleich aber den Widerspruch zwischen gesellschaftlicher Determination und personaler Autonomie, zwischen sozialer Funktion und Selbstbestimmung des einzelnen (i.S. *Adorno*s) sozusagen als einen 'Stachel im Fleisch' offenzuhalten.

Die Lebenswelt (geistig) behinderter Menschen ist häufig der Fremdbestimmung und entfremdenden Mechanismen unterworfen (vgl. *Bächtold* 1994; *Haeberlin* 1990b; *Hahn* 1981; s. 4.1.4). Andersherum formuliert: Die Erziehung, Bildung, Betreuung und Begleitung behinderter Menschen vollzieht sich kaum noch lebensweltlich im Sinne gemeinsamen Lebens und (Zusammen-)Arbeitens, sondern die pädagogisch-therapeutische Praxis unterliegt verschiedensten

Systemzwängen und wird häufig nach zweckrationalen Gesichtspunkten 'organisiert' (verwaltete Welt).

Demgegenüber sind Ziele einer lebensweltlich orientierten Heilpädagogik zunächst allgemein,

- vor allem kleine überschaubare und soweit möglich selbstbestimmte bzw. partnerschaftlich begleitete Lebensräume (Wohn- und Arbeitsformen) einzurichten und zu gestalten;
- die »Innenperspektive« der (behinderten) Subjekte zu berücksichtigen; Bedürfnisse, Wünsche und Interessen der Betroffenen wahrzunehmen;
- nicht nur primär das individuelle Lernen und äußerlich-lebenspraktische Selbständigkeit zu fördern, sondern auch das Zusammenleben bzw. den Gruppenprozeß zu gestalten (Wohneinrichtungen wie Arbeitsstätten für Menschen mit geistiger Behinderung werden bislang zu wenig als soziales Lernfeld gesehen).

Lebensweltorientierung kann auch bedeuten, in speziellen Fällen pädagogisch-therapeutische Lebensgemeinschaften von Behinderten und Nichtbehinderten (als Gegenakzent zu Diagnostizierung, Spezialisierung, Über-Professionalisierung) zu initiieren und zu fördern. Denn solche Gemeinschaften können unter Umständen eine günstigere Ausgangsbasis für gleichberechtigt-partnerschaftlichen Umgang und Abbau traditioneller »Betreuer-Schützlings«-Rollen sein als das Verbleiben in der Herkunftsfamilie oder das Leben in Institutionen (Heime).

Für die Verwirklichung und Reflexion solcher Ziele können *Plessners* 'Hermeneutik der Lebensführung', die sowohl sozial dimensioniert wie durch das menschliche Ausdrucksverhalten bestimmt ist, das 'Mimesis'-Verständnis von *Horkheimer* und *Adorno* sowie das Konzept 'praktischer Intersubjektivität' (nach *Mead*) einen geeigneten Bezugsrahmen abgeben. Als Folie zur Beschreibung und zum Verstehen auch behinderter Kinder/Menschen in ihrem Um-Feld bzw. ihrer Entwicklung sensibilisieren sie dafür (und legitimieren es zugleich), daß Leib und Umfeld stets einen Zusammenhang bilden.

Diese 'praktische Perspektive' kann zugleich auf der Interpretationsfolie der ethischen Tradition des 'guten Lebens' betrachtet werden. Die Spannung von Differenz und Intersubjektivität ist auch im Praxisfeld auszuhalten und v.a. zu gestalten. Eine solche Reflexion und Gestaltung der gemeinsamen Lebenswelt von sog. Behinderten, die auf Betreuung oder Begleitung angewiesen sind, und ihren professionell-heilpädagogischen Bezugspersonen detailliert zu beschreiben, ist hier nicht nur nicht möglich, sondern verbietet sich für ein kritisches Verständnis, da dies nur von und mit den Beteiligten selbst geschehen kann.

Jedoch erscheinen einige Grundgedanken dazu besonders geeignet, wie sie als Charakteristika eines »therapeutischen Milieus« ursprünglich v.a. im Kontext der pädagogisch-therapeutischen Arbeit mit autistischen und psychisch gestörten Kindern und Jugendlichen von *Bettelheim* (1983; 1989) entwickelt wurden und mit Bezug auf die sozialphilosophische Anerkennungsdiskussion vertieft werden könnten. »Therapeutisches Milieu« bedeutet zum einen eine generelle pädagogisch-therapeutische *Grundhaltung* und zum anderen eine besonders *gestaltete Welt*, die den Betreuten ermöglicht, (abgestufte) Alltags-Erfahrungen zu machen, d.h. die Realität *angstfrei* anzueignen und als *anregend* und *angenehm* erleben zu können. Bei einer solchen spezifisch heilpädagogischen 'Lehre vom guten Leben' geht es vorrangig um elementar-basale Bedürfnisbefriedigung, um sowohl materielle wie emotionale Sicherheit, die Selbstachtung und Anerkennung durch andere erst ermöglicht.

Als weitere wichtige Aspekte einer milieutherapeutisch-lebensweltlichen Orientierung wären zu nennen:

- Lage, Gebäude, Räume und Ausstattung von Einrichtungen haben *symbolische* Bedeutung bezüglich der *Wertschätzung* der Betreuten.
- Übersichtlichkeit der Gebäude wie eine klare innere Struktur (durchschaubare Organisation und die direkte Erreichbarkeit der Betreuungspersonen) geben den Betreuten *Orientierung und Sicherheit*, sind sozusagen 'vertrauensbildende Maßnahmen'. V.a. sorgfältig gestaltete "Zwischenräume" (Flure, Treppenhäuser) und "Zwischenzeiten" (Übergänge vom Schlafen zum Wachen und umgekehrt, von Arbeit zu Spiel, Zeiten vor und nach den Mahlzeiten etc.) helfen Leere, Desorientierung und Krisensituationen zu überwinden.
- Außerdem: die *kontinuierliche personelle Präsenz* ermöglicht den Aufbau (zunächst möglichst) einfacher, verläßlicher Beziehungen, die Auseinandersetzung mit Gefühlen und mit Autorität (*'Ich-Stärkung'*).
- Die permanente Balance zwischen Privatheit und Gemeinschaftsleben/Nähe und Distanz: Intersubjektivität ist nicht einfach gleichzusetzen mit 'Beziehung' als harmonischer und symmetrischer. Der Prozeß der Herstellung und Gestaltung von Beziehung impliziert auch Konflikt, Abgrenzung und beidseitige Rückzugsmöglichkeiten.

Kritische Heilpädagogik als Praxis meint also nichts unbedingt Neues, bezeichnet aber einen bestimmten Blickwinkel. Solche Praxis wäre im Sinne einer *heilpädagogischen Mikrologie* erst noch und beständig neu zu entfalten. Sie setzt an beim Individuellen, beim kleinen alltäglichen Detail und der kritischen (Mikro-)Analyse der Lebensumstände behinderter Menschen und ihrer familiären und/oder professionellen Bezugspersonen.

Heilpädagogische Mikrologie strebt nicht nach einer möglichst perfekten Bewältigung aller Anforderungen, sondern danach, auch Menschen mit sog. Behinderungen die Möglichkeit offenzuhalten bzw. zurückzugeben, die Lebenswelt in ihrer Komplexität zu erfahren, diese Komplexität ohne Angst oder Mißachtung auszuhalten. Statt Begriffsklassifikationen von Menschsein und Lebenssinn, Behinderung, Abhängigkeit und Selbständigkeit bedeutet das: Konzentration auf vernachlässigte Details und übersehene Möglichkeiten der jeweiligen Situation wie der beteiligten Interaktionspartner im heilpädagogischen Feld.

Orientiert an den Kriterien emanzipatorischer Erziehung und des therapeutischen Milieus hätte heilpädagogische Mikrologie genau und kontinuierlich die *Details* materieller wie personeller Rahmenbedingungen der Betreuung und Bildung behinderter Menschen zu evaluieren - vom Gebäude und seiner Inneneinrichtung, über den sog. Stellenplan bis hin zur konkreten einzelnen pädagogischen Handlung und der darin erkennbaren über-situativen Haltung der/des pädagogisch Tätigen - und diese Evaluation in einen Planungs- und Reflexionsprozeß von BetreuerInnen *und* Betreuten einzubringen. Sie könnte damit in einem gestalteten Umfeld zum Erleben und Steigern der *Wirkmächtigkeit* behinderter Menschen und zugleich zu ihrer *Selbst-* und *Fremdwertschätzung* beitragen (vgl. dazu z.B. für den Bereich von Arbeit und Beschäftigung: *Jakobs/Zovkic* 1987).

Kritische Heilpädagogik als Mikrologie ist zugleich *normalisierungs- und integrations-kritisch*, da sie im Alltagsleben bzw. in der lebensweltlichen Praxis einen von der statistischen wie der gesellschaftlichen Normalität abgegrenzten utopischen Normalitätsbegriff einer optimalen Persönlichkeitsentwicklung vertritt (vgl. *Pongratz* 1975; *Jakobs* 1987b). Dementsprechend versteht sie Integration dialektisch und vorrangig als einen psychosozialen Prozeß, den jedes Individuum in Auseinandersetzung mit seiner sozialen Mitwelt und materiellen Umwelt durchlaufen muß. Eine rein 'physische' Integration i.S. eines Wohnens in 'normalen' Wohngebieten reicht nicht aus. Ohne Einbettung in tatsächliche Sozialbeziehungen läuft sie Gefahr, zur sozialen 'Kosmetik' zu verkommen und die Isolation behinderter Menschen als Fremde in einer fremden Umgebung noch zu verschärfen.

Diese Pädagogik 'kleiner (Veränderungs-)Schritte' bedarf nach ihrer sozialphilosophischen Herleitung und Rechtfertigung durch unsere Studie freilich noch weiterer Präzisierung und eines gleichfalls mikrologischen Beobachtungs-, Analyse- und Handlungs-'Instrumentariums', das weder szientistisch am Modell des naturwissenschaftlichen Erklärens noch im traditionellen Sinne hermeneutisch, weder technologisch noch bloß erziehungsphilosophisch ist. Damit kommen wir am Schluß zu der Frage einer geeigneten *Methodologie*. Kritische Sozial*philosophie* sollte in eine entsprechende Sozial*wissenschaft* transformierbar sein. Will eine kritische Heilpädagogik Sozialwissenschaft sein und bleiben, wäre es deshalb notwendig, in einem nächsten Schritt eine *sozialwissenschaftlich-methodologische Perspektive* zu eröffnen und zu entfalten, was in unserer Untersuchung nur gelegentlich und rudimentär anklingen konnte und ein Desiderat künftiger Forschung bleibt. Gesucht ist eine methodologische Perspektive, die im günstigsten Fall sowohl auf theoretisch-wissenschaftlicher bzw. Forschungsebene wie auch in heilpädagogischen Praxisfeldern brauchbar ist.

7.2 Heilpädagogik und Feldtheorie: Eine methodologische Perspektive

Wir schlagen dazu hier abschließend einen Rekurs auf den »Feld«-Begriff vor, den wir in kritischer Abgrenzung zu systemtheoretischen Konzepten als eine wissenschaftlich präzisierbare Metapher verstehen, die zwar nicht neu ist, aber theoretische wie praktische Zusammenhänge in der Heilpädagogik *'mit anderen Augen'* sehen läßt und die Transformation der bisherigen vorrangig sozial*philosophischen* Überlegungen in sozial*wissenschaftliche* Zusammenhänge erlaubt.

In den letzten Jahren hat so wie in allen Humanwissenschaften auch in der Heil- und Sonderpädagogik ökologisches und systemisches Denken verstärkt Einzug gehalten (vgl. dazu *Schönberger* 1982; *Speck* 1988; *Hagmann/Simmen* 1990). Meist stützt man sich dabei auf *Bronfenbrenner*s "Ökologie der menschlichen Entwicklung" (1981), ohne daß immer bewußt würde, daß auch dieses Konzept z.T. auf die (sozial)psychologische Feldtheorie *Kurt Lewin*s zurückgeht - ebenso wie die Aktions- und Handlungsforschung, die in den 70er Jahren eine Forschungsmethode emanzipatorischer Erziehungswissenschaft darstellte und die im Rahmen einer kritischen Heilpädagogik erneut aufgegriffen, aber modifiziert werden müßte. Auch wenn man nicht alle Implikationen von Handlungsforschung teilt[2], so ergeben sich mit feldtheoretischen Begriffen zumindest deskriptive Mittel und mikrologische Methoden, um Praxisfelder bzw. Lebenswelten in Annäherung und im Austausch mit den Betroffenen zu erfassen.

Mit *Lewins* Feldtheorie liegt bereits ein (sozial)psychologisches Konzept zur Erklärung resp. zum Verständnis der psychischen Dynamik (Situationsanalyse)

---

2 Vgl. auch *Haeberlin*s (1994) Kritik der Handlungsforschung und seine Reflexionen zu einer "wissenschaftsgeleiteten Beratung".

sowie zur Darstellung 'praktischer Intersubjektivität' und des Person-Umwelt-Bezuges vor, das auch in den übrigen Sozialwissenschaften einschließlich der (Heil-)Pädagogik ein fruchtbares Analyse- und Beschreibungsinstrumentarium bereitzustellen vermag. Feldtheorie ist letztlich "nichts anderes als der Name für einen wissenschaftlichen Arbeitsstil" (KLW 4, Einf., 24), "keine spezifische Theorie", sondern eine "allgemeine Annäherungsmethode..., die spezifischen Theorien als Grundlage dient" (ebd. 91), um den Interdependenzzusammenhang gleichzeitig bestehender Tatsachen zu erfassen.[3] Damit scheint vorläufig ausreichend legitimiert, auch in anderen Human-/Sozialwissenschaften wie der (Heil-)Pädagogik feldtheoretisch vorzugehen.

Mit feldtheoretischem 'Instrumentarium' könnte sozusagen eine methodologische 'Füllung' bzw. *Präzisierung von Mikrologie* erreicht werden. Damit bietet sich zugleich auch eine Erweiterungs-/Ergänzungsmöglichkeit der wertgeleiteten heilpädagogischen Forschung (*Haeberlin* 1991; 1996), die einen bloß additiven Methodenpluralismus überwindet. *Lewin*s Feldtheorie versteht sich zudem ausdrücklich als 'Metatheorie' und könnte als solche ein Modell bzw. einen methodologischen Referenzrahmen abgeben, der für eine sozialphilosophisch reformulierte (Heil-)Pädagogik angemessener erscheint als der Biologie, der Physik und/oder Kybernetik entlehnte Begriffe und Sichtweisen.

Feldtheorie ist jedoch nur insofern Metatheorie, als sie eine sehr allgemeine Methodologie, ein "praktisches Forschungsinstrument" (*Lewin*) darstellt. Einen sehr formalen allgemeinen *Definitionsvorschlag* macht *Lewin* selbst: Feldtheorie ist zu verstehen als "*... eine Methode der Analyse von Kausalbeziehungen und der Synthese wissenschaftlicher Konstrukte*" (KLW 4, 135; Hervorh. i.Orig.). Damit ist auf wissenschaftlicher bzw. wissenschaftstheoretischer Ebene komplementär und analog ein Zusammenhang ausgedrückt, den auf philosophischer Ebene *Adorno* mit "Konstellationsbildung" bezeichnet hat (s. Kap. 3).

Korrespondierend und ergänzend zu einer philosophischen, erkenntnisanthropologischen Wissenschaftslehre (i.S. *Plessners*, *Apel*s und *Kampers* - s. Kap. 3 u. 4) erscheint mit solchen wissenschaftstheoretisch-methodologischen Überlegungen u.E. eine Überwindung (Aufhebung) der Kontroverse zwischen "Erklären" und "Verstehen" möglich, die nach beiden Seiten - Hermeneutik wie

3 Der Begriff "Feld" bezieht sich auf die bekannte Definition *Einsteins*: "Eine Gesamtheit gleichzeitig bestehender Tatsachen, die als gegenseitig voneinander abhängig begriffen werden, nennt man ein *Feld* (EINSTEIN 1933). Die Psychologie muß den Lebensraum, der die Person und ihre Umwelt einschließt, als Feld betrachten." (KLW 6, 377)

empirisch-analytische Wissenschaft - korrigierend und bereichernd wirkt.[4] Eine Grundlage für eine Verbindung von Erklären und Verstehen kann darin gesehen werden, daß statt des üblichen Kausalitätsdenkens, das die hinter den Tatsachen stehenden Wesenheiten erfassen und jene aus diesen ableiten will, *sozial*wissenschaftliches Erklären *qua* Verstehen in Psychologie und Pädagogik *im* und *durch den* "Zusammenhang der dynamischen Tatsachen selbst" (*Lewin* 1969, 98) gewährleistet ist.

Mit einem Rekurs auf Feldtheorie würde sich also eine dreifache Möglichkeit bieten, die interdisziplinäre Grundlagenreflexion der Heilpädagogik weiterzuführen:

1. Feldtheoretische Überlegungen können zu einer präzisierend-korrigierenden Auseinandersetzung mit der heute in der Heil-/Sonderpädagogik so häufig (und zumindest in praktisch-therapeutischen Zusammenhängen wohl oft auch oberflächlich) rezipierten Systemtheorie beitragen, dem nahezu inflationären sprachlichen Umgang mit "System", "systemisch" oder "ökologisch" gegensteuern und eine (anscheinend vergessene) wissenschaftshistorische Wurzel dieses Sprachgebrauchs aufzeigen. In der Feldtheorie können die verschiedenen ökologisch und systemisch argumentierenden Studien nochmals in einer übergreifenden metatheoretischen Perspektive integriert werden. Während die moderne (biologische oder soziologische) Systemtheorie - trotz manch positiver Aspekte und Effekte in der sozialen Praxis (Sozialpsychiatrie, Familientherapie) - mit ihrem 'über-subjektiven' Standpunkt nicht das trifft, was praktische Intersubjektivität ausmacht und zudem das Subjekt zu eskamotieren droht (vgl. *Habermas* 1985a), ohne das eine Pädagogik keine mehr wäre, bleibt das Subjekt im Mittelpunkt feldtheoretischen Interesses.
2. Es erscheint zudem möglich, diese Perspektive gleichzeitig an den kritisch-anthropologischen Diskurs anzuschließen. »Feld« kann in einem sozialphilosophischen Sinne gedeutet bzw. auf philosophischer Ebene angewendet werden, wie wir bei *Plessner* bereits in Ansätzen aufzeigen konnten (s. Kap. 1.4). Position, Grenze, Zentrik und Exzentrik sind durchaus geometrische und damit feldtheoretische Metaphern, die wir auch auf heilpädagogische Arbeitszusammenhänge anwenden können (heilpädagogisches Feld). Auch Konzepte und Phänomene rund um die Fragen von Differenz und Intersubjektivität - "Mitwelt" (*Plessner*; *Moor*), "Person" und "Intersubjektivität"

---

4 *Wembers* (1992) diesbezüglicher Versuch läuft dagegen eher auf eine etwas 'gewaltsame' Integration (Subsumtion) der Hermeneutik in (unter) die empirisch-analytische Wissenschaft hinaus.

(*Mead; Joas*) -, zwischen denen sich vielerlei Analogien feststellen lassen, lassen sich als "Feld" reformulieren und in die deskriptiv-empirische Dimension des Person-Umwelt-Bezugs transformieren.
Solche Brücken zu schlagen zwischen der philosophisch-anthropologischen und der psychologisch-pädagogischen Ebene und mittels der Metapher "Feld" zu erläutern, bleibt jedoch künftigen Studien vorbehalten.

3. Eine dritte und vorerst letzte Aufgabe kritisch-heilpädagogischer Forschung könnte sein, sozialpsychologische Feldtheorie und kritische Erziehungswissenschaft zu verknüpfen und das »(heil)pädagogische Feld« als Konstellation resp. kritische Grundkategorie zu etablieren, die auch an *Mollenhauer*s (1976) Strukturanalyse des pädagogischen Feldes anknüpfen kann. Dafür sind nicht in erster Linie die materialen Arbeiten *Lewins* zu Fragen der Erziehung oder der pädagogischen Psychologie (KLW 6) ausschlaggebend[5], sondern die generelle Einbeziehung einer »öko(psycho)logischen Perspektive« für die (Heil)Pädagogik.

Der Rekurs auf den Feld-Begriff und der Versuch einer solchen Konstellationsbildung von Wissenschaftstheorie, Sozialpsychologie, Anthropologiekritik und Heilpädagogik ist zwar nicht unproblematisch, denn 'das pädagogische Feld' wird einerseits in der pädagogischen Literatur (wenn überhaupt) eher umgangssprachlich und nur sehr unspezifisch verwendet (meist als pauschale Bezeichnung für alle Arten von Erziehungs-Institutionen); andererseits wurde der 'Feld'-Begriff in den 50er Jahren von *Winnefeld* (1967) im Kontext pädagogischer Psychologie zwar ganz explizit in der Nachfolge *Lewins*, aber eingeschränkt auf empirische Unterrichtsforschung verwendet, und er ist in der akademischen Psychologie der Gegenwart leider kaum noch maßgeblich, sondern stellt meist eine implizite Reminiszenz dar (vgl. *Graumann* 1982; *Herrmann* 1987). Es gibt aber - außer den bereits genannten - einige weitere gute Gründe, die Feldtheorie hier ins Spiel zu bringen und das pädagogische Feld in einem spezifisch kritischen, nicht (nur) institutionellen Sinne zu reformulieren:

- Geht man davon aus, daß für eine sozialwissenschaftliche Heilpädagogik Psychologie (insbesondere Entwicklungs- und Sozialpsychologie) wesentliche Grundlagen bereitstellt, eine wichtige 'Hilfswissenschaft' ist und bleibt, so ist die feldtheoretische Sozial-, Öko-, Persönlichkeits- und Entwicklungspsychologie *Lewin*s als eine solche Hilfswissenschaft besonders geeignet. Denn

---

5 Also auch nicht, daß *Lewin* mit seiner "Dynamischen Theorie des Schwachsinnigen" (1933) das älteste theoretisch-psychologische Konzept zur geistigen oder Lernbehinderung vorgelegt hat. Obwohl auch dies nach wie vor wichtige Anregungen geben kann; vgl. dazu *Jakobs* (1987a); *Speck* (1980, 93ff.; 1993, 104f.).

Feldtheorie grenzt sich eindeutig vom Behaviorismus und ähnlichen Maschinenmodellen des Menschen wie von psychodiagnostischen Engführungen und Stigmatisierungen ab.

- Sowohl individuelle wie soziale Phänomene, die subjektive (intrapsychische) wie die intersubjektive (interpersonelle) Dimension lassen sich feldtheoretisch beschreiben und analysieren.
- Feldtheorie ist nicht vorrangig ätiologisch orientiert und sucht nicht nach Kausalgesetzmäßigkeiten, wo sie wenig passend erscheinen - nämlich im Bereich von Subjektivität und Intersubjektivität.
- Feldtheorie ist stärker am Einzelfall interessiert und orientiert als an statistischen Gruppenvergleichen, begrifflichen Klassifizierungen und Verallgemeinerungen. Ihr Ziel und Anspruch ist es gerade, die Gesetzmäßigkeit des einzelnen individuellen 'Falles' zu erfassen und zu beschreiben.[6] Erkenntnisfortschritt bedeutet nicht Absehen von einzelnem. Im Gegensatz zur Methode der "abstrahierenden Klassifikation", die individuelle Besonderheiten der Situation vernachlässigt, werden im *Annäherungsverfahren* nicht immer neue Einzeltatsachen aufaddiert, sondern die Grundstrukturen der jeweiligen Ausgangssituation schrittweise immer weiter spezifiziert und differenziert (*Lewin* 1969, 39).
- So könnte es mit Hilfe einer feldtheoretischen Betrachtung möglich werden, die Fülle verschiedenster Phänomene des pädagogischen Alltags - wie Lernen, Frustration, Aggression, pädagogische Atmosphäre, aber auch Verhaltensauffälligkeit und Behinderung etc. - statt auf den anthropologischen Begriff zu bringen, mittels weniger und möglichst eindeutiger wissenschaftlicher Konstrukte zu erläutern. *Lewin* hat ein Repertoire solcher Grundbegriffe definiert (KLW 4, 81ff.), das einen Beitrag zu einer interdisziplinären und mikrologischen Methodologie darstellt, den wiederzuentdecken sich lohnt.

---

6 Die vollständige Erfassung und Darstellung jedes Einzelfalles ist natürlich eine 'unendliche' Aufgabe, ein Idealziel, dessen Erfüllung die Kenntnis aller (psychologischen und sozialen) 'Gesetze' bereits voraussetzen würde - und das i.S. der impliziten Ethik der negativen Dialektik *Adorno*s gar nie erreicht werden dürfte (Schutz des Nicht-Identischen). Aber auch *Lewin*s Programm steht gegen eine solche vollständige Identität und Klassifikation.

Verzeichnis der verwendeten Abkürzungen und der Siglen häufig zitierter Werke:

a.a.O.	= am angegebenen Ort
Bd.	= Band
bzw.	= beziehungsweise
BHP	= (Zeitschrift) 'Behindertenpädagogik'
DA	= Horkheimer/Adorno (1947): Dialektik der Aufklärung
Ebd.	= Ebenda
et al.	= et alii
FCH	= Plessner (1976): Die Frage nach der Conditio humana
GA	= Gesamtausgabe
Ges.Schr.	= Gesammelte Schriften
GW	= Gesammelte Werke
Hdb.	= Handbuch
Hervorh. i.Orig.	= Hervorhebung im Original
Hrsg.	= Herausgeber
i.S.	= im Sinne
Kap.	= Kapitel (der vorliegenden Arbeit in Querverweisen)
KLW	= Kurt-Lewin-Werkausgabe
KWA	= Kant-Werkausgabe
m.a.W.	= mit anderer Wendung / mit anderen Worten
ND	= Adorno (1966): Negative Dialektik
PhT I / II	= Adorno: Philosophische Terminologie Bd. I u. II
resp.	= respektive
sog.	= sogenannte/r
u.a.	= und andere / unter anderem
u.E.	= unseres Erachtens
u.ö.	= und öfter(s)
v.a.	= vor allem
VHN	= Vierteljahresschrift für Heilpädagogik und ihre Nachbargebiete
vgl.	= vergleiche
vs.	= versus
ZA	= Zürcher Ausgabe der Werke Arthur Schopenhauers
z.B.	= zum Beispiel
z.T.	= zum Teil
Z.f.Päd.	= Zeitschrift für Pädagogik
Z.Heilpäd.	= Zeitschrift für Heilpädagogik
zit.n.	= zitiert nach

Verzeichnis der Abbildungen:

Literaturverzeichnis

A

Ackermann, K.-E.: Anthropologische Überlegungen einer Pädagogik für schwer geistig behinderte Menschen. Unveröff. Vortragsmanuskript Köln 1995 [mit freundlicher Genehmigung des Autors].

Adorno, Th. W.: Jargon der Eigentlichkeit. Zur deutschen Ideologie. Frankfurt/M. 1964.

-ders.: Stichworte. Kritische Modelle 2. Frankfurt/M. 1969.

-ders.: Erziehung zur Mündigkeit. Vorträge und Gespräche. Frankfurt/M. 1971.

-ders.: Kulturkritik und Gesellschaft I [Prismen. Ohne Leitbild] & II [Eingriffe. Stichworte]. Ges.Schr. 10. Frankfurt/M. 1977.

-ders.: Zum Verhältnis von Soziologie und Psychologie. In: Soziologische Schriften I. Frankfurt/M. 1979, 42-85 (a).

-ders.: Theorie der Halbbildung. In: Soziologische Schriften I. Frankfurt/M. 1979, 93-121 (b).

-ders. (1951): Minima Moralia. Reflexionen aus dem beschädigten Leben. Frankfurt/M. 1980 (a).

-ders. (1966): Negative Dialektik. Frankfurt/M. [2]1980 (b).

-ders.: Philosophische Frühschriften. Ges.Schr. 1. Frankfurt/M. [2]1990 (a).

-ders.: Metakritik der Erkenntnistheorie. Drei Studien zu Hegel. Ges.Schr. 5. Frankfurt/M. [3]1990 (b).

-ders.: Philosophische Terminologie [Vorlesungen]. Bd. 1. Frankfurt/M. [7]1992 (a).

-ders.: Philosophische Terminologie [Vorlesungen]. Bd. 2. Frankfurt/M. [6]1992 (b).

-ders. et al.: Der Positivismusstreit in der deutschen Soziologie. Darmstadt/Neuwied [8]1980.

Adorno, Th. W.; Bloch, E.: "Etwas fehlt..." Über die Widersprüche der utopischen Sehnsucht. Ein Rundfunkgespräch (1964). In: *Bloch, E.*: Tendenz-Latenz-Utopie. Frankfurt/M. 1985, 350-368.

Adorno-Konferenz 1983. Hrsg. v. *L. von Friedeburg & J. Habermas*. Frankfurt/M. 1983.

Albert, H.: Traktat über kritische Vernunft. Tübingen [4]1980.

Anstötz, C.: Ethik und Behinderung. Ein Beitrag zur Ethik der Sonderpädagogik aus empirisch-rationaler Perspektive. Berlin 1990.

Antor, G.: Lebenswelt - ein neuer Begriff und seine Bedeutung in der Sonderpädagogik. In: VHN 58 (1989) 3, 243-254.
-ders.: Die Förderung schwerstbehinderter Menschen. Ethische und pädagogische Fragen. In: Z.Heilpäd. 42 (1991) 4, 217-229 (a).
-ders.: Ethische Fragen in der pädagogischen Förderung schwerstbehinderter Menschen. In: Hdb. der Sonderpädagogik Bd. 12: Pädagogik bei schwerster Behinderung. Hrsg.v. *A. Fröhlich*. Berlin 1991, 70-88 (b).
Antor, G.; Bleidick, U.: Recht auf Leben - Recht auf Bildung. Aktuelle Fragen der Behindertenpädagogik. (Mit Beiträgen von *U. Haeberlin, R. Seifert, O. Speck und A. Stracke-Mertens*). Heidelberg 1995.
Apel, K.-O.: Szientistik, Hermeneutik, Ideologiekritik. Entwurf einer Wissenschaftslehre in erkenntnisanthropologischer Sicht. In: ders.: Transformation der Philosophie. Bd. 2. Frankfurt/M. 1976, 96-127 (a).
-ders.: Das Apriori der Kommunikationsgemeinschaft. In: ders.: Transformation der Philosophie. Bd. 2. Frankfurt/M. 1976, 358-435 (b).
-ders.: Kann der postkantische Standpunkt der Moralität noch einmal in substantielle Sittlichkeit »aufgehoben« werden? Das geschichtsbezogene Anwendungsproblem der Diskursethik zwischen Utopie und Regression. In: *Kuhlmann* 1986, 217-264.
-ders.: Diskurs und Verantwortung. Das Problem des Übergangs zur postkonventionellen Moral. Frankfurt/M. 1988.
Apel, K.-O.; Kettner, M. (Hrsg.): Zur Anwendung der Diskursethik in Politik, Recht und Wissenschaft. Frankfurt/M. 1992.
Asemissen, H.U.: H. Plessner: Die exzentrische Position des Menschen. In: *Speck, J.* 1981, 146-180.

B

Bach, H.: Pädagogische Aufgabenstellung. In: Hdb. der Sonderpädagogik Bd. 5: Geistigbehindertenpädagogik. Hrsg. v. *H. Bach*. Berlin 1979, 19-31.
-ders.: Geistigbehindertenpädagogik. Berlin [11]1984.
-ders.: Grundbegriffe der Behindertenpädagogik. In: Hdb. der Sonderpädagogik Bd. 1: Theorie der Behindertenpädagogik. Hrsg. v. *U. Bleidick*. Berlin 1985, 3-24.
Bächtold, A.: Soziale Kontrolle gegenüber behinderten Jugendlichen im Zusammenhang mit sozio-kulturellen Orientierungen und gesellschaftlichem Wandel. In: ders. et al. (Hrsg.): Sonderpädagogik: Handlung - Forschung - Wissenschaft. Festschrift für G. Heese. Berlin 1986, 228-246.
-ders.: Probleme der lebensweltlichen Daseinsgestaltung geistigbehinderter Menschen. In: *Haltiner, R.; Egli, J.* (Hrsg.): Dezentrale Betreuung von

Menschen mit geistiger Behinderung. Eine Alternative zur Anstalt. Luzern 1994, 29-38.

Benhabib, Seyla: Kritik, Norm und Utopie. Die normativen Grundlagen der Kritischen Theorie. Frankfurt/M. 1992.

Benjamin, W.: Berliner Kindheit um neunzehnhundert (Fassung letzter Hand). Frankfurt/M. 1987.

-ders.: Erkenntniskritische Vorrede (zum Ursprung des deutschen Trauerspiels). In: ders.: Sprache und Geschichte. Philosophische Essays. Stuttgart 1992, 65-90.

Bernfeld, S. (1925): Sisyphos oder die Grenzen der Erziehung. Frankfurt/M. ^{4}1981

Bettelheim, B.: Liebe allein genügt nicht. Die Erziehung emotional gestörter Kinder. Stuttgart ^{4}1983.

-ders.: Der Weg aus dem Labyrinth. Leben lernen als Therapie. München 1989.

Bierhoff, H.W.: Hilfreiches Verhalten. Soziale Einflüsse und pädagogische Implikationen. Darmstadt 1980.

Birnbacher, D.; Hoerster, N. (Hrsg.): Texte zur Ethik. München ^{2}1978.

Blass, J.L.: Modelle pädagogischer Theoriebildung I: Von Kant bis Marx. Stuttgart 1978 (a).

-ders.: Modelle pädagogischer Theoriebildung II: Pädagogik zwischen Ideologie und Wissenschaft. Stuttgart 1978 (b).

Bleidick, U. (1972): Pädagogik der Behinderten. Berlin ^{5}1984.

-ders. (Hrsg.): Theorie der Behindertenpädagogik. Hdb. der Sonderpädagogik Bd. 1. Berlin 1985.

-ders.: Wissenschaftssystematik der Behindertenpädagogik. In: Hdb. der Sonderpädagogik Bd. 1. Berlin 1985, 48-86 (a).

-ders.: Historische Theorien: Heilpädagogik, Sonderpädagogik, Pädagogik der Behinderten. In: Hdb. der Sonderpädagogik Bd. 1. Berlin 1985, 253-272 (b).

-ders.: Die Förderung Schwerstbehinderter durch Arbeit. In: Z.Heilpäd. 37 (1986) 12, 880-891.

-ders.: Ethos, Caritas, System oder der Versuch, pädagogische Hilfe für Behinderte auf einen kategorialen Begriff zu bringen. In: *Blickenstorfer* et al. 1988, 61-79 (a).

-ders.: Heilpädagogik, Ökologie, System. Kritische Rezension zu: Otto Speck: System Heilpädagogik. In: Z.Heilpäd. 39 (1988) 12, 827-840 (b).

-ders.: Die Behinderung im Menschenbild und hinderliche Menschenbilder in der Erziehung von Behinderten. In: Z.Heilpäd. 41 (1990) 8, 514-534.

-ders.: Zur Legitimation von stellvertretenden Advokaten - oder: unerwünschte Meßkriterien für eine Selektion von Nicht-Personen - Stellungnahme zum Artikel von Micha Brumlik in 4/1991. In: Sonderpädagogik 22 (1992) 2, 90-96.

Blickenstorfer, J. et al. (Hrsg.): Ethik in der Sonderpädagogik. Festschrift für Heinz Bach zum 65. Geburtstag. Berlin 1988.

Böckle, F.: Fundamentalmoral. München 1977.

Bollnow, O.F.: Die philosophische Anthropologie und ihre methodischen Prinzipien. In: *Rocek; Schatz* 1972, 19-36.

-ders. (1965): Die anthropologische Betrachtungsweise in der Pädagogik. Essen ³1975.

-ders.: Methodische Prinzipien der pädagogischen Anthropologie. In: *Höltershinken* 1976, 247-251.

-ders. (1941): Das Wesen der Stimmungen. Frankfurt/M. ⁶1980 (a).

-ders.: Die anthropologische Betrachtungsweise in der Pädagogik. In: *König; Ramsenthaler* 1980, 36-54 (b).

-ders.: Anthropologische Pädagogik. Bern 1983.

Bonfranchi, R.: Ethik und Behinderung. In: BHP 31 (1992) 1, 41-51.

Bonß, W.; Honneth, A. (Hrsg.): Sozialforschung als Kritik. Zum sozialwissenschaftlichen Potential der Kritischen Theorie. Frankfurt/M. 1982.

Braun, W.: Pädagogische Anthropologie im Widerstreit. Bad Heilbrunn 1989.

Brezinka, W.: Über Erziehungsbegriffe. Eine kritische Analyse und ein Explikationsvorschlag. In: Z.f.Päd. 17 (1971) 5, 567-615.

-ders.: Metatheorie der Erziehung. Eine Einführung in die Grundlagen der Erziehungswissenschaft, der Philosophie der Erziehung und der Praktischen Pädagogik. München/Basel 1978.

Bronfenbrenner, U.: Die Ökologie der menschlichen Entwicklung. Stuttgart 1981.

Brumlik, M.: Advokatorische Ethik. In: Sonderpädagogik 21 (1991) 4, 188-198.

-ders.: Advokatorische Ethik. Zur Legitimation pädagogischer Eingriffe. Bielefeld 1992 (a).

-ders.: Warum nicht sein darf, was doch so ist. Eine Antwort auf Ulrich Bleidick. In: Sonderpädagogik 22 (1992) 2, 98 f. (b).

Brumlik, M.; Brunkhorst, H. (Hrsg.): Gemeinschaft und Gerechtigkeit. Frankfurt/M. 1993.

Brunkhorst, H.: Systemtheorie. In: *Lenzen* 1989, 1480-1509.

Buber, M.: Das dialogische Prinzip. Heidelberg ⁴1979.

Bürli, A. (Hrsg.): Sonderpädagogische Theoriebildung - Vergleichende Sonderpädagogik. Referate der 13. Arbeitstagung der Dozenten für Sonderpädagogik in deutschsprachigen Ländern in Zürich. Luzern 1977.

Buytendijk, F.J.J.: Prolegomena einer anthropologischen Physiologie. Salzburg 1967.

C - E

Claussen, B.; Scarbath, H. (Hrsg.): Konzepte einer kritischen Erziehungswissenschaft. Einführende Texte. München 1979.

Cortina, Adela: Ethik ohne Moral. Grenzen einer postkantischen Prinzipienethik? In: *Apel; Kettner* 1992, 278-295.

Dahmer, H.: Libido und Gesellschaft. Studien über Freud und die Freudsche Linke. Frankfurt/M. 1982.

Demmerling, C.: Sprache und Verdinglichung. Wittgenstein, Adorno und das Projekt einer kritischen Theorie. Frankfurt/M. 1994.

Derbolav, J.: "Pädagogische Anthropologie" als Theorie der individuellen Selbstverwirklichung. In: *König; Ramsenthaler* 1980, 55-69.

Dilthey, W. (1910): Der Aufbau der geschichtlichen Welt in den Geisteswissenschaften. Frankfurt/M. 1981.

Dörner, K.: Tödliches Mitleid. Gütersloh ^{2}1989.

Dorsch, F. et al. (Hrsg.): Psychologisches Wörterbuch. Bern ^{11}1987

Dreher, W.: Überlegungen im Vorfeld einer sonderpädagogischen Theoriebildung der Erziehung schwer geistigbehinderter Menschen. In: *Hofmann, Th.* (Hrsg.): Beiträge zur Geistigbehindertenpädagogik. Rheinstetten 1979, 198-212.

-ders.: Anthropologische Fragmente zu einer Pädagogik, der es um sog. schwer geistigbehinderte Menschen geht - Bemerkungen über Probleme ihrer kommunikativen Kompetenz. In: Forschungsgemeinschaft 'Das körperbehinderte Kind' (Hrsg.): Entwicklung und Förderung Körperbehinderter. Heidelberg 1986, 157-168.

-ders.: Das anthropogenetische Modell A.Auersperg´s und seine Bedeutung für die Geistigbehindertenpädagogik - eine Problemskizze. In: ders. (Hrsg.): Geistigbehindertenpädagogik - vom Menschen aus. Festschrift für Th. Hofmann. Gütersloh 1990, 100-109.

-ders.: Anthropologische Fragen angesichts schwerster Behinderung. In: Hdb. der Sonderpädagogik Bd. 12: Pädagogik bei schwerster Behinderung. Hrsg. v. *A. Fröhlich*. Berlin 1991, 60-69.

Erikson, E.H.: Identität und Lebenszyklus. Drei Aufsätze. Frankfurt/M. ^{4}1977.

F

Feuser, G.: Vom Weltbild zum Menschenbild. Aspekte eines neuen Verständnisses von Behinderung und einer Ethik wider die "Neue Euthanasie". In: *Merz; Frei* 1994, 93-174.

Fischer, D.: Menschenbilder in der Arbeit mit (geistig) Behinderten. Versuch einer kritischen Standortbestimmung. In: Geistige Behinderung 28 (1989) 4, 267-284.

Flitner, A. (Hrsg.): Wege zur pädagogischen Anthropologie. Heidelberg 1963.

Fornefeld, Barbara: Elementare Beziehung und Selbstverwirklichung geistig Schwerstbehinderter in sozialer Integration. Reflexionen im Vorfeld einer leiborientierten Pädagogik. Aachen 1989, ^{2}1991.

Freud, S.: Psychologie des Unbewußten. Studienausgabe Bd. III. Frankfurt/M. 1989 (a).

-ders. (1930): Das Unbehagen in der Kultur. In: Studienausgabe Bd. IX. Frankfurt/M. 1989, 191-270 (b).

-ders.: Schriften zur Behandlungstechnik. Studienausgabe Ergänzungsband. Frankfurt/ M. ^{3}1989 (c).

Fröhlich, A.: Basale Stimulation. Düsseldorf ^{5}1991.

Fromm, E.: Gesamtausgabe in 10 Bänden (GA I - X). Stuttgart 1980/1981.

-ders.: Anatomie der menschlichen Destruktivität. Stuttgart 1974.

-ders. (1947): Psychoanalyse und Ethik. Frankfurt/M. 1978 (a).

-ders.: Analytische Sozialpsychologie und Gesellschaftstheorie. Frankfurt/M. ^{5}1978 (b).

-ders.: Das Menschenbild bei Marx. Berlin 1985.

Furrer, H.: Annäherungen an einen Behinderungsbegriff des kommunikativen Handelns. Diss. Universität Zürich 1986.

-ders.: Behinderte Bildung oder Bildung für Behinderte. Ein Essay über Sonder-Andragogik aus der Sicht der kritischen Theorie. In: Erwachsenenbildung und Behinderung 1 (1990) 1, 8-13.

-ders.: Von der Integration zum Recht auf Verschiedenheit. In: *Merz; Frei* 1994, 67-91.

G

Gaedt, C.: Grenzen der Normalisierung. In: *Wacker, Elisabeth; Neumann, J.* (Hrsg.): Geistige Behinderung und soziales Leben. Frankfurt/New York 1985, 128-143.

Gebauer, G. et al. (Hrsg.): Historische Anthropologie. Zum Problem der Humanwissenschaften heute oder Versuche einer Neubegründung. Reinbek b. Hamburg 1989.

Gehlen, A.: Studienausgabe der Hauptwerke [Der Mensch 1940. Urmensch und Spätkultur 1956. Moral und Hypermoral 1969]. Wiesbaden 1986 (a-c).
-ders.: Anthropologische Forschung. Zur Selbstbegegnung und Selbstentdekkung des Menschen. Reinbek b. Hamburg [13]1977.
Georgens, D.J.; Deinhardt, H.M. (1861): Die Heilpädagogik mit besonderer Berücksichtigung der Idiotie und der Idiotenanstalten. Bd. 1. Gießen 1979.
Gerner, B.: Einführung in die Pädagogische Anthropologie. Darmstadt 1974.
Gerspach, M.: Kritische Heilpädagogik. Überlegungen zu einer Neuorientierung aus psychoanalytischer Sicht. Frankfurt/M. 1981.
Gilligan, Carol: Die andere Stimme. Lebenskonflikte und Moral der Frau. München 1988.
Goffman, E.: Asyle. Über die soziale Situation psychiatrischer Patienten und anderer Insassen. Frankfurt/M. 1973.
Graumann, C.-F.: Zur Einführung. In: KLW 4 [Feldtheorie] 1982, 11-37.
Gripp, Helga: Theodor W. Adorno. Erkenntnisdimensionen negativer Dialektik. Paderborn 1986.
Gröschke, D.: Praktische Ethik der Heilpädagogik. Individual- und sozialethische Reflexionen zu Grundfragen der Behindertenhilfe. Bad Heilbrunn 1993.
-ders.-: Zur Aktualität der Sozialphilosophie für die Heilpädagogik - Ein Beitrag zur sozialethischen Reflexion in der Behindertenhilfe. In: VHN 64 (1995) 4, 406-414.
Guzzoni, Ute: Identität oder nicht. Zur Kritischen Theorie der Ontologie. Freiburg/München 1981.

H

Habermas, J.: Erkenntnis und Interesse (Antrittsvorlesung 1965). In: ders.: Technik und Wissenschaft als ›Ideologie‹. Frankfurt/M. 1969.
-ders.: Wahrheitstheorien. In: Wirklichkeit und Reflexion. Festschrift W. Schulz. Hrsg. v. *H. Fahrenbach*. Pfullingen 1973, 211-265.
-ders.: Erkenntnis und Interesse. Frankfurt/M. 1968, [3]1975.
-ders.: Moralentwicklung und Ich-Identität. In: ders.: Zur Rekonstruktion des Historischen Materialismus. Frankfurt/M. 1976.
-ders.: Philosophische Anthropologie (Ein Lexikonartikel. 1958). In: ders.: Kultur und Kritik. Verstreute Aufsätze. Frankfurt/M. [2]1977, 89-111 (a).
-ders.: Aus einem Brief an Helmuth Plessner 1972. In: ders.: Kultur und Kritik. Verstreute Aufsätze. Frankfurt/M. [2]1977, 232-235 (b).
-ders.: Zur Logik der Sozialwissenschaften. Frankfurt/M. 1982.

-ders.: Der philosophische Diskurs der Moderne. Zwölf Vorlesungen. Frankfurt/M. 1985.
-ders.: Exkurs zu Luhmanns systemtheoretischer Aneignung der subjektphilosophischen Erbmasse. In: *Habermas* 1985, 426-445 (a).
-ders.: Nachwort. In: DA, Frankfurt/M. 1986 (a).
-ders.: Moralität und Sittlichkeit. Treffen Hegels Einwände gegen Kant auch auf die Diskursethik zu? In: *Kuhlmann* 1986, 16-37 (b).
-ders.: Philosophisch-politische Profile. Frankfurt/M. 1987.
-ders.: Theorie des kommunikativen Handelns. 2 Bde. Frankfurt/M. 1988 (a).
-ders.: Moralbewußtsein und kommunikatives Handeln. Frankfurt/M. 1988 (b).
-ders.: Nachmetaphysisches Denken. Philosophische Aufsätze. Frankfurt/M. 1988 (c).
Haeberlin, U.: Wissenschaftstheoretische Wende in der Heilpädagogik. In: VHN 49 (1980) 1, 2-14 (a).
-ders.: Subjekt oder gesellschaftliches Objekt? Eine pädagogisch-anthropologische Alternative zum radikalen Utopismus marxistischer Theorie. In: Pädagogische Rundschau 34 (1980), 553-374 (b).
-ders.: Der Mensch in der Heilpädagogik. In: VHN 50 (1981) 1, 33-42.
-ders.: Durch äußeren Zwang zur inneren Freiheit? In: VHN 52 (1983) 1, 1-11.
-ders.: Das Menschenbild für die Heilpädagogik. Bern 1985.
-ders.: Allgemeine Heilpädagogik. Bern 21988 (a).
-ders.: Zielfindung und Sinngebung in der heilpädagogischen Arbeit. In: VHN 57 (1988) 1, 1-13 (b).
-ders.: Heilpädagogische Haltung. In: *Blickenstorfer* et al. 1988, 117-135 (c).
-ders.: Berufliche Rehabilitation und Instrumentalisierung der Werte. In: Z.Heilpäd. 39 (1988) 5, 289-299 (d).
-ders.: Heil- und Sonderpädagogik zwischen Realität und Utopie. In: Z.Heilpäd. 40 (1989) 2, 75-82 (a).
-ders.: Integration als pädagogische Vision und bürokratische Wirklichkeit - Gedanken zum integrationspädagogischen Perspektivenwechsel von der Integrationsfähigkeit des Kindes zur Integrationsfähigkeit der Schule. In: VHN 58 (1989) 3, 266-275 (b).
-ders.: Zur Legitimation der Hilfen für Behinderte aus der Sicht der Heil(Sonder–)pädagogik. In: *Thimm* et al. 1989, 30-37 (c).
-ders.: Werte und Normen bei Heinrich Hanselmann. In: Über Hanselmann nachdenken. Ein Kolloquium über das Werk Heinrich Hanselmanns im Zentenarjahr 1985. Beiträge-Diskussionen-Dokumente. Zusammengestellt v. *G. Heese, Barbara Jeltsch u. Anne-Marie Stoffel*. Institut für Sonderpädagogik der Universität Zürich 1990, 81-91 (a).

-ders.: Umwelt und Menschenwürde. Gedanken zur Bedrohung der Würde behinderter Menschen durch die Umwelt. In: Geistige Behinderung 29 (1990) 4, 322-329 (b).
-ders.: Menschenbild und Diagnostik - Eine begründete Bitte um Verzicht auf behindertenpädagogische Zuweisungsdiagnostik. In: VHN 59 (1990) 4, 411-418 (c).
-ders.: Wertgeleitete Integrationsforschung: dargestellt an einem Forschungsprojekt zur empirischen Evaluation von Maßnahmen zur Integration von Lernbehinderten in der Schweiz. In: Heilpäd.Forschung 17 (1991) 1, 34-42.
-ders.: Die Verantwortung der Heilpädagogik als Wissenschaft. In: Z.Heilpäd. 44 (1993) 3, 170-182 (a).
-ders.: Orientierung und Orientierungslosigkeit in der Heilpädagogik. In: VHN 62 (1993) 3, 277-287 (b).
-ders.: Handlungsforschung als methodologisches Problem. Von der Handlungsforschung zur wissenschaftsgeleiteten Beratung. In: WISTA. Expertenhearing 1993. Wohnen im Stadtteil für Erwachsene mit schwerer geistiger Behinderung. Hrsg. v. *Ute Fischer* et al. Reutlingen 1994, 55-77.
-ders.: Das Postulat der Ganzheitlichkeit bei Klassikern der Schweizer (Heil)Pädagogik. Rückbesinnung auf eine Grundgestalt (heil)pädagogischen Denkens. In: Schweizerische Zeitschr. f. Heilpädagogik 1 (1995) 1, 11-16 (a).
-ders.: Berufsethik für Heilpädagogen. In: *Antor; Bleidick* 1995, 116-153 (b).
-ders.: Heilpädagogik als wertgeleitete Wissenschaft. Ein propädeutisches Einführungsbuch in Grundfragen einer Pädagogik für Benachteiligte und Ausgegrenzte. Bern 1996.
Hagmann, Th.; Simmen, R. (Hrsg.): Systemisches Denken und die Heilpädagogik. Luzern 1990.
Hahn, M.: Behinderung als soziale Abhängigkeit. München/Basel 1981.
Hamann, B.: Pädagogische Anthropologie. Theorien - Modelle - Strukturen. Bad Heilbrunn ²1993.
Hanselmann, H.: Was ist Heilpädagogik? Antrittsvorlesung an der Universität Zürich 1932.
-ders.: Grundlinien zu einer Theorie der Sondererziehung (Heilpädagogik). Erlenbach-Zürich 1941.
-ders.: Einführung in die Heilpädagogik. Erlenbach-Zürich ⁹1976.
Hegel, G.W.F. (1807): Phänomenologie des Geistes. Werke 3. Frankfurt/M. 1986 (a).
-ders. (1830): Enzyklopädie der philosophischen Wissenschaften III. Werke 10. Frankfurt/M. 1986 (b).
Held, K.: Einleitung. In: *Husserl* I. 1985, 5-51.

-ders.: Einleitung. In: *Husserl* II. 1986, 5-53.
Herrmann, Th.: Mechanismen, Felder, Systeme. Zu *Wolfgang Köhler*s Stellung in der Psychologiegeschichte. In: Psychologische Rundschau 38 (1987) 4, 181-189.
Hesse, Heidrun: Vernunft und Selbstbehauptung. Kritische Theorie als Kritik der neuzeitlichen Rationalität. Frankfurt/M. ^{2}1986.
Hoerster, N.: Ethik und Moral (Einführung). In: *Birnbacher; Hoerster* 1978, 9-23
Hoffmeister, J. (Hrsg.): Wörterbuch der philosophischen Begriffe. Hamburg ^{2}1955.
Höffe, O.: Sittlich-politische Diskurse. Philosophische Grundlagen. Politische Ethik. Biomedizinische Ethik. Frankfurt/M. 1981.
-ders. (Hrsg.): Lexikon der Ethik. München ^{3}1986.
Höltershinken, D. (Hrsg.): Das Problem der Pädagogischen Anthropologie im deutschsprachigen Raum. Darmstadt 1976.
Honneth, A.: Diskursethik und implizites Gerechtigkeitskonzept. Eine Diskussionsbemerkung. In: *Kuhlmann* 1986, 183-193.
-ders.: Kampf um Anerkennung. Zur moralischen Grammatik sozialer Konflikte. Frankfurt/M. 1994.
Honneth, A.; Joas, H.: Soziales Handeln und menschliche Natur. Anthropologische Grundlagen der Sozialwissenschaften. Frankfurt/New York 1980.
Horkheimer, M.: Vorträge und Aufzeichnungen 1949-1973. Ges.Schr. Bd. 7. Frankfurt/M. 1985.
-ders.: Dämmerung. Notizen in Deutschland (1926-1931). In: Ges.Schr. Bd. 2. Frankfurt/M. 1987.
-ders. (1931): Die gegenwärtige Lage der Sozialphilosophie und die Aufgaben eines Instituts für Sozialforschung. In: Ges.Schr. Bd. 3. Frankfurt/M. 1988, 20-35.
-ders. (1932): Geschichte und Psychologie. In: Ges.Schr. Bd. 3. Frankfurt/M. 1988, 48-69 (a).
-ders. (1933): Materialismus und Moral. In: Ges.Schr. Bd. 3. Frankfurt/M. 1988, 111-149 (b)
-ders. (1935): Bemerkungen zur philosophischen Anthropologie. In: Ges.Schr. Bd. 3. Frankfurt/M. 1988, 249-276 (c).
-ders. (1936): Egoismus und Freiheitsbewegung. Zur Anthropologie des bürgerlichen Zeitalters. In: Ges.Schr. Bd. 4. Frankfurt/M. 1988, 9-88 (d)
-ders. (1937): Traditionelle und kritische Theorie. In: Ges.Schr. Bd. 4. Frankfurt/M. 1988, 162-225 (e).

-ders. (1947): Zur Kritik der instrumentellen Vernunft. In: Ges.Schr. Bd. 6, Frankfurt/M. 1991, 21-186.
Horkheimer, M.; Adorno, Th.W. (1947): Dialektik der Aufklärung. Philosophische Fragmente. Frankfurt/M.1969, [Sonderausgabe] 1986.
Husserl, E.: Die phänomenologische Methode. Ausgewählte Texte I. Stuttgart 1985.
-ders.: Phänomenologie der Lebenswelt. Ausgewählte Texte II. Stuttgart 1986.

I / J

Institut für Sozialforschung Frankfurt (1956): Soziologische Exkurse. Nach Vorträgen und Diskussionen. Hamburg 1991.
Israel, J.: Der Begriff der Entfremdung. Reinbek b. Hamburg 1977.
Jakobs, H.: Erwachsen-werden, Erwachsen-sein bei geistiger Behinderung. Philosophisch-anthropologische und psychologisch-pädagogische Vorüberlegungen. In: *Jakobs; König; Theunissen* 1987, 18-61 (a).
-ders.: Kategorien des Alltags. Zu Lebenssituation und 'Lebenszufriedenheit' Erwachsener mit geistigen Behinderungen. In: *Jakobs; König; Theunissen* 1987, 201-247 (b).
-ders.: »Ohne Leitbild« - oder: Heilpädagogik als Mikrologie? In: VHN 63 (1994) 3, 455-466.
-ders.; *Zovkic, M.*: Überlegungen zum Tätigsein geistigbehinderter Erwachsener - eine psychologische Propädeutik. In: *Jakobs; König; Theunissen* 1987, 316-336.
Jakobs, H.; König, A.; Theunissen, G. (Hrsg.): Lebensräume - Lebensperspektiven. Erwachsene mit geistiger Behinderung in der BRD. Frankfurt/M. 1987.
Jantzen, W.: Erkenntnis und Mystifikation der Realität. Ein wissenschaftstheoretischer Vergleich der Heilpädagogik Heinrich Hanselmanns mit der seiner vermeintlichen Nachfolger. In: *Bürli* 1977, 57-71.
-ders.: Behindertenpädagogik - Persönlichkeitstheorie - Therapie. Köln 1978.
-ders.: Geistig behinderte Menschen und gesellschaftliche Integration. Bern/Stuttgart/Wien 1980.
-ders.: Materialistische Theorie der Behindertenpädagogik. In: Hdb. der Sonderpädagogik Bd. 1. Hrsg. v. *U. Bleidick*. Berlin 1985, 322-342.
-ders.: Allgemeine Behindertenpädagogik. Bd. 1: Sozialwissenschaftliche und psychologische Grundlagen. Weinheim/Basel 1987.
-ders.: Allgemeine Behindertenpädagogik. Bd. 2: Neurowissenschaftliche Grundlagen. Weinheim/Basel 1990.

-ders.:"Praktische Ethik" als Verlust der Utopiefähigkeit. Anthropologische und naturphilosophische Argumente gegen Peter Singer. In: BHP 30 (1991) 1, 11-25.
-ders.: Das Ganze muß verändert werden. Zum Verhältnis von Behinderung, Ethik und Gewalt. Berlin o.J. [1994?].
-ders.: Bestandsaufnahme und Perspektiven der Sonderpädagogik als Wissenschaft. In: Z.Heilpäd. 46 (1995) 8, 368-377.
Jay, M.: Dialektische Phantasie. Die Geschichte der Frankfurter Schule und des Instituts für Sozialforschung. Frankfurt/M. 1987.
Joas, H. (Hrsg.): Das Problem der Intersubjektivität. Neuere Beiträge zum Werk George Herbert Meads. Frankfurt/M. 1985.
-ders.: Einleitung. In: *Mead, G.H.*: Gesammelte Aufsätze. Bd. 1. Hrsg. v. *H. Joas*. Frankfurt/M. 1987, 7-18.
-ders.: Praktische Intersubjektivität. Die Entwicklung des Werkes von G. H. Mead. Frankfurt/M. 1989.
Jonas, H.: Das Prinzip Verantwortung. Versuch einer Ethik für die technologische Zivilisation. Frankfurt/M. 1989.

K

Kamlah, W.: Philosophische Anthropologie. Sprachliche Grundlegung und Ethik. Mannheim/Wien/Zürich 1973.
Kamper, D.: Geschichte und menschliche Natur. Die Tragweite gegenwärtiger Anthropologiekritik. München 1973.
-ders.: Anthropologische Differenz und menschliche Identität. Tendenzen gegenwärtiger Anthropologie. In: Sachlichkeit - Festschrift zum achtzigsten Geburtstag von Helmuth Plessner. Hrsg. v. *G. Dux u. Th. Luckmann*. Opladen 1974, 55-68.
-ders.: Anthropologie. In: *Wulf* 1976, 23ff.
-ders.: Anthropologie, pädagogische. In: *Lenzen* 1989, 82-88
Kant, I.: Schriften zur Anthropologie, Geschichtsphilosophie, Politik und Pädagogik 1 & 2. KWA XI & XII. Frankfurt/M. 1977.
-ders.: Schriften zur Metaphysik und Logik 2. KWA VI. Frankfurt/M. ^{8}1991.
-ders.: Die Metaphysik der Sitten. KWA VIII. Frankfurt/M. ^{9}1991.
Keckeisen, W.: Kritische Erziehungswissenschaft. In: *Lenzen* 1989, 482-507.
Klafki, W.: Erziehungswissenschaft als kritisch-konstruktive Theorie. Hermeneutik - Empirie - Ideologiekritik. In: Z.f.Päd. 17 (1971) 3, 351-385.
Kleinbach, K.: Zur ethischen Begründung einer Praxis der Geistigbehindertenpädagogik. Bad Heilbrunn 1994.

Kobi, Emil E.: Modelle und Paradigmen in der heilpädagogischen Theoriebildung. In: *Bürli* 1977, 11 ff..
-ders.: Personorientierte Modelle der Heilpädagogik. In: Hdb. der Sonderpädagogik Bd. 1. Hrsg. v. *U. Bleidick*. Berlin 1985, 273-294.
-ders.: Heilpädagogische Daseinsgestaltung (Gesammelte Aufsätze). Luzern 1988.
-ders.: Reflexionen zur Conditio humana des schwerstbehinderten Menschen I. In: *Thimm* et al. 1989, 139-142.
Kobi, E.E.; Bürli, A.; Broch, E. (Hrsg.): Zum Verhältnis von Pädagogik und Sonderpädagogik. Referate der 20. Arbeitstagung der Dozenten für Sonderpädagogik in deutschsprachigen Ländern in Basel. Luzern 1984.
König, E.; Ramsenthaler, H. (Hrsg.): Diskussion Pädagogische Anthropologie. München 1980.
Krappmann, L.: Soziologische Dimensionen der Identität. Stuttgart ^{5}1978.
Kuhlmann, W. (Hrsg.): Moralität und Sittlichkeit. Das Problem Hegels und die Diskursethik. Frankfurt/M. 1986.
Kupffer, H.: Der Faschismus und das Menschenbild der deutschen Pädagogik. Frankfurt/M. 1984.

L

Langeveld, M.J.: Einführung in die theoretische Pädagogik. Stuttgart 1965.
Lassahn, R.: Pädagogische Anthropologie. Eine historische Einführung. Heidelberg 1983.
Lenzen, D. (Hrsg.): Pädagogische Grundbegriffe. Bd. 1 u. 2. Reinbek b. Hamburg 1989.
Lepenies, W.; Nolte, H.: Kritik der Anthropologie. Marx und Freud - Gehlen und Habermas - Über Aggression. München ^{2}1972.
Lewin, K.: Grundzüge der topologischen Psychologie. Bern 1969.
-ders.: Wissenschaftstheorie. KLW 1 & 2. Bern/Stuttgart 1981.
-ders.: Feldtheorie. KLW 4. Bern/Stuttgart 1982.
-ders.: Psychologie der Entwicklung und Erziehung. KLW 6. Bern/Stuttgart 1982.
Loch, W.: Der Mensch im Modus des Könnens. Anthropologische Fragen pädagogischen Denkens. In: *König; Ramsenthaler* 1980, 191-225.
Löwisch, D.-J.: Pädagogisches Heilen. Versuch einer erziehungsphilosophischen Grundlegung der Heilpädagogik. München 1969.
Lück, H. E.: Prosoziales Verhalten. Empirische Untersuchungen zur Hilfeleistung. Köln 1975.
Luhmann, N.: Sozialisation und Erziehung. In: *Rotthaus* 1987, 77-86.

M / N

Mall, W.: Basale Kommunikation - ein Weg zum andern. Zugang finden zu schwer geistig behinderten Menschen. In: Geistige Behinderung 23 (1984) 1 (Praxisteil).

Marcuse, H. (1957): Triebstruktur und Gesellschaft. Ein philosophischer Beitrag zu Sigmund Freud. Frankfurt/M. 1978 (a).

-ders.: Der eindimensionale Mensch. Studien zur Ideologie der fortgeschrittenen Industriegesellschaft. Neuwied/Berlin ^{11}1978 (b).

Marquard, O.: Schwierigkeiten mit der Geschichtsphilosophie. Aufsätze. Frankfurt/M. 1982.

Marx, K.: Das Kapital Bd. 1. Frankfurt/M. 1969.

Marx-Engels-Studienausgabe I - IV. Hrsg. v. *I. Fetscher*. Frankfurt/M. 1966.

Marx, W.: Ethos und Lebenswelt. Mitleidenkönnen als Maß. Hamburg 1986.

Matheis, A.: Ethik und Euthanasie. Diskursethische Kritik von Peter Singers Konzept Praktischer Ethik. In: *Apel; Kettner* 1992, 232-259.

Maturana, H.R.; Varela, F.J.: Der Baum der Erkenntnis. Die biologischen Wurzeln des menschlichen Erkennens. Bern/München/Wien ^{3}1987.

Mead, G.H. (1934): Geist, Identität und Gesellschaft. Frankfurt/M. 1973, ^{9}1993.

-ders.: Gesammelte Aufsätze. Bd.1. Hrsg. v. *H. Joas*. Frankfurt/M. 1987.

Meinberg, E.: Das Menschenbild der modernen Erziehungswissenschaft. Darmstadt 1988.

Merleau-Ponty, M.: Phänomenologie der Wahrnehmung. Berlin 1966.

Merz, H.-P.; Frei, E.X. (Hrsg.): Behinderung - verhindertes Menschenbild? Luzern 1994.

Möckel, A.: Muß sich Heilpädagogik neu legitimieren? In: BHP 31 (1992)1, 2-11.

Mollenhauer, K.: Erziehung und Emanzipation. München 1968.

-ders.: Theorien zum Erziehungsprozeß. München ^{3}1976.

Moor, P.: Heilpädagogik. Ein pädagogisches Lehrbuch. Bern 1965.

-ders.: Heilpädagogische Psychologie Bd.I. Bern ^{4}1974 (a)

-ders.: Heilpädagogische Psychologie Bd. II. Bern ^{3}1974 (b).

Mühl, H.: Notwendigkeit und Möglichkeit der Erziehung geistig behinderter Kinder. Bonn-Bad Godesberg 1969.

Niedecken, Dietmuth: Namenlos. Geistig Behinderte verstehen. München 1989.

O / P

Oser, F.; Althof, W.: Moralische Selbstbestimmung. Modelle der Entwicklung und Erziehung im Wertebereich. Stuttgart 1992.

Oser, F. et al.: Der Prozeß der Verantwortung. Berufsethische Entscheidungen von Lehrerinnen und Lehrern (Forschungsbericht). Universität Freiburg/ Schweiz 1991.

Pestalozzi, J.H. (1797): Meine Nachforschungen über den Gang der Natur in der Entwicklung des Menschengeschlechts. Bad Heilbrunn ^{3}1983.

Pfeffer, W.: Förderung schwer geistig Behinderter. Eine Grundlegung. Würzburg 1988.

Piaget, J.; Inhelder, Bärbel: Die Psychologie des Kindes. München 1986.

Piecha, D.; Zedler, P.: Die Erinnerung erziehen. Negative Dialektik und Erziehungswissenschaften. In: *Naeher, J.* (Hrsg.): Die Negative Dialektik Adornos. Opladen 1984, 330-358.

Pieper, Annemarie: Einführung in die Ethik. Tübingen 1991.

Plessner, H.: Diesseits der Utopie. Ausgewählte Beiträge zur Kultursoziologie. Düsseldorf 1966.

-ders.: Adornos Negative Dialektik. Thema mit Variationen. In: neue Sammlung 10 (1970) 3, 562-570.

-ders.: Homo absconditus. In: *Rocek; Schatz* 1972, 37-50 (a).

-ders.: Der Mensch als Lebewesen. In: *Rocek; Schatz* 1972, 51-64 (b).

-ders. (1928): Die Stufen des Organischen und der Mensch. Berlin/New York ^{3}1975.

-ders.: Die Frage nach der Conditio humana. Aufsätze zur philosophischen Anthropologie. Frankfurt/M. 1976.

-ders. (1924): Die Grenzen der Gemeinschaft. Eine Kritik des sozialen Radikalismus. In: Ges.Schr. Bd. V. Frankfurt/M. 1981 (a)

-ders. (1930): Macht und menschliche Natur. Ein Versuch zur Anthropologie der geschichtlichen Weltansicht. In: Ges.Schr. Bd. V. Frankfurt/M. 1981 (b).

-ders.: Mit anderen Augen. Aspekte einer philosophischen Anthropologie. Stuttgart 1982.

Plessner, Monika: Die Argonauten auf Long Island. Begegnungen mit Hannah Arendt, Theodor W. Adorno, Gershom Scholem u.a. Berlin 1995.

Plöger, W.: Phänomenologie und ihre Bedeutung für die Pädagogik. München/ Paderborn 1986.

Pongratz, L.: Lehrbuch der klinischen Psychologie. Göttingen 1975.

Portmann, A.: Zoologie und das neue Bild des Menschen. Biologische Fragmente zu einer Lehre vom Menschen. Reinbek b. Hamburg 1956.

R

Reese-Schäfer, W.: Karl-Otto Apel zur Einführung. Hamburg 1990.

Rehberg, K.-S.: Die Theorie der Intersubjektivität als eine Lehre vom Menschen. In: *Joas* 1985, 60-92.

-ders.: Arnold Gehlens Beitrag zur "Philosophischen Anthropologie". Einleitung in die Studienausgabe seiner Hauptwerke. In: *Gehlen, A.*: Der Mensch. Wiesbaden 1986, I-XVII.

Reijen, W. van: Adorno zur Einführung. Hamburg [4]1990.

Rocek, R.; Schatz, O. (Hrsg.): Philosophische Anthropologie heute. München 1972.

Rödler, P.: Menschen, lebenslang auf Hilfe anderer angewiesen. Grundlagen einer allgemeinen basalen Pädagogik. Frankfurt/M. 1993.

-ders.: Nichtsprechend und doch in der Sprache - Zum pädagogischen Handeln mit schwerstbehinderten Menschen. In: Z.Heilpäd. 45 (1994) 4, 231-238 (a).

-ders.: Im Zentrum des Menschlichen - Ethische Überlegungen zur Arbeit mit 'schwerstbehinderten' Menschen. In: *Baudisch, W.; Schmetz, D.* (Hrsg.): Geistige Behinderung und Wege zur differenzierten Förderung. Frankfurt/ M. 1994, 114-128 (b).

Rombach, H.: Philosophischer Ansatz zum Erziehungsgeschehen. Rekonstitutionsphilosophie und Strukturpädagogik. In: ders. (Hrsg.): Die Frage nach dem Menschen. Festschrift für Max Müller. Freiburg/München 1966, 261-283.

Roth, H.: Die realistische Wendung in der pädagogischen Forschung. In: neue Sammlung 2 (1962), 481-490.

-ders.: Pädagogische Anthropologie. Bd. I: Bildsamkeit und Bestimmung. Hannover [4]1976 (a).

-ders.: Pädagogische Anthropologie. Bd. II: Entwicklung und Erziehung. Hannover [2]1976 (b).

Rotthaus, W. (Hrsg.): Erziehung und Therapie in systemischer Sicht. Dortmund 1987.

SCH

Scheler, M.: Die Wissensformen und die Gesellschaft. GW Bd. 8. Bern/München 1960.

-ders.: Der Formalismus in der Ethik und die materiale Wertethik. GW Bd. 2. Bern/München 1966.

-ders.: Wesen und Formen der Sympathie. GW Bd. 7. Bern/München 1973.

-ders. (1928): Die Stellung des Menschen im Kosmos. Bern [9]1978.

Schmidbauer, W.: Die hilflosen Helfer. Über die seelische Problematik der helfenden Berufe. Reinbek b. Hamburg ²1984.
Schmidt, A.: Adorno - ein Philosoph des realen Humanismus. In: ders.: Kritische Theorie - Humanismus - Aufklärung. Philosophische Arbeiten 1969-1979. Stuttgart 1981, 27-55.
-ders.: Begriff des Materialismus bei Adorno. In: Adorno-Konferenz 1983, 14-31.
Schnädelbach, H.: Dialektik als Vernunftkritik. Zur Konstruktion des Rationalen bei Adorno. In: Adorno-Konferenz 1983, 66-93.
-ders.: Max Horkheimer und die Moralphilosophie des deutschen Idealismus. In: *Schmidt, A.; Altwicker, N.* (Hrsg.): Max Horkheimer heute: Werk und Wirkung. Frankfurt/M. 1986, 52-78.
Schönberger, F.: Ökologische Aspekte der Sonderpädagogik. In: *Moser, H.* (Hrsg.): Soziale Ökologie und pädagogische Alternativen. Initiativen, Konzepte und Projekte. München 1982, 101-125.
-ders.: Sind Geistigbehinderte amoralische Wesen? Randbemerkungen zur abendländischen Vernunftethik. In: *Blickenstorfer* et al. 1988, 279-300.
Schönberger, F.; Jetter, K.; Praschak, W.: Bausteine der Kooperativen Pädagogik. Teil 1. Stadthagen 1987.
Schopenhauer, A.: Die beiden Grundprobleme der Ethik. Zürcher Ausgabe der Werke in zehn Bänden (ZA) Bd. VI. Zürich 1977.
Schriber, Susanne: Scheitern an der Ganzheitlichkeit? In: *Hagmann; Simmen* 1990, 117-133.
Schulz, W.: Philosophie in der veränderten Welt. Pfullingen ⁴1980.
-ders.: Grundprobleme der Ethik. Pfullingen 1989.
Schurz, R.: Ethik nach Adorno. Basel/Frankfurt/M. 1985.
Schwager, M.: Verständigung mit geistigbehinderten Menschen. Zur (sonder-) pädagogischen Relevanz transzendental-pragmatischer Reflexion. Frankfurt/M./Bern/New York/Paris 1990.
-ders.: Inhalts- versus Entwicklungsorientierung - Anmerkungen zum Erziehungsverständnis der Geistigbehindertenpädagogik im Anschluß an Kant, Jean Paul und Georgens und Deinhardt. In: Z.Heilpäd. 44 (1993) 12, 769-780.
Schweitzer, A.: Die Ehrfurcht vor dem Leben. Grundtexte aus fünf Jahrzehnten. München ⁵1988.
Schweppenhäuser, G.; Wischke, M. (Hrsg.): Impuls und Negativität. Ethik und Ästhetik bei Adorno. Hamburg/Berlin 1995.

S

Siegenthaler, H.: Anthropologische Grundlagen zur Erziehung Geistig-Schwerstbehinderter. Bern 1983 (a).

-ders. (Hrsg.): Begrenztes Menschsein. Zur Forderung der Menschlichkeit in der Betreuung. Zürich 1983 (b).

-ders.: Menschenbild und Heilpädagogik. Beiträge zur Heilpädagogischen Anthropologie. Luzern 1993.

Singer, P.: Praktische Ethik. Stuttgart 1984.

Sonnemann, U.: Negative Anthropologie. Vorstudien zur Sabotage des Schicksals. Reinbek b. Hamburg 1969.

Speck, J. (Hrsg.): Grundprobleme der großen Philosophen. Philosophie der Gegenwart II. Göttingen [2]1981.

Speck, O.: System Heilpädagogik. Eine ökologisch reflexive Grundlegung. München/Basel 1988.

-ders.: Ökologische Aspekte der Heilpädagogik. In: Geistige Behinderung 28 (1989) 3, 158-169.

-ders.: Chaos und Autonomie in der Erziehung. Erziehungsschwierigkeiten unter moralischem Aspekt. München/Basel 1991.

-ders.: Menschen mit geistiger Behinderung und ihre Erziehung. München/Basel [7]1993 (a); [4.Aufl. unter dem Titel: Geistige Behinderung und Erziehung, 1980].

-ders.: Bedeutung und Kritik des ökologischen Ansatzes in der Heilpädagogik. In: VHN 62 (1993) 2, 144-157 (b).

Steinvorth, U.: Klassische und moderne Ethik. Grundlinien einer materialen Moraltheorie. Reinbek b. Hamburg 1990.

Stinkes, Ursula: Spuren eines Fremden in der Nähe. Das "geistigbehinderte" Kind aus phänomenologischer Sicht. Würzburg 1993.

T

Thalhammer, M.: Geistige Behinderung. In: *Speck, O.; Thalhammer, M.*: Die Rehabilitation der Geistigbehinderten. München/Basel [2]1977, 9-72.

Theunissen, G.: Abgeschoben, isoliert, vergessen - Schwerstgeistigbehinderte und mehrfachbehinderte Erwachsene in Anstalten. Frankfurt/M. [3]1986.

-ders.: Zur "Neuen Behindertenfeindlichkeit" in der Bundesrepublik Deutschland. In: Geistige Behinderung 28 (1989) 4, 247-266; Z.Heilpäd. 40 (1989) 10, 673-687.

-ders.: Heilpädagogik im Umbruch. Über Bildung, Erziehung und Therapie. Freiburg i.Brsg. [2]1993.

-ders.: Selbstbestimmt-Leben - Annäherungen an ein Empowerment-Konzept für Menschen mit geistiger Behinderung. In: VHN 64 (1995) 2, 166-181.
Thimm, W.: Leiden und Mitleiden - ein unbewältigtes Problem der Behindertenpädagogik. In: VHN 54 (1985) 2, 127-141.
-ders. et al.: Ethische Aspekte der Hilfen für Behinderte. Unter besonderer Berücksichtigung von Menschen mit geistiger Behinderung. Marburg 1989.
Thyen, Anke: Negative Dialektik und Erfahrung. Zur Rationalität des Nichtidentischen bei Adorno. Frankfurt/M. 1989.

U - Z

Vernooij, Monika: Pädagogische Anthropologie - sonderpädagogische Anthropologie? In: *Kobi* et al. 1984, 57-65.
Vliegenthart, W.E.: Anders-sein und Mitmachen-wollen. Ein Spannungsfeld in der Erziehung behinderter Kinder. In: *Bracken, H. von* (Hrsg.): Erziehung und Unterricht behinderter Kinder. Frankfurt/M. 1968, 18-33.
Watzlawick, P. (Hrsg.): Die erfundene Wirklichkeit. Wie wissen wir, was wir zu wissen glauben? Beiträge zum Konstruktivismus. München ^{3}1985.
Wember, F.: Über Möglichkeiten und Grenzen des Einfühlenden Verstehens als Methode der sonderpädagogischen Forschung I & II. In: VHN 61 (1992) 3, 353-375; u. 4, 451-475.
Weischedel, W.: Skeptische Ethik. Frankfurt/M. 1976.
Wiggershaus, R.: Die Frankfurter Schule. Geschichte - Theoretische Entwicklung - Politische Bedeutung. München ^{2}1989.
Winnefeld, F.: Pädagogischer Kontakt und pädagogisches Feld. München/Basel 1967.
Wolf, J.-C.: Tierethik. Neue Perspektiven für Menschen und Tiere. Freiburg/Schweiz 1992.
-ders.: Grundpositionen der neuzeitlichen Ethik. In: *Hastedt, H.; Martens, E.* (Hrsg.): Ethik. Ein Grundkurs. Reinbek b. Hamburg 1994, 82-113.
Wulf, Chr. (Hrsg.): Wörterbuch der Erziehung. München ^{3}1976.
-ders.: Theorien und Konzepte der Erziehungswissenschaft. München ^{3}1983.
-ders. (Hrsg.): Einführung in die pädagogische Anthropologie. Weinheim/Basel 1994.

Sachregister

Beiträge zur Heil- und Sonderpädagogik

Urs Haeberlin
Allgemeine Heilpädagogik
92 Seiten, kartoniert, 4. Auflage, 1996. Fr. 16.50 / DM 19.50 / öS 143.– (Beiheft 1 zur VHN)
Eine Einführung in die Allgemeine Heilpädagogik, welche durch Verdichtung auf Wesentliches, durch Mut zu Lücken und durch Verwendung einer einfachen Sprache charakterisiert ist.

Urs Haeberlin
Das Menschenbild für die Heilpädagogik
102 Seiten, kartoniert, 3. Auflage, 1994. Fr. 16.50 / DM 19.50 / öS 143.– (Beiheft 2 zur VHN)
Das Buch bietet eine strukturierte und engagierte Auseinandersetzung mit weltanschaulichen Grundfragen, deren Beantwortung die Basis der Heil- und Sonderpädagogik bildet.

Albin Niedermann / Markus Müller / René Simmen
Die TARC-Methode – Ein Hilfsmittel der heilpädagogischen Diagnostik
36 Seiten inkl. Beurteilungsbogen, kartoniert, 1987. Fr. 19.– / DM 23.– / öS 168.– (Beiheft 4 zur VHN)
Durch ihre Einfachheit eignet sich die TARC-Methode hervorragend dazu, in regelmässigen Abständen das Verhalten von praktisch bildungs- und gewöhnungsfähigen geistigbehinderten Kindern und Jugendlichen einzuschätzen.

Barbara Zollinger
Spracherwerbsstörungen – Früherfassung und Frühtherapie
158 Seiten, kartoniert, 4. Auflage, 1994. Fr. 28.– / DM 34.– / öS 248.– (Beiheft 5 zur VHN)
Anhand einer detaillierten Beschreibung der Prozesse, welche den Spracherwerb bestimmen, liefert dieses Buch eine Grundlage für die individuelle Erfassung und Therapie frühkindlicher Spracherwerbsstörungen.

Urs Haeberlin / Christine Amrein (Hrsg.)
Forschung und Lehre für die sonderpädagogische Praxis –
Wie schlagen wir in der Ausbildung die Brücke?
309 Seiten, kartoniert, 1987. Fr. 33.– / DM 39.– / öS 285.– (Heft 2/87 der VHN)
Die Beiträge der 23. Arbeitstagung der Dozenten für Sonderpädagogik in deutschsprachigen Ländern vom 2. bis 4. Oktober 1986 an der Universität Freiburg/Schweiz.

René Simmen
Heimerziehung im Aufbruch – Alternativen zu Bürokratie und Spezialisierung im Heim
174 Seiten, kartoniert, 3. Auflage, 1993. Fr. 24.– / DM 27.– / öS 197.– (Beiheft 7 zur VHN)
In diesem Buch werden Materialien, Erfahrungen und theoretische Überlegungen auf der Suche nach einem neuen, ganzheitlichen Verständnis der Arbeit der Erzieher(innen) und des Lebens im Heim zusammengetragen.

Urs Haeberlin / Urs Moser / Gérard Bless / Richard Klaghofer
Integration in die Schulklasse –
Fragebogen zur Erfassung von Dimensionen der Integration von Schülern FDI 4 – 6
53 Seiten, kartoniert, 1989. Fr. 19.– / DM 23.– / öS 168.– (Beiheft 8 zur VHN)
Mit einem Heft zur theoretischen und praktischen Einführung, einem Testbogen zur Beurteilung des sozialen, emotionalen und leistungsmotivationalen Integriertseins von Schülern des 4. bis 6. Schuljahres in ihre Schulklasse und mit Auswertungsschablonen. Der FDI ermöglicht Klassenlehrern, Förder- und Beratungslehrern, Schulpsychologen usw. eine Beurteilung der Integration von Schülern in die Klasse.

Beiträge zur Heil- und Sonderpädagogik

Barbara Zollinger
Die Entdeckung der Sprache
227 Seiten, kartoniert, 3. Auflage, 1997. Fr. 30.– / DM 34.– / öS 248.– (Beiheft 16 zur VHN)
Die Autorin knüpft an die Ausführungen ihres ersten, äusserst erfolgreichen Buches (Beiheft 5 zur VHN) an und stellt jetzt die Praxis der Erfassung und Therapie früher Spracherwerbsstörungen vor.

Ursula Hoyningen-Süess / Christine Amrein (Hrsg.)
Entstellung und Hässlichkeit
159 Seiten, kartoniert, 1995. Fr. 24.– / DM 29.– / öS 212.– (Beiheft 17 zur VHN)
Das weitgehend tabuisierte Thema dieses Sammelbandes wird aus philosophischer, medizinischer, literatur- und kunsthistorischer sowie aus sonderpädagogischer Perspektive beleuchtet.

Gérard Bless
Die Wirksamkeit der Integration – Forschungsüberblick, praktische Umsetzung einer integrativen Schulform, Untersuchungen zum Lernfortschritt
240 Seiten, kartoniert, 1995. Fr. 26.– / DM 29.– / öS 212.– (Beiheft 18 zur VHN)
Das Buch enthält einen aktuellen Überblick zum Stand der Integrationsforschung, eine Analyse der praktischen Umsetzung einer integrierenden Schulform für lernbehinderte Kinder sowie die Darstellung eigener Untersuchungen zum Lernfortschritt heilpädagogisch betreuter Kinder. Auf diesen drei Ebenen werden Aussagen zur Wirksamkeit der Integration gemacht.

Andrea Burgener Woeffray
Grundlagen der Schuleintrittsdiagnostik. Darstellung und Kritik traditioneller Verfahren – Konzept für eine umfassende Schuleintrittsdiagnostik
275 Seiten, kartoniert, 1996. Fr. 28.– / DM 31.– / öS 226.– (Beiheft 19 zur VHN)
Das Buch beschäftigt sich in einem ersten Teil mit den als unzureichend bewerteten bestehenden Grundlagen der Schuleintrittsdiagnostik. Im zweiten Teil wird die Forderung nach einer umfassenden Schuleintrittsdiagnostik aufgenommen. Sie mündet in ein Konzept, welches jene Grundlagen liefert, welche für Handlungen und Entscheidungen im zeitlichen Umfeld des Schuleintritts notwendig sind, um ebendiese Handlungen oder Entscheidungen *vorbereiten*, *unterstützen* oder *begründen* zu können.

Urs Haeberlin
Heilpädagogik als wertgeleitete Wissenschaft. Ein propädeutisches Einführungsbuch in Grundfragen einer Pädagogik für Benachteiligte und Ausgegrenzte
283 Seiten, mit einem Sach- und Autorenverzeichnis, gebunden, 1996, Fr. 39.– / DM 44.– / öS 321.– (Beiheft 20 zur VHN)
Das Buch informiert über fachliche, historische, anthropologische, wissenschaftstheoretische und ethnische Grundlagen und bekennt sich zugleich zur Solidarität mit Benachteiligten und Ausgegrenzten.

Felix Studer
Training kognitiver Strategien. Ein computergestütztes Förderprogramm – Macintosh- und Windows-Version
70 Seiten, kartoniert, 1996, Fr. 84.– / DM 94.– / öS 686.– (Buch inkl. CD-ROM) (Beiheft 21 zur VHN)

Weitere Bände in Vorbereitung

Verlag Paul Haupt Bern · Stuttgart · Wien

Urs Häberlin

Allgemeine Heilpädagogik

«Beiträge zur Heil- und Sonderpädagogik» Band 1

4. Auflage, 92 Seiten, 4 Schemen
kartoniert Fr. 16.50 / DM 19.50 / öS 143.–
ISBN 3-258-05243-3

Die Einführung in die Allgemeine Heilpädagogik ist charakterisiert durch Verdichtung auf Wesentliches, durch Mut zu Lücken und durch Verwendung einer klaren und einfachen Sprache. Heilpädagogik wird synonym zu Sonderpädagogik und Behindertenpädagogik verwendet; die Einführung ist deshalb auch bei dieser Begriffsorientierung geeignet.
Besonderes Gewicht wurde bei der Konzeption darauf gelegt, dass der von der Praxis herkommende Leser Bedeutung und Besonderheiten des theoretischen Denkens erkennen kann. Ein Charakteristikum erweist sich deshalb darin, dass Fragen nach dem Verhältnis zwischen Theorie und Praxis, nach der Wertfreiheit von Wissenschaft und nach kontroversen wissenschaftstheoretischen Positionen ein verhältnismässig breiter Raum gegeben wird. Ein Teil dieser Allgemeinen Heilpädagogik versteht sich als wissenschaftstheoretisches Propädeutikum. Andere Teile befassen sich mit dem Definitionsproblem, mit allgemeinen Aspekten von Behinderung, mit der Geschichte der Heilpädagogik und mit klassischen Ansätzen zu Theorien der Heilpädagogik. Dabei wird auf Vollständigkeit absichtlich verzichtet und zum Zweck des Lückenfüllens die Lektüre anders konzipierter Einführungstexte empfohlen.
Im letzten Kapitel wird das Konzept einer Heilpädagogik als wertgeleitete Wissenschaft umrissen. Erste Antworten auf die Frage, von welchen Wertentscheidungen Heilpädagogik geleitet sein soll, bilden die Überleitung zum zweiten Band dieser Einführung, der sich dann auf die Wertfragen und die Frage nach dem Menschenbild konzentrieren wird.

Verlag Paul Haupt Bern · Stuttgart · Wien

Urs Häberlin

Das Menschenbild für die Heilpädagogik

«Beiträge zur Heil- und Sonderpädagogik» Band 2

3. Auflage, 102 Seiten, 5 grafische Darstellungen
kartoniert Fr. 16.50 / DM 19.50 / öS 143.–
ISBN 3-258-05034-1

Dieses Buch befasst sich mit dem Menschenbild, welches den erzieherischen Umgang mit dem behinderten Kind beeinflussen soll. Es ist charakterisiert durch Betroffenheit von Grundfragen des Menschseins und durch weltanschauliches Engagement. Übertrieben einengende Standards von Wissenschaftlichkeit treten in den Hintergrund, ohne dass deswegen wissenschaftstheoretische Begründungen vernachlässigt werden. Es handelt sich um den zweiten Band einer dreibändigen Einführung in die Heilpädagogik. Der Begriff wird synonym zu Sonderpädagogik und Behindertenpädagogik verwendet, so dass sich die Einführung auch bei dieser Begriffsorientierung eignet. Dieser Band weicht vom gewohnten Lehrbuchstil ab: Im Vordergrund stehen weder die Vermittlung von Wissen noch der Überblick über Standardliteratur. Wesentlich ist die strukturierte Auseinandersetzung mit weltanschaulichen Grundfragen, deren Beantwortung die Basis der Heilpädagogik bildet. Ziel des Buches ist die Hinführung des Lesers zur Entscheidung für die Werte der Würde und der Gleichheit aller Menschen. Damit wird die Suche nach einem Menschenbild nicht in erster Linie zur Suche nach einem Menschenbild für das behinderte Kind, sondern zur Suche nach einem Menschenbild für sich selbst. Heilpädagogik wird zur Bezeichnung für eine weltanschauliche Grundhaltung.

Verlag Paul Haupt Bern · Stuttgart · Wien

Urs Häberlin

Heilpädagogik als wertgeleitete Wissenschaft

Ein propädeutisches Einführungsbuch in Grundfragen einer Pädagogik für Benachteiligte und Ausgegrenzte

«Beiträge zur Heil- und Sonderpädagogik» Band 20

383 Seiten
gebunden Fr. 39.– / DM 44.– / öS 321.–
ISBN 3-258-05302-2

Dieses Buch ist aus parteinehmender Sicht geschrieben. Es führt in praktische und wissenschaftliche Grundfragen der Heil- und Sozialpädagogik ein. Als Einführung vermittelt es Informationen über fachliche, historische, anthropologische, wissenschaftstheoretische und ethische Grundlagen. Neben dem Fachwissen findet der Leser Wege zum Verständnis der Heil-, Sonder- und Sozialpädagogik als wertgeleitete Praxis und Wissenschaft. Die Art der Wissensvermittlung erhält ihren besonderen Charakter aus der Verpflichtung zur Solidarität mit Benachteiligten und Ausgegrenzten.

Beiträge zur Heil- und Sonderpädagogik

Barbara Zollinger

Spracherwerbsstörungen

Grundlagen zur Früherfassung und Frühtherapie

«Beiträge zur Heil- und Sonderpädagogik» Band 5

4. Auflage, 158 Seiten
kartoniert Fr. 28.– / DM 34.– / öS 248.–
ISBN 3-258-04986-6

Wenn zweijährige Kinder nicht oder nur wenige Wörter sprechen, beschäftigt dies Eltern, Kinderärzte, Psychologen, Heilpädagogen und Logopäden. Für alle steht die Frage nach dem Zeitpunkt und den Formen heilpädagogischen Handelns im Mittelpunkt.
Anhand einer detaillierten Beschreibung der Prozesse, welche den Spracherwerb bestimmen, liefert dieses Buch eine Grundlage für die individuelle Erfassung und Therapie frühkindlicher Spracherwerbsstörungen.
Neue Literatur- und Forschungsergebnisse der Entwicklungspsycholinguistik werden erstmals aus klinischer Sicht dargestellt, mit Beobachtungen aus der Praxis verbunden, ergänzt und kritisch reflektiert. Dem Wissenschaftler liefert dieses Buch Einsicht in die Dynamik von Spracherwerbs- und Interaktionsstörungen, dem Praktiker zeigt es Möglichkeiten entwicklungsorientierten Denkens, Forschens und Handelns auf.

Verlag Paul Haupt Bern · Stuttgart · Wien

Beiträge zur Heil- und Sonderpädagogik

Barbara Zollinger

Die Entdeckung der Sprache

«Beiträge zur Heil- und Sonderpädagogik» Band 16

3. Auflage, 227 Seiten
kartoniert Fr. 30.– / DM 34.– / öS 248.–
ISBN 3-258-05573-4

Im Zentrum des ersten Teils des Buches steht die Beschreibung der Übergänge von der einfachen Manipulation zum instrumentellen Gebrauch der Gegenstände, von der Handlung zur Vorstellung und von der vorsprachlichen Interaktion zum Selbstbewusstsein und zur Sprache. Erstmals wird Schritt für Schritt aufgezeigt, was das Kind in den verschiedenen Entwicklungsphasen mit den Personen und Gegenständen tut, und gleichzeitig erklärt, welche Entdeckungen zu diesen neuen Handlungs- und Kommunikationsweisen führen.
Auf dieser Basis entwirft die Autorin eine entwicklungspsychologische Sichtweise von sprachlicher Behinderung, in der nicht formale Aspekte der Sprachproduktion, sondern der Sprachgebrauch und das Sprachverständnis als Verbindung der Personen- und Gegenstandswelt im Vordergrund stehen. Sie stellt ein Profil zur Erfassung früher (Sprach-) Entwicklungsstörungen vor und zeigt auf, dass auch schwere Behinderungen der Kommunikation in entwicklungspsychologischen Begriffen beschrieben und verstanden werden können, und somit auf die psychiatrische Terminologie verzichtet werden kann.

Verlag Paul Haupt Bern · Stuttgart · Wien